성호 사주명리학 (1)

기초편(基礎篇)

조 성 문 지음

 프로방스

성호사주명리학(城湖四柱命理學) (1)

☯ 기초편(基礎篇) ☯

사주명리학(四柱命理學)〈=추명학(推命學)〉이란

사람의 태어난 년(年)·월(月)·일(日)·시(時)의 간지(干支)를 기준(基準)으로 숙명(宿命)과 운명(運命)을 예지(叡智)하는 학문(學文)이다. 이것은 오성론(五星論)·구성법(九星法)·기학(氣學)·육임(六壬)·자미두수(紫微斗數)·육효(六爻) 등과 더불어 간지(干支)를 기준(基準)으로 하는 예언(豫言)이다. 즉(卽) 간지술(干支術)의 일종(一種)이다.

참고서적(參考書籍)

적천수(滴天髓)·연해자평(淵海子平)·명리정종(命理正宗)·궁통보감(窮通寶鑑)·삼명통회(三命通會)·사주첩경(四柱捷徑)·자평수언(子平粹言)·단역대전(斷易大全)·명상역불구인(命相易不求人)·통변술해법(通辯術解法)·사주팔자(四柱八字)와 숙명(宿命) 等.

차 례(次例)

第1篇

오행론(五行論)

태극(太極)에서는 음양(陰陽)을 이루었고 음양(陰陽)의 상대적(相對的)인 작용(作用)에 의(依)하여 변화(變化)한 과정(過程)을 오행(五行)이라 한다. 음양(陰陽)은 오행(五行)의 뿌리라 할 수 있고 오행(五行)은 음양(陰陽)의 잔가지로 비유(比喩)할 수 있다. 태극(太極)은 음(陰)과 양(陽)이며 〈목(木)·화(火)·토(土)·금(金)·수(水)〉와 같다. 오행(五行)이란 만물(萬物)의 설정(設定)이요 척도(尺度)라고 할 수 있으며 그 분합운동(分合運動)과 기본질량(基本質量)을 측정(測定)할 수 있다. 그에 따라서 만물(萬物)이 운동(運動)하는 법칙(法則)에 의(依)하여 수립(樹立)된 것이 음양운동(陰陽運動)의 법칙(法則)인 것이다. 즉(卽) 만물(萬物)의 조직(組織)과 활동(活動)과 분산(分散), 결합(結合)의 이치(理致)가 오행(五行)이다. 이 법칙(法則)은 우주관(宇宙觀) 및 우주(宇宙)의 모든 변화현상(變化現象)을 탐구(探究)할 수 있는 대본(大本)이 되며 원리(原理)이기도 해서 삼라만상(森羅萬象)의 발생동기(發生動機)와 결과(結果)는 물론(勿論)이며 철학(哲學)·과학(科學)·의학(醫學)·종교(宗敎)·인사(人事) 등등(等等)의 제반사(諸般事)에 이르도록 또한 오행본원리(五行本原理)의 탐구(探究)도 여기에 의존(依存)하지 않을 수 없다.

오행(五行)은 항시(恒時) 운동(運動)하는 형(形)과 상(像)을 나타내기 시작(始作)할 때에 음(陰)과 양(陽)이라는 서로 상반(相反)된 기(氣)와 세(勢)가 나타난다. 이 운동(運動)의 상(像)을 취(取)하여 음양(陰陽)이라고 개념(槪念)을 붙이게 되었다. 이 음양운동중(陰陽運動中)에서 성질(性質)을 나타낸 것이 〈목(木)·화(火)·토(土)·금(金)·수(水)〉로 설정(設定)하였다. 이것이 동양철학(東洋哲學)의 근원(根源)인 것이다.

이 오행(五行)의 성질(性質)은 근본적(根本的)인 〈수(水)〉와 생장물(生長物)인 목

(木)과 발산물(發散物)인 〈화(火)〉와 중화물(中和物)인 〈토(土)〉와 견고물(堅固物)인 금(金)이 변화(變化)를 거듭하고 있다. 이처럼 오행(五行)은 계속(繼續)해서 변화(變化)한다. 만물만상(萬物萬象)의 부호(符號)요 변화양상(變化樣相)을 말한다. 〈목(木)〉은 가기(加氣), 〈화(火)〉는 승기(乘氣), 〈토(土)〉는 동기(同氣)를 말한다. 즉(卽) 〈목(木)〉은 발생장(發生長) 즉(卽) 생명체(生命體)의 초생(初生)을 말하고 토기(土氣)는 중역할간(中間役割), 금기(金氣)는 견고체(堅固體), 수기(水氣)는 발산일체(發散一體)로 되어 있는 성질(性質)을 알아야 한다. 이것은 항상(恒常) 변화(變化)하고 있다. 즉(卽) 만물(萬物)의 변화양상(變化樣相)을 말한다.

음양오행(陰陽五行)으로 계절감각(季節感覺)·방향감각(方向感覺)·성정(性情)·색상(色相)·행동(行動)·목적(目的)·행로(行路) 等을 파악(把握)을 할 수 있다.

> ## 2. 오행(五行)의 기원(起源)·성질(性質)·생극(生剋)·왕상휴수사(旺相休囚死)·12운성(運星)·작용원리(作用原理)·응용(應用)·상호작용(相互作用)·사주(四柱)와 관계(關係) 等.

(1) 오행(五行)의 기원(起源).

㉠ [태시(太始)]가 생(生)하여 〈목(木)〉이 되고.

㉡ [태초(太初)]가 생(生)하여 〈화(火)〉가 되고.

㉢ [태극(太極)]이 생(生)하여 〈토(土)〉가 되고.

㉣ [태소(太素)]가 생(生)하여 〈금(金)〉이 되고.

㉤ [태역(太易)]이 생(生)하여 〈수(水)〉가 된다.

(2) 오행(五行)의 성질(性質).

㉠ [목(木)] ➡ 곡직격(曲直格) · 춘절(春節) · 성장의욕(成長意慾) · 신미(辛味) · 힘 · 녹색(綠色)과 청색(靑色) · 동방(東方) · 사방발전성(四方發展性) 等의 의미(意味)가 내포(內包)되어 있다.

㉡ [화(火)] ➡ 염상격(炎上格) · 하절(夏節) · 분산(分散) · 성장(成長) · 전쟁(戰爭) · 폐허(廢墟) · 쓴맛 · 온도(溫度) · 적색(赤色) · 남방(南方) 等의 의미(意味)가 내포(內包)되어 있다.

㉢ [토(土)] ➡ 가색격(家穡格) · 사계중앙(四季中央) · 분열(分裂)이나 수렴(收斂)의 양자연결역할(兩者連結役割)한다 · 황색(黃色) · 단맛 · 부동성(不動性) 等의 의미(意味)가 내포(內包)되어 있다.

㉣ [금(金)] ➡ 종혁격(從革格) · 추절(秋節) · 병기(兵器) · 토대(土臺) · 인덕(人德) · 초석(礎石) · 단단(鍛鍛)함 · 매운맛 · 백색(白色) · 서방(西方) 等의 의미(意味)가 내포(內包)되어 있다.

㉤ [수(水)] ➡ 윤하격(潤下格) · 동절(冬節) · 생명근원(生命根源) · 통일(統一)과 분열(分裂)의 기초점(基礎點) · 짠맛 · 흑색(黑色) · 북방(北方) 等의 의미(意味)가 내포(內包)되어 있다.

(3) 오행(五行)의 생극(生剋).

㉠ [오행(五行)의 상생(相生)] ➡ 용마하도(龍馬河圖)에서 표시(表示)된다.

▶ [목(木) ➡ 화(火) ➡ 토(土) ➡ 금(金) ➡ 수(水) ➡ 목(木)].

㉡ [오행(五行)의 상극(相剋)] ➡ 신구낙서(神龜洛書)에서 표시(表示)된다.

▶ [목(木) ➡ 토(土) ➡ 수(水) ➡ 화(火) ➡ 금(金) ➡ 목(木)].

(4) [오행(五行)의 왕(旺)·상(相)·휴(休)·수(囚)·사(死)]

	地支지지	月別월별	木	火	土	金	水
春춘	寅·卯	1·2	旺왕	休휴	囚수	死사	相상
夏하	巳·午	4·5	相상	旺왕	休휴	囚수	死사
秋추	申·酉	7·8	休휴	死사	相상	旺왕	休휴
冬동	亥·子	10·11	囚수	囚수	死사	相상	旺왕
四季사계	辰·戌·丑·未	3·6·9·12	死사 官星관성	相상 印星인성	旺왕 比劫비겁	休휴 食傷식상	囚수 財星재성

(5) [오행(五行)과 12운성(運星)] ⇒ 생(生)·왕(旺)·소(消)·장(長)의 원리(原理)

	絶절	胎태	養양	生생	浴욕	帶대	祿녹	旺왕	衰쇠	病병	死사	墓묘
亥卯未	申	酉	戌	亥	子	丑	寅	卯	辰	巳	午	未
寅午戌	亥	子	丑	寅	卯	辰	巳	午	未	申	酉	戌
巳酉丑	寅	卯	辰	巳	午	未	申	酉	戌	亥	子	丑
申子辰	巳	午	未	申	酉	戌	亥	子	丑	寅	卯	辰
神殺신살	劫겁	災재	天천	地지	年년	月월	亡망	將장	攀반	驛역	六육	華화
役割역할	主動者주동자	同調者동조자	君王군왕	自動車자동차	侍女시녀	障碍物장애물	激戰地격전지	將軍장군	內侍내시	自家用자가용	馬夫마부	顧問官고문관

(6) [오행작용(五行作用)의 원리(原理)] ⇒ 생극(生剋)은 태강칙절(太剛則折).

ㄱ [목(木)] ⇒ 성장(成長)·의욕(意慾)·생성(生性)等의 의미(意味)가 내포(內

包)가 되어 있다.

▶ [목다(木多)] ➡ 정신질환(精神疾患)이나 광란(狂亂)하기도 한다. 여명(女命)은 여장부(女丈夫)의 기질(氣質)이 있다. 가정(家庭)의 주도권(主導權)을 가진다. 용두사미격(龍頭蛇尾格)이다. 년살(年殺)이 발동(發動)을 한다.

▶ [목무(木無)] ➡ 매사자포자기식(每事自暴自棄式)이다. 계획(計劃)이 중도실패(中途失敗)한다. 매사(每事)에 타인(他人)이 처리(處理)해 주기를 요망(要望)한다. 발전(發展)이 없는 생활방식(生活方式)을 취(取)한다. 목다상대(木多相對)를 만나면 흉변길(凶變吉)을 한다.

㉡ [화(火)] ➡ 생성(生性)·온도(溫度)·소멸(消滅)·애정(愛情)·열기(熱氣)·병(病) 等의 의미(意味)가 내포(內包)되어 있다

▶ [화다(火多)] ➡ 과열분위기(過熱雰圍氣)이다. 폭풍(暴風)이나 폭염(暴炎)에 휩싸인다. 가내(家內)에서 의견충돌(意見衝突)이 많다. 가내우환(家內憂患)이 있다. 과열(過熱)에 해당(該當)하는 신체부위(身體部位)는 병(病)으로 신음(呻吟)한다.

▶ [화무(火無)] ➡ 냉정(冷情)한 인상(印象)이다. 가정불목(家庭不睦)한다. 부부애정결핍(夫婦愛情缺乏)되어 있다. 이혼(離婚)이나 별거(別居)를 한다. 권태(倦怠)를 잘 느낀다. 사업파산(事業破産)한다. 대인관계(對人關係)는 항상(恒常) 상대방(相對方)탓을 한다.

㉢ [토(土)] ➡ 우주만물(宇宙萬物)의 기본(基本)이고 목(木)·화(火)·금(金)·수(水)를 이어주는 역할(役割)을 한다.

▶ [토다(土多)] ➡ 물질적(物質的)으로 안정(安定)이 되고, 넉넉한 사람처럼 행동(行動)한다. 남녀공통(男女共通)으로 금다인(金多人)이나 수다인(水多人)을 찾아라.

• 여명(女命)은 토다(土多)하면 팔방미인(八方美人)이 많고 남성편력(男性

遍歷)이 심(甚)하다.

▶ [토무(土無)] ➡ 경제(經濟)가 원만(圓滿)치 못하다. 가내불편(家內不便)하다. 의식주(衣食住)의 고통(苦痛)을 받는다. 허영심(虛榮心)이 강(强)하다. 재물획득(財物獲得)에 수단방법(手段方法)을 안가린다. 재벌(財閥)이 많다.

㉣ [금(金)] ➡ 자연생성(自然生成)·단단(鍛鍛)함·방패구실(防牌口實)·가정보호(家庭保護) 等의 의미(意味)가 내포(內包)되어 있다.

▶ [금다(金多)] ➡ 부부충돌(夫婦衝突)많다. 작은 충돌(衝突)을 크게 만든다.

▶ [금무(金無)] ➡ 불의사고(不意事故)에 사전방지(事前防止)가 미약(微弱)함.

㉤ [수(水)] ➡ 모든 것을 알맞게 변형(變形)시킨다.

· 〈水1개(個)→물방울〉·〈水2개(個)→천(川)〉·〈水3개(個)→강(江)〉·〈水4개(個)→해(海)〉·〈水5개(個)→대양(大洋)〉을 표시(表示)한다.

▶ [수다(數多)] ➡ 오대양(五大洋)을 이용(利用)해서 무역(貿易)으로 해외시장(海外市場)의 개척(開拓)한다. 해외(海外)로 이민(移民)을 간다. 예술분야(藝術分野)에 힘쓰라.

▶ [수무(水無)] ➡ 융통성(融通性)이 없고, 매사(每事)에 막히고 하니 대인관계(對人關係)에 힘써라.

(7) 오행(五行)의 응용(應用).

⊙ 생극작용(生剋作用)의 공식(公式).

목다(木多)	火→식(息). 水→축(縮). 金→결(缺).
화다(火多)	土→열(裂). 木→분(焚). 水→열(熱).
토다(土多)	金→매(埋). 火→회(晦). 木→절(折).

금다(金多)	水→탁(濁). 土→허(虛). 火→식(息).
수다(水多)	木→부(浮). 金→침(沈). 土→류(流).

㉠ [목기(木氣)] 〈=金 ➡ 水 ➡ 木 ➡ 火 ➡ 土〉.

▶ 화다목분(火多木焚) · 토다목절(土多木折) · 금다목절(金多木折) · 수다목부(水多木浮) 等의 의미(意味)가 내포(內包)되어 있다.

▶ 목기(木氣)에 〈화(火)〉가 없으면 발전(發展)과 생육(生育)없다, 〈토(土)〉가 없으면 활동범위(活動範圍)가 축소(縮小)되고, 〈금(金)〉이 없으면 동량불가(棟樑不可)하다, 〈수(水)〉가 없으면 생육(生育)이 불가(不可)하다.

㉡ [화기(火氣)] 〈=水 ➡ 木 ➡ 火 ➡ 土 ➡ 金〉.

▶ 목다화치(木多火熾) · 토다화매(土多火埋) · 금다화식(金多火熄) · 수다화멸(水多火滅) 等의 의미(意味)가 내포(內包)되어 있다.

▶ 화기(火氣)에 〈목(木)〉이 없으면 〈화(火)〉는 계속(繼續) 존재(存在)안하고, 〈토(土)〉가 없으면 열기(熱氣)를 못식히고, 〈수(水)〉가 없으면 건조(乾燥)하다.

㉢ [토기(土氣)] 〈=木 ➡ 火 ➡ 土 ➡ 金 ➡ 水〉.

▶ 목다토경함(木多土傾陷) · 화다토초(火多土焦) · 금다토변멸(金多土變滅) · 수다 토유실(水多土流失) 等의 의미(意味)가 있다.

▶ 토기(土氣)에 〈목(木)〉이 없으면 전답경작(田畓耕作)은 불가(不可)하고, 〈화(火)〉가 없으면 생육(生育)이 불가(不可)하고, 〈금(金)〉이 없으면 생육(生育)하는 것이 계속(繼續) 안되고, 〈수(水)〉가 없으면 건조(乾燥)하여 생육(生育)이 불가(不可)하다.

㉣ [금기(金氣)] 〈=火 ➡ 土 ➡ 金 ➡ 水 ➡ 木〉.

▶ 목다금결(木多金缺) · 화다금소용(火多金消鎔) · 토다금매(土多金埋) · 수다

금침(水多金沈) 等의 의미(意味)가 내포(內包)되어 있다.

▶ 금기(金氣)에 〈목(木)〉이 없으면 역량발휘(力量發揮)를 못하고, 〈화(火)〉가 없으면 그릇을 못만들고, 〈토(土)〉가 없으면 금(金)을 못만들고, 〈수(水)〉가 없으면 세척(洗滌)을 못한다.

㉫ [수기(水氣)] 〈=土 ➡ 金 ➡ 水 ➡ 木 ➡ 火〉.

▶ 목다수축(木多水縮)·화다수열산(火多水熱散)·토다수유색(土多水游塞)· 금다수탁(金多水濁) 等의 의미(意味)가 내포(內包)되어 있다.

▶ 수기(水氣)에 〈목(木)〉이 없으면 기운(氣運)을 표출(表出)을 하지 못해 답답(遝遝)하고, 〈화(火)〉가 없으면 수화(水火)가 무공(無功)하고. 〈토(土)〉가 없으면 지소(池沼)를 못만들고, 〈금(金)〉이 없으면 수원(水源)이 고갈(枯渴)된다.

(8) 오행(五行)과 사주관계(四柱關係).

1) 오행(五行)의 과다(過多)와 과부족(過不足)의 경우(境遇).

㉠ [목다(木多)] ➡ 일의 처리(處理)는 용두사미격(龍頭蛇尾格)이다. 의욕(意慾)이 많다. 목(木)의 종격(從格)이 아니면 금극수설(金剋水洩)하라. 정신질환(精神疾患)이 있다. 이성수신(異性隨身)이 따른다.

· [목무(木無)] ➡ 실천력(實踐力)이 부족(不足)하다. 의식주(衣食住)의 곤란(困難)을 경험(經驗)한다. 매사(每事)가 빈곤(貧困)하다. 타인(他人)의 지배하(支配下)에 놓이게 된다.

㉡ [화다(火多)] ➡ 신병(身病)이 많다. 과열(過熱)로 우환(憂患)이 생긴다. 다혈질(多血質)이다. 성급(性急)한 행동(行動)을 한다.

· [화무(火無)] ➡ 실천력(實踐力)이 부족(不足)하다. 남녀(男女)와 많은 결합(結合)이 있다. 부부애정(夫婦愛情)의 결함(缺陷)이 있다. 자식(子息)에

게 냉정(冷情)하다. 대인관계(對人關係)가 불편(不便)하다. 이혼(離婚)이 많다. 가정(家庭)이 불목(不睦)하다.

ⓒ [토다(土多)] ➡ 재금(財金)이 왕성(旺盛)하다. 고층생활(高層生活)을 한다. 인간유대(人間紐帶)가 유순(柔順)하다.

• [토무(土無)] ➡ 주택(住宅)이 곤난(困難)하다. 더부살이하는 팔자(八字)이다. 열심(熱心)히 재물(財物)을 모아도 자기(自己)것이 아니다.

ⓔ [금다(金多)] ➡ 인간(人間)의 유대관계(紐帶關係)가 불편(不便)하다. 성격(性格)이 까다롭다. 권모술수(權謀術數)가 능(能)하다.

• [금무(金無)] ➡ 인간관계(人間關係)가 곤난(困難)하다. 인덕(人德)이 없다. 기초(基礎)가 빈곤(貧困)하다. 매사불성(每事不成)한다. 사기(詐欺)를 잘 당(當)한다. 방어능력(防禦能力)이 부족(不足)하다.

ⓜ [수다(水多)] ➡ 음란(淫亂)하고 문란(紊亂)하다. 섹스(sex)가 강(强)하다. 번성(繁盛)한다. 수다스럽다. 혁명(革命)이나 변혁(變革)을 좋아한다. 변동(變動)을 잘한다.

• [수무(水無)] ➡ 고향(故鄉)을 일찍 떠난다. 부부이별(夫婦離別)한다. 정서(情緒)가 부족(不足)하다. 갈등(葛藤)과 번민(煩悶)으로 고생(苦生)한다. 고지식(固知識)하다. 융통성(融通性)이 없다. 변동운(變動運)이 미약(微弱)하다. 한 곳에 오래 머물지 못한다.

2) 원국(元局)에 원진살(元辰殺)〈=子未·丑午·寅酉·卯申·辰亥·巳戌〉있고 오행(五行)
  중(五行中)에 어느 오행(五行)이 과다(過多)일 때.

▶ [원진살(元辰殺)] ➡ 〈子未·丑午·寅酉·卯申·辰亥·巳戌〉.

ⓐ [원진살(元辰殺)+목다(木多)] ➡ 정신질환(精神疾患)이 온다.

ⓑ [원진살(元辰殺)+화다(火多)] ➡ 불구(不具)가 된다.

ⓒ [원진살(元辰殺)+토다(土多)] ➡ 거지팔자(八字)이고, 니돈과 내돈의 구분(區分)이 없다.

ⓐ [원진살(元辰殺)+금다(金多)] ➡ 살인(殺人)은 순간적(瞬間的)이다.

ⓜ [원진살(元辰殺)+수다(水多)] ➡ 암(癌) 等의 불치병(不治病)이 득병(得病)하고, 강간범(强姦犯)의 팔자(八字)이다.

3) 오행(五行)과 직업(職業).

▶ 오행중(五行中)에 없는 쪽, 또는 부족(不足)한 쪽을 선택(選擇)한다.

㉠ [목부족(木不足)] ➡ 제재소(製材所) · 가구점(家具店) · 의류계통(衣類系統)이나 지류계통(紙類系統) 等.

㉡ [화부족(火不足)] ➡ 전자전기업(電子電氣業) · 조명계통(照明系統) · 컴퓨터계통(computer系統) 等.

㉢ [토부족(土不足)] ➡ 농장(農場) · 부동산(不動産) · 한약계통(韓藥系統) · 곡식류(穀食類) · 금융업(金融業) 等.

㉣ [금부족(金不足)] ➡ 철종류(鐵種類) · 판사(判事) · 검사(檢事) · 정치계통(政治系統) · 소개업(紹介業)의 종류(種類) 等.

㉤ [수부족(水不足)] ➡ 유흥업소(遊興業所) · 연예인계통(演藝人系統) · 레저산업계통(leisure産業系統) · 주류계통(酒類系統) 等.

3. 오행(五行)의 종류(種類).

(1) [정오행(正五行)] ➡ 〈사경오행(四經五行)〉.

▶ 〈東方木春〉 · 〈南方火夏〉 · 〈西方金秋〉 · 〈北方水冬〉 · 〈中央土四季〉.

(2) 삼합오행(三合五行).

▶ 12운성(運星)의 〈생(生)·왕(旺)·묘방(墓方)의 합(合)〉과 12신살(神殺)의
〈지(地)·장(將)·화(華)의 합(合)〉을 말한다.

㉠ [건갑정(乾甲丁)·해묘미(亥卯未)] ➡ 탐랑일로행목국(貪狼一路行木局).

㉡ [간병신(艮丙辛)·인오술(寅午戌)] ➡ 위위시염정화국(位位是廉貞火局).

㉢ [손경계(巽庚癸)·사유축(巳酉丑)] ➡ 진시무곡위금국(盡是武曲位金局).

㉣ [곤임을(坤壬乙)·신자진(申子辰)] ➡ 문곡종두출수국(文曲從頭出水局).

> ◐ 삼합회국(三合會局)의 오행(五行)〈=생(生)·왕(旺)·묘(墓)의 합(合)〉.

- • [해(亥)=장생(長生)·묘(卯)=왕(旺)·미(未)=묘(墓)] ➡ 목국(木局).
- • [인(寅)=장생(長生)·오(午)=왕(旺)·술(戌)=묘(墓)] ➡ 화국(火局).
- • [사(巳)=장생(長生)·유(酉)=왕(旺)·축(丑)=묘(墓)] ➡ 금국(金局).
- • [신(申)=장생(長生)·자(子)=왕(旺)·진(辰)=묘(墓)] ➡ 수국(水局).

(3) [사장생오행(四長生五行)] ➡ 〈사생오행(四生五行)〉.

▶ 12운성(運星)의 장생(長生), 향상법(向上法)과 밀접관계(密接關係)이다.

㉠ [양(陽)] ➡ 甲木長生在亥·丙火長生在寅·庚金長生在巳·壬水長生在申.
구좌선순기논수(俱左旋順起論水).

㉡ [음(陰)] ➡ 乙木長生在午·丁火長生在酉·辛金長生在子·癸水長生在卯.
구우선역기논룡(俱右旋逆起論龍).

▶ 4유(維)〈=모퉁이〉에 4장생(長生)이 있으니 즉(卽) 건해(乾亥)·간인(艮
寅)·손사(巽巳)·곤신(坤申)이다.

▶ [양(陽)] ➡ 건해(乾亥)〈=木의 長生〉·간인(艮寅)〈=火의 長生〉,
손사(巽巳)〈=金의 長生〉·곤신(坤申)〈=水의 長生〉.

▶ [음(陰)] ➡ 병오(丙午)〈=木의 長生〉·경유(庚酉)〈=火의 長生〉,
　　　　　　임자(壬子)〈=金의 長生〉·갑묘(甲卯)〈=水의 長生〉.

▶ 천간(天干)〈갑(甲)·병(丙)·경(庚)·임(壬)〉 ➡ 양(陽)이니 순행(順行)하고,
〈을(乙)·정(丁)·신(辛)·계(癸)〉는 ➡ 음(陰)이니 역행(逆行)한다.

▶ 〈갑(甲)·병(丙)·경(庚)·임(壬)〉은 양(陽)이라 부(夫)에 속(屬)하고, 〈을
(乙)·정(丁)·신(辛)·계(癸)〉는 음(陰)이라 부(婦)에 속(屬)하니 종부(從
夫)하여서 〈4장생(長生) 또는 8장생오행(長生五行)〉이라 한다. 각기(各其)
일정불변(一定不變)하는 생(生)·왕(旺)·묘(墓)의 방위(方位)가 있어 삼합
오행(三合五行)이다.

▶ 〈갑(甲)〉은 부(夫)라 순행(順行)하니 말위(末位)에 속(屬)하고, 〈계(癸)〉는
부(婦)라 역행(逆行)하니 〈묘(卯)〉가 말위(末位)에 속(屬)한다. 이런 까닭으
로 갑양목(甲陽木)과 계음수(癸陰水)는 배합(配合)이 된다.

　• 〈계(癸)〉의 장생(長生)은 갑(甲)의 왕(旺)이요, 〈갑(甲)〉의 장생방(長生
方)은 〈계(癸)〉의 왕방(旺方)이 되니 묘위(墓位)는 갑(甲)·계(癸) 모두
재미(在未)에 속(屬)한다. 〈乙丙·丁庚·辛壬이 배합(配合)〉한다.

　• [木 ➡ 甲癸·癸卯]·[火 ➡ 丙寅·乙午]·[金 ➡ 庚巳·丁酉]·[水 ➡ 壬
申·辛子].

(4) 쌍산오행(雙山五行).

　㉠ 정양(靜陽)과 정음(靜陰).

　▶ [정양(靜陽)〈=淨陽〉] ➡ 〈子·寅·辰·午·申·戌=甲·乙·壬·癸·乾·
　　　　　　　　　　　　　　坤〉.

　▶ [정음(靜陰)〈=淨陰〉] ➡ 〈丑·卯·巳·未·酉·亥=丙·丁·庚·辛·艮·
　　　　　　　　　　　　　　巽〉.

ⓛ 〈乾亥同宮=木長生位〉·〈艮寅同宮=火長生位〉·〈巽巳同宮=金長生位〉·
〈坤申同宮=水長生位〉.

ⓒ 〈甲卯同宮=木旺位〉·〈丙午同宮=火旺位〉·〈庚酉同宮=金旺位〉·
〈壬子同宮=水旺位〉.

ⓔ 〈丁未同宮=木墓位〉·〈辛戌同宮=火墓位〉·〈癸丑同宮=金墓位〉·
〈乙辰同宮=水墓位〉.

ⓜ 4유(維)인 〈건(乾)·곤(坤)·간(艮)·손(巽)〉과 8간(干)인 〈갑(甲)·병(丙)·
경(庚)·임(壬)〉과 〈을(乙)·정(丁)·신(辛)·계(癸)〉와 12지(支)를 하나의
궁(宮)에 결속(結屬)한 것이다.

▶ [건갑정(乾甲丁)·해묘미(亥卯未)] ➡ 乾亥·甲卯·丁未의 쌍산(雙山)됨.

▶ [간병신(艮丙辛)·인오술(寅午戌)] ➡ 艮寅·丙午·辛戌의 쌍산(雙山)됨.

▶ [손경계(巽庚癸)·사유축(巳酉丑)] ➡ 巽巳·庚酉·癸丑의 쌍산(雙山)됨.

▶ [곤임을(坤壬乙)·신자진(申子辰)] ➡ 坤申·壬子·乙辰의 쌍산(雙山)됨.

(5) 원공오행(元空五行).

◐ 대현공오행(大玄空五行)·소현공오행(小玄空五行)으로 분류(分類)한다.

▶ 원(元)이란 신명(神明)의 변화(變化)를 말하고, 공(空)이란 한쪽으로 치우
치지 않는 것이다. 입혈(立穴)과 향(向)을 정(定)하는 데 허(虛)한 수법(水
法)을 완전(完全)하게 하는 것을 말한다.

▶ 이 오행(五行)은 생입극입(生入剋入) 卽(즉) 득수오행(得水五行)이 향(向)
의 오행(五行)을 상생(相生)하여 입(入)하거나 상극(相剋)해 입(入)하는 것
과 생출극출(生出剋出) 즉(卽) 향(向)의 오행(五行)이 파구(破口)의 오행(五
行)을 상생(相生)하거나 상극(相剋)해 나가면 길(吉)로 하고, 동일오행(同

一五行)인 비화(比和)가 되면 흉(凶)으로 한다.

ⓐ [대현공오행(大玄空五行)].

- [木(목) ➡ 坤辛壬 · 午申戌]. ■ [火(화) ➡ 巽癸甲 · 酉亥未].
- [金(금) ➡ 乾乙丙 · 子寅辰]. ■ [水(수) ➡ 艮庚丁 · 卯巳丑].

▶ 이것은 향(向)〈=좌(坐)〉의 대궁(對宮)으로 장생(長生)을 보는 법(法)이다. 가령(假令) 자좌오향(子坐午向)이라 하면 오(午)는 목(木)에 속(屬)하므로 목(木)의 장생(長生)이 해(亥)가 된다. 나머지도 같다.

▶ 〈木=申 · 火=亥 · 金=寅 · 水土=巳〉. 가령(假令) 금국(金局)이라면 금절어인(金絶於寅)하여 〈卯=태(胎) · 辰=양(養) · 巳=장생(長生)〉이 된다.

ⓒ [소현공오행(小玄空五行)].

- [甲癸亥艮 ➡ 〈시목신(是木神)〉]. ■ [丙丁乙酉 ➡ 〈원속화(原屬火)〉].
- [庚戌丑未 ➡ 〈토위진(土爲眞)〉]. ■ [乾坤卯午 ➡ 〈금동좌(金同坐)〉].
- [子寅辰巽辛巳申壬 ➡ 〈종지수성인(從知水星因), 방시수신(方是水神)〉].

▶ 이 법(法)은 향(向)으로서 〈수(水)〉의 내거(來去)함을 논(論)한 것인데 〈수(水)〉가 생방(生方)에서 들어오거나 극(剋)하는 방향(方向)으로 나가면 길(吉)하다고 한 오행(五行)의 이론(理論)이다.

(6) [향상오행(向上五行)] ➡ 〈양구빈비결(楊救貧秘訣)〉.

ⓐ 수구(水口)로서 장생(長生)을 정(定)하는 것이니 사절(死絶)이 자왕(自旺)하고 절처(絶處)가 자생(自生)하는 이치(理致)가 향상(向上)에서 장생(長生)을 취(取)함이니 〈향상오행(向上五行)〉이라 한다.

▶ 이것은 종향상(從向上)하여 장생(長生)을 기(起)하는 것이며 사절화생왕(死絶化生旺)하는 법(法)이다. 사국(四局)에 고장(庫藏)으로 소수(消水)하나 당국(堂局)의 혈처(穴處)와 수구(水口)가 불합리(不合理)하면 권선입향(權宣

立向)하여 차고(借庫)로 소수(消水)한다.

- 대개(大概) 수구(水口)로 장생(長生)을 정(定)하나 길수(吉水)가 아니면 불용(不用)한다.

▶ [인(寅)·신(申)·사(巳)·해(亥)를 향(向)해서 입향(立向)하면] ➡ 자생향(自生向) 즉(卽) 절처봉생향(絶處逢生向)이며 종향상(從向上)에서 장생(長生)을 기(起)한다.

▶ [자(子)·오(午)·묘(卯)·유(酉)를 향(向)해 입향(立向)하면] ➡ 종향상(從向上)에서 제왕(帝旺)을 기(起)한다. 단(但) 그 국(局)의 수구(水口)에 불구(不拘)하고 향상작주(向上作主)하며 혹(或) 목욕방(沐浴方), 혹(或) 태방(兌方)으로 〈차고소수(借庫消水)〉한다. 즉(卽) 자생향(自生向)·자왕향(自旺向)이 되는 것이다.

▶ 원래(元來)는 사생(四生)·사왕(四旺)·사묘(四墓)가 사장생오행(四長生五行)에 확정(確定)하였기 때문에 일정불변(一定不變)하는 사국(四局)을 이루었다. 그러나 손사(巽巳)는 수국(水局)의 절방(絶方)이 되는데 손사(巽巳)를 향(向)해 입향(立向)하면 손사향(巽巳向)·건해좌(乾亥坐)는 수국(水局)의 자생향(自生向)이니 수구(水口)가 을진(乙辰)이나 손사(巽巳)나 병오방(丙午方)이 된다.

▶ 갑묘방(甲卯方)은 수국(水局)의 사방(死方)이 되나 향갑묘(向甲卯), 좌경유(坐庚酉)하면 자왕향(自旺向) 즉(卽) 수국(水局)의 절처봉왕향(絶處逢旺向)이니 수구(水口)는 쇠방을진(衰方乙辰)이라. 을진(乙辰)이 수국(水局)의 본고(本庫)였으나 향상작주(向上作主)를 하였으니 을진(乙辰)은 쇠방(衰方)이 되니 〈차고소수(借庫消水)〉라 한다.

▶ 경유(庚酉)가 수국(水局)의 목욕(沐浴)이 될 때 향경유(向庚酉), 좌갑묘(坐甲卯)를 하면 수국(水局)의 욕처봉왕향(浴處逢旺向)이니 역시 자왕향(自旺

旺向)이라고 하나 차향(此向)은 쇠력소수(衰力消水)하면 현규불통(玄竅不通)〈=수구(水口)〉하니 향상작주(向上作主)를 하고 또 목욕방(沐浴方), 병방(丙方)에 소수(消水)하니 병(丙)은 수국(水局)의 태즉록존(胎卽祿存)이 된다. 이와같이 그 국(局)의 사절(死絶)이 화생왕(化生旺)하는 법(法)이 〈향상오행(向上五行)〉이다.

ⓛ 수국(水局)의 자생(自生), 자왕(自旺)하는 이치(理致)와 동일(同一)하게 수국(水局) · 화국(火局) · 금국(金局)도 취(取)하라.

ⓒ 향상오행(向上五行)은 향상(向上)에서 12운성(運星)을 일으킨다.

> ○ 건해(乾亥) · 간인(艮寅) · 손사(巽巳) · 곤신(坤申)의 향(向)을 한다면 여기에서 향(向)을 따라 장생(長生)을 기(起)하는 것이다.

▶ [건향(乾向)이나 해향(亥向)을 한다면] ⟹ 건해(乾亥) 자체(自體)가 목국(木局)의 장생(長生)이 된다. 본국(本局)은 따지지 않는다.

▶ [艮이나 寅向을 했을 때] ⟹ 간인(艮寅)이 화국(火局)의 장생(長生)된다.

▶ [巽이나 巳向을 했을 때] ⟹ 손사(巽巳)가 금국(金局)의 장생(長生)된다.

▶ [坤이나 申向을 했을 때] ⟹ 곤신(坤申)이 수국(水局)의 장생(長生)된다.

• 이것은 본국(本局)에서 수구(水口)에 관계(關係)없이 향(向)으로만 위주(爲主)하니 향자체(向自體)만으로 스스로 장생(長生)을 얻었으니 곧 〈자생향(自生向)〉이라 한다.

> ○ 또 〈임자(壬子) · 갑묘(甲卯) · 병오(丙午) · 경유(庚酉)의 향(向)〉일 때 이것 역시(亦是) 향(向)을 따라 제왕(帝旺)이 기(起)한다.

▶ [임(壬)이나 자향(子向)을 한다면] ⟹ 수국(水局)의 왕향(旺向)이 된다.

▶ [갑(甲)이나 묘향(卯向)을 한다면] ⟹ 목국(木局)의 왕향(旺向)이 된다.

► [병(丙)이나 오향(午向)을 한다면] ➡ 화국(火局)의 왕향(旺向)이 된다.

► [경(庚)이나 유향(酉向)을 한다면] ➡ 금국(金局)의 왕향(旺向)이 된다.

 • 본국(本局)에 관계(關係)가 없이 향상(向上)에서 제왕(帝旺)을 얻으니 향상작주(向上作主)가 되고 자생향(自生向)이라 한다. 본국(本局)의 수구(水口)는 혹(或) 쇠방(衰方)이 될 수도 있고, 녹존방(祿存方)이 될 수도 있고, 목욕(沐浴)·태방(胎方)이 될 수도 있으니 정고(正庫)를 가리지 않는다.

(7) 삼원오행(三元五行)과 음령오행(音靈五行) ➡ 〈작명(作名)에 사용(使用)〉.

㉠ [삼원오행(三元五行)].

木; 甲·乙	火; 丙·丁	土; 戊·己	金; 庚·辛	水; 壬·癸
1·2	3·4	5·6	7·8	9·10

► 삼원(三元)이란 〈성(姓)이 일원(一元)〉·〈성(姓)+상명(上名)이 이원(二元)〉·〈상명(上名)+하명(下名)이 삼원(三元)〉이다.

► 삼원오행(三元五行)도 상생(相生)을 요(要)하고 상극(相剋)을 싫어한다.

► 합수(合數)했을 때 〈10,20,30,40〉은 제(除)하고 나머지 수(數)만 계산(計算)한다.

㉡ [음령오행(音靈五行)].

木	火	土	金	水
ㄱ·ㅋ	ㄴ·ㄷ·ㄹ·ㅌ	ㅇ·ㅎ	ㅅ·ㅈ·ㅊ	ㅁ·ㅂ·ㅍ
아음(牙音)	설음(舌音)	후음(喉音)	치음(齒音)	순음(脣音)

► 음령오행(音靈五行)도 상생(相生)을 요(要)하고 상극(相剋)을 싫어한다.

► 작명(作名)할 때는 사주오행(四柱五行)의 태과불급(太過不及)을 참고(參考)

하라.

(8) 팔괘오행(八卦五行).

> ❂ 괘(卦)에 간지(干支)를 배합(配合)하여 그 소속(所屬)을 논(論)한 것.

- [목(木)] ➡ 〈진(震) · 경(庚) · 해(亥) · 미(未) · 손(巽) · 신(辛)〉.
- [화(火)] ➡ 〈이(離) · 임(壬) · 인(寅) · 술(戌)〉.
- [토(土)] ➡ 〈곤(坤) · 을(乙) · 간(艮) · 병(丙)〉.
- [금(金)] ➡ 〈건(乾) · 갑(甲) · 태(兌) · 정(丁) · 사(巳) · 축(丑)〉.
- [수(水)] ➡ 〈감(坎) · 계(癸) · 신(申) · 진(辰)〉.

(9) 64괘(卦)의 오행(五行).

건금궁(乾金宮)	11	15	17	18	58	78	38	31
태금궁(兌金宮)	22	26	28	27	67	87	47	42
이화궁(離火宮)	33	37	35	36	76	56	16	13
진목궁(震木宮)	44	48	46	45	85	65	25	24
손목궁(巽木宮)	55	51	53	54	14	34	74	75
감수궁(坎水宮)	66	62	64	63	23	43	38	86
간토궁(艮土宮)	77	73	71	72	32	12	52	57
곤토궁(坤土宮)	88	84	82	81	41	21	61	68

(10) [홍범오행(洪範五行)] ➡ 〈종묘오행(宗廟五行) · 대오행(大五行)〉.

▶ 홍범오행(洪範五行)은 괘(卦)의 변화(變化)를 쫓아서 본체(本體)가 화(化)

하여 후천(後天)의 용(用)이 되는 것이다. 오직 산운(山運)을 측정(測定)할 때 사용(使用)한다.

- [원속목(元屬木)] ➡ 〈진(震)·간(艮)·사(巳)〉.
- [화위종(火爲宗)] ➡ 〈이(離)·임(壬)·병(丙)·을(乙)〉.
- [토궁(土窮)] ➡ 〈계(癸)·축(丑)·곤(坤)·경(庚)·미(未)〉.
- [금산처(金山處)] ➡ 〈태(兌)·정(丁)·건(乾)·해(亥)〉.
- [대강수(大江水)] ➡ 〈갑(甲)·인(寅)·진(辰)·손(巽)〉.
- [총일동(摠一同) 수역동(水亦同)] ➡ 〈술(戌)·감(坎)·신(辛)·신(申)〉.

(11) 육수오행(六獸五行).

- [청룡(靑龍)〈甲·乙=목(木)〉],   [주작(朱雀)〈丙·丁=화(火)〉],
- [구진(句陳)〈戊=토(土)〉],   [등사(螣蛇)〈己=토(土)〉],
- [백호(白虎)〈庚·辛=금(金)〉],   [현무(玄武)〈壬·癸=수(水)〉].

(12) [납음오행(納音五行)] ➡ 〈육십화갑자(六十花甲子)〉.

甲子·乙丑 海中金 (해중금)	甲戌·乙亥 山頭火 (산두화)	甲申·乙酉 泉中水 (천중수)	甲午·乙未 砂中金 (사중금)	甲辰·乙巳 覆燈火 (복등화)	甲寅·乙卯 大溪水 (대계수)
丙寅·丁卯 爐中火 (노중화)	丙子·丁丑 澗下水 (간하수)	丙戌·丁亥 屋上土 (옥상토)	丙申·辛酉 山下火 (산하화)	丙午·丁未 天河水 (천하수)	丙辰·丁巳 沙中土 (사중토)
戊辰·己巳 大林木 (대림목)	戊寅·己卯 城頭土 (성두토)	戊子·己丑 霹靂火 (벽력화)	戊戌·己亥 平地木 (평지목)	戊申·己酉 大驛土 (대역토)	戊午·己未 天上火 (천상화)

庚午·辛未 路傍土 (노방토)	庚辰·辛巳 白蠟金 (백납금)	庚寅·辛卯 松柏木 (송백목)	庚子·辛丑 壁上土 (벽상토)	庚戌·辛亥 釵釧金 (채천금)	庚申·辛酉 石榴木 (석류목)
壬申·癸酉 劍鋒金 (검봉금)	壬午·癸未 陽柳木 (양류목)	壬辰·癸巳 長流水 (장류수)	壬寅·癸卯 金箔金 (금박금)	壬子·癸丑 桑柘木 (상자목)	壬戌·癸亥 大海水 (대해수)
(空亡)戌亥	申酉	午未	辰巳	寅卯	子丑

❂ [선천수(先天數)·후천수(後天數)]

先天數선천수				後天數후천수
甲己·子午	9	水		1·6
乙庚·丑未	8	火		2·7
丙辛·寅申	7	木		3·8
丁壬·卯酉	6	金		4·9
戊癸·辰戌	5	土		5·10
巳亥	4	己		100

㉠ [갑자(甲子)·을축(乙丑)] ➡ 해중금(海中金)으로 금오행(金五行)이 산출(算出)되는 원리(原理).

▶ 선천수(先天數) 甲9·子9·乙8·丑8을 모두 합(合)하면 〈34〉.

▶ 대연수(大衍數)50 − 태극수(太極數)1=〈49=천지도수(天地度數)〉.

· [천지도수(天地度數)] ➡ 60갑자(甲子)에서 천간(天干)이 6번(番) 움직이니 6×6=36에 지지(地支)12를 합(合)하고 여기에 수(數)의 기본(基本)인

태극수(太極數) 〈1〉을 합(合)하면 〈49〉이다.

▶ 49 − 선천합수(先天合數)〈34〉=〈15〉.

15 ÷ 오행수(五行數)5=3---0 나머지가 없으면 〈5〉이다.

▶ 나머지 〈1水 · 2火 · 3木 · 4金 · 5土〉의 후천수(後天數)를 응용(應用)한다.

▶ 土는 金을 토생금(土生金)하여 갑자(甲子)와 을축(乙丑)은 金이 된다.

㉡ [임오(壬午) · 계미(癸未)] ➡ 〈양류목(陽柳木)〉.

▶ 선천수(先天數) ➡ 壬6+午9+癸5+未8=28. ▶ 49−28=21÷5=4---1.

▶ 나머지 〈1〉은 수(水)이니 수생목(水生木)하여 임오(壬午)와 계미(癸未)는 〈목(木)〉이 된다.

㉢ 납음오행(納音五行)의 계산방법(計算方法).

甲·乙=1	丙·丁=2	戊·己=3	庚·辛=4	壬·癸=5

子·丑·午·未=1	寅·卯·申·酉=2	辰·巳·戌·亥=3

1	2	3	4	5
木	金	水	火	土

▶ 간지합수(干支合數)로 5이상(以上)이면 5를 제(除)한 나머지 수(數).

▶ [무오(戊午)] ➡ 戊3+午1=〈4〉이니 〈천상화(天上火)〉.

▶ [을축(乙丑)] ➡ 乙1+丑1=〈2〉이니 〈해중금(海中金)〉.

▶ [계해(癸亥)] ➡ 癸5+亥3=〈8〉이다. 5이상(以上)이니 8-5=〈3〉이니 〈대해수(大海水)〉가 된다.

• 천간(天干)은 연두법(年頭法)을 사용(使用)해 산출(算出)한다.

(13) 사암오행(舍岩五行) ➡ 침법(鍼法)에 사용(使用).

　ㄱ [음기경맥(陰氣經脈) ➡ 장부(臟部)].

　　· [간(肝)〈=정목(井木)〉] · [심장(心臟)〈=영화(滎火)〉] ·
　　　[비(脾)〈=유토(俞土)〉] · [폐(肺)〈=경금(經金)〉] ·
　　　[신(腎)〈=합수(合水)〉].

　ㄴ [양기경맥(陽氣經脈) ➡ 부부(腑部)].

　　· [담(膽)〈=정금(井金)〉] · [소장(小腸)〈=영수(滎水)〉] ·
　　　[위(胃)〈=유목(俞木)〉] · [대장(大腸)〈=경화(經火)〉] ·
　　　[방광(膀胱)〈=합토(合土)〉].

(14) 오행귀신(五行鬼神)의 종류(種類).

　용신(用神) · 부족오행(不足五行) · 일간(日干)에 적용(適用)한다.

木	산신(山神) · 당산신(堂山神).
火	신장(神將) · 명부전(冥府殿).
土	지신(地神) · 지장보살(地藏菩薩).
金	약사여래불(藥師如來佛) · 미륵불(彌勒佛).
水	해신(海神) · 용왕신(龍王神).

第2篇

간지론(干支論)

第1章. 천간론(天干論)

○ 성격론(性格論).

⊙ 명리(命理)로 보아 심리구조(心理構造)나 심리분석(心理分析)은 일간(日干)을 중심(中心)으로 일지(日支)와 일지(日支)의 지장간(地藏干)을 포함(包含)하여 월간(月干)·시간(時干)·월지(月支) 等을 살핀다.

▶ 일간(日干)의 특성(特性)과 일간(日干)의 주변(周邊)에서 가장 영향(影響)을 많이 끼치는 글자를 본다.

▶ 순서(順序)는 우선(于先) 음양(陰陽)이 다른 것을 보고, 다음은 같은 것을 본다.

▶ 음양(陰陽)이 같다면 식상(食傷)·인성(印星)·재성(財星)·관성(官星)·비겁(比劫)의 순서(順序)로 본다.

▶ 일지(日支)는 편(偏)일 때는 정(正)의 성분(成分)으로 본다.

▶ 대입(代入)은 본래(本來)의 성분(成分)대로 한다.

▶ 일간(日干)과 합(合)이 되는 천간(天干)〈=일지(日支)도 포함(包含)〉이 있으면 최우선(最于先)으로 성격(性格)에 적용(適用)한다.

○ 수화(水火)의 상반작용(相反作用).

▶ 지지(地支)에는 체(體)와 용(用)이 있는데 수화(水火)는 체(體)와 용(用)이 바뀌어 행동(行動)한다. 즉(卽) 수화(水火)는 기본(基本)은 음(陰)이되 작용

(作用)은 양(陽)으로 하고, 또 기본(基本)은 양(陽)이되 음(陰)으로 작용(作用)하기 때문이다.

- [자수(子水)] ➡ 음수(陰水)·양(陽)의 작용(作用)·외양내음(外陽內陰).
- [해수(亥水)] ➡ 양수(陽水)·음(陰)의 작용(作用)·외음내양(外陰內陽).
- [사화(巳火)] ➡ 양화(陽火)·음(陰)의 작용(作用)·외음내양(外陰內陽).
- [오화(午火)] ➡ 음화(陰火)·양(陽)의 작용(作用)·외양내음(外陽內陰).

1. 甲木(갑목)〈=대림목(大林木)〉.

(1) 공통(共通).

▶ 전파불가경(田破不可耕)한다. 시작(始作)의 뜻이다. 항상(恒常) 일등(一等)을 원(願)하고, 이등(二等)은 멸망(滅亡)으로 생각(生覺)한다. 항상(恒常) 강박관념(強迫觀念)에 사로잡혀 있다. 일류(一流)와 최고(最高)를 위(爲)해 재산(財産), 시간(時間), 노력(努力), 인생(人生) 等을 아끼지 않는다.

▶ 갑목(甲木)은 기토(己土)를 좋아하고 무토(戊土)를 싫어한다. 기토(己土)는 습토(濕土)이고 무토(戊土)는 산(山)의 메마른 흙이다. 환경(環境)을 중시(重視)한다. 목(木)은 성장(成長)하니 활기(活氣)와 생기(生氣)가 있는 생명체(生命體)이다.

▶ 열심(熱心)히 노력(努力)하고 앞만 보고 전진(前進)하나 한번 좌절(挫折)하면 큰 나무가 한번 꺾이는 것과 같아 쉽게 일어서지 못한다. 서행(徐行)을 하면서 사태(事態)를 살피는 차분(差分)함이 없어 항상(恒常) 서두르며 일을 벌리기만 하여 수습능력(收拾能力)이 부족(不足)하다. 사고률(事故率)이 높다. 자라다가 더 자라지 못하면 죽는다.

► [물상(物象)] ➡ 죽어도 갑목(甲木)이니 자존심(自尊心)이 강(强)하다.

　• 신목(神木) · 보호수(保護樹) · 당산목(堂山木)이다. 갑목(甲木)은 흙이 없
　　으면 자라지 못하니 흙을 중(重)히 여긴다. 흙〈=목극토(木剋土)〉은 재물
　　(財物)에 해당(該當)한다.

　• 갑목(甲木)은 눈에 보이지 않지만 기토(己土)를 암장(暗藏)하고 있다.

(2) 남명(男命).

► 학자(學者)나 행정관리직(行政管理職)이다. 자존심(自尊心)이 강(强)하다.
엉큼하고 욕심(慾心)이 많고 돈생기는 일은 필(必)히 목적달성(目的達成)
한다. 종교가(宗敎家), 교육자(敎育者), 실업가(實業家) 等에 지도적(指導
的)인 지위(地位)가 적합(適合)하다. 공처가(恐妻家)가 많다. 제(第)2의 여
인(女人)을 취(取)하는 경우(境遇)도 있다. 중년(中年)에 가정파탄(家庭破
綻)을 경험(經驗)한다. 겉은 낙천적(樂天的)이나 안은 사기성격(詐欺性格)
이 있다.

► 중개역할(仲介役割)을 잘하고 토건업(土建業)에 종사자(從事者)가 많다.
표면상(表面上)으로는 쾌활(快活)하고 사교적(社交的)이고 친화적(親和的)
인 반면(反面)에 타산적(打算的)이고 이기주의적(利己主義的)인 경향(傾向)
이 있어 금전(金錢)의 집착심(執着心)과 시기심(猜忌心)이 있다. 다정지인
(多情之人)이니 여인관계(女人關係)에 근신(謹愼)을 요(要)한다.

► [격(格)이 잘못되면] ➡ 깡패, 도적(盜賊)이 있고, 법적해결(法的解決)은 화
해(和解)하기를 좋아한다. 본처(本妻)를 멀리 한다. 연예(演藝)나 예술활동
(藝術活動)은 대길(大吉)하다. 자식문제(子息問題)에 애로사항(隘路事項)이
있다. 중개역할(仲介役割)을 잘못하면 망(亡)하는 경우(境遇)가 있다.

(3) 여명(女命).

▶ 자존심(自尊心)이 강(强)하다. 독점(獨占)을 좋아하고 안은 인자(仁慈)하고 겉은 거만(倨慢)하다. 점잖은 척하며 속은 엉큼하게 욕심(慾心)이 있다. 남에게 지기를 싫어하고 자기(自己)의 인격말살(人格抹殺)은 죽음보다 싫어한다. 금전거래(金錢去來)는 확실(確實)하다.

▶ 남편(男便)을 무시(無視)하는 경향(傾向)있고 자식(子息)과 가정(家庭)에 불충실(不充實)하다. 바람을 피워도 그 비밀(秘密)은 아무도 모른다. 심강(心强)하며 타산적(打算的)인 기질(氣質)이다. 이기주의적(利己主義的)인 기질(氣質)있다. 다소(多少) 시기심(猜忌心)도 있다.

▶ [격(格)이 잘못되면] ➡ 천직종사자(賤職從事者)가 많다. 약비(若非)하면 불행인(不幸人)이 많고, 결혼(結婚)은 두번(番) 세번(番)하고, 직업(職業)을 가지고 있다. 앞으로는 분명(分明)하게 해결(解決)하고자 하나 극빈(極貧)에 처(處)하면 야반도주(夜半逃走)를 하든지 빚잔치를 한다.

(4) 갑대운(甲大運)의 발생사건(發生事件)과 질병(疾病).

▶ 일을 벌리기만 한다. 허황(虛荒)된 생활(生活)을 한다. 구설수(口舌數)가 있다. 자식(子息)의 교육(教育)에 힘쓴다. 예술면(藝術面)에서 큰 발전(發展)을 한다. 중개역할(仲介役割)의 잘못으로 허황(虛荒)된 생활(生活)한다. 경제관리(經濟管理)는 엉망이다. 유흥(遊興)에 눈을 뜬다. 주위(周圍)사람에게 폐(弊)를 끼친다.

▶ 보기보다는 궁색(窮塞)하고 옹졸(壅拙)하다. 불안(不安)한 생활(生活)을 한다. 자식(子息)에게 기대(期待)한다. 인기상승(人氣上昇)한다. 허욕(虛慾)을 부려서 부채(負債)가 증가(增加)한다.

▶ [질병(疾病)] ➡ 두통(頭痛) · 신경질환(神經疾患) · 인후병(咽喉病) · 쓸개질

환(疾 患) · 간병(肝病) · 관절염(關節炎) 等.

2. 乙木(을목)〈=화초목(花草木)〉.

(1) 공통(共通).

▶ 등사지형(螣蛇之形)이다. 구재칭구타정(求財稱鉤打釘)한다. 죽을 때까지 자라지 않는 나무이다. 이해타산(利害打算)이 빠르다. 계산(計算)해 보아서 손해(損害)날 것 같으면 거절(拒絶)한다. 너무 물질중시(物質重視)하니 항상(恒常) 사는 것이 돈이 전부(全部)라고 생각(生覺)한다. 자린고비나 수전노(守錢奴)이다. 돈이 있어야 대접(待接)을 받는다고 생각(生覺)한 다. 돈을 과시(誇示)한다.

▶ 환경(環境)의 적응력(適應力)이 좋음. 잔디와 같이 마지막까지 살아 남는다. 이용(利用)할 수 있는 것은 모두 이용(利用)한다. 살기 위(爲)해서 고문(拷問)을 견디면서 목숨과 흥정하지 않으니 스파이(spy)로는 부적합(不適合)하다. 위협(威脅)을 두려워 하지 않는 스파이(spy)는 신금(辛金)이니 을목(乙木)은 겁(怯)이 많아 신금(辛金)을 만나면 몸을 도사린다.

▶ 항상(恒常) 재물(財物)을 주변(周邊)에 보관(保管)하나 위협(威脅)에는 약(弱)하니 강도(强盜)와 도적(盜賊)에 취약(脆弱)하다. 공포(恐怖), 위협(威脅), 공갈(恐喝)에 약(弱)하다. 생활력(生活力)과 인내심(忍耐心)이 있다. 혼자 힘으로 부족(不足)하다고 느끼면 언제라도 어제의 적(敵)이라도 오늘의 동지(同志)가 될 수 있다.

▶ 역경(逆境)에서도 마지막까지 살아남고, 융통성(融通性)이 있어 식구(食口)들을 굶기지 않는다는 신념(信念)을 가지고 생활(生活)한다. 을목(乙木)은

보이지 않는 경금(庚金)을 암장(暗藏)하고 있다.

- ▶ [물상(物象)] ➡ 초목(草木) · 화초(花草) · 넝쿨나무 · 새싹 · 잔디 · 나물종류(種類) · 가공(加工)된 면직물(綿織物) · 지물류(紙物類) · 의류(衣類) · 조류(鳥類) · 어류(魚類) · 곡물류(穀物類) · 한약재(韓藥材).
  - • 간담(肝膽) · 눈 · 뇌(腦) · 후두(後頭)⟨=뒷골⟩ · 목뒤 · 허리 · 심장(心臟) · 손 · 발 等.

(2) 남명(男命).

- ▶ 처음은 부드러우나 마음이 변(變)하여 굳어지면 독사(毒蛇)와 같다. 인내심(忍耐心)은 강(强)하나 인종(忍從)은 힘들다. 마음은 천심(天心)이고 선심(善心)이다. 인정(人情)많고 온후(溫厚)한 반면(反面)에 질투심(嫉妬心)이 강(强)하고 의심(疑心)이 많고 순식간(瞬息間)에 독사(毒蛇)로 변(變)한다.

- ▶ 남명(男命)은 마음은 좋으나 의지심(依支心)이 강(强)한 성격(性格)으로 매사(每事)를 부인(婦人)에게 의존(依存)한다. 부부(夫婦) · 자식(子息)에 애착(愛着)을 가지고 가정(家庭)에는 충실(充實)하나 마음은 불안(不安)하다.

- ▶ 단독처리(單獨處理)하는 힘이 부족(不足)하여 남에게 의지(依支)하고 매사(每事)가 용두사미격(龍頭蛇尾格)이다. 옆에서 조금만 도와주면 재능(才能)을 발휘(發揮)한다. 남에게 이용(利用)을 많이 당(當)한다. 언변(言辯)이 좋아 말을 잘하고 말로 먹고 산다.

- ▶ [직업(職業)] ➡ 관록(官祿)은 별로이다 · 철계통(鐵系統) · 차(車) · 기계(機械) · 파이프(pipe) · 공사(工事) · 토건업(土建業) · 이발(理髮) · 기술직(技術職) · 주방장(廚房長) 等에 종사(從事)한다.
  - • 자가용(自家用)을 매우 아낀다. 질병(疾病)이 많다. 식구질병(食口疾病)에 무관심(無關心)하다. 몸에 상처(傷處)가 있음.

(3) 여명(女命).

▶ 자비심(慈悲心)이 많음. 마음은 천심(天心)이다. 동정심(同情心)은 있으나 인덕(人德)없어 해(害)를 당(當)함. 〈외(外)=겉〉는 명랑(明朗), 온후(溫厚), 유순(柔順)하나 〈내(內)〉는 노기(怒氣), 편굴성(偏屈性)〈=유리(有利)한 쪽으로 치우치고 굽히는 성질(性質)〉, 질투심(嫉妬心)이 강(强)하고 극(極)에 이르면 독사(毒蛇)로 변(變)한다. 의심(疑心)이 많아 남을 믿지 않는다. 마음이 약(弱)해 눈물이 많고, 신세한탄(身勢恨歎)이 많고, 혼자서는 세상(世上)을 돌파(突破)하는 힘이 부족(不足)하다.

▶ 외출(外出), 나들이, 여행(旅行) 等을 할 때는 이웃이나 친구(親舊)를 동행(同行)한다. 약은 꾀는 있으나 귀가 얇아 남의 말을 잘 듣고 감언이설(甘言利說)에 흔들려서 나중에는 후회(後悔)한다.

▶ 돈놀이 · 음식(飲食)장사 · 동업(同業) 等을 좋아한다. 부부생활(夫婦生活)을 만족(滿足)하면서도 무엇을 할려고 한다. 군중(群衆) 속에서 군소리를 하며 혼자 있으면 죽을 것 같다.

(4) 을대운(乙大運) 발생사건(發生事件)과 질병(疾病).

▶ 교통여행(交通旅行)이 많다. 말로 먹고 산다. 죽음과 우환(憂患)을 생각(生覺)한다. 고독(孤獨)을 초래(招來)한다. 새을(乙)의 뜻이니 초상(初喪)으로 상복(喪服)을 입는다. 이사(移徙)나 이동(移動)이 많음. 우울증(憂鬱症)이 발생(發生)한다.

▶ 상인(上人)에게는 칭찬(稱讚)을 듣고 근면(勤勉)하나, 부하(部下)나 하인(下人)에게는 잔소리와 간섭(干涉)을 한다. 모시든 분과 이별(離別)한다. 분주(奔走)하게 돌아 다닌다. 건축(建築)에 관여(關與)한다. 몸이 아프다. 자식(子息)에게는 관용(寬容)을 베풀고, 부부(夫婦)나 애정관계(愛情關係)는 신

경질(神經質)을 낸다.

► [질병(疾病)] ➡ 신경계(神經系)·수족이상(手足異狀)·간담(肝膽)·근육
(筋肉)·소뇌(小腦)·항(項)·손가락·발가락 等.

3. 丙火(병화)〈=태양화(太陽火)〉.

(1) 공통(共通).

► 맹렬(猛烈)하다. 수화불사(水火不辭)한다. 두려움이 없는 맹렬(猛烈)한 성
격(性格)으로 저돌적(猪突的)인 공격성(攻擊性)이 있다. 일촌(一寸)〈=한치
〉의 양보(讓步)도 없음. 데모(demo)에는 선봉(先鋒)에 선다. 언제나 혁신
(革新), 혁명(革命), 개혁(改革)을 추구(追求)한다. 남을 따르는 모방(模倣)
은 없고 오직 개성(個性)으로 죽고 사는 인생(人生)이고, 반대(反對)를 하면
서 손가락 깨물고, 머리에 끈을 메고, 북을 치고, 뒤돌아 보지 않고 앞으로
만 전진(前進)해서 나아간다.

► 사소(些少)한 실수(失手)가 많다. 천방지축(天方地軸)으로 행동(行動)한다.
후회(後悔)를 하면서도 일을 저지른다. 장점(長點)은 용기(勇氣)가 있다. 사
주(四柱)에 병화(丙火)가 없는 사람은 말이 분명(分明)하지 못해 답답(遝遝)
하다. 병화(丙火)는 말의 내용(內容)이 명확(明確)하고, 숨기지 않고, 있는
대로 말하고, 틀려도 개의(介意)치 않는다.

► 건망증(健忘症)이 심(甚)함. 눈에 확 뜨인다. 불을 보듯 투명(透明)하니 항
상(恒常) 손해(損害)를 본다. 불같은 성격(性格)이다. 성질(性質)이 나면 무
서우니 상대(相對)하지 말고 불이 꺼지고 나서 역습(逆襲)하면 성공(成功)
한다.

- 〈여름의 병화(丙火)와 겨울 병화(丙火)〉의 힘이 다르다. 겨울 병화중(丙火中)에도 〈낮 병화(丙火)와 밤 병화(丙火)〉의 차이(差異)가 크다. 병(丙)은 보이지 않는 신금(辛金)을 암장(暗藏)하고 있다.
- ▶ [물상(物象)] ⇒ 태양(太陽) · 하늘 · 불 · 열기(熱氣) · 화산(火山) · 자동차(自動車) · 엔진(engine) · 전자(電子) · 전기(電氣) · 통신(通信) · 광선(光線) · 철금속(鐵金屬) · 물질(物質)을 녹이는 불 · 가스류(gas類) · 화약(火藥) · 핵에너지(核energy) · 화력발전(火力發電) 等.
  - 심장(心臟) · 소장(小腸) · 정신(精神) · 신경(神經) · 고혈압(高血壓) · 후두(後頭)〈= 뒷골〉· 눈 · 어깨 · 기침 等.

(2) 남명(男命).

- ▶ 활기왕성(活氣旺盛)하고 과단성(果斷性)이 있고 수완(手腕)이 있음. 사물처리(事物處理)를 잘한다. 통솔력(統率力)을 구비(具備)한다. 호탕(浩蕩)하고 낙천주의자(樂天主義者)이다. 출세욕(出世慾)과 집념(執念)이 강(强)하다. 겉은 인자(仁慈)하고, 악의(惡意)가 없고, 자상(仔詳)하지만 내(內)는 고집(固執)이 강(强)하고, 이기적(利己的)이고, 음침(陰沈)한 성격(性格)이 있다. 고(故)로 지나치게 급진적(急進的)이고, 매사(每事)가볍고, 주책(誅責)이 없고, 인내(忍耐)와 지구력(持久力)이 부족(不足)하고, 감정예민(感情銳敏)하고, 투기적(投機的)인 위험(危險)이 있고, 신경질적행동(神經質的行動)이 있으니 조심(操心)하라.
- ▶ 이성(異性)을 좋아해서 부부생활(夫婦生活)은 동서남북(東西南北)에 솥이 걸려 있음. 특(特)히 남의 유부녀(有夫女)를 좋아한다. 언행불일치(言行不一致)하다. 은인(恩人)이나 신세(身勢)진 사람을 적(敵)으로 만들고 원한(怨恨)을 산다.

► [직업(職業)] ➡ 법관(法官) · 군인(軍人) · 정치인(政治人) · 수사요원(搜查要員) · 의사(醫師) · 소방관(消防官) · 경찰(警察) 等에 투신(投身)하면 발전(發展)함.

• 병화(丙火)의 일주(日柱)는 한번 직장(職場)을 물러나면 재차(再次) 직업(職業)을 가지기가 힘들다. 이혼(離婚)한 여자(女子)를 아내로 맞이한다.

(3) 여명(女命).

► 남자(男子)같은 활달(豁達)한 성격(性格)이다. 수완(手腕)이 민첩(敏捷)하고 솔직(率直)하고 말을 잘하고 임기응변(臨機應變)에 능(能)하다. 성질(性質)과 행동(行動)이 경솔(輕率)하고, 주책(誅責)이 없고, 인내(忍耐)와 지구력(持久力)이 부족(不足)하다. 고집(固執)이 강(強)하다. 실속이 없고, 낭비(浪費)가 심(甚)하고, 질투(嫉妬)와 시기심(猜忌心)이 있고, 게으르고 낙천적(樂天的)이다. 놀기를 좋아하고, 투기심리(投機心理)가 있고, 요행수(僥倖數)를 바란다.

► 돈거래(去來)를 하면 받기 힘들거나 어렵게 받는다. 자식(子息)에게 지나친 잔소리를 한다. 투기(妬忌)나 질투(嫉妬)가 많아 끼〈=년살(年殺)〉가 발동(發動)이 되면 뭇 남자(男子)와 인연(因緣)을 맺고 한번 바람이 나면 꺼질 줄 모른다. 한번 마음이 변(變)하면 다시 회복(回復)이 안된다. 자식(子息)은 과묵(寡黙)하고 훌륭하다.

► [상격(上格)] ➡ 교수(敎授) · 아나운서(announcer) · 의사(醫師) · 군경(軍警) · 지휘계통(指揮系統). 남자(男子)를 하시(下視)하고 멸시(蔑視)하는 경향(傾向)이 있음.

► [중격(中格)] ➡ 가정주부(家庭主婦). 남편(男便)이 공업계통(工業系統)에 종사(從事) · 섬유계통(纖維系統) · 생산직(生産職)에 종사(從事)한다.

▶ [하격(下格)] ➡ 써비스업(service業) · 식당(食堂) · 술집 · 요정(料亭) · 여관
(旅館) 等.

· 가정운(家庭運)이 불길(不吉) · 창녀(娼女)가 가끔 있음.

(4) 병대운(丙大運)의 발생사건(發生事件)과 질병(疾病).

▶ 높은 집에 산다. 과비용(過費用)을 지출(支出)한다. 건축(建築)할 일이 발생
(發生)한다. 군식구(群食口)가 모인다. 허영심(虛榮心)이 발동(發動)한다.
업무(業務)가 비대(肥大)해진다. 문화시설(文化施設)을 누리며 높고 넓은
집에 생활(生活)을 한다. 살림이 늘고 노후대책(老後對策)을 위(爲)해 저축
(貯蓄)을 한다.

▶ 교통(交通)이 편리(便利)한 곳에 산다. 배우자(配偶者)보다 부모형제(父母
兄弟)에게 잘한다. 자식(子息)에게는 실망(失望)한다. 애정(愛情)은 신경(神
經)을 안쓴다. 제사(祭祀)와 호적(戶籍)에 관계(關係)되는 일이 발생(發生)
한다. 돈놀이나 은행업(銀行業)은 길(吉)하다.

▶ [질병(疾病)] ➡ 견통(肩痛) · 소장(小腸) · 심장(心臟) · 목(目) · 견(肩)〈=어
깨〉 · 설(舌)〈=혀〉 · 편도선(扁桃腺) · 고혈압(高血壓) · 치통(齒痛) · 안질
(眼疾) 等.

4. 丁火(정화)〈=등촉화(燈燭火)〉.

(1) 공통(共通).

▶ 단신(單身)으로 하는 독력사(獨力事)는 난성(難成)한다. 견관유장귀(見官
有杖貴)한다. 정화(丁火)는 아름답다. 봉사정신(奉仕精神)이 있고 헌신적

(獻身的)이다. 화(禍)를 잘내지 않는다. 어둠을 밝히는 〈불〉이다. 남의 심정(心情)을 잘 헤아려 준다. 충신(忠臣)이며 반역(反逆)을 모른다. 병화(丙火)는 알아보기 쉬운데 정화(丁火)는 알아보기가 힘들다. 정화(丁火)는 건드리는 것을 싫어하고 병화(丙火)는 무척 좋아한다.

- 신기(神氣)가 있음.

▶ 정(丁)은 보이지 않는 임수(壬水)를 암장(暗藏)하고 있다.

- 달 · 별 · 전기(電氣) · 건전지(乾電池) · 용접(容接) · 광선(光線) · 통신(通信) · 레이져(razor) · 자동차전조등(自動車前照燈) · 번개 · 물기를 말리는 불 · 난방(煖房)하는 열(熱) 等이다.

▶ [물상(物象)] ➡ 등(燈)불 · 신(神)불. 꿈이 적중(適中)한다. 미래(未來)의 직감력(直感力)있음. 친척(親戚) · 친구(親舊)에 잘함. 종교(宗敎)에 관심(關心)있음. 인간(人間)이 만든 불이다.

▶ 전기(電氣) · 전파(電波) · 학문(學文) · 이론(理論) · 공식(公式) · 구구단 · 〈LPG〉 · 〈LNG〉 · 촛불 等도 정화(丁火)이다. 촛불은 자신(自身)을 태우면서 어둠을 밝히는 봉사정신(奉仕精神)이 있음.

(2) 남명(男命).

▶ 평상시(平常時)에는 자상(仔詳)하고 온후(溫厚)한 성품(性品)이고 인정(人情)이 있고 신의(信義)를 지키며 약자(弱者)를 돕는다. 내면(內面)은 강(强)한 활기(活氣), 고집(固執), 완강(頑强), 불칼, 폭발적(爆發的)인 기질(氣質)이 있음. 허언(虛言)과 농담(農談)과 지력(智力)이 심오(深奧)한 수완가(手腕家)이다. 세밀(細密)한 계획하(計劃下)에 실천(實踐)하고 확신(確信)이 서면 끝까지 밀고 간다. 신중(愼重)함이 지나쳐 실행력(實行力)이 부족(不足)하다. 대사(大事)는 남의 의견(意見)을 듣고 검토후(檢討後)에 행사(行使)한다.

► 아끼는 물건(物件)을 건드리면 난리(亂離)가 난다. 머리가 좋아 좋은 고안 (考案)을 잘한다. 재물욕심(財物慾心)이 대단(大端)해서 이익(利益)있으면 어떤 난사(難事)라도 해결(解決)하는 능력(能力)의 소유자(所有者)임.

► 육친궁(肉親宮)은 박연(薄緣)하다. 의처증(疑妻症)이 있다. 다른 여인(女人) 에 호기심(好奇心)이 많다. 남을 불신(不信)한다.

- [직업(職業)] ➡ 월급생활(月給生活)이 힘들고 자기사업(自己事業)하는 자(者)가 많다. 학자(學者)·예술가(藝術家)·종교가(宗敎家)·연구가(研 究家) 等에 종사(從事)하며,

- [하격(下格)이면] ➡ 토건업(土建業)·미장(美粧)장이·이발사(理髮師)· 장사 等에 종사(從事)한다.

(3) 여명(女命).

► 알뜰하고 가정적(家庭的)이다. 남편(男便)에게 희생적(犧牲的)이고 봉사적 (奉仕的)이다. 남편복(男便福)이 희박(稀薄)하다. 어른을 공경(恭敬)하고 아 이에게 애정(愛情)을 쏟고 이웃간(間)에 정(情)이 좋으나 인덕(人德)은 없 다.

► 〈외(外)〉는 매사(每事)에 자상(仔詳)하고, 온후(溫厚)한 성격(性格)이고, 인 정풍부(人情豊富)하고, 신의(信義)를 지키고, 약자(弱者)에 도움을 주고, 수 완(手腕)이 좋다.

- 〈내(內)〉는 냉정(冷情)하고, 이상가(理想家)이며, 강력(强力)한 활기(活 氣)가 있고, 폭발적(爆發的)이고 변질적(變質的)인 기분(氣分)을 가지고 있다.

► 성질(性質)을 내면 노도(怒濤)와 같이 망동(妄動)한다. 친정(親庭)을 돕고 행동(行動)이 어긋나면 누구와도 절연(絕緣)을 한다. 남자(男子)를 믿지 않

고 생리사별(生離死別)도 있음. 재혼(再婚)을 하며 남의 자식(子息)을 키운다. 어떤 험사(險事)에도 행동(行動)한다. 열녀(烈女)와 효부(孝婦)가 있다.

▶ [직업(職業)] ➡ 직업(職業)을 갖는 경우(境遇)가 많음. 수목(水木)과 관련직종(關聯職種)·고기장사·식당(食堂)·노동판(勞動版)·미장원(美粧院)·가정공업(家庭工業)·섬유제품(纖維製品)·꽃집·경리직(經理職)·찻집·가정부(家政婦)·막노동(勞動)·페인트공(paint工) 等이다.

(4) 정대운(丁大運)의 발생사건(發生事件)과 질병(疾病).

▶ 혼인(婚姻), 입적(入籍), 호적(戶籍) 等의 일이 생긴다. 종교사건(宗敎事件)이 발생(發生)한다. 역사성(歷史性)이 있는 일이 생긴다. 은거생활(隱居生活)을 한다. 친척(親戚), 친구(親舊)에 잘 베풀고, 꿈이 적중(適中)한다. 식구(食口)가 증가(增加)한다.

▶ 잃어버렸던 재산(財産)이나 친구(親舊)를 찾는다. 신경병(神經病)이 침입(侵入)한다. 부채(負債)가 있던 없던 간에 자가용(自家用)을 탄다. 자식(子息)은 하나 더 희망(希望)한다. 애정(愛情)이나 부부관계(夫婦關係)는 서로 갈길이 따로 있다.

▶ [질병(疾病)] ➡ 심장질환(心臟疾患)·고혈압(高血壓)·시력장애(視力障碍)·혈액(血液)·안질(眼疾)·정신혼미(精神昏迷)·심장(心臟)·치아(齒牙)·머리·후두(後頭)〈=뒷골〉·저혈압(低血壓)·혈액(血液)·정신(精神)·신경(神經) 等이다.

┌─────────────────────────────────────┐
│ 5. 戊土(무토)〈=성원토(城垣土)〉. │
└─────────────────────────────────────┘

(1) 공통(共通).

▶ 무성지상(茂盛之象)이다. 용력이성(用力易成)한다.

  • 〈지리산(智異山)=토산(土山)〉・〈북한산(北漢山)=금산(金山)〉・
  〈백두산(白頭山)=목산(木山)〉・〈금강산(金剛山)=화산(火山)〉.

  • 무토(戊土)는 오가는 것을 관망(觀望)하는 태산(泰山)이나 높은 산(山)을
  의미(意味)한다. 즉(卽) 높은 산(山)의 토(土)〈=흙〉이다. 무토(戊土)는 고
  독(孤獨)하다. 고독(孤獨)을 스스로 즐긴다. 부모형제(父母兄弟)가 있어
  도 의논(議論)하지 않고 혼자 고독(孤獨)을 짊어진다. 표정(表情)이 없고,
  촐랑 대거나, 울고 불고 하지 않는다. 센스(sense)도 없고, 고지식(固知
  識)하고, 있는 그대로 밖에 모르니 종업원(從業員)으로는 별로이다. 적성
  검사(適性檢査)가 필요(必要)하다.

▶ 무토(戊土)도 무서울 때가 있다. 잘못 건드리면 난리(亂離)를 치고 모아 두
  었다가 한번에 폭발(暴發)을 한다. 무토(戊土)는 건드리지 마라. 다시 안볼
  듯 10년(年), 20년(年) 전(前)의 것이 툭툭 불거져 나오고, 기억력(記憶力)
  도 좋아 까맣게 잊고 있었던 일도 끄집어 낸다. 무토(戊土)는 교만(驕慢)해
  보여서 가끔 오해(誤解)를 받는다. 아무런 이익(利益)이 없는 데도 사물(事
  物)과 사리(事理) 等이 정확(正確)한지 아닌지를 계산(計算)을 한다.

▶ 성곽(城郭)・단체(團體)・도전(挑戰)・대립(對立)・약자(弱者)도움・파벌
  조성(派閥造成)・도매업종(都賣業種)・지사장(支社長)・독립(獨立)된 직책
  (職責). 정직(正直). 빚은 꼭 갚음. 변두리 장사는 망(亡)한다.

▶ [물상(物象)] ➡ 무토(戊土)는 보이지 않는 계수(癸水)를 암장(暗藏)함.

  • 지구(地球)・대지(大地)・부동산(不動産)・가옥(家屋)・건축물(建築
  物)・제방류(堤防類)・창고(倉庫)・토석(土石)・물이 고여있는 땅・온
  천(溫泉)・용암(鎔巖)・화산석(火山石)・자동차(自動車)・중화기(重火

器) · 바위 · 타일(tile) · 스레이트(slate) · 벽돌 · 5층(層) · 10층(層)의 건
물(建物) 等.
- 위장(胃腸) · 비장(脾臟) · 피부(皮膚) · 옆구리 · 손 · 발 等.

(2) 남명(男命).

▶ 마음속을 알 수 없음. 〈외(外)〉는 조화(調和)롭고, 온유(溫柔)하고, 인정(人
情)이 있고, 아량(雅量)이 넓으며, 자중성(自重性)과 사고력(思考力)과 지
구력(持久力)이 있고, 노력형(努力形)이고, 두뇌발달(頭腦發達)하나 활동력
(活動力)이 부족(不足)하다.
- 〈내(內)〉는 완고(頑固)하고, 자존심(自尊心)이 강(强)하고, 성질(性質)을
잘 내나 곧 풀린다.

▶ 불리(不利)하면 상대(相對)를 달래는 기질(氣質)이 있다. 주장(主張)이 옳으
면 끝까지 밀고 간다. 멋을 낸다. 위선적(僞善的)이다. 폭발적기질(爆發的
氣質)이 있다. 부모인연(父母因緣)이 박(薄)해 객지생활(客地生活)을 한다.
몸에 상처(傷處)나 불구처(不具處)가 있음. 친구덕(親舊德)이 없음. 인덕부
족(人德不足)하다. 재물(財物)을 남용(濫用)한다.

▶ 처(妻)와 인연(因緣)이 없음. 본처(本妻)를 조심(操心)하면서도 외방여인(外
方女人)을 좋아한다. 마음 자세(姿勢)가 불안(不安)하다. 이곳 저곳으로 방
황(彷徨)을 한다. 거주지(居住地)가 불안(不安)하다. 완전(完全)한 직업(職
業)이 없고 가끔 험(險)한 직업(職業)에 종사(從事)한다. 말년(末年)은 아무
도 모르는 곳에서 세상(世上)을 등진다.

(3) 여명(女命).

▶ 미녀형(美女形)이고 용모단정(容貌端正)하다. 사치(奢侈)스럽다. 온유(溫

柔)하다. 인정(人情)이 있다. 친구(親舊)와 원만(圓滿)하다. 두뇌명석(頭腦
明晳)하다. 남자(男子)같은 호탕(浩蕩)한 성격(性格)이다. 욕심(慾心)이 많
음. 낭비벽(浪費癖)이 있음. 자기(自己)의 지출(支出)은 많이 해도 남에게는
인색(吝嗇)하다.

▶ 〈외(外)〉는 화려(華麗)하다. 〈내(內)〉는 추잡(醜雜)하다. 기분파(氣分派)이
다. 도심(盜心)이 있음. 재물(財物)에는 마음이 2개(個)라 남편(男便)에게
돈을 안맡기거나 주머니 2개(個)를 찬다. 남에게는 아주 구두쇠이다.

▶ [파격(破格)]이 되면 남편(男便)두고 다른 남자(男子)를 취(取)해 자식(子息)
도 낳고, 의지(依支)하고, 도움주기를 바라고, 욕심(慾心)을 낸다. 외도(外
道)해도 밖으로 표시(表示)를 안한다. 임신중(姙娠中)에 도심(盜心)을 발동
(發動)함이 많다. 자식복(子息福)은 없으나 간혹(間或) 귀자(貴子)가 있다.

• [직업(職業)] ➡ 화려(華麗)한 직업(職業)이나 상업(商業)이나 노점상(露
店商) 等에 종사(從事)한다.

(4) 무대운(戊大運)의 발생사건(發生事件)과 질병(疾病).

▶ 시비(是非)가 자주 발생(發生)한다. 경쟁자(競爭者)가 생긴다. 신용타락(信
用墮落)한다. 분배시비(分配是非)가 생긴다. 재산분배(財産分配)를 받아 나
누어 가진다. 항상(恒常) 라이벌(rival)이 싸움을 걸어오니 전쟁(戰爭)의 대
비상태(對備狀態)로 살아간다.

▶ 성질(性質)이 나면 이성(異性)을 잃는다. 이중직업(二重職業)을 가지며 경
쟁자(競爭者)를 조심(操心)하라. 삼수갑산(三水甲山)을 가도 먹고 보자는
배짱을 부린다. 아이디어(idea)가 좋아 히트(hit)친다. 자식(子息)에게는 기
대(期待)를 한다. 애정(愛情)이나 결혼(結婚)은 후회(後悔)를 한다.

▶ [질병(疾病)] ➡ 수족(手足) · 요(腰)〈=허리〉 · 등 · 흉(胸)〈=가슴〉 · 신경성

위장병(神經性胃腸病)·신경성협통(神經性脇痛)·비장(脾臟)·피부병(皮膚病)·당뇨(糖尿) 等.

6. 己土(기토)〈=전원토(田園土)〉.

(1) 공통(共通).

▶ 옥토(沃土)이다. 들판의 〈논과 밭〉이다. 기토(己土)는 인간(人間)이 가꾸는 대지(垈地)이다. 을목(乙木)은 인간(人間)이 가꾸는 곡식(穀食)이다. 음오행(陰五行)은 인간(人間)과 관계(關係)가 많다. 갑목(甲木)은 산(山)의 단단(鍛鍛)한 흙인 무토(戊土)보다, 기름지고 영양가(營養價)있는 기토(己土)를 좋아한다. 을목(乙木)도 기토(己土)를 좋아하니 인기(人氣)가 좋다.

▶ 기토(己土)는 계수(癸水)를 보면 흙탕물이 되니 계수(癸水)를 싫어한다. 기토(己土)가 술을 마시면 반죽(飯粥)이 되어 뻘토(土)가 되니 이성(理性) 을 잃는다. 갑목(甲木)이 기토(己土)를 의지(依支)할 곳으로 본다면 을목(乙木)은 호구(虎口)다. 기토(己土)는 충동구매(衝動購買)에 약(弱)하다. 병화(丙火)의 고집(固執)도 기토(己土)에게는 약(弱)하다. 기토(己土)는 화(禍)가 나면 가만히 기다린다. 기토(己土)는 자기주장(自己主張)을 내세우지 않아서 주변(周邊)이 좋아한다. 속을 알 수가 없다.

▶ 기토(己土)는 찰흙으로 모형(模型)을 만드는 토(土)〈=흙〉이다. 고지식(固知識)하고, 순진(純眞)해 보이고, 모진 말을 못하고, 남의 심정(心情)을 잘 헤아려 준다. 종교인(宗教人)의 적성(適性)에 적합(適合)하다. 을목(乙木)에게 골탕을 먹는다. 웬만한 엉터리가 아니면 속아 넘어 간다.

• 무토(戊土)는 양적(陽的)인 중용(中庸)이고 기토(己土)는 음적(陰的)인 중

용(中庸)이다. 토(土)는 한쪽으로 치우치지 않으니 판정(判定)을 하기가 어렵다.

▶ [물상(物象)] ➡ 기토(己土)는 안보이는 갑목(甲木)을 암장(暗藏)하고 있다.
- 음지(陰地)의 토석(土石) · 가옥(家屋) · 담장(垈墻) · 성벽(城壁) · 마을 · 기지(基地) · 콘크리트(concrete) · 레미콘(remicon) · 도로(道路) · 건축용토석(建築用土石) · 모래 · 자갈 等.
- [질병(疾病)] ➡ 위장(胃腸) · 비장(脾臟) · 후두(後頭) · 얼굴 · 창자 等.

(2) 남명(男命).

▶ [외(外)]는 온유유화(溫柔宥和)하고, 화려(華麗)한 것을 좋아하고, 침착부동(沈着不動)하고, 자존심(自尊心)이 강(强)하다.
- 〈내(內)〉는 자상(仔詳)하고, 감정적(感情的)이고, 고집(固執)이 강(强)하고, 남에게 지기를 싫어하고, 질투(嫉妬)와 시기심(猜忌心)이 있으나 본인(本人)은 표출(表出)을 안한다. 화(禍)를 내면 광포(狂暴)해지고 물건(物件) 等을 던지고 난리(亂離)를 치나 곧 풀린다.

▶ 약자(弱者)에게는 강(强)하고, 강자(强者)는 피(避)하는 성격(性格)이다. 표리부동(表裏不同)〈=겉과 안이 다름〉하다. 친구관계(親舊關係)는 초길후흉(初吉後凶)하다. 인덕(人德)이 없음. 항상(恒常) 불평(不平)한다. 객지(客地) 바람 쏘이면서 동분서주(東奔西走)한다. 부부불화언쟁(夫婦不和言爭)이 많다. 여자(女子)에게 강(强)한 기질(氣質)로 여자(女子)를 잘 이용(利用)한다. 부인(婦人)이 생활전선(生活前線)에 투입(投入)이 된다. 직장(職場)에 오래 못있는다. 생활불안정(生活不安定)하다. 투기(投機)나 도박(賭博)을 좋아한다. 도망자(逃亡者)가 많다. 교도소(矯導所)를 가도 개의(介意)치 않는다.

▶ [직업(職業)] ➡ 모험적직업(冒險的職業)이나 투기직종(投機職種)에 종사(從

事)한다. 이익(利益)을 보면 진지(眞摯)하고, 손해(損害)를 보면 반드시 앙 갚음을 한다. 기록(記錄)과 법률(法律)을 의미(意味)한다. 꼼꼼한 증거수집 형(證據收集形)이다.

(3) 여명(女命).

▶ 직장생활(職場生活)하나 권태감(倦怠感)을 잘 느끼며, 상인(上人)과 잘 다 투어 완전(完全)한 직장(職場)을 못가진다. 초년(初年)에 조출타향(早出他 鄕)한다. 하(下)에서 상(上)으로 올라오나 굴곡(屈曲)이 심(甚)하다. 밀정(密 情)을 통(通)하고, 비밀누설(秘密漏泄)을 잘하고, 노름과 도박(賭博)을 즐기 고, 돈많은 여인(女人)과 잘 어울리고, 중개역할(仲介役割)을 잘한다.

▶ 주위(周圍)사람들을 겉으로는 칭찬(稱讚)을 하고 안으로는 욕(辱)하나 아무 도 모른다. 자기(自己)보다 못한 순진(純眞)하고 바보같은 여자(女子)를 좋 아하고, 동성연애(同性戀愛)하는 자(者)도 있다. 독신(獨身)을 즐긴다.

▶ 남편(男便)과는 인연(因緣)이 없음. 자식(子息)에게는 무책임(無責任)하고 학대(虐待)를 한다. 생활(生活)은 부자(富者)이거나 아니면 빈자(貧者) 等으 로 굴곡(屈曲)이 심(甚)하다.

• [직업(職業)] ➡ 간호원(看護員) · 의술계통(醫術系統) · 운전계통(運轉系 統) · 술집 · 호스티스(hostess) 等에 종사(從事)한다.

(4) 기대운(己大運)의 발생사건(發生事件)과 질병(疾病).

▶ 법적사건(法的事件)이 많이 발생(發生)한다. 고소사건(告訴事件)이 빈발(頻 發)한다. 새로운 출발(出發)을 한다. 개혁(改革)과 혁신(革新)을 시도(試圖) 를 한다. 업무(業務)를 시작(始作)한다. 기록사건(記錄事件)이 발생(發生)한 다.

► 권리소재(權利所在)를 확인(確認)한다. 법적(法的)으로 모든 일에 대비(對備)하여 시비사건(是非事件)이 생기면 기록(記錄)으로 일에 착수(着手)한다. 기록문서(記錄文書)에 서명(書名)을 하거나, 날인(捺印)할 일이 생긴다. 권리(權利)를 찾을 수 있는 땅을 확인(確認)한다. 미숙(未熟)한 짓을 하고 허황(虛荒)된 꿈을 꾼다. 자식(子息)에게는 기대(期待)를 안한다.

► [질병(疾病)] ➡ 신경성복통(神經性腹痛)·비장(脾臟)·맹장(盲腸)·췌장(膵臟) 等.

7. 庚金(경금)〈=검극금(劍戟金)〉.

(1) 공통(共通).

► 불득강녕(不得康寧)한다. 10간중(干中)에 가장 단단(鍛鍛)하다. 단단(鍛鍛)한 바위이다. 고집불통(固執不通)이다. 마음먹은 일은 끝장 본다. 도중(途中)에 오류(誤謬)가 생겨도 그냥 밀고 가며 수정(修正)을 모른다. 항상(恒常) 무모(無謀)하다. 갑목(甲木)은 경금(庚金)을 가장 두려워 한다. 꼬장꼬장한 강골(强骨)로서 자기주장(自己主張)을 굽히지 않으니 사헌부(司憲府) 선비의 체질(體質)이다.

► 위협(威脅)을 느껴도 할말을 하고, 소신(所信)이 있고, 방향(方向)을 수정(修正)하지 않고, 그냥 밀고 나간다. 한번 옳다고 판단(判斷)되면 절대(絕對)로 수정(修正)을 않는다. 적(敵)도 많음. 결합제휴(結合提携)는 체질(體質)에 안맞는다. 그릇이 크다. 경금(庚金)은 어린아이와 같은 순진(純眞) 함이 있다. 선물(膳物)을 사주면 좋아하고, 사심(私心)없이 받아 들이니 속기도 잘한다. 경금(庚金)의 심복(心腹)은 평생(平生) 간다.

▶ 경금(庚金)은 군인체질(軍人體質)이다. 수화불사(水火不辭)한다. 명령복종(命令服從)한다. 동료의식(同僚意識)이 강(强)하고 의리(義理)를 중(重)히 여긴다. 세련(洗鍊)되지 않은 천연암석(天然岩石)이다. 세월(歲月)이 흐르면 그것이 장점(長點)으로 된다. 자기주장(自己主張)을 굽히는 것을 치욕(恥辱)으로 여긴다. 기회주의자(機會主義者)들에게는 무시당(無視當)하기 쉽다. 산상(山上)에 솟은 바위이다. 땅속 깊은 곳에 뿌리를 둔 암반(巖盤)이다. 대쪽같은 성품(性品)이다. 황소같은 고집(固執)이다.

▶ [물상(物象)] ➡ 경금(庚金)은 안보이는 을목(乙木)을 암장(暗藏)하고 있음.

  • 철강(鐵鋼) · 건축용철재(建築用鐵材) · 금속성물질(金屬性物質) · 기계류(機械類) · 방앗간 · 칼 · 바늘 · 톱 · 나무를 자르는 기구(機具) · 직조기(織造機) · 재봉(裁縫)틀 等.

  • 대장(大腸) · 폐(肺) · 호흡기(呼吸器) · 창자 · 설사(泄瀉) · 가래침 等.

(2) 남명(男命).

▶ 지략(智略)과 실행력풍부(實行力豊富)하다. 의협심(義俠心)이 강(强)하다. 과단성(果斷性)이 있어 칼로 베는 듯한 기질(氣質)이다. 야당적(野黨的)인 기질(氣質)이 있다. 명예(名譽)와 위신(威信)을 존중(尊重)한다. 강건(剛健)하다. 인내력(忍耐力)이 강(强)하다. 〈외(外)〉는 인자(仁慈)하다. 남에게 의지(依支)를 하지 않고 남을 잘 도와주지만 우덕(友德)이 없어 결국(結局) 배신당(背信當)한다. 한번 성질(性質)내면 무섭지만 곧 화해(和解)한다.

▶ 바른말을 잘하고, 혼자서는 강(强)하고, 중인(衆人)앞에서는 종(從)하며 따라간다. 의심(疑心)이 많음. 상대(相對)가 한번 실수(失手)하면 절대(絶對)로 믿지 않는다. 기분파(氣分派)여서 신나면 아무거나 준다. 운동가(運動

家)가 많고 칭찬(稱讚)을 해주면 우쭐한다.

▶ 신체장애(身體障碍)가 있음. 호흡곤난증세(呼吸困難症勢)가 있음. 자식(子息)을 처(妻)보다 우선(于先)한다. 재물(財物)은 생길 때는 부자(富者)이나 없을 때는 한푼도 없다. 투기성(投機性)이 있음. 허황(虛荒)된 꿈으로 실패(失敗)한다. 연예활동(演藝活動)은 길(吉)하다.

▶ 철(鐵)·도끼·무관(武官)·정복자(征服者) 等의 의미(意味)이며, 깡패기질(氣質)로 의리(義理)를 중(重)히 여긴다. 비밀(秘密)이 없고 세련미(洗煉味)가 부족(不足)하다. 망(亡)해도 끝장을 본다. 빈손으로 할려고 한다.

(3) 여명(女命).

▶ 남자성격(男子性格)이다. 독(毒)할 때는 아주 독(毒)하나 슬픈 것을 보면 눈물과 한숨을 짓는다. 궁금증(宮禁症)이 많음. 통(桶)이 큰 여인(女人)이다. 남과 돈거래(去來), 보증(保證), 담보(擔保) 等을 하면 받지도 못하고, 보지도 못하고, 만져 보지도 못한 돈을 갚아 준다.

▶ 부모형제(父母兄弟)의 덕(德)이 없음. 자수성가(自手成家)한다. 인덕(人德)이 없고, 돕는 자(者)도 없고, 덕(德)만 볼려고 하는 자(者)만 많다. 신의(信義)를 지킨다. 세월(歲月)이 가면 남편(男便)과 멀어져 충돌(衝突)하고, 이혼(離婚)을 생각(生覺)한다. 남자(男子)없이 살면 팔자(八字)를 고칠텐데 하고 신세한탄(身勢恨歎)을 한다. 비참(悲慘)한 죽음이 간혹(間或) 있고 무덤도 없는 파란만장(波瀾萬丈)한 생애(生涯)도 가끔 있다.

▶ [직업(職業)] ➡ 직업(職業)을 갖는 율(率)이 〈80%~100%〉이다·상업(商業)·채소(菜蔬)장사·생선(生鮮)장사·음식(飮食)장사·반탱이장사·공사판(工事板) 의 중노동(重勞動) 等에 종사(從事)한다.

(4) 경대운(庚大運)의 발생사건(發生事件)과 질병(疾病).

▶ 주위(周圍)를 소란(騷亂)하게 한다. 아무데나 불쑥불쑥 나타난다. 새로운
아이디어(idea)를 활용(活用)한다. 투기(投機)와 예술(藝術)을 좋아한다.

▶ 험(險)한 행동(行動)으로 깡패소리 듣고 선무당(巫堂)이 사람잡는 식(式)으
로 행동(行動)을 한다. 잘난 척 자기도취(自己陶醉)에 빠진다. 남의 눈에 아
니꼽고 더럽게 보인다. 자식(子息)은 더 있으면 하고 바란다. 부부(夫婦)나
애인(愛人)은 헤어져도 그만 안해도 그만이다.

▶ [질병(疾病)] ➡ 결핵(結核) · 폐병(肺病) · 배꼽부분(部分) · 피부병(皮膚
病) · 호흡기질환(呼吸器疾患) · 소아마비(小兒痲痺) · 골절(骨折) · 결핵성
대장염(結核性大腸炎) · 골수병(骨髓病) · 맹장(盲腸) 等.

8. 辛金(신금)〈=주옥금(珠玉金)〉.

(1) 공통(共通).

▶ 무력가변(無力可辨)한다. 공유신동(空有辛動)한다. 가공석(加工石), 보석
(寶石) 等 가공(加工)된 금속(金屬)이다. 음금(陰金)이니 숨기고 감추어 둔
다. 신금(辛金)은 깔끔한 양주(洋酒)이고, 경금(庚金)은 막걸리이다. 멋쟁이
이니 잡초(雜草)속에 있는 것을 싫어 한다. 높은 곳이나 눈에 잘 띄는 곳에
있기를 원(願)한다. 음성적(陰性的)인 성격(性格)이다. 병신합수(丙辛合水)
하니 병화(丙火)가 가장 두려워 한다.

▶ 병화(丙火)는 밖에서 힘을 다 쏟고 집에 오면 빈깡통이니 신금(辛金)이 바가
지를 긁어도 묵묵부답(默默不答)이고 성욕감퇴(性慾減退)하고 몸따로 마음
따로이다. 운동선수(運動選手)나 깡패 等이 부인(婦人)에게 고분고분하는

이유(理由)이다.

▶ 신금(辛金)은 툴툴 터는 기술(技術)이 부족(不足)하다. 신금보석(辛金寶石)은 뽐내고 싶어하니 사람의 관심(關心)을 모으는 맛으로 살아 가는 데 남이 몰라 주고 무시(無視)하면 속상해서 잠을 못잔다. 두고두고 벼른다. 신금(辛金)은 자극요법(刺戟療法)쓰면 일에 열중(熱中)한다.

▶ 신금(辛金)의 기(氣)를 죽이는 매장법(埋葬法)은 자꾸자꾸 추겨주면 된다. 못생긴 애인(愛人)이라도 추겨주면 자신감(自信感)생긴다. 신금(辛金)은 두려움이 없다. 병화(丙火)앞에서는 큰소리치고 뒤에서는 겁(怯)을 낸다.

　• [신금(辛金)]은 피를 흘리면서 상대(相對)에게 달려들며 싸우는 칠전팔기형(七顚八起形)이다.

　• [경금(庚金)]은 물고 늘어지지 않고 그때 지나면 잊어버린다.

▶ [물상(物象)] ➡ 신금(辛金)은 안보이는 병화(丙火)를 암장(暗藏)하고 있음.

　• 패물(佩物)·기계부속(機械附屬)·전기기계(電氣機械)·불에 녹는 쇳물·철금속물질(鐵金屬物質)·기계류생산(機械類生産)·주방가구(廚房家具) 等.

　• 폐(肺)·호흡기(呼吸器)·기침·피부(皮膚)·대장(大腸) 等.

(2) 남명(男命).

▶ 여성적(女性的)이고, 내성적(內省的)이고, 정직(正直)하고, 분투력(奮鬪力)이 있고, 노력주의(努力主義)이고, 활동가(活動家)이다. 과감(果敢)과 용단(勇斷)이 풍부(豊富)하다. 특사처리(特事處理)에 특징(特徵)이 있음. 인품고상(人品高尙)하고, 외유내강(外柔內剛)이다. 동화력(同化力)이 부족(不足)하다. 쟁론(爭論)을 일으킨다.

► 화입(火入)하면 신경질(神經質)이 발동(發動)하고 광포(狂暴)해진다. 대역사(大役事)나 대기업(大企業)의 공사(工事)는 벅차다. 확신(確信)이 서면 노력(努力)으로 밀고 간다. 부모형제무덕(父母兄弟無德)하다. 처복(妻福)은 있으나 1,2차(次) 실패(失敗)한다. 가정충실(家庭充實)하다. 인정(人情)과 눈물이 있음. 처(妻)를 극진(極盡)히 사랑하고 처(妻)에게 의지(依支)한다. 직장(職場)을 잃으면 처(妻)에 의지(依支)가 더욱 심(甚)하다.

► 격(格)이 잘못되면 참혹(慘酷)한 생활(生活)을 한다. 고독(孤獨)하다. 매우 착한 편(便)이나, 하는 일이 없는 실직자(失職者)가 있음.

  • [직업(職業)] ➡ 안정적(安定的)인 직업(職業)이나 월급생활(月給生活)이 좋으며 상업(商業)이나 자유업(自由業)은 별로이다.

► 금(金)·은(銀)·보증(保證)·도술(道術) 等의 의미(意味)이며, 깨끗하고 청렴(淸廉)하다. 보증(保證)을 서서 망(亡)한다. 남을 잘 이용(利用)한다. 자존심(自尊心)이 강(强)하고 고상(高尙)하고 영리(怜悧)하고 자기위주(自己爲主)이다.

(3) 여명(女命).

► 온후(溫厚)하고, 유순(柔順)하다. 말이 없고 얌전하다. 남과 타협(妥協)않고 자기(自己) 뜻대로 밀고 가는 고집불통(固執不通)이다. 이기주의(利己主義)이다. 생활(生活)에 충실(充實)하다. 불안(不安)한 마음을 가지고 있고 불만(不滿)이 많음. 편모슬하(偏母膝下)에서 성장(成長)한다. 부모원망(父母怨望)한다. 학력부족(學力不足)해 중도탈락(中途脫落)한다. 제(第)2의 여인(女人)에서 출생(出生)한다. 조용하고 점잖은 편(便)이나, 마음을 속여서 적은 돈으로 거부(巨富)인 체 한다.

► 생활불안정(生活不安定)하다. 비밀보장(秘密保障)이 힘들고 위험(危險)한

일을 자행(自行)한다. 부부궁(夫婦宮)은 외(外)는 원만(圓滿)하나 내(內)는 다툼이 많음. 애정(愛情)이 결여(缺如)된 여인(女人)이다. 자식(子息)은 불효자(不孝子)가 많음. 셋방(貰房)살이해도 걱정을 안함.

▶ [직업(職業)] ➡ 의사(醫師)·간호원(看護員)·약사(藥師)·연구직(研究職)·백화점(百貨店)·양장점(洋裝店)·수예점(手藝店) 等의 깔끔한 직종(職種) 等에 종사(從事)한다.

   • [파격(破格)]은 공사직(工事職)·재봉사(裁縫師)·식당(食堂)·포장마차(布帳馬車)·다방(茶房) 等에 종사(從事)한다.

(4) 신대운(辛大運)의 발생사건(發生事件)과 질병(疾病).

▶ 무당계열(巫堂系列)이나 잡(雜)스런 종교(宗敎)에 감염(感染)이 된다. 보증실수(保證失手)를 한다. 보증(保證)을 서거나 돈 얻어주는 等 남의 심부름 하다가 바가지를 쓴다. 사사(私事)로운 신앙(信仰)이나 무당(巫堂)에 속아 굿을 한다. 사람이 너무 좋아 탈(頉)이다. 신통력(神通力)이 몸에 배여 신(神)들린 것처럼 생활(生活)을 한다. 자식(子息)에게는 무관심(無關心)하다.

▶ [질병(疾病)] ➡ 고병(股病)·넓적다리·폐(肺)·기관지염(氣管支炎)·후두염(喉頭炎)·탈모증(脫毛症)·근육통(筋肉痛) 等.

9. 壬水(임수)〈=대해수(大海水)〉.

(1) 공통(共通).

▶ 임탁수인(任托須人)이다. 넓은 바다이다. 고요할 때는 거울이지만 충동(衝動)하면 노도(怒濤)가 된다. 바다는 잠시(暫時)도 가만 있지 않는다. 항상

(恒常) 생각(生覺)한다. 침착(沈着)하니 속을 알 수 없음. 경거망동(輕擧妄動)을 하지 않는다. 함부로 상대(相對)하기 어렵다. 의외(意外)로 솔직(率直)하다.

▶ 임수(壬水)는 궁리(窮理)를 많이 한다. 꿍꿍이 속으로 두번(番) 세번(番) 생각(生覺)하고 생각(生覺)한다. 발명가(發明家)의 기질(氣質)이 있음. 지능(知能)도 높음. 임수(壬水)는 연구(研究)하고 실험(實驗)하는 학자심성(學者心性)이다. 마음이 유연(柔軟)하다. 새로운 학설(學說)을 보면 긍정적(肯定的)으로 받아들이고 실험(實驗)하고 증명(證明)을 한다. 자기(自己)의 몸조차 실험대상(實驗對象)이다.

▶ [물상(物象)] ➡ 임수(壬水)는 안보이는 정화(丁火)를 암장(暗藏)하고 있음.

  • 물과 바다 · 호수(湖水) · 얼음 · 눈 · 비 · 구름 · 빙산(氷山) · 유류(油類) · 주류(酒類) · 음료수(飲料水) · 공업용수(工業用水) 等.

  • 방광(膀胱) · 신장(腎臟) · 혈액(血液) · 땀 · 소변(小便) · 설사(泄瀉) · 염증(炎症) · 치질(痔疾) · 습진(濕疹) · 종기(腫氣) · 가래침 等.

(2) 남명(男命).

▶ 영웅호걸지상(英雄豪傑之象)이다. 위엄(威嚴)이 있고, 지략(智略)이 심오(深奧)하고 특출(特出)하다. 임기응변(臨機應變)이 능(能)하다. 대중(大衆)을 통솔(統率)한다. 비밀(秘密)은 철두철미(徹頭徹尾)하게 지킨다. 의지(意志)가 강건(剛健)하다. 실행력(實行力)이 강(强)하다. 사교(社交)가 원만(圓滿)하다. 동정심(同情心)과 의협심(義俠心)이 있어 남을 돕는다.

▶ 명예(名譽)를 생명(生命)처럼 여긴다. 어떤 직책(職責)도 완수가능(完遂可能)하다. 군경계통(軍警系統)에 출세(出世)를 한다. 투옥(投獄)되는 자(者)도 있음. 고집(固執)이 대단(大端)하다. 성질(性質)을 내면 못막는다.

▶ 부부궁(夫婦宮)은 불행(不幸)과 풍파(風波)가 있음. 사업(事業) 等으로 출타(出他)를 한다. 침체(沈滯), 정체(停滯), 변화(變化), 담백(淡白), 방탕(放蕩)함이 가끔 있음. 죽을 역경(逆境)에 처(處)해도 남과 상의(相議)를 안한다. 남에게 부담(負擔)이나 불쾌감(不快感)을 안준다.

▶ [직업(職業)] ➡ 종교가(宗敎家) · 예술(藝術) · 철학(哲學) · 상인(商人) · 인술(仁術) · 사회적봉사활동(社會的奉仕活動) 等을 한다.

　• [파격(破格)]이면 완전(完全)한 직업(職業)이 없이 방황(彷徨)한다. 후실(後室)을 두어 의지(依支)를 한다. 술주정뱅이나 폐인(廢人)으로 추(醜)한 인생(人生)을 마감하는 경우(境遇)도 있다.

(3) 여명(女命).

▶ 대중적인물(大衆的人物)이다. 교수(敎授), 의원(議員), 의사(醫師), 군경계통(軍警系統) 等에 종사(從事)한다. 자존심(自尊心)이 강(强)하다. 교제(交際)가 원만(圓滿)하다. 동정심(同情心)이 있음. 〈외(外)〉는 온후(溫厚)하고, 유순(柔順)하나 〈내(內)〉는 의지(意志)와 실행력(實行力)이 강(强)하다.

▶ 여장부(女丈夫)이고 활동가(活動家)이나 고집(固執)이 세고 자살(自殺)을 기도(企圖)하는 자(者)가 가끔 있음. 가정(家庭)에 무관심(無關心)하다. 독신녀(獨身女)와 생과부(生寡婦)가 많음. 직업상(職業上)으로 별거(別居)를 한다. 종교계(宗敎界)에 투신(投身)하면 성공(成功)을 한다. 결혼(結婚)이 늦음. 남편(男便)을 하시(下視)하는 경향(傾向)이 있음. 남편(男便)이 비서역할(秘書役割)을 안하면 고독(孤獨)한 생활(生活)을 한다. 자식(子息)에게 과욕(過慾)을 부린다.

▶ 편부슬하(片父膝下)에서 성장(成長)한다. 학문(學文)은 중도좌절(中途挫折)한다. 직업전선(職業前線)에 투입(投入)이 된다. 시기(猜忌)와 투기(妬忌)가

많음. 사람을 잘 다루어 주변(周邊)에 사람이 많음. 오입(五入)하는 것을 보통(普通)으로 여긴다.

▶ [직업(職業)] ➡ 파격(破格)이면 식당(食堂), 여관(旅館), 다방(茶房), 술집, 직공(職工)이나 공사장인부(工事場人夫), 생선(生鮮)장사, 노점상(露店商), 물과 연관(聯關)되는 직종(職種) 等에 종사(從事)한다. 보험회사(保險會社)나 전도사(傳道師)도 가끔 있음. 처녀(處女)때는 회사원(會社員)이나 점원생활(店員生活)하는 자(者)가 많음.

(4) 임대운(壬大運)의 발생사건(發生事件)과 질병(疾病).

▶ 깡패행위(行爲)를 한다. 도둑이 난무(亂舞)한다. 사기협잡(詐欺挾雜)이나 도둑수법(手法)을 배워 저질행위(低質行爲)를 한다. 깡패나 도둑소리를 듣는다. 애정문제(愛情問題)에 시비발생(是非發生)한다. 부정적방법(否定的方法)과 수단(手段)을 안가리고 수입(收入)을 올린다. 비밀(秘密)이 많다. 돈은 잘 버나 경제관리(經濟管理)는 엉망이다. 자식(子息)은 딸이 났다. 애정(愛情)은 써비스(service)가 엉망이다.

▶ 탈세(脫稅)·도망(逃亡)·위법사건(違法事件) 等이 발생(發生)을 한다. 정보(情報)의 세일기질(sale氣質)이 강(强)하다. 돈 잘 벌고 잘 따진다. 불상사(不祥事)에 잘 대비(對備)한다. 신분(身分)을 잘 숨기고 잘 붙잡히지 않는다. 년살(年殺)이 발동(發動)한다. 외국문제(外國問題)가 발생(發生)한다.

▶ [질병(疾病)] ➡ 방광(膀胱)·생식기(生殖器)·월경불순(月經不順)·자궁병(子宮病)·종아리·팔목·성병(性病) 等.

---

10. 癸水(계수)〈=우로수(雨露水)〉.

(1) 공통(共通).

▶ 명리대발(名利大發)한다. 교우공사(交友共事)한다. 수방암(須防暗)한다. 옹달샘·빗물·안개·아이스크림(ice cream)·감로수(甘露水)의 역할(役割)함.

▶ 생명(生命)의 정(情)이다. 물을 먹지 않으면 남자(男子)는 7일(日), 여자(女子)는 9일(日) 지나면 위험(危險)해진다.

　• 〈임수(壬水)〉는 먹기가 힘들고 〈계수(癸水)〉는 식수(食水)이다. [계수(癸水)]는 마법사(魔法師)로서 상황(狀況)에 따라 변환(變換)이 자유자재(自由自在)이다.

▶ 계수(癸水)는 변화(變化)가 많아 때로는 예측불허(豫測不許)인 경우(境遇)도 있음. 생기(生氣)〈=옹달샘〉가 있고 활발(活潑)〈=시냇물〉하다. 없는 것〈=안개〉같기도 하고, 촉촉〈=이슬비〉하기도 하고, 광풍노도(狂風怒濤)의 집중호우(集中豪雨)처럼 변(變)하기도 한다.

▶ [물상(物象)] ➡ 계수(癸水)는 안보이는 무토(戊土)를 암장(暗藏)하고 있음.

　• 물·우박(雨雹)·비·구름·강(江)물·물이 있는 곳·샘물〈=정(井)〉·하수구(下水溝)·온천수(溫泉水)·지하수(地下水)·수도(水道)물·배설물(排泄物)·유류(油類)·주류(酒類)·탁수(濁水)·오염수(汚染水)·액체(液體) 等이다.

　• 신장(腎臟)·방광(膀胱)·혈액(血液)·소변(小便)·땀·눈물·염증(炎症)·습진(濕疹)·피부질환(皮膚疾患)·전립선(前立線) 等에 해당(該當)된다.

(2) 남명(男命).

▶ 제사(諸事)에 치밀(緻密)한 계획(計劃)을 세워 조심성(操心性)을 가지고 결

정(決定)을 내린다. 손해(損害)를 보면 즉시(卽時) 그만 둔다. 목표(目標)는 기어이 달성(達成)한다. 절약(節約)을 한다. 대야심가(大野心家)이다. 일확천금(一攫千金)을 노리고 돈에 욕심(慾心)이 많음. 이기주의적(利己主義的)인 경향(傾向)이 있음. 희생적(犧牲的)이고 포용력(包容力)이 있음. 〈표(表)〉는 사교성(社交性)이고, 대인관계(對人關係)가 원만(圓滿)하고, 친절(親切)하고, 지력(智力)이 심오(深奧)하고, 사색성(思索性)이 풍부(豊富)하고, 온화(溫和)하면서 냉정(冷情)하다.

- 〈내(內)〉는 겁(怯)이 많고, 다소(多少) 음침(陰沈)하고, 의심(疑心)이 많음.

▶ 비밀(秘密)이 철두철미(徹頭徹尾)하다. 처자(妻子)에게도 비밀(秘密)로 한다. 부부해로(夫婦偕老)한다. 여자관계(女子關係)가 다소(多少) 복잡(複雜)하다. 연상여인(年上女人)이나 유부녀(有夫女)와 관계(關係)를 맺음. 조용함을 좋아하고 동정심(同情心)이 있다.

▶ [직업(職業)] ➡ 법관(法官)·사장(社長)·경찰(警察)·수사관(搜査官)·의사(醫師)·철학(哲學)·기업(企業)·외교관(外交官)·기술계통(技術系統)等에 종사(從事)한다.

- [파격(破格)]이면 방범대원(防犯隊員)·야간근무(夜間勤務)에 종사(從事)함.

(3) 여명(女命).

▶ 찬란(燦爛)하다. 고운 인품(人品)을 지님. 귀부인타입(貴婦人type)이다. 사교성(社交性)이 원만(圓滿)하다. 대인관계(對人關係)에 친절(親切)하다. 내성적(內省的)이며 지력(智力)이 심오(深奧)하다. 사색성(思索性)이 풍부(豊富)하다. 온화(溫和)하나 독단적(獨斷的)인 경향(傾向)이 있으며 의심(疑心)

이 많음. 비밀(秘密)은 철두철미(徹頭徹尾)하다. 남을 잘 안믿고 지기를 싫어한다.

▶ 〈외(外)〉는 친절(親切)하고 강자(强者)로 보이나, 〈내(內)〉는 겁(怯)이 많고 음침(陰沈)한 성격(性格)이며, 뒤에서 조종(操縱)하는 성격(性格)이다. 돈의 욕심(慾心)이 대단(大端)하고, 돈을 남편(男便)보다 중(重)히 여긴다. 금전 거래(金錢去來)는 하지마라. 남편궁(男便宮)이 박(薄)하고 부부별리(夫婦別離)한다. 년하인(年下人)과 바람을 피운다.

 • [파격(破格)]이면 창녀지운(娼女之運)이며, 일을 저지르고 야반도주(夜半逃走)를 한다.

▶ [직업(職業)] ➡ 의사(醫師) · 연구직(研究職) · 예술가(藝術家) · 종교가(宗敎家) 等에 종사(從事)한다.

 • [주중(柱中)에 진(辰) · 술(戌) · 축(丑) · 미(未)가 있으면] ➡ 음식점(飮食店) · 상인(商人) · 고용(雇用)살이 · 다방(茶房) · 요정(料亭) · 술집 等 대인관계(對人關係)의 직종(職種)에 종사(從事)한다.

(4) 계대운(癸大運)의 발생사건(發生事件)과 질병(疾病).

▶ 사망(死亡)과 죽음에 관련(關聯)된 일을 한다. 죽고 싶은 일이 발생(發生)한다. 재생(再生)하느냐, 인간대우(人間待遇)를 받느냐 마느냐 等의 생존권(生存權)의 의심(疑心)을 가진다.

▶ 우울증(憂鬱症)이 재발(再發)한다. 죽음을 생각(生覺)한다. 초상(初喪)이 발생(發生)한다. 자식(子息)은 내 반(半)만 했으면 하고 생각(生覺)한다. 애정(愛情)과 부부관계(夫婦關係)는 옛날 생각(生覺)해서 유지(維持)함.

▶ 시체(屍體)를 표시(表示)하니 사망(死亡)이 발생(發生)한다. 밤에 근무(勤務)를 한다. 친구(親舊)에게 잘한다. 부정적(否定的)인 생각(生覺)을 가진

다. 남에게 피해(被害)를 안준다.

▶ [질병(疾病)] ⇒ 족병(足病)·다리·발꿈치·비뇨기(泌尿器)·경락(經絡)·
신장병(腎臟病) 等.

第2章. 지지론(地支論)

1. 子水(자수)〈=천귀성(天貴星)〉.

(1) 공통(共通).

▶ 일사기자(一事旣子)한다. 백사개호(百事皆好)한다. 차거운 성격(性格)이다. 인정(人情)이 많음. 실리(實利)에 밝고 타산적(打算的)이다. 냉정(冷情)하고 영리(怜悧)하고 약삭 빠르다. 타협(妥協)을 잘 하고 항상(恒常) 먹을 것을 가지고 있음. 직장(職場)을 그만두면 병(病)이 난다. 자식문제(子息問題)에 애로(隘路)많음. 이성관계(異性關係)의 일이 자주 발생(發生)한다.

▶ 자수(子水)가 원국(元局)에 있으면 자손(子孫)이 귀(貴)하고, 대운(大運)에 있으면 수단(手段)이 없고 맹물장사형(形)이고 외국행(外國行)이 힘든다.

▶ 명예(名譽)를 좋아하고 화려(華麗)한 것 같으나 저질행동(低質行動)을 한다. 유리(有利)하면 들어낸다. 똑똑한 자식(子息)이 없고 괜찮은 직업(職業)도 힘들다. 자식(子息)의 영화(榮華)를 볼 수 없고 자식(子息)에게 큰 흉터가 있음. 몸을 무척 아낀다. 노소구분(老少區分)이 없이 성관계(性關係)를 한다. 치장(治粧)을 좋아한다. 모성애(母性愛)와 자식애착심(子息愛着心)이 강(强)하다.

▶ [물상(物象)] ➡ 신장병(腎臟病)·고혈압(高血壓)·피부병(皮膚病)·하체부실(下體不實)·자궁이상(子宮異常)·염증(炎症)·종기(腫氣)·땀·소변(小便)·눈물·혈농(血膿)〈=피고름〉·설사(泄瀉)·혈액(血液)·종양(腫瘍) 等.

▶ 평생(平生) 실패(失敗)가 많음. 성격(性格)은 고상(高尙)하나 인색(吝嗇)하다. 큰 일을 당(當)해도 근심을 안한다. 의심(疑心)이 많아 남을 믿지 않는다. 교육자(敎育者)나 기술계통(技術系統)에 종사(從事)한다. 초년(初年)에 고생(苦生)한 사람은 말년대길(末年大吉)하여 존경(尊敬)을 받고 상인행세(上人行勢)를 한다.

▶ [상격(上格)]이면 평생(平生) 의식주(衣食住)가 풍부(豊富)하다. 인망(人望)이 있고 이해심(理解心)이 많음.

　• [하격(下格)]은 실패수(失敗數)가 많고, 한탄(恨歎)을 하거나 한숨을 짓고, 고독감(孤獨感)에 사로 잡힌다. 객지생활(客地生活)을 하고, 여러 직장(職場)을 갖고, 남이 직장(職場)을 알선(斡旋)을 해준다. 인정(人情)과 눈물이 많고 몸 치장(治粧)에 힘쓴다.

▶ 사건발생(事件發生)하면 하인(下人)이나 타인(他人)에게 맡긴다.

　• 남명(男命)은 처덕(妻德)이 많아 처덕(妻德)으로 먹고 살며 혹(或) 생리사별(生離死別)이 있음. 이향팔자(離鄕八字)이다. 여러 번 失敗(실패)하고 난 후(後)에 발전(發展)한다. 말년(末年)은 무사(無事)하다.

　• [11・18・36・46・58세(歲)]에 손실(損失)과 질병수(疾病數)가 있음.

(2) 자대운(子大運))의 발생사건(發生事件)과 질병(疾病).

▶ 자식문제(子息問題)로 근심이 부절(不絶)한다. 가정(家庭)과 사회(社會)를 냉정(冷情)하게 인식(認識)한다. 애정(愛情), 자식문제(子息問題), 자식성적(子息成績) 等 혈통(血統)에 관계(關係)되는 문제(問題)에 회의(懷疑)를 느낀다. 냉정(冷情)한 분위기(雰圍氣)에서 공부(工夫)하는 기분(氣分)으로 수양(修養)을 쌓아서 기회(機會)를 찾는다.

▶ 주위(周圍)의 실력자(實力者)는 믿을 수 없고 보잘 것 없는 조무래기 뿐이니

마음만 불안(不安). 비밀기관(秘密機關)에 근무(勤務). 냉정(冷情)함.

▶ 음탕(淫蕩)한 일을 저지른다. 사기당(詐欺當)한다. 색정(色情)을 좋아하고, 흑심(黑心)을 품고, 비밀(秘密)이 많고, 과거(過去)가 의심(疑心)스럽고, 비양심적(非良心的)이다. 속이 엉큼한 사람은 밤에 활동(活動)하고 야식(夜食)을 좋아한다. 도범(盜犯)이 난무(亂舞)한다. 비밀(秘密)이 생긴다.

▶ 부동산매매(不動産賣買)나 이사(移徙)나 이동(移動)이 힘들다. 소송(訴訟)은 조용히 처리(處理)할 것. 직장(職場)의 이동(移動), 변동(變動)은 불가(不可)하다. 결혼(結婚)이 힘들다.

> ◑ [질병(疾病)] ➡ 비뇨기(泌尿器)·신장방광(腎臟膀胱)·요도(尿道)·성병(性病)·호흡기(呼吸器). 추락사고(墜落事故). 관절(關節)이 삐고, 절리기도 한다. 불조심(操心) 等.

(3) 자(子)·자(子)의 자형살(自刑殺).

1) 남명(男命).

▶ 찬란(燦爛)한 빛이 2개(個)이니 위치(位置)와 본분(本分)을 지킨다.
  • [파격(破格)]이 아니면 훌륭한 인물(人物)이 있음. 여자(女子)에게 의지(依支)한다.

▶ 거의 첩(妾)이나 애인(愛人)을 거느린다. 끝까지 첩(妾)을 데리고 살지 않고 갈아 치운다.

2) 여명(女命).

▶ 막는 것이 없으면 필(必)히 첩(妾)이다. 심장병(心臟病)이 있음. 오줌쌀개가 있음. 객지생활(客地生活)을 한다.

▶ 완전(完全)한 직업(職業)이 없어 업(業)의 변동(變動)이 많음. 남자(男子)가

스스로 못하니 남자(男子)의 직장(職場)을 알선(斡旋)을 해준다. 남자(男子)가 일을 저지르면 모든 처리(處理)는 여자(女子)에게 맡긴다.

▶ 눈물이 많음. 마음씨가 좋고 인정(人情)이 많음. 일찍 고향(故鄕)떠난다.

3) [자(子)·자(子)·자(子)3개(個)].
▶ 두 번(番) 결혼(結婚)을 한다.

(4) 자(子)의 운시(運始).

▶ 자식인자(子息因子)이다. 고민살(苦悶殺)이다. 신장(腎臟)이나 방광(膀胱)이나 족(足) 等이 약(弱)하니 선천성질병(先天性疾病)이 된다. 성병(性病)이나 비뇨기질환(泌尿器疾患)이 있음. 남에게 말못할 비밀(秘密)이 있음. 음침(陰沈)한 성질(性質)이니 속마음을 털어놓기 힘들다.

2. 축토(丑土)〈=천액성(天厄星)〉.

(1) 공통(共通).

▶ 신의(信義)가 있고, 조직적(組織的)이고, 참모역할(參謀役割)을 잘한다. 성실(誠實)하고 우직(愚直)하다. 믿는 도끼에 발등을 찍힌다. 애로(隘路)가 많음. 남에게 좋은 일 하려다 오히려 손해(損害)를 본다. 잘 살아도 큰 부자(富者)는 없음. 꿈이 많음. 이중생활(二重生活)을 하며 외방(外方)에 자식(子息)을 본다. 외국(外國)을 갈려고 한다. 낮의 출생(出生)이 좋다.

▶ 수술지신(手術之神)이다. 칼날, 자갈, 모래, 쪼대흙 等의 의미(意味)가 있다. 중매결혼(仲媒結婚)한다. 농촌(農村)이다. 중지지신(中止之神)이다. 기

예(技藝)에 소질(素質)이 있음. 축토(丑土)는 진토(辰土)를 좋아하고 미토(未土)를 싫어한다. 귀신(鬼神)이 들린 사람이나 무당(巫堂)이다. 비밀(秘密)이 많음. 얕은 묘(墓)이거나, 물이 많은 산(山)으로 이장발생(移葬發生)한다. 여자형제(女子兄弟)가 비명횡사(非命橫死)를 하거나 살아도 비참(悲慘)한 생활(生活)을 한다. 사업(事業)은 축(丑)을 충(沖)할 때를 기다렸다가 성업(成業)하라.

- [사주(四柱)에 〈인(寅) · 축(丑) · 인(寅)〉이 있으면] ➡ 아무나 오입(五入)을 하게 된다.

▶ [물상(物象)] ➡ 위장(胃腸) · 비장(脾臟) · 치질(痔疾) · 염증(厭症) · 위염(胃厭) · 혈관(血管) · 종양(腫瘍)주머니 · 복부(腹部) · 자궁(子宮) · 냉증(冷症) · 항문(肛門) · 구내(口內)〈=입안〉. 等

- 남명(男命)은 치질병(痔疾病) 等.

- 여명(女命)은 자궁(子宮)이나 소파수술(sofa手術)〈=수술(手術)로 긁어냄〉을 한다.

▶ 놀고 먹는 법(法)이 없고 항상(恒常) 바쁘다. 정직(正直)하고, 침착(沈着) 하고, 인내심(忍耐心)과 참을성이 많다. 가끔 고집(固執)이 있고, 변덕(變德)스럽고, 인덕(人德)은 없음.

- [7 · 8 · 20세(歲)]에 병(病)으로 근심이 있다.

- [17 · 18 · 33 · 34세(歲)]에 운입(運入)하면 잡아라 or 좋은 기회(機會)를 잃는다. 초중년(初中年)에는 심로(心勞)가 많음.

- [19 · 26 · 31 · 47세(歲)]에 각별(各別)히 조심(操心)하라. 말년(末年)은 침체운(沈滯運)이 있으나 의외(意外)의 안락생활(安樂生活)을 한다.

- [73세(歲)]에 대액(大厄)을 조심(操心)하라. 종교(宗敎)에 투신(投身)하면 좋음.

▶ 불교숭상(佛敎崇尙)한다. 조출타향(早出他鄕)에서 풍파(風波)가 많음. 고독생활(孤獨生活)을 한다. 정직(正直)하고 착실(着實)하다. 여자(女子)를 즐기며 여자(女子)의 도움을 받는다. 부모(父母)는 농어촌출신(農漁村出身)이다. 결혼(結婚)은 부모(父母)의 중매(仲媒)로 성립(成立)된다.

▶ 외순내급(外順內急)하다. 매사(每事)를 차근차근 처리(處理)를 한다. 꿈이 적중(適中)한다. 승려(僧侶)나 신명세계(神明世界)에 빠진다. 결혼관(結婚觀)은 남녀공(男女共)히 불행(不幸)하다. 생리사별(生離死別)한다. 활동가(活動家)이다. 동분서주(東奔西走)한다. 부모인연(父母因緣)이 박(薄)하다.

(2) 축대운(丑大運)의 발생사건(發生事件)과 질병(疾病).

▶ 믿는 사람의 갈등(葛藤)과 이성갈등(異性葛藤)이 있음. 최후수단(最後手段)으로 인기회복(人氣回復)을 한다. 믿는 도끼에 발등 찍힌다. 제(第)2의 소질(素質)을 활용(活用)한다. 두 마음을 먹고, 부업(副業)으로 생활(生活)한다. 외국관계(外國關係)일 발생(發生)한다. 꼭 해야할 말은 참는다. 일확천금(一攫千金)을 꿈꾼다. 바람이 나서 자식(子息)까지 둔다. 애정(愛情)은 최상(最上)이다. 자기능력(自己能力)을 활용(活用)해 주기 바란다. 축시생(丑時生)은 믿을 수 있음.

▶ 불조심(操心)과 도난조심(盜難操心)을 해야 한다. 부동산매매(不動産賣買)가 힘들다. 이사(移徙), 이동(移動), 변동(變動)은 불가(不可)하다. 안전사고(安全事故)를 조심(操心)하라. 씹는 자(者)가 있음. 신규불가(新規不可)하니 월급생활(月給生活)을 하라. 외국(外國)은 길(吉)하다. 상복수(喪服數)가 생긴다. 정중동(靜中動)이 개운법(開運法)이다. 개운(開運)은 외국행(外國行)이다. 부도발생(不渡發生)한다. 학업공부(學業工夫)는 길(吉)하다.

○ [질병(疾病)] ➡ 위장병(胃腸病) · 스트레스(stress) · 복통(腹痛) · 요통(腰痛) 等 의 원인(原因)이다.

(3) 축(丑) · 축(丑)의 자형살(自刑殺).

1) 남명(男命).

▶ 똑똑한 체한다. 부부궁(夫婦宮)은 불리(不利)하다. 화(火)가 없으면 거짓말 쟁이나 사기(詐欺)꾼이다. 표리부동(表裏不同)하다. 허풍(虛風)쟁이이다.

▶ 재능(才能)이 좋으며 필(必)히 신(神)을 동반(同伴)하고 기예(技藝)에 소질 (素質)이 있음. 만신(萬神)을 숭상(崇尙)한다. 금성(金聲)〈=쇠소리〉의 뜻이 있음. 처음 처(妻)는 불길(不吉)해서 생리사별(生離死別)이 있음.

2) 여명(女命).

▶ 창녀지운(娼女之運)이다. 포주(抱主)가 많음. 정신(精神)이 좀 이상(異常)한 듯한 여인(女人)이며, 미친 것 비슷한 여인(女人)이다.

  • 무당(巫堂)이나 승려(僧侶)의 팔자(八字)로서 강신(强神)을 동반(同伴)한 다.

3) [축(丑) · 축(丑) · 축(丑)3개(個)].

▶ 결혼(結婚)을 여러번(番) 하는 팔자(八字)이다.

(4) 축(丑)의 운시(運始).

▶ 비장(脾臟)이나 양족(兩足)에 질병(疾病)이 있다. 실업자생활(失業者生活) 을 많이 한다. 소〈=축(丑)〉처럼 근면(勤勉)하다.

(1) 공통(共通).

▶ 가유변경지조(家有變更之兆)이다. 두령격(頭領格)으로 통솔(統率)을 잘하고 사귈만한 인물(人物)이다. 억울(抑鬱)한 일로 누명(陋名)을 쓴다. 겁(怯)이 많음. 심장병(心臟病)이 있음. 근면(勤勉)하다. 일이 지체(遲滯)가 된다. 은행경제계통(銀行經濟系統)에 많이 종사(從事)한다. 예체능(藝體能)에 소질(素質)이 있음. 한꺼번에 히트(hit)를 노린다. 신앙(信仰)을 가진다.

• 인(寅)이 관성(官星)이면 항상(恒常) 공포(恐怖)속에서 산다.

▶ 부귀권세(富貴權勢)는 생시(生時)가 밤의 출생(出生)이 좋음. 진출지신(進出之神)이고 가정파괴지신(家庭破壞之神)이다. 재물(財物)에 타격(打擊)을 받음. 토금(土金)을 파괴(破壞)하고 칼날도 작살(作殺)이 난다. 운로(運路)에서 해입(亥入)하면 寅(인)이 약(弱)해지니 해유(亥酉)를 싫어 한다. 처(妻)를 불리(不利)하게 만들고 앞에서는 힘을 못쓴다.

• 산신(山神)은 앞으로 빛〈=광(光)〉을 발(發)하고, 용왕(龍王)은 후광(後光)을 발(發)한다.

• 인(寅) · 신(申) · 사(巳) · 해(亥)는 합(合)이 될 때는 충(沖)하면 좋고, 합(合)이 안되고 혼자 있을 때 충(沖)하면 인(寅)이 박살(搏殺)이 난다.

▶ [물상(物象)] ➡ 간(肝) · 담(膽) · 다리 · 손 · 발 · 머리 · 얼굴 等에 병난(病難)의 뜻이 있음. 좌골신경통(坐骨神經痛) · 심장(心臟) · 경기(驚氣)〈=놀램〉· 귀에 이상(異狀)이 있음.

▶ 약자(弱者)를 위(爲)해 노력(努力)을 한다. 활발(活潑)하고 강직(剛直)하고 의협심(義俠心)이 강(强)하다. 조언(助言)을 잘 들어라. 자존심(自尊心)이 강(强)하고 영리(怜悧)하다. 색난(色難)을 일으킨다.

- [26 · 29 · 33 · 49 · 66세(歲)]에 병난(病難)을 조심(操心)하라. 동업(同業)은 불가(不可)하다.
- [직업(職業)] ➡ 정치(政治) · 투기사업(投機事業) · 의사(醫師) · 역리사(易理士) · 교수(敎授) · 교사(敎師) 等.

▶ 의식풍부(衣食豊富)하다. 명진사해(名振四海)한다. 친절(親切)하고 구제심(救濟心)이 많음. 객지생활(客地生活)한다. 형제흉사(兄弟凶死)하고 부(父)가 조사(早死)한다. 온순(溫順)하나 의심(疑心)이 많고 불의(不義)를 용납(容納)을 하지 못한다. 반연애반중매(半戀愛半仲媒)한다.

- 고(苦)된 생활(生活)을 하며 매사(每事)에 타산적(打算的)이고 눈치가 빠르다. 부부불화(夫婦不和)한다. 남으로 인(因)해 종종 손해(損害)를 당(當)하는 일이 있음. 가끔 위험(危險)한 일을 당(當)한다. 옆으로 누워 잔다. 장엄성(莊嚴性)이 있고 사교성(社交性)이 능(能)하다. 신앙심(信仰心)이 높음. 과시(誇示)하는 경향(傾向)이 있음.

(2) 인대운(寅大運)의 발생사건(發生事件)과 질병(疾病).

▶ 사소(些少)한 실수(失手)로 관액(官厄)이 온다. 심장병(心臟病)이 생기고 공포심(恐怖心)이 있음. 잘못하면 악인(惡人)으로 보일까 의논(議論)도 못한다. 관성운(官星運)이면 법적문제(法的問題)가 생긴다. 현재(現在)는 고립상태(孤立狀態)이고 체면유지(體面維持)에 급급(急急)하고 궁색(窮塞)하고 옹졸(壅拙)하여 불안(不安)한 생활(生活)을 한다. 자식(子息)에 기대(期待)가 크고 애정(愛情)은 변덕(變德)이 심(甚)하고 종교적(宗敎的)인 일에 신경(神經)을 쓰게 된다.

▶ 금융관계(金融關係), 현금취급(現金取扱), 사채(私債)놀이 等에 관여(關與)를 한다. 차압건(差押件)이나 상속건(相續件)이 생긴다. 군식구(群食口)가

생긴다. 도매(都買)는 길(吉)하고 소매(小賣)는 흉(凶)하다. 부모(父母)에게
불효(不孝)를 한다. 운동선수(運動選手)는 대발(大發)한다. 예능(藝能)이나
연예(演藝)는 발전(發展)하여 히트(hit)친다. 부인(婦人)이 불안(不安)하나
재혼(再婚)도 힘들다. 재물(財物)을 남에게 뜯긴다. 세금탈세(稅金脫稅) ·
관재(官災) · 송사(訟事) · 구속사건(拘束事件) 等이 발생(發生)한다.

- 업종변동(業種變動)이나 감원대상(減員對象)이 되어 권고사직(勸告辭職)
  이나 사표제출(辭表提出) 等으로 퇴직(退職)을 당(當)한다. 조사(調査)나
  검문(檢問)을 받는다. 청탁(請託)을 많이 받는다.

◐ [질병(疾病)] ➡ 심장병(心臟病) · 심장(心臟)이 약(弱)해진다.

(3) 인(寅) · 인(寅)의 자형살(自刑殺).

1) 남명(男命).

▶ 남의 일에 간섭(干涉)을 잘한다. 칼을 가지고 하는 직업(職業)에 종사(從事)
한다. 손가락에 문제(問題)가 있음. 만약(萬若) 손가락에 이상(異狀)이 없으
면 머리에 상처(傷處)가 있다.

2) 여명(女命).

▶ 점복(占卜)〈=점쟁이〉이나 무당(巫堂)이나 신(神)이 들린 사람이 많음. 남
편(男便)이 없으며 만일(萬一)에 있다면 불구자(不具者)와 함께 생활(生活)
한다.

3) [인(寅) · 인(寅) · 인(寅)3개(個)].

▶ 평생(平生) 고독(孤獨)하여 친구(親舊)나 사람을 찾아 다닌다.

(4) 인(寅)의 운시(運始).

▶ 잘 놀랜다. 심장(心臟)이 약(弱)하고 마음도 약(弱)하다. 담낭(膽囊), 두(頭), 발(髮) 等에 이상(異狀)이 있음. 세상(世上)살이에 항거의식(抗拒意識)을 가지고 생활(生活)하고 있음.

• 남명(男命)은 머리의 숫이 적어 대머리〈=백두(白頭)〉가 많음.

4. 卯木(묘목)〈=천파성(天破星)〉.

(1) 공통(共通).

▶ 무성명리지상(茂盛名利之象)이다. 청결(淸潔)하고 근면(勤勉)하고 혼자 일하는 형(形)이다. 상인(上人)에게는 부지런하여 근면(勤勉)하고, 성실(誠實)하고, 칭찬(稱讚)을 듣지만, 하인(下人)에게는 잔소리하고, 들볶아서 원수(怨讐)를 지게 된다. 끈기가 없어 직장변동(職場變動), 이사(移徙)를 자주한다. 안정감(安定感)이 없어 시작(始作)은 잘하나 끝이 없다. 발랄(潑剌)하고 재치(才致)가 있음. 부동산(不動産)은 별로이고, 세탁업(洗濯業), 목욕업(沐浴業), 목축업(牧畜業) 等은 길(吉)하다. 두드린다. 찬란(燦爛)한 것이다. 앞은 약(弱)하고 뒤는 강(强)하다.

▶ 한량지신(閑良之神)이다. 유아복(乳兒服)이다. 실이나 도마(刀磨)이다. 수술지신(手術之神)이다. 여자(女子)를 자주 바꾸고 여자(女子)에게 의지(依支)한다. 어중잽이이며 반건달(半乾達)이다.

• 남명(男命)은 집안의 호랑이여서 마누라가 꼼짝 못한다. 직업(職業)이 불안(不安)하다. 나무계통(系統)에 재주가 있음. 묘위치(墓位置)를 잘 모르고 있다면 낮은 곳에 있음. 명예출세(名譽出世)를 좋아한다. 부모덕(父母

德) 이 없고 압사자(壓死者)가 가끔 있음.

- 여명(女命)은 개가지명(改嫁之命)이며 뇌병(腦病)이 있고 의심(疑心)이 많고 외식(外食)을 좋아하고 결핵(結核)과 족(足)에 이상(異狀)이 있음. 팔과 얼굴에 상처(傷處)가 있음.

▶ [물상(物象)] ➡ 폐(肺)·구(口)·항문(肛門)·여(女)의 성기(性器)·손· 발·엉덩이·마음·심장(心臟)·간담(肝膽)·눈·코·귀·고환(睾丸)·전 립선(前立線)·무릎 等.

▶ 성질(性質)이 유순(柔順)하고 너그러운 인망(人望)으로 사랑과 신용(信用) 을 얻음. 투기심(妬忌心)이 많고 자기(自己)마음데로 행동(行動)을 한다. 참 을성과 결단력(決斷力)이 부족(不足)하다. 사치(奢侈)와 방탕(放蕩)을 한다. 초년(初年)에 부모(父母)와 생리사별(生離死別)로 부모형제(父母兄弟)의 덕 (德)이 없음.

- [24·25세(歲)]에 운(運)이 약(弱)하다.
- [38·39세(歲)]에는 운입(運入)하면 꽉 잡아라.
- [16·27·72세(歲)]에 대액(大厄)을 조심(操心)하라.

▶ 타향(他鄉)에서 많은 노고(勞苦)와 실패(失敗)를 반복(反復)하고 많은 고통 (苦痛)을 겪은 후(後)에 자수성가(自手成家)를 한다. 연애결혼(戀愛結婚)하 나 연애실패(戀愛失敗)한 경험(經驗)이 있음. 눈빛을 직시(直視)한다.

- [직업(職業)] ➡ 정치가(政治家), 브로커(broker), 법관(法官), 사업(事 業), 예술(藝術) 等에 종사(從事)한다.

▶ 사람을 골라서 사귀고 과거(過去)의 시시비비(是是非非)를 싫어한다. 도와 주면 재주를 부린다. 처궁(妻宮)은 2,3차(次) 실패운(失敗運)이 있어 생리 사별(生離死別)을 경험(經驗)을 한다. 부자(父子)의 인연(因緣)이 희박(稀 薄)하다. 교제(交際)에 능(能)하나 자기(自己) 생각(生覺)대로 해서 실패(失

敗)를 본다. 자년(子年)에 수술(手術)을 하거나 상처운(喪妻運)이 있으니 극(極)히 조심(操心)하라.

(2) 묘대운(卯大運)의 발생사건(發生事件)과 질병(疾病).

▶ 근면(勤勉)으로 상인(上人)의 총애(寵愛)를 받음. 불면증(不眠症)이 있음. 주택(住宅)에 애로(隘路)가 있음. 추악(醜惡)한 사람을 쫓아내고 청결(清潔)한 환경(環境)에 살고 싶다. 성실(誠實)·근면(勤勉)이 재산(財産)이다. 불안(不安)은 없음. 상인(上人)에게는 인기(人氣) 있으나, 부하(部下)에게는 잔소리를 한다. 끈기가 없음. 자식(子息)에게는 지나치게 관용(寬容)하다. 애정(愛情)은 신경과민(神經過敏)이 생겨서 신경질(神經質)이 많아진다.

▶ 부동산(不動産)과 건축물(建築物)의 일이 생긴다. 임야(林野), 대지(垈地), 공대지관계(空垈地關係) 等의 일이 생긴다. 부동산매매(不動産賣買)의 문제(問題)가 발생(發生)하나 구입(購入)을 하지마라. 부채발생(負債發生)하고 년살(年殺)이 발동(發動)한다. 부부(夫婦)나 동기간(同期間)의 불화(不和)가 생긴다. 식구우환(食口憂患)과 식구분산(食口分散)과 자식분가(子息分家)가 생긴다. 상복수(喪服數)가 발생(發生)한다. 여자(女子)가 실권(實權)을 가진다.

• 여명(女命)은 직업(職業)을 가진다. 회사(會社)에서는 좌천(左遷)이나 파직(罷職)이 된다. 장사는 손님이 떨어지고 종업원(從業員)이 나간다.

> ◉ [질병(疾病)] ➡ 간장병(肝臟病) 等.

(3) 묘(卯)·묘(卯)의 자형살(自刑殺).

1) 남명(男命).

▶ 반드시 기술(技術) 아니면 관록(官祿)이다. 짝불알이다. 어릴 때 경기(驚氣)를 자주 한다. 격(格)에 따라 완전(完全)한 기술자(技術者)가 아니면 기예(技藝)는 능(能)하나 어중잽이 이다.

　・ 을묘일주(乙卯日柱)에 묘시생(卯時生)이 년(年)・월(月)에 술토(戌土)가 있으면 상처지명(喪妻之命)이다.

2) 여명(女命).

▶ 생과부지운(生寡婦之運)이다. 간부(姦夫)가 있음. 절름발이의 불구자(不具者)가 있음. 음모(陰毛)가 없는 여인(女人)이 있음.

3) [묘(卯)・묘(卯)・묘(卯)3개(個)]

▶ 흉악(凶惡)한 단명수(短命數)가 있음.

(4) 묘(卯)의 운시(運始).

▶ 간(肝)・수(手)・목(目) 等의 질병(疾病)이 있음. 수면(睡眠)이 부족(不足)하다. 신경(神經)이 예민(銳敏)해진다. 빼빼마른 사람이 많음. 구식가문(舊式家門)의 출신(出身)이다.

5. 辰土(진토)〈=천간성(天奸星)〉.

(1) 공통(共通).

▶ 용신진동(龍神振動)한다. 가이흥운시우(可以興雲施雨)이다. 남이 닦아 놓은 기반(基盤)을 이용(利用)해서 돈을 번다. 애정면(愛情面)이 복잡(複雜)하

고 서로 뺏고 뺏긴다. 계획성(計劃性)이 있고, 비밀(秘密)이 많고, 위장모방(僞裝模倣)에 천재(天才)이고, 아이디어(idea)가 좋고, 위기(危機)를 잘 넘기고, 끈기는 없고, 선전(宣傳)을 잘하고, 허영(虛榮)과 허세(虛勢)가 심(甚)하다. 외래품(外來品)장사를 하면 돈을 잘 번다.

- [17,27,34,39세(歲)]에 대액(大厄)을 조심(操心)하라.

▶ 모사(謀事)가 발달(發達)한다. 상처(傷妻)와 풍파(風波)가 있음. 큰 자갈, 기름, 강(江), 섬 等이다. 비참(悲慘)한 사망(死亡)을 한다. 옥중(獄中)과 불구(不具)의 뜻이 있다. 지신(地神)이며 발광지신(發狂之神)이고 절단(切斷)내는 신(神)이다. 절대(絶對) 안깨진다. 제일(第一) 좋아하는 것은 금화(金火)이며, 싫어하는 것은 목토(木土)이다. 바다와 기름을 동반(同伴)한다. 자갈과 철근(鐵筋)을 동반(同伴)한다. 망(亡)해도 도망(逃亡)을 하지 않고 앉아서 죽는다. 형제사망(兄弟死亡)이 많음. 절름발이 자식(子息)이 있음. 공(共)히 2,3의 처첩(妻妾)이 있거나 2부(夫)를 둔다. 5세(歲)때 죽을 고비(苦悲)가 있다. 어릴 때 홍역(紅疫)이 심(甚)하다.

- [직업(職業)] ➡ 기술(技術) · 의사(醫師) · 봉사직(奉仕職) · 법관(法官) · 형사(刑事) · 발명가(發明家) · 기술직(技術職) · 반관반민(半官半民)에 종사(從事)한다. 제사(諸事)를 무난(無難)하게 처리(處理)한다.

▶ [물상(物象)] ➡ 위장(胃腸) · 비장(脾臟) · 치질(痔疾) · 염증(厭症) · 냉증(冷症) · 습진(濕疹) · 대장(大腸) · 옆구리 · 혈관(血管) · 자궁질내(子宮疾內) 等.

▶ 내성적(內省的)이고 고집(固執)이 강(强)하다. 순(順)하나 폭발(暴發)하면 분화구(噴火口)와 같다. 교만(驕慢)하고 내가 최고(最高)라고 생각(生覺)한다. 사업(事業)에는 투쟁력(鬪爭力)이 강(强)하다. 산간지대출생(山間地帶出生)이 있음. 밭 가운데 무덤이 있음.

• 30전후(前後)나 43 · 44세(歲)의 운세(運勢)가 변(變)하니 사업(事業)은 잘 고려(考慮)한 후(後)에 단행(斷行)하라.

▶ 현명(賢明), 정직(正直), 인내(忍耐), 아량(雅量) 等이 있다, 명진사해(名振四海)한다. 자만심(自慢心)이 강(强)하다. 자식(子息)이 불구(不具)이다. 형제운(兄弟運)이 희박(稀薄)하고 사망운(死亡運)을 암시(暗示)한다. 많은 형제이별(兄弟離別)이 있음. 남에게 지기를 싫어한다. 제사(諸事)를 마음대로 처리(處理)한다. 속을 알 수 없고 폭발(暴發)하면 무섭다. 부부운(夫婦運)이 약(弱)해 이별(離別)이 아니면 아내를 고생(苦生)시킨다. 노년(老年)에 건강(健康)을 조심(操心)하라. 처자간(妻子間)에 불화(不和)한다.

(2) 진대운(辰大運)의 발생사건(發生事件)과 질병(疾病).

▶ 은연중(隱然中)에 hit(히트)친다. 저질애정(低質愛情)이 있음. 외국지사(外國之事)가 생긴다. 남의 기반(基盤)을 이용(利用)하거나 모방위조(模倣僞造)해서 소득(所得)을 증대(增大)한다. 양심(良心)을 던져버리고 이익(利益)만 추구(追求)하고 경쟁자(競爭者)를 물리친다. 측근(側近)은 속이지만 배반(背反)은 안한다. 삼수갑산(三水甲山)가도 먹고 보자는 배짱이다. 허세(虛勢)와 거짓말을 잘한다. 애정(愛情)은 결혼(結婚)은 후회(後悔)를 한다. 뺏고 뺏기는 모험(冒險)을 저지르고 자식(子息)은 잘 되겠지 한다.

▶ 욕심(慾心)이 많음. 야심(野心)과 투기심(投機心)이 있다. 타인(他人)에게 접근(接近)을 안한다. 장사는 박리다매(薄利多賣)가 원칙(原則)이며 싸구려 장사를 해야지 비싼 물건(物件)은 취급(取扱)을 하지마라. 상품도용(商品盜用), 위조(僞造), 변조(變造), 송사(訟事), 욕심(慾心), 거짓말, 사기(詐欺) 等이 발생(發生)한다. 외교수완(外交手腕)이 부족(不足)하다. 돈벌어 복수(復讐)할 생각(生覺)이다. 부동산문제(不動産問題)에 애로(隘路)가 발생(發生)

한다. 그린벨트(green-belt)나 재개발지역(再開發地域)의 주택(住宅)과 토지(土地)를 취급(取扱)을 한다. 이사(移徙)가 불편(不便)하다. 부부(夫婦)가 불편(不便)하다. 미모(美貌)가 별로인 여자(女子)와 교제(交際)한다. 일확천금(一攫千金)을 노린다. 현금애로(現金隘路)가 있음. 특허품(特許品), 특수제품(特殊製品)의 취급(取扱)하는 것이 좋음. 가끔 공갈(恐喝) 이나 협박(脅迫)을 받는다.

○ [질병(疾病)] ➡ 망각증(忘却症)・피부병(皮膚病)・어깨・위장병(胃腸病)・구(口)〈=입〉・항문(肛門) 等.

(3) 진(辰)・진(辰)의 자형살(自刑殺).

1) 남명(男命).

► 충돌지신(衝突之神)・참혹지신(慘酷之神)이다. 평생(平生) 눈물을 흘리니 불쌍하다. 묘(墓)를 의미(意味)한다. 돈이 많음. 상처자(喪妻者)가 많음. 투기업(投機業)을 한다. 간혹(間或) 천상걸인(天上乞人)이나 비참(悲慘)한 인생(人生)이 있음. 노동자(勞動者)・공사장인부(工事場人夫) 等이 있음.

► 친구(親舊)끼리 놀다가 문제(問題)가 발생(發生)한다.

2) 여명(女命).

► 고기장사한다. 반탱이장사한다. 반칼잽이이다. 얼치기백정(白丁)이다. 천상과부(天上寡婦)가 많음. 자식복(子息福)은 희박(稀薄)하다.

3) [진(辰)・진(辰)・진(辰)3개(個)].

► 애기를 업고 애기 찾는다. 건망증(健忘症)이 극심(極甚)하다.

(4) 진(辰)의 운시(運始).

▶ 위장(胃臟), 피부병(皮膚病), 고질병(痼疾病) 等이 있음. 소탈(疎脫)하고 꾸
밈이 없음. 있는 그대로 보여준다. 외국어(外國語)에 소질(素質)이 있다. 무
엇이든 잘 먹는다.

6. 巳火(사화)〈=천문성(天文星)〉.

(1) 공통(共通).

▶ 연이미이(然已未已)이다. 어기무섭(於己無涉)하다. 성실(誠實)하고 의무(義
務)에 충실(充實)하다. 예술(藝術)에 소질(素質)이 있음. 조화(調和)를 잘 이
루고 효자(孝子)이다. 동기간(同氣間)에 화목(和睦)한다.

▶ 불신(不信)속에서도 꾸준히 노력(努力)하는 형(形)이다. 저축(貯蓄)을 해서
노후대책(老後對策)을 세운다. 부부간(夫婦間)에 애로(隘路)가 있음. 맞벌
이하는 부부(夫婦)가 있음. 끈기가 있고, 인정(人情)이 있으며 은혜(恩惠)
를 입으면 보답(報答)을 하고, 일은 냉정(冷情)하게 처리(處理)한다.

▶ 종점(終點), 종착(終着), 역(驛)의 뜻이 있다. 회전활동지신(回傳活動之神)
이다. 움직이는 철(鐵)이나 철사(鐵絲)이다. 수화동반(水火同伴)한다. 물이
오면 불로 달군다. 밤에 무섭게 활동(活動)한다. 부인(婦人)의 근심이 있
다. 속성속패(速成速敗)한다. 반연애(半戀愛)와 반중매(半仲媒)로 결혼(結
婚)한다. 성급(性急)하게 일을 착수(着手)하면 실패(失敗)한다. 적(敵)이
행동(行動)할 때까지 기다렸다가 공격(攻擊)을 한다. 재신(財神)이다. 집념
(執念)이 강(强)하다. 주(主)로 움직이는 상태(狀態), 활동(活動), 역마(驛
馬) 等에 해당(該當)한다. 외유내강(外柔內剛)하고, 고상(高尙)하고, 두뇌

(頭腦)가 민첩(敏捷)하다. 제사(諸事)에 교제(交際)가 능란(能爛)하다. 남을 시기(猜忌)한다.

► [물상(物象)] ➡ 2개(個)의 이빨 · 손가락 · 발가락 · 견(肩)〈=어깨〉 · 유방(乳房) · 목(目)〈=눈〉 · 심장(心臟) · 정신질환(精神疾患) · 혈압(血壓) · 대장(大腸) · 빈혈(貧血) 等.

► 고집(固執)이 강(強)하다. 서로 다투어도 시간(時間)이 지나면 뒤끝이 없는 자(者)이다. 상인(上人)의 도움으로 작은 성공(成功)을 한다. 초년(初年)에 조실부모(早失父母)를 한다. 고독지운(孤獨之運)이다. 형제인연(兄弟因緣)이 희박(稀薄)하다. 이복형제(異腹兄弟)가 있고, 조출타향(早出他鄕)을 하고, 자수성가(自手成家)한다.

   • 남명(男命)은 종교(宗敎), 예술계통(藝術系統) 等에 종사(從事)한다. 마음이 약(弱)하다. 유순(柔順)하고 인정(人情)이 있음.

   • 여명(女命)은 남편이별(男便離別)을 하고, 식당(食堂)이나 여관(旅館) 等에 종사(從事)한다.

   • [45 · 46세(歲)]의 운(運)을 잡고.

   • [31 · 35 · 47세(歲)]에 대액(大厄)을 조심(操心)하라.

► 성질(性質)이 고상(高尙)하다. 동정심(同情心)이 있다. 용맹(勇猛)하고 영리(怜悧)하다. 수단(手段)이 좋아 교제(交際)에 능(能)하다. 가정(家庭)과 사업운세(事業運勢)는 평탄(平坦)치 못하다. 풍파(風波)가 많고 근심걱정이 많은 생활(生活)을 한다. 강직(剛直)하고 정의심(正義心)이 있음. 매사(每事)를 심사숙고(深思熟考)해서 처리(處理)해주기를 요망(要望)한다. 소재(小財)는 있음. 돈과 의식주(衣食住)는 걱정이 없음. 보물(寶物)이나 신용(信用)이나 재산(財産) 等은 있으나 형제덕(兄弟德)이 없음.

(2) 사대운(巳大運)의 발생사건(發生事件)과 질병(疾病).

▶ 자식도리(子息道理)하게 된다. 남이 불신(不信)해도 역사성(歷史性)이 있는 일을 만든다. 주위반대(周圍反對)로 불신(不信)하나 곧 증명(證明)이 되어 자신(自身)있게 밀고 간다. 부모(父母), 동기(同期), 혈통관계(血統關係), 관혼상제(冠婚喪祭) 等에 관심(關心)을 둔다. 부모형제(父母兄弟)를 잘 대접(待接)한다. 배우자(配偶者)보다 부모형제(父母兄弟)에 잘한다. 노후대책(老後對策)를 세운다. 애정(愛情)은 신경(神經)을 안쓴다. 자식(子息)에게 실망(失望)을 한다.

▶ 업무시작(業務始作)이다. 단체(團體)에 가입(加入)한다. 구설수(口舌數)가 발생(發生)한다. 결제시간(決濟時間)이다. 부양의무(扶養義務)가 있다. 성실(誠實)하고 침착(沈着)하다. 근면(勤勉)하다. 종점(終點)에서 거주(居住)를 한다. 죄(罪)를 짓지 않고 마음 잡고 생활(生活)을 한다. 부모형제(父母兄弟)나 처자(妻子)를 위(爲)해 분골쇄신(粉骨碎身)한다. 부모(父母)를 모셔야 발전(發展)한다. 부모형제(父母兄弟)가 도움을 요청(要請)을 한다. 사대운(巳大運)이 지나면 분가(分家)하라. 많은 돈을 지출(支出)한다. 원수(怨讐)진 사람과 화해(和解)할 시기(時期)이다. 수재(水災)가 발생(發生)한다. 사시(巳時)의 내점(來占)은 종교인(宗敎人)이 많음.

▶ 부모(父母)를 모시는 결혼(結婚)을 한다. 사업(事業)보다는 직장생활(職場生活)이 좋고, 직장(職場)의 변동(變動)이나 이동(移動)은 절대불가(絶對不可)하다. 입사시험(入社試驗)은 대기업(大企業)이 좋음. 해외진출(海外進出)은 길(吉)하다. 남에게 일을 맡기면 부도발생(不渡發生)한다. 집 팔아서 이사(移徙)갈 마음이 없음.

• [직업(職業)] ➡ 보석상(寶石商)·보석수출업(寶石輸出業)·사금융(私金融)·돈놀이·일수(日收)놀이·전당포(典當鋪) 等은 길(吉)하다.

◐ [질병(疾病)] ➡ 치병(齒病)·수액(水厄)·배가 아프고 차갑다·요통(腰痛)·냉병(冷病) 等.

(3) 사(巳)·사(巳)의 자형살(自刑殺).

1) 남명(男命).

▶ 화계통(火系統)에 종사(從事)한다. 유리제품(琉璃製品)이나, 초자공장(硝子工場) 等에 많이 근무(勤務)를 한다. 공기(空氣)를 넣는다. 바람을 대동(帶同)한다.

・병원(病院)의 산소공급자(酸素供給者)이다. 타이어수리(tire修理) 等에 종사(從事)한다. 반드시 상처지명(喪妻之命)이다.

2) [여명(女命)].

▶ 천상지(天上之)의 과부팔자(寡婦八字)이다.

3) [사(巳)·사(巳)·사(巳)3개(個)].

▶ 형액(刑厄)이 있음. 자식(子息)이 상(傷)한다.

(4) 사(巳)의 운시(運始).

▶ 충효(忠孝)하고, 효자(孝子)가 많음. 장부(長婦)〈=맏며느리〉로 부모(父母) 모시기를 좋아한다. 상인(上人)을 모셔야 할 팔자(八字)이다. 미인(美人)이 많음. 소장(小腸)이나 치아(齒牙)에 질병(疾病)이 있음.

(1) 공통(共通).

▶ 우불출두(牛不出頭)한다. 난용기력(難用其力)한다. 호화생활(豪華生活)을 즐기나 세밀(細密)함이 없음. 자부심(自負心)이 강(强)하다. 거만(倨慢)하고 지배적(支配的)인 활동(活動)을 한다. 오락(娛樂)을 즐긴다. 신용(信用)이 타락(墮落)한다. 부도발생(不渡發生)한다. 법(法)에 안걸릴 정도(程度)의 사기(詐欺)짓을 한다.

- 게을러서 장사가 안된다. 남에게 숙여서 안 굽힌다. 편안(便安)함과 사치(奢侈)를 좋아한다.
- 침(針) · 시(矢)〈=화살〉 · 사격(射擊) · 당구(撞球) 等 쏘고 찌르는 것에 소질(素質)이 있음.

▶ 신(神)을 상징(象徵)한다. 등화(燈火)불이다. 색정지신(色情之神)이다. 음흉지상(陰凶之象)이다. 내성적성격(內省的性格)이다. 표리부동(表裏不同)하다. 도적(盜賊)이다. 음독자살(飮毒自殺)을 한다. 불파(不破)한다. 전기계통(電氣系統)이다. 〈말〉을 숭배(崇拜)하면 영험(靈驗)이 생긴다. 패인(敗人)이 많음. 매사(每事)에 큰소리를 친다. 사기성(詐欺性)이 농후(濃厚)하다. 어둠속에서 빛을 발(發)한다. 어두운 내실(內室)이다. 낮에는 추(醜)하나 밤에는 멋쟁이이다. 쑤시는 것을 좋아한다. 병화(丙火)를 싫어한다. 항상(恒常) 불안상태(不安狀態)로 속은 나쁜 짓을 한다. 처(妻)가 3인(人) 으로 四方(사방)에 솥을 건다. 남을 멸시(蔑視)하고 친구(親舊)가 별로 없고 주머니를 2개(個)를 찬다.

- 여명(女命)은 난잡(亂雜)한 여인(女人)이며 객사(客死)가 많음. 돈보다 애인(愛人)에 욕심(慾心)을 낸다. 형제(兄弟)는 외롭다.

▶ [물상(物象)] ➡ 견(肩)⟨=어깨⟩ · 목(目)⟨=눈⟩ · 심장(心臟) · 고혈압(高血壓) · 신경(神經) · 후두(後頭)⟨=뒷골⟩ · 복부(腹部) 等.

▶ 마음이 쾌활(快活)하다. 순진(純眞)하다. 도와주면 비밀(秘密)을 털어 놓는다. 성급(性急)하나 오래 못간다. 변화(變化), 사치(奢侈), 낭비(浪費) 等이 많음.

• 조출타향(早出他鄕)한다. 중년(中年)에 고생(苦生)을 한다.

• [18 · 19 · 23 · 24세(歲)]에 운(運)을 실(失)하면 고생(苦生)을 한다.

• [47 · 48 · 51 · 52세(歲)]에 기회(機會)를 잡아라. 의협심(義俠心)이 풍부(豊富)하고, 남을 걱정을 해주고, 색정(色情)을 조심(操心)하면 실패(失敗)가 적 고 가업(家業)을 변경(變更)한다.

• [30이후(以後)]에는 시도(試圖)하는 일에 이익(利益)을 보고, 개운(開運)이 되니 잘 잡아라.

• [13 · 32 · 44세(歲)]에는 액운(厄運)을 조심(操心)하라.

▶ 관공직(官公職)이나, 문학(文學)이나, 학자(學者) 等의 가문(家門)이다. 유흥업(遊興業)이나 돈놀이 等은 길(吉)하다. 교제(交際)에 능(能)하고 사교적(社交的)이며 말솜씨가 있음. 주색(酒色)으로 인(因)해 곤궁(困窮)하다. 이익(利益)이 되는 사람에게는 파고드는 소질(素質)이 있고, 손해인(損害人)은 가차(假借)없이 절연(絶緣)을 한다. 부부무정(夫婦無情)하다. 유첩(有妾)을 하고 입이 싸다. 많은 여인(女人)과 교제(交際)한다.

• [상격(上格)]이면 평생(平生) 재물(財物)이 있다.

(2) 오대운(午大運)의 발생사건(發生事件)과 질병(疾病).

▶ 부정거래(不正去來)로 신용(信用)이 타락(墮落)한다. 대리행위자(代理行爲者)에게 당(當)한다. 고급생활(高級生活)에 도취(陶醉)되어 가정(家庭)을 소

홀(疏忽)히 한다. 법적(法的)인 모순(矛盾)을 저지른다. 부도(不渡)가 나는 생활(生活)로 위신(威信)이 실추(失墜)되고 부정(不正)에 오염(汚染)이 된다. 허세생활(虛勢生活)을 한다.

· 현재(現在)는 정신(精神)없이 동분서주(東奔西走)하나 곧 불행위기(不幸危機)에 처(處)한다. 부채(負債)가 있던 없던 자가용(自家用)을 탄다. 〈외(外)〉는 호화(豪華)로우나 집안은 엉망이다. 자식(子息)은 더 있었으면 하고 바란다.

▶ 수표관리(手票管理)의 소홀(疏忽)로 부도(不渡)가 난다. 타인(他人)에게 위탁운영(委託運營)을 시키면 큰 손해(損害)를 본다. 대리행위(代理行爲)로 수난(受難)을 겪거나 사업상(事業上)의 애로(隘路)로 신용(信用)이 타락(墮落)한다. 건강(健康)의 장해요소(障害要素)가 있음.

· 이익(利益)이 있는 듯 하나 현금융통(現金融通)이 잘 안된다. 만사(萬事)가 지연(遲延)이 된다. 빌려준 돈의 상환(償還)이 힘들다. 수금(收金) 等을 타인(他人)에게 위탁처리(委託處理)하지 않고 본인(本人)이 직접(直接) 처리(處理)하면 면액(免厄)이 된다. 혼기(婚期)가 되었는데도 결혼(結婚)을 할 생각(生覺)을 안한다. 자금동원(資金動員)이 힘들고 부동산(不動産)의 처리(處理)도 힘들다. SOS구원(救援)을 요청(要請)하라.

○ [질병(疾病)] ➡ 말더듬 · 정신병(精神病) · 해수병(咳嗽病) · 인후병(咽喉病) · 편도선(扁桃腺) · 수액(水厄) · 심장병(心臟病) · 수족이상(手足異狀) · 수술건(手術件)이 발생(發生)한다.

---

(3) 오(午)·오(午)의 자형살(自刑殺).

1) 남명(男命).

▶ 투쟁지신(鬪爭之神)이다. 한마디로 걸인(乞人)이다. 실명자(失明者)가 간혹(間或) 있음. 농아자(聾啞者)가 많이 출생(出生)한다.

▶ 꽃반석(盤石)위에 놓고 있음. 색시장사가 많음. 항문(肛門)에 질병(疾病)〈= 치질(痔疾)〉이 많음.

2) 여명(女命).

▶ 기생(妓生)이나 명기(名妓)가 많음. 약비(若非)하면 신자(神者)나 불구자(不具者)가 많음.

3) [오(午)·오(午)·오(午)3개(個)].

▶ 처(妻)를 극(剋)한다. 해수병(咳嗽病). 인후병(咽喉病). 수족이상(手足異狀). 편도선(扁桃腺). 심장병(心臟病). 수술건(手術件) 等에 질병(疾病)이 있다.

(4) 오(午)의 운시(運始).

▶ 심장(心臟)이다. 신기(神氣)이다. 정신혼미(精神昏迷)하다. 비밀(秘密)이 없음. 자기(自己)의 자랑을 너무 많이 한다. 개방주의자(開放主義者)이다. 여명(女命)은 미인(美人)이 많음.

8. 未土(미토)〈=천고성(天孤星)〉.

(1) 공통(共通).

▶ 욕구불래(欲求不來)한다. 범사인내(凡事忍耐)한다. 남을 잘 믿고, 의지(依支)를 잘하고, 미숙(未熟)한 짓을 해서 실패(失敗)를 한다. 일을 벌려 놓고

수습(收拾)을 하지 못해 도망(逃亡)을 간다. 적은 돈으로 큰 돈 벌려고 남을 이용(利用)을 하다가 망(亡)한다. 매사(每事)가 지연(遲延)되고 미루고 해서 인심(人心)을 실(失)한다. 순박(淳朴)한 인정(人情)이 있음.

▶ 고독(孤獨)과 눈물과 수술(手術)의 지신(之神)이다. 침체(沈滯)가 된다. 신흥종교(新興宗教)에 관심(關心)이 있음. 뻘토(土), 쪼대흙, 꾸중물 等이다. 목(木)을 좋아한다. 목(木)이 오면 반죽(飯粥)이 되고 화(火)가 오면 더욱 건조(乾燥)해져서 흉(凶)하다. 조상(祖上)은 별로이고 험(險)하게 죽거나 비참(悲慘)하게 죽은 조상(祖上)이 있음. 남명(男命)은 용맹(勇猛)이 없고 낮에만 행동(行動)을 한다. 치아(齒牙)가 약(弱)하다. 구슬을 좋아한다. 이상(異狀)하고 묘(妙)한 신명세계(神明世界)에 빠진다. 객지생활(客地生活)을 한다. 눈물이 많음. 술을 먹으면 미친다 〈=뻘토(土)로 되니까〉.

▶ [물상(物象)] ➡ 위장(胃腸)·비장(脾臟)·다리·종아리·옆구리 等.

▶ 본심(本心)은 착하다. 고지식(固知識)하다. 〈외(外)〉는 걱정이 없어 보이나 〈내(內)〉는 근심걱정이 많고 인덕(人德)이 없어 한탄(恨歎)한다.

• [21·22·43·44세(歲)]에 운(運)이 오니 꽉 잡아라. 중년(中年)까지는 실패(失敗)한다. 48세(歲)이후(以後)부터 안심(安心)하라.

• [60전후(前後)]는 일출지운(日出之運)이며.

• [5·24·47세(歲)]는 액년(厄年)이니 극(極)히 조심(操心)하라.

• [직업(職業)] ➡ 교육자(教育者)·연구가(研究家)·농장(農場)·월급생활(月給生活)이 좋다. 기독교계통(基督教系統)·주류업(酒類業)·도매업(都賣業)·차량운수업(車輛運數業)·기계동작(機械動作) 等에 종사(從事)한다.

▶ 부모이별(父母離別)한다. 중년이후(中年以後)에 발복(發福)을 한다. 평생(平生) 풍파(風波)가 많아 성패(成敗)를 자주 한다. 영리(怜悧)하고 신경질

적(神經質的)이고 기분파(氣分派)이다. 수단(手段)이 좋아 평생(平生) 의식주(衣食住)의 걱정이 없음. 노고(勞苦)가 많음.

▶ 자비심(慈悲心)이 있어 남을 잘 돌본다. 정직(正直)하고 신용(信用)이 있고, 신앙심(信仰心)과 효심(孝心)이 있음. 물건취급(物件取扱)은 면밀(綿密)히 하나 너무 과(過)하여 기회(機會)를 놓친다. 2·3차(次)로 부부(夫婦)의 실패수(失敗數)가 있음. 자존심(自尊心)이 강(强)하다. 목하(目下)로 보는 것이 흠(欠)이다. 인덕(人德)이 없고 민활(敏活)하지 못해 가끔 실패(失敗)를 한다. 부부인연(夫婦因緣)이 희박(稀薄)하다. 편모슬하(偏母膝下)에서 성장(成長)한다.

(2) 미대운(未大運)의 발생사건(發生事件)과 질병(疾病).

▶ 남녀불문(男女不問)하고 미대운(未大運)은 섹스(sex)는 강(强)하지는 않으나 맛이 있음. 남녀공(男女共)히 바람이 난다. 소심공포증(小心恐怖症)이 있음. 군더더기의 일을 벌려 놓고 수습(收拾)이 부족(不足)해 도망(逃亡)가고 싶은 심정(心情)이다. 〈80%〉정도(程度)로 남의 힘을 이용(利用)해서 중간마진(中間margin) 먹으려다 관액(官厄)을 자초(自招)한다. 무리(無理)하게 남을 이용(利用)해서 돈을 벌려다 실력부족(實力不足)으로 망(亡)한다. 이성(異性)의 법적문제(法的問題)로 쫓긴다. 미숙(未熟)한 짓으로 신용타락(信用墮落)하고 부도(不渡)가 발생(發生)한다. 자식(子息)에게는 기대(期待)를 안한다.

▶ 저당(抵當)잡히는 일이 생긴다. 접착제(接着劑)나 환각제(幻覺劑)의 범죄(犯罪)를 조심(操心)하라. 감초역할(甘草役割)한다. 뜯어 먹는 사람이 많음. 재결합(再結合)이 생긴다. 지체불편지상(肢體不便之象)이다.

▶ 천재지변(天災地變)에 대비(對備)하라. 부동산(不動産)과 재산(財産)이 묶

여 있어서 약속(約束)이 불이행(不履行)된다. 년살(年殺)이 발동(發動)하고, 사업손실(事業損失)과 실패(失敗)가 따른다. 오미대운(午未大運)에 망(亡)하면 재기불능(再起不能)이다.

• 여명(女命)은 소실팔자(小室八字)이다. 혼처(婚處)가 많이 생기고 이성관계(異性關係)가 문란(紊亂)하다.

▶ 수산업(水産業)이나 높은 곳의 장사는 불길(不吉)하다. 직장생활(職場生活)을 변동(變動)하면 좌천(左遷)된다. 부동산(不動産)은 매입불가(買入不可)하다. 장기간(長期間)의 소송(訴訟)은 비용(費用)만 낭비(浪費)한다. 이혼문제(離婚問題)가 생긴다. 미대운(未大運)의 말(末)은 진퇴양난(進退兩難)의 극한상황(極限狀況)에 이른다. 이성(異性)이 생기면 안떨어 진다.

◐ [질병(疾病)] ➡ 허로병(虛勞病)·중풍(中風)·마비증세(痲痺症勢) 等.

(3) 미(未)·미(未)의 자형살(自刑殺).

1) 남명(男命).

▶ sex(섹스)가 특미(特味)하다. 일을 수습(收拾)하지 못하면 도망(逃亡)간다. 일평생(一平生) 출세(出世)가 힘들다. 몸에 반드시 상처(傷處)가 있음. 자식(子息)을 사산(死産)한다. 걸인(乞人)같은 처(妻)를 만나 생활(生活)한다.

2) 여명(女命).

▶ 서민(庶民)이나 영세민(零細民)이다. 수(水)와 관련(關聯)된 토건업(土建業)에 종사(從事)하면 반드시 성공(成功)한다. 평생(平生) 근심과 걱정이 있다.

3) [미(未)·미(未)·미(未)3개(個)].

► 남녀공(男女共)히 불행(不幸). 남명(男命)은 평생(平生)동안 처(妻)가 없음.

(4) 미(未)의 운시(運始).

► 위(胃), 구(口), 순(脣)〈=입술〉, 잇몸 等에 질병(疾病)이 있다. 맛에 도통(道通)한다. 나태(懶怠)해진다. 기호식품(嗜好食品)인 담배 · 술 · 커피(coffee) 等에 도통(道通)한다.

9. 申金(신금)〈=천역성(天驛星).

(1) 공통(共通).

► 구설이파(口舌已破)한다. 무인가신(無人可伸)이다. 절약(節約)하는 구두쇠이다. 이럴까 저럴까 갈림길이고. 두주머니를 찬다. 재치(才致)가 있고 영리(怜悧)하고 요행심(僥倖心)이 강(強)하다. 외도(外道)를 자주 한다. 집에 있기 싫고 밖에 나가고 싶다. 현실(現實)의 요령(要領)이 좋으나 긴 안목(眼目)이 부족(不足)한다. 남에게 잘하나 인덕(人德)은 부족(不足)하다. 수락(受諾)을 잘하고 돈을 잘 번다. 정리(整理)를 할려고 한다. 연예계통(演藝系統)에 소질(素質)이 있음.

► 마(馬)같은 역할(役割)한다. 고독(孤獨)과 재능지신(才能之神)이다. 둥둥 뜬 쇠(鐵) · 파이프(pipe) · 철선(鐵船) · 철마(鐵馬), 배 等의 뜻이다. 〈왕(旺)〉하면 버스(bus) · 트럭(truck)이고, 〈약(弱)〉하면 taxi(택시) · 자전거(自轉車)이다. 신(申)은 금중(金中)에 유수(有水)하니 수마(水馬)〈=선박(船舶)〉도 된다. 배는 토(土)가 오면 못뜬다. 학덕(學德)이 많음. 사방(四方)에 솥이 걸려 있음. 낮에 활동(活動)을 한다. 처(妻)는 눈물을 많이 흘린다.

위험(危險)이 처(處)할 때 흩어진다. 인(寅)이 오면 신(申)은 불편(不便)하고 인(寅)이 있는데 신(申)이 오면 정신이상(精神異常)이 된다.

- 인신충(寅申沖)의 원리(原理)로 원국(元局)에 신(申)이 있으면 〈굿〉을 하지마라. 발복(發福)이 안된다.

▶ [물상(物象)] ➡ 폐(肺) · 가슴 · 갈비뼈 · 대장(大腸) · 피부(皮膚) 等.

▶ [IQ]가 높아 공부(工夫)는 잘하나, 고지식(固知識)하고, 외고집(畏固執)이 있고, 속이 좁고, 제멋대로 하나, 결단성(決斷性)이 없다.

- [27 · 28 · 31 · 32세(歲)]에 실패수(失敗數)가 있음.

- [47 · 48세(歲)]는 길운(吉運)이니 꼭 잡으라.

- [12 · 23 · 40세(歲)]는 액운(厄運)이니 조심(操心)하라.

▶ 부모(父母)가 이별(離別)해서 부모인연(父母因緣)이 희박(稀薄)하다. 의식주(衣食住)가 풍족(豊足)하지 못하다. 동분서주(東奔西走)를 많이 한다.

- 〈외(外)〉는 양적기질(陽的氣質)이나 〈내(內)〉는 음기(陰氣)가 있음.

▶ 관공서(官公署), 기술계통(技術系統), 발명가(發明家), 정치가(政治家), 토목건축(土木建築) 等이 길(吉)하다. 외화내허격(外華內虛格)이다. 신앙심(信仰心)을 가져라. 불화(不和)가 발생(發生)하면 주색방탕(酒色放蕩)하니 조심(操心)하라. 초년박복(初年薄福)하나 중년이후(中年以後)는 발전(發展)한다. 쾌활(快活)하고, 교제(交際)에 능(能)하고, 사치(奢侈)를 즐기고, 마음대로 행동(行動)을 하고, 약자(弱者)를 돕고, 일의 뒷 처리(處理)를 잘못해서 손실(損失)이 많음. 가정(家庭)에는 논쟁(論爭)이 빈발(頻發)하고, 전진(前進)만 하니 길을 잃으면 고독지명(孤獨之命)이다.

- 여명(女命)은 유흥업(遊興業)이 길(吉)하다. 부인(婦人)은 눈물을 흘리며 산다.

(2) 신대운(申大運)의 발생사건(發生事件)과 질병(疾病).

▶ 너는 너 나는 나라는 식(式)이다. 청산목적(淸算目的)으로 살아간다. 빚지고는 못사니 뱃장으로 대처(對處)하여 과거모순(過去矛盾)을 숨긴다. 부화뇌동(附和雷同)해서 좋았으나 현실(現實)이 난관초래(難關招來)한다. 두 주머니를 찬다. 빚지면 못갚고 빚지는 것은 싫다. 떠나서 새로운 도전(挑戰)을 할려고 한다. 정리정돈(整理整頓)한다. 궁색(窮塞)하다. 애정(愛情)은 헤어져도 그만이라고 생각(生覺)한다. 자식(子息)은 더 있었으면 한다.

▶ 독식(獨食)을 하는 불편사항(不便事項)이 발생(發生)한다. 사업확장(事業擴張)하면 망(亡)한다. 인원축소(人員縮小)로 감원대상(減員對象)이 된다. 인색(吝嗇)하여 구두쇠가 된다. 안전사고(安全事故)의 발생요인(發生要因)이다. 송사(訟事)가 많이 발생(發生)한다. 결혼(結婚)해서 분가(分家)해서 식구(食口)가 감소(減少)된다. 재물(財物)로 인(因)한 암투(暗鬪), 살상(殺傷), 보복(報復) 等이 발생(發生)한다. 외국학위취득(外國學位取得)이 유리(有利)하다. 신대운(申大運)의 말(末)은 외롭고 고독(孤獨)하다.

❯ [질병(疾病)] ➡ 대장염(大腸炎)·요통(腰痛) 等.

(3) 신(申)·신(申)의 자형살(自刑殺).

1) 남명(男命).

▶ 외국관계(外國關係)에 종사자(從事者)가 많음. 두주머니를 찬다. 분식(粉食)장사를 한다. 영웅(英雄)이 되지 못한 〈이무기〉이다. 뜻과 포부(抱負)는 크나 펴지 못한다. 절름발이가 가끔 있음.

　• 입즉불안(入則不安)하고 출즉활기(出則活氣)한다.

▶ 일평생(一平生) 처(妻)가 없으며 완전(完全)한 가정(家庭)이 없음. 동가숙서

가식(東家宿西家食)의 지상(之象)이다.

2) 여명(女命).

▶ 아주 거만(倨慢)하다. 속으로 호박씨 깐다. 반드시 남자(男子) 2명(名)을 사 권다. 예비남자(豫備男子)가 있음. 돈을 잘 쓰고 헤프다. 한량팔자(閑良八 字)이다. 자궁(子宮)에 이상(異狀)이 있음. 자궁(子宮)을 들어 낸다.

3) [신(申)·신(申)·신(申)3개(個)].

▶ 무능(無能)하다. 사람의 됨됨이가 부족(不足)하다.

(4) 신(申)의 운시(運始).

▶ 대장병(大腸病)의 질병(疾病)이 있다. 근검절약(勤儉節約)하는 사람이다. 미 인(美人)과 미남(美男)이 많음. 허리에 이상(異狀)이 있음.

---

10. 酉金(유금)〈=천인성(天刃星)〉.

(1) 공통(共通).

▶ 이물성취지상(以物成就之像)이다. 생불봉시병약단수(生不逢時病弱短壽)한 다. 말을 잘하고 말로 먹고 산다. 떠벌이이다. 스피커(speaker)의 뜻이다. 호인(好人)이며 인심(人心)이 좋음. 성악(聲樂)을 잘한다.

• 〈PR업(業)=광고선전업(廣告宣傳業)〉을 잘한다. 남에게 잘해주고 욕(辱) 을 먹는 형(形)이다. 양보심(讓步心)이 많아 실속이 없음. 빚〈=부채(負 債)〉지면 때어 먹지 못한다. 이용(利用)을 잘 당(當)하여 보증(保證)서서

망(亡)한다. 관재발생(官災發生)해도 무혐의(無嫌疑)이다. 성질(性質)이 활발(活潑)하다. 변덕(變德)이 심(甚)하다.

▶ 장군(將軍)의 칼이다. 불구상처지신(不具傷處之神)이다. 꽃밭이다. 항상(恒常) 안에서 놀고 숨어서 일한다. 돈놀이, 다이아몬드(diamond), 금은(金銀), 간판(看板), 빵장사, 고물(古物)장사, 엿장사, 험악(險惡)한 물장사, 어패류(魚佩類)장사 等이 吉(길)하며, 높은 곳의 위험(危險)한 상태(狀態)에서 일한다. 죽을 때 소리를 낸다. 발가락에 이상(異狀)이 있다. 척추(脊椎)에 병(病)이 있음. 항문(肛門), 대장(大腸)에 이상(異狀)이 있음. 외과수술(外科手術)이 많음. 도적성격(盜賊性格)이다.

- 여명(女命)은 남자(男子) 2명(名)을 차고 살고 말년(末年)에 혈광사(血光死)하고 진(辰)이 있으면 니나노팔자(になの八字)이다.

▶ [물상(物象)] ➡ 대장(大腸)·폐(肺)·치아(齒牙) 等.

▶ 대인접촉(待人接觸)에 비상(非常)한 재주가 있음. 주소(住所)나 업무(業務)에 변동(變動)이 많음. 너무 설치면 실패수(失敗數)가 있음. 유순(柔順)하고 생각(生覺)이 많음. 외방(外房)에 유부유첩(有夫有妾)을 금지(禁止)하라. 수양부족(修養不足)하다. 자존심강(自尊心强)하다.

- [17·18·22·23세(歲)]에 일시적행운(一時的幸運)이 있음. 중년(中年)은 고생(苦生)을 한다.
- [46·47·52·53세(歲)]의 운(運)을 잡아라. 젊어서는 만사(萬事) 뜻대로 안되나 40세(歲)가 넘으면 개운(開運)한다.
- [22·28·39세(歲)]는 액년(厄年)이니 조심(操心)하라.

▶ 법관(法官)이나 교육계통(敎育系統)이다. 자기(自己)의 잘못을 인정(認定)을 안한다. 남을 비난(非難)하는 성질(性質)을 버리지 않으면 고독(孤獨)해진다. 어릴 때 생긴 상처(傷處)가 있음.

- 남명(男命)은 건축가(建築家), 교육자(敎育者), 은행가(銀行家) 等에,
- 여명(女命)은 식당(食堂), 돈놀이 等에 적성(適性)이 있음.

▶ 생각(生覺)이 깊고 눈초리가 예민(銳敏)한다. 조급(躁急)하고 말이 많음. 외유내강형(外柔內剛形)이다. 교제(交際)를 잘하고 친절(親切)하다. 화입(火入)해서 성질(性質)이 나면 미친다. 뒷 마무리를 못한다. 금전손실(金錢損失)이 있다. 부부불화(夫婦不和)한다.

(2) 유대운(酉大運)의 발생사건(發生事件)과 질병(疾病).

▶ 자기(自己)를 던져 남을 도운다. 너무 양심적(良心的)이다. 희생심(犧牲心) 있어 인간(人間)답게 정의(正義)롭게 살기 위(爲)해 양보(讓步)로 생활(生活)하니 실속은 없으나 실수(失手)는 없음. 남을 도우려다 엉뚱한 벼락을 맞음. 남을 너무 믿고 도우려다 보증(保證)으로 곤욕(困辱)을 치른다.

▶ 스트레스(stress)가 많이 쌓인다. 요통(腰痛)이나 복통(腹痛)이 생긴다. 부도발생(不渡發生)한다. 입방정으로 불이익(不利益)을 당(當)한다. 낙방(落榜)이 되거나 승진불가(昇進不可)한다. 사업불가(事業不可)한다. 투서사건(投書事件)이 생김. 부부지간(夫婦之間)에 주머니, 재산(財産), 지갑(紙匣) 等을 따로따로 찬다. 돈 빌려주면 부도(不渡)가 난다. 아파도 활동(活動)을 한다. 두집 살림을 한다. 부동산(不動産)이나 건축건(建築件)이 발생(發生)을 한다. 급전(急錢)으로 쪼들린다. 욕심(慾心)을 내면 부도(不渡)가 난다. 보석(寶石)이나 귀금속(貴金屬)장사는 길(吉)하다.

- 개운법(開運法)은 조용한 일을 하든지 외국(外國)에 나가면 된다. 자식(子息)에게는 무관심(無關心)하다.

○ [질병(疾病)] ➡ 폐결핵(肺結核)·스트레스(stress)·신경성질환(神經性疾患)·복통(腹痛)·요통(腰痛) 等.

(3) 유(酉)·유(酉)의 자형살(自刑殺).

1) 남명(男命).

▶ 곱추가 된 불구(不具)이거나 발가락에 이상(異狀)이 있다. 간판(看板)장사를 하거나 화장품(化粧品)장사를 한다. 이복형제(異腹兄弟)가 있다. 남녀공(男女共)히 불길(不吉)하다. 불구(不具)가 많음. 자식(子息)이 출산후(出産後)에 사망(死亡)이 많음. 노변(路邊)에 장사하는 사람이 많음.

▶ 칼. 쇠붙이. 열쇠. 톱날 等을 취급(取扱)한다. 넝마주의 형(形)이 많음.

2) 여명(女命).

▶ 노상(路上)에 닭장사한다. 남편(男便)과 같이 못산다. 단(但) 산다면 걸인(乞人)이나 무능인(無能人)이다. 자신(自身)이 벌어서 먹여 살리는 남자(男子)라면 공생(共生)이 가능(可能)하다.

• 뇌병(腦病)과 정신이상(精神異常)인 사람이 많음.

3) [유(酉)·유(酉)·유(酉)3개(個)].

▶ 공방수(空房數)가 있음.

(4) 유(酉)의 운시(運始).

▶ 술을 잘 먹음. 불평불만(不平不滿)이 많음. 스트레스(stress)가 많이 쌓이는 사람이다. 미인(美人)과 미남(美男)이 많음. 폐(肺)와 기관지(氣管支)가 나쁘다.

(1) 공통(共通).

▶ 술자격상지의(戌者擊傷之義)이다. 용력가망기성(用力可望其成)한다. 이중생활(二重生活)한다. 실속을 채리고 비밀(秘密)이 많음. 사람을 가려서 사귄다. 포용력(包容力)이 있고 기분파(氣分派)이다. 현금(現金)이 있는 상태(狀態)이며 창고(倉庫)를 지키는 형(形)으로 지키는 것은 꼭 지킨다. 겁(怯)이 많음. 애정문제(愛情問題)가 복잡(複雜)하다. 처(妻)가 남보다 못하다고 생각(生覺)한다.

▶ 예능지신(藝能之神)이며 재예(才藝)에 능력(能力)이 있음. 광산(鑛山)이다. 부모형제(父母兄弟)가 다사(多死)하여 조실부모(早失父母)한다. 묘(墓)를 여러번 이장(移葬)한다. 험악(險惡)하여 짐승을 조금만 때려도 죽는다. 밝아져 오는 것이다. 정직(正直)하고 착실(着實)하고 인정(人情)이 있으나 성급(性急)하고 인내심(忍耐心)이 약(弱)하다. 강직(剛直)한 성질(性質)이다. 교만심(驕慢心)이 강(强)하다. 사람을 하시(下視)하는 경향(傾向)이 있음. 지키기 위(爲)해서 짓는다⟨=폐(吠)⟩.

• [30세(歲)]전후(前後)에 병(病)과 곤액(困厄)을 조심(操心)하라. 초년고독(初年孤獨)하다. 중년(中年)은 길(吉)하나.

• [33 · 35 · 48 · 55세(歲)]는 액운(厄運)이니 조심(操心)하라.

• [15 · 46 · 53 · 54세(歲)]나 만년(晩年)에 행운(幸運)이 온다.

▶ [물상(物象)] ➡ 위장(胃臟) · 손 · 발 · 성기(性器) · 신장병(腎臟病) · 퉁퉁 붓는 것 · 허리가 아픔 等의 질병(疾病)이 있다. 소사(燒死)한다. 몽유병환자(夢遊病患者)가 가끔 있음.

▶ [직업(職業)] ➡ 재벌(財閥)이 간혹(間或) 있음. 종교가(宗敎家)가 많음 · 교

육자(教育者)·신발·차량운수업(車輌運輸業)·목축업(牧畜業)·선원(船員)·바다 等에서 종사(從事)하고·정치(政治)·의사(醫師)·침술(鍼術)·은행(銀行) 等은 길(吉)하다.

▶ 계산(計算)과 눈치가 빠르다. 인덕(人德)이 없고 고독(孤獨)하나 교제술(交際術)은 좋음. 지식(知識)이 많음. 고향(故鄉)은 낮은 들 가운데나 절밑에 있음. 예의(禮儀)가 바르고 착실(着實)해서 상인(上人)이나 타인(他人)의 도움이 있음. 내심(內心)은 강(强)한 기질(氣質)이고, 고집(固執)이 있고, 귀가 얇아 잘 속고, 의심(疑心)을 잘함. 요행심(僥倖心)이 많음. 투기성(投機性)이 있음. 부부(夫婦)의 인연(因緣)은 희박(稀薄)하다. 간혹(間或) 부부(夫婦)의 생리사별(生離死別)하는 운(運)이 있음. 성격(性格)은 강정(剛正)하나 성급(性急)하기 때문에 실패(失敗)한다. 금전(金錢)에는 부자유(不自由)가 없으나, 운세(運勢)의 변화(變化)가 많음.

(2) 술대운(戌大運)의 발생사건(發生事件)과 질병(疾病).

▶ 모순(矛盾)을 이루는 거짓행위(行爲)를 한다. 애정(愛情)은 이중생활(二重生活)을 한다. 비밀(秘密)스러운 애정행각(愛情行脚)을 하고 과외수입(課外收入)으로 애인(愛人)을 돕는 식(式)의 이중생활(二重生活)을 한다. 현실(現實)의 일을 하랴 사교(社交)의 일을 하랴 정신(精神)이 없음. 내 것 지켜 줄 사람 있으면 훌훌 털고 가고 싶은 마음이다. 자식(子息)은 엄(嚴)하게 기른다. 애정(愛情)은 다른 데서 재미를 본다.

▶ 본업(本業)을 재쳐두고 부업(副業)을 한다. 사채금융(私債金融)에 관여(關與)를 한다. 바람이 나서 이성(異性)에게 간다. 부수입(副收入)을 올리는 시기(時期)이다. 재물운(財物運)은 좋으나 사기당(詐欺當)한다. 이중(二重) 살림을 한다. 상대(相對)가 모르게 바람이 난다. 숨겨 놓은 애인(愛人)이 있

음. 부부간(夫婦間)에 갈등심화(葛藤深化)로 구타사건(毆打事件)이 발생(發生)한다. 시비(是非)와 구타사건(毆打事件)으로 관액(官厄)이 온다. 수술건(手術件)이 생긴다. 직계식구(直系食口)들에게 욕(辱)먹을 짓을 한다.

○ [질병(疾病)] ➡ 공포증(恐怖症)·위장(胃腸)·비장(脾臟) 等.

(3) 술(戌)·술(戌)의 자형살(自刑殺).

1) 남명(男命).

▶ 술술(戌戌)이 나란히 붙어 있으면 사람인지 귀신(鬼神)인지 구별(區別)하기가 힘들다. 술술(戌戌)이 년(年)·월(月)에 있고 재성(財星)이면 두 번(番) 상처(喪妻)하고 모(母)도 사망(死亡)한다. 광산(鑛山)에 종사자(從事者)가 많음. 여자(女子)와 인연(因緣)이 박(薄)해 이별(離別)이 많아 여러 번(番) 갈아 치운다. 성불구자(性不具者)가 있음. 성기(性器)가 작음.

▶ 신(神)들린 자(者)가 많음. 종교인(宗敎人)·승려(僧侶)·목사(牧師)·신부(神父)·전도사(傳道師) 等의 성직자(聖職者)에 종사(從事)를 한다. 육체적(肉體的)인 노동(勞動)을 많이 한다. 인덕(人德)없고 액고(厄苦)가 많음.

2) 여명(女命).

▶ 무당(巫堂)이나 천직(賤職)에 종사(從事)한다. 육체적(肉體的)인 노동(勞動)을 한다. 공사장(工事場)의 인부(人夫)도 있음. 돈복(福)은 없음. 젊은 여인(女人)은 창녀(娼女)가 많음.

▶ 불감증환자(不感症患者)이다. 나란히 붙어 있으면 사람인지 귀신(鬼神)인지 구별(區別)하지 못한다.

3) [술(戌)·술(戌)·술(戌) 3개(個)].

▶ 귀신(鬼神)인지 사람인지를 구별(區別)하기가 힘들다.

(4) 술(戌)의 운시(運始).

▶ 기독교(基督教)에 관계(關係)가 되는 일에 종사(從事)한다.

• 위장(胃腸)·협통(脇痛)·흉통(胸痛)·마음병(病) 等.

12. 亥水(해수)〈=천수성(天壽星)〉.

(1) 공통(共通).

▶ 현무당두(玄武當頭)한다. 기사불구(其事不久)이다. 실속을 차린다. 질투심(嫉妬心)이 많음. 관리소홀(管理疏忽)로 경제(經濟)가 엉망이다. 돈은 잘 번다. 무골호인형(無骨好人形)이다. 세련미(洗煉味)가 부족(不足)하다. 개성(個性)이 강(强)해 무례(無禮)하다. 도박(賭博)을 즐김. 자비심(慈悲心)이 있음. 마음 노고(勞苦)가 많음.

▶ 목숨이 불안(不安)하다. 남자성기(男子性器)의 지신(之神)이다. 한번(番) 실수(失手)를 하나 두번(番) 실수(失手)를 안한다. 천마(天馬)이며 용마(龍馬)이다. 건드리면 움직인다. 대해수(大海水), 바닷물, 불용식수(不用食水) 等이다. 파도(波濤)치면 노도(怒濤)하고 순풍(順風)이면 잠잠(潛潛)하다. 부인(婦人)이 비참(悲慘)하고 참혹(慘酷)해진다. 늦게 발복(發福)하고 늦게 망(亡)한다. 절대(絶對) 부셔지지 않는다. 움직이는 불안상태(不安狀態)이다. 고향(故鄉)은 강부근(江附近)이거나 바다부근(附近)이거나 외국출신(外國出身)이다.

▶ [물상(物象)] ➡ 혈액(血液)·뇌(腦)·해수(咳嗽)〈=기침〉·신장(腎臟)·방광(膀胱) 等.

▶ 포장(包裝), 봉투(封套), 주머니 等의 직종(職種)이 좋음. 금전(金錢)과 인연(因緣)이 있어 안락생활(安樂生活)을 한다. 고집(固執)이 있고, 욕심(慾心)이 많고, 의협심(義俠心)이 있고, 의리(義理)를 숭상(崇尙)하나 자기(自己)의 실속을 채운다. 노(怒)하면 오래 간다. 나이가 들수록 길(吉)하다. 주색(酒色)과 도박(賭博)은 일체(一切) 삼가라.

• [49~55세(歲)]에 기회(機會)를 꽉 잡아라.

• [40세(歲)]이후(以後)에 순(順)해지며 파도(波濤)가 잠잠(潛潛)해진다.

• [50세(歲)]이후(以後)에 심신(心身)이 안락(安樂)하다.

• [17·24·32·46세(歲)]는 재난년(災難年)이니 극(極)히 조심(操心)하라.

▶ 근본(根本)은 정직(正直)하고 착하나 남을 잘 용서(容恕)하지 않는다. 한번(番) 노(怒)하면 용납(容納)이 안된다. 강건(剛健)하고 난사(難事)를 헤쳐 나가는 능력(能力)이 있음. 재능(才能)과 지혜(智慧)가 있음. 남을 도와주고 욕(辱)을 먹음. 급(急)하게 서둘면 실패(失敗)한다. 양기(陽氣)는 좋으나 좌하(坐下)가 불안(不安)하니 항상(恒常) 안전(安全)을 조심(操心)하라.

(2) 해대운(亥大運)의 발생사건(發生事件)과 질병(疾病).

▶ 해운(亥運)에는 조산(早産)하고 아들보다 딸이 잘되고, 벼락공부(工夫)를 한다. 무식(無識)을 한탄(恨歎)한다. 주먹구구식(式)이나 소득(所得)은 높음. 주변(籌邊)머리 없는 짓을 한다. 남자(男子)는 여자(女子)노릇도 못한다. 무골호인형(無骨好人形)으로 생활(生活)을 한다. 투기성(投機性)이 강(强)하다.

▶ 측근(側近)도 모르게 모아 둔 재산(財産)이 절단(切斷)날 지경(之境)이나 재치(才致)있게 잘 처리(處理)한다. 자식(子息)은 딸이 아들보다 낫다. 애정(愛情)은 서비스(service)가 엉망이다.

▶ 남으로부터 욕(辱)먹을 짓을 한다. 원한(怨恨)사는 일이 생긴다. 밤길을 조심(操心)하라. 미움을 사면서 돈을 번다. 주먹구구식(式)으로 장사하면 망(亡)한다. 항상(恒常) 화재위험(火災危險)이 있으니 불조심(操心)을 할 것. 집안이 어수선하다. 경제관리(經濟管理)가 엉망이다. 아무리 좋은 일을 해도 남에게는 원한(怨恨)이나 불편(不便)의 대상(對象)이 된다. 남의 입에 오르내린다. 남자(男子)의 구실(口實)을 못한다. 관재수(官災數)나 수술수(手術數)가 발생(發生)한다. 학구열(學究熱)은 좋음. 이사(移徙)를 하면 식구분산(食口分散)되고 불편(不便)해진다.

> ◑ [질병(疾病)] ➡ 수술수(手術數) · 방광염(膀胱炎) · 편도선(扁桃腺) · 화재(火災) · 인후병(咽喉病) · 정력감퇴(精力減退) 等.

(3) 해(亥) · 해(亥)의 자형살(自刑殺).

1) 남명(男命).

▶ 건달(乾達)이고 호걸(豪傑)이고 한량(閑良)이다. 동행(同行)의 지신(之神)이다. 활동직(活動職)의 종사자(從事者)가 많음. 종이제품(製品)에 종사(從事)를 한다. 불구자식(不具子息)이 있음. 쌍동(雙童)이가 있음. 양자지명(養子之命)이다.

▶ 무슨 일이든 잘 하지 않는다. 딸이 잘된다. 관골(觀骨)이 한 쪽이 낮음. 평평(平平)한 곳에 점(點)이 있음.

2) 여명(女命).

▶ 남자성격(男子性格)이다. 대기업(大企業)을 가진 여자(女子)이다. 증권(證券)이나 보험회사(保險會社)에 다니는 자(者)가 많음. 음식직업(飲食職業)도 많음. 험(險)한 직종(職種)도 많음. 신(神)을 모신다. 임자(任子)가 없는 자식(子息)이나 외방자식(外房子息)이 있음. 약비(若非)하면 자식(子息)을 데리고 시집을 온다.

▶ 치마폭이 추잡(醜雜)하다. 오입(五入)하면 비밀(秘密)로 한다. 질투(嫉妬)가 많음. 도박(賭博)을 좋아 한다.

3) [해(亥)·해(亥)·해(亥)3개(個)].

▶ 평생(平生) 고독(孤獨)하다.

(4) 해(亥)의 운시(運始).

▶ 신장(腎臟) · 방광(膀胱) · 머리 等에 질병(疾病).

第3篇

사주작성(四柱作成)

第1章. 사주도표(四柱圖表)

1. 60甲子 · 년주(年柱) · 월주(月柱) · 시주(時柱) · 공망(空亡)의 조견표(早見表).

戊·癸	丁·壬	丙·辛	乙·庚	甲·己		時시	月월	節入日절입일
壬子	庚子	戊子	丙子	甲子	子	11-1	11	大雪(대설)
癸丑 (寅卯)	辛丑	己丑	丁丑	乙丑	丑	1-3	12	小寒(소한)
甲寅	壬寅	庚寅	戊寅	丙寅	寅	3-5	1	立春(입춘)
乙卯	癸卯 (辰巳)	辛卯	己卯	丁卯	卯	5-7	2	驚蟄(경칩)
丙辰	甲辰	壬辰	庚辰	戊辰	辰	7-9	3	清明(청명)
丁巳	乙巳	癸巳 (午未)	辛巳	己巳	巳	9-11	4	立夏(입하)
戊午	丙午	甲午	壬午	庚午	午	11-1	5	芒種(망종)
己未	丁未	乙未	癸未 (申酉)	辛未	未	1-3	6	小暑(소서)
庚申	戊申	丙申	甲申	壬申	申	3-5	7	立秋(입추)
辛酉	己酉	丁酉	乙酉	癸酉 (戌亥)	酉	5-7	8	白露(백로)
壬戌	庚戌	戊戌	丙戌	甲戌	戌	7-9	9	寒露(한로)
癸亥 (子丑)	辛亥	己亥	丁亥	乙亥	亥	9-11	10	立冬(입동)
								空亡(공망)

第2章. 사주구성표(四柱構成表)

年 (년)	根 (근)	조부모(祖父母). 조상(祖上). 상사(上司). 초년(初年). 조기(祖基). 고기(古基). 이동(移動).
月 (월)	苗 (묘)	부모형제(父母兄弟). 친구동료(親舊同僚). 중년(中年). 가택(家宅). 전지(田地). 직업변화(職業變化).
日 (일)	花 (화)	본인(本人). 배우자(配偶者). 장년(壯年). 처궁(妻宮). 안방(安房). 수술사고(手術事故).
時 (시)	實 (실)	자식자손(子息子孫). 부하(部下). 후배(後輩). 말년(末年). 자식문제(子息問題). 점포(店鋪). 방외수리(房外修理).

1. 년주작성(年柱作成).

▶ 년주(年柱)는 각개인(各個人)의 출생(出生)한 년(年)의 간지(干支)이므로 만약(萬若) 1984年갑자년(甲子年)에 출생(出生)했다면 갑자(甲子)가 년주(年柱)이고 2000年경진년(庚辰年)에 출생(出生)했다면 경진(庚辰)이 년주(年柱)이다.

▶ 이 때 주의(注意)할 것은 입춘(立春)은 양력(陽曆) 2月 4日 아니면 2月 5日인데 이 날이 지나야 비로소 년주(年柱)가 바뀐다. 음력(陰曆)1月 1日이 지났다고 해서 년주(年柱)가 바뀌는 것은 아니다.

▶ [년도법칙(年度法則)].

庚	辛	壬	癸	甲	乙	丙	丁	戊	己
0	1	2	3	4	5	6	7	8	9

2. 월주작성(月柱作成).

▶ 각월(各月)의 시작(始作)은 매월(毎月) 1일(日)이 아니라 각월(各月)의 절입
일(節入日)이 지나가야 그 달의 기능(技能)이 시작(始作)되므로 입춘(立春)
을 넘어 경칩전(驚蟄前)까지는 1월(月)이고, 지지(地支)는 인월(寅月)이다.
절기(節氣)의 기준(基準)은 상기표(上記表)를 참조(參照)를 할 것.

▶ 가령(假令) 5월(月)절기(節氣)인 망종(芒種)이 4월 25日에 들어왔는데 4월
26日에 출생(出生)했다면 4월(月)에 출생(出生)했어도 5월(月)의 절입(節
入)인 망종후(芒種後)에 출생(出生)하였으니 5월(月)의 절기(節氣)에 해당
(該當)되니 월주(月柱)는 5월(月) 절기(節氣)가 된다.

▶ 절입일(節入日)에 출생(出生)했어도 절입시간전(節入時間前)에 출생(出生)
했느냐에 따라 월주(月柱)가 변(變)하니 잘 살펴야 한다.
 • 만세력(萬歲曆)을 참고(參考)하라.

3. 일주작성(日柱作成).

▶ 일주(日柱)는 태어난 일진(日辰)과 동일(同一)하다. 이는 만세력(萬歲曆)을
보거나 별책(別册)의 년도별생일(年度別生日)을 찾으면 된다.

► 일주(日柱)는 육친(六親)의 산출(算出), 성격(性格), 제반사항(諸般事項) 等을 관찰(觀察)하는 중요(重要)한 요소(要素)이다.

4. 시주작성(時柱作成).

► 일간기준(日干基準)으로 정(定)하니 상기표(上記表)〈=111p〉를 참고(參考)를 할 것이다.

► 시(時)에는 밤중의 자정(子正)을 기준(基準)해 야자시(夜子時)와 명자시(明子時)가 있다. 명자시(明子時)는 그날 그대로 적용(適用)하고 야자시(夜子時)는 다음 날 시주(時柱)의 천간(天干)만 바뀐다.

► 일간(日干)이 정일(丁日)이나 임일생(壬日生)이 오시(午時)에 출생(出生)했다면 정임(丁壬)은 경자시(庚子時)부터 나가니 경자(庚子) · 신축(辛丑) · 임인(壬寅) · 계묘(癸卯) · 갑진(甲辰) · 을사(乙巳) · 병오(丙午) · 정미(丁未) · 무신(戊申) · 기유(己酉) · 경술(庚戌) · 신해(辛亥)가 된다.

► [예제(例題) 1] ➡ 〈곤명(坤命). 1963年 음력(陰曆) 12月 25日. 오후(午後) 6時 20分 출생(出生)〉.

• 음력(陰曆)12月 25日은 양력(陽曆)으로 2月 8日이다. 1963年은 계묘년(癸卯年)이지만 입춘(立春)인 2月 5日을 넘었으므로 년주(年柱)는 갑진(甲辰)이 된다. 따라서 월주(月柱)는 병인(丙寅)이고, 일주(日柱)는 정해(丁亥)이고, 午後(오후) 6時 20分은 유시(酉時)이니 己酉이다.

• 〈년주(年柱)=甲辰 · 월주(月柱)=丙寅 · 일주(日柱)=丁亥 · 시주(時柱)=己酉〉.

► [예제(例題) 2] ➡ 〈건명(乾命). 1980년(年) 양력(陽曆) 2월(月) 1일(日).

　　　　　　　　오후(午後) 11;57분(分) 출생(出生)〉.

- 양력(陽曆) 2월(月) 1일(日)은 입춘(立春)을 지나지 않았으니 년주(年柱)
  는 기미년(己未年), 월주(月柱)도 12월(月)에 해당(該當)되어 정축월(丁丑
  月), 일주(日柱)는 갑진일(甲辰日), 시주(時柱)는 야자시(夜子時)에 해당
  (該當)하니 병자시(丙子時)이다.

- 〈년주(年柱)=己未ㆍ월주(月柱)=丁丑ㆍ일주(日柱)=甲辰ㆍ시주(時柱)=丙
  子〉.

第3章. 대운(大運)

1. 대운(大運)과 대운작성법(大運作成法).

대운(大運)이란 사주(四柱)인 년(年)·월(月)·일(日)·시(時)의 간지(干支)는 그 사람의 지닌 길흉화복(吉凶禍福)을 예지(叡智)하는 기준(基準)이 되나 사주(四柱)에 의(依)해 약속(約束)된 운명(運命)이 어느 시기(時期)에 닥쳐 올 것인가 하는 것은 대운(大運)에 의(依)해서 알 수 있다. 대운(大運)은 10년(年)을 주기(週期)로 천간(天干)5년(年) 지지(地支)5년(年)으로 바뀌며 전개(展開)된다. 대운(大運)을 정(定)하는 데는 각개인(各個人)의 년주(年柱)의 천간(天干)이 양(陽)인가 음(陰)인가를 따져서 월주기준(月柱基準)으 로 펼쳐서 대운계수(大運係數)를 정(定)한다.

▶ [양남음녀(陽男陰女)] ➡ 순행(順行)한다.

　　[음남양녀(陰男陽女)] ➡ 역행(逆行)한다.

▶ 가령(假令) 갑(甲)을 예(例)로 들면 양(陽)이니 갑년(甲年)에 출생(出生)한 남자(男子)는 대운(大運)이 순행(順行)을 하고 여자(女子)는 역행(逆行)을 한다.

▶ 순행(順行)과 역행(逆行)이 정(定)해지면 월주(月柱)를 기준(基準)으로 순행(順行)은 월주(月柱)의 다음 간지순(干支順)으로 나가고, 역행(逆行)은 월주전(月柱前)의 간지(干支)로 열거(列擧)한다.

> ► 양남음녀(陽男陰女)는 순행(順行)하니 자기생일(自己生日)의 다음날부터 다음 절입일(節入日)이 드는 날까지 세어서 〈3〉으로 나눈 숫자(數字)가 대운계수(大運係數)가 된다.

> ► 음남양녀(陰男陽女)는 대운(大運)이 역행(逆行)하니 자기생일(自己生日)의 전(前)날부터 지나온 절입일(節入日)까지 세어서 〈3〉으로 나눈 숫자(數字)가 대운계수(大運係數)가 된다.

> ► 계산법(計算法)에서 알아야 할 것은 〈3〉으로 나누어 〈2〉가 남으면 〈1〉은 올려주고 〈1〉은 버린다. 또 〈1〉만 남으면 그냥 버린다.

> ► 거의 모든 책력(册曆), 만세력(萬歲曆)에는 대운계수(大運係數)가 나타나 있으니 참고(參考)할 것이다.

3. 년간(年干)이 양년생(陽年生)=남명(男命), 음년생(陰年生)=여명(女命).

이는 순행운(順行運)으로 대운(大運)은 월주(月柱) 다음 간지(干支)로 순환(循環)하고 대운계수(大運係數)는 그 생일(生日) 다음날부터 다음 달의 절입일(節入日)까지의 일수(日數)를 세어서 〈3〉으로 나누어서 계산(計算)한다.

> ► 1986年, 양력(陽曆) 3月 10日 申時生, 건명(乾命)의 대운(大運).

> • 생월(生月)은 신묘월(辛卯月)이므로 대운(大運)은 임진(壬辰)·계사(癸巳)·갑오(甲午)·을미(乙未)·병신(丙申)·정유(丁酉)·무술(戊戌)·기해(己亥)로 나가고, 대운계수(大運係數)는 양년(陽年)의 건명사주(乾命四柱)이니 다음 절기(節氣)인 청명(淸明)이 4月 5日이니 3月 10日부터 세면

〈26〉이 된다.

時	日	月	年	79	69	59	49	39	29	19	9
庚	癸	辛	丙	己	戊	丁	丙	乙	甲	癸	壬
申	丑	卯	寅	亥	戌	酉	申	未	午	巳	辰

• 26 ÷ 3 = 8---2 = 나머지 〈2〉가 남아 8+1해서 〈9〉가 되었다.

4. 년간(年干)이 음년생(陰年生)=남명(男命), 양년생(陽年生)=여명(女命).

역행운(逆行運)이니 월주(月柱)와 간지(干支)를 거꾸로 세어 간다. 대운계수(大運係數)는 생일(生日)의 전월(前月)부터 그 달의 절입일(節入日)까지 세어 〈3〉으로 나누어 계산(計算)한다.

▶ 1963年, 음력(陰曆) 12月 25日 새벽 2시생(時生), 곤명대운(坤命大運).

• 입춘(立春)을 경과(經過)하고 양년여명(陽年女命)이니 역행운(逆行運)이다. 월주(月柱)는 丙寅으로 대운(大運)은 역(逆)으로 순환(循環)되어 을축(乙丑)·갑자(甲子)·계해(癸亥)·임술(壬戌) 等으로 나가고, 대운계수(大運係數)는 그 달의 절기(節氣)가 입춘(立春)이므로 생일(生日)부터 세어가면 〈3〉이 된다.

時	日	月	年	71	61	51	41	31	21	11	1
辛	丁	丙	甲	戊	己	庚	辛	壬	癸	甲	乙
丑	亥	寅	辰	午	未	申	酉	戌	亥	子	丑

• 3 ÷ 3 = 1---0 = 나머지가 없어 〈1〉이 된다.

5. 대운(大運)의 중요성(重要性).

▶ 사주(四柱)에서 가장 중요(重要)한 것이 대운(大運)이다. 이 대운(大運)이 사주(四柱)에서 제일(第一) 필요(必要)한 용신(用神)의 운(運)으로 흐르면 발복(發福)하지만 용신(用神)을 파극(破剋)하는 운(運)으로 흐르면 요사(夭死)하지 않으면 빈천(貧賤)한 생활(生活)을 한다. 이 대운(大運)이 있으므로 그 사람의 미래(未來)를 알 수 있는 것이다.

第4篇

합(合) · 형(刑) · 충(沖) · 파(破) ·

해(害) · 원진(元辰) · 공망(空亡)

칠대천왕(七大天王)

地支 (지지)	合 (합)	刑 (형)	沖 (충)	破 (파)	害 (해)	元 (원)	白 (백)	天德 (천덕)	月德 (월덕)	天醫 (천의)	地藏干 (지장간)	病症 (병증)
子	丑	卯	午	酉	未	未	申	巳	壬	亥	壬癸	泌尿器 (비뇨기)
丑	子	未戌	未	辰	午	午	酉	庚	庚	子	癸辛己	胃(위)
寅	亥	巳申	申	亥	巳	酉	戌	丁	丙	丑	戊丙甲	恐怖(공포) 耳(귀)
卯	戌	子	酉	午	辰	申	亥	申	甲	寅	甲乙	肝腸(간장) 눈.손
辰	酉	辰	戌	丑	卯	亥	子	壬	壬	卯	乙癸戊	忘却(망각) 皮膚(피부)
巳	申	寅申	亥	申	寅	戌	丑	辛	庚	辰	戊庚丙	이빨 肛門(항문)
午	未	午	子	卯	丑	丑	寅	亥	丙	巳	丙己丁	홧병 神病(신병)
未	午	丑戌	丑	戌	子	子	卯	甲	甲	午	丁乙己	虛勞(허로) 腰(등)
申	巳	寅巳	寅	巳	亥	卯	辰	癸	壬	未	戊壬庚	허리 大腸(대장)
酉	辰	酉	卯	子	戌	寅	巳	寅	庚	申	庚辛	肺(폐) 口(입)
戌	卯	丑未	辰	未	酉	巳	午	丙	丙	酉	辛丁戊	恐怖(공포) 筋肉(근육)
亥	寅	亥	巳	寅	申	辰	未	乙	甲	戌	戊甲壬	膀胱(방광) 腎臟(신장)

第1章. 합(合)

第1節. 천간합(天干合)과 지지합(地支合).

[합(合)의 종류(種類)] ➡ 합(合)은 사랑이고 충(沖)은 한(恨)이다.

- ▶ [천간합(天干合)] ➡ 〈사회(社會)〉·〈천성(天性)〉·〈현실(現實)〉·〈남녀궁합(男女宮合)〉을 나타낸다.
- ▶ [지지육합(地支六合)〈=지합(支合)〉] ➡ 〈가정사(家庭事)〉·〈인덕(人德)〉·〈미래사(未來事)〉·〈위도(緯度)의 만남〉을 나타낸다.
- ▶ [삼합(三合)] ➡ 〈생(生)·왕(旺)·고(庫)〉·〈부(父)·자(子)·손(孫)〉·〈가정(家庭)의 합(合)〉을 나타낸다. 반합(半合)도 포함(包含)된다.
- ▶ [방합(方合)] ➡ 〈친구(親舊)들의 모임의 합(合)〉. 공합포함(拱合包含).
- ▶ [암합(暗合)〈=장합(藏合)〉] ➡ 〈어둠속의 합(合)〉이다. 또는 〈지장간(地藏干)의 합(合)〉을 의미(意味)한다.
- ▶ [우합(偶合)〈=방위합(方位合)〉] ➡ 〈우방위(偶方位)와의 합(合)〉이다.
  - ➡ 〈艮=丑·寅〉·〈巽=辰·巳〉·〈坤=未·申〉·〈乾=戌·亥〉.

1. 천간합(天干合)=남녀(男女)의 결합(結合).

천간합(天干合)은 서로 사랑하며 친(親)하게 지내는 것과 같은 것으로, 출생(出

生)해서 부부(夫婦)의 인연(因緣)을 맺는 것과 같은 음양화합(陰陽和合)의 상(像)을 말하며, 간합(干合)의 의미(意味)도 있지만 간합(干合)하여 변화(變化)하는 오행(五行)을 가지고 사주(四柱)의 명식(命式)에 따라 길흉작용(吉凶作用)을 본다. 고(故)로 각합(各合)의 그릇과 함께 사주명식(四柱命式)의 안에서 특성(特性)이 나타난다.

(1) [갑(甲)·기(己)=합화토(合化土)] ➡ 〈중정지합(中正支合)〉.

▶ 유순(柔順)하고 자선(慈善)을 의미(意味)한다.

　[갑기(甲己)] ➡ 자기주장(自己主張)을 못한다.

　[기갑(己甲)] ➡ 귀명(貴命)이다. 분수(分守)를 지키며 마음이 넓어 타인(他人)과 다투지 않고 세인(世人)의 존경(尊敬)을 받음.

▶ 중심합(中心合)이 되어 진실(眞實)한 합(合)이 된다.

(2) [을(乙)·경(庚)=합화금(合化金)] ➡ 〈의리지합(義理支合)〉.

▶ 풍월(風月)과 인자(仁慈)를 의미(意味)한다. 산수(山水)와 풍류(風流)를 즐긴다. 과감(果敢)하고 강직(剛直)한 성질(性質)을 가지고 인의(仁義)가 두텁다.

▶ 정실지합(情實支合)과 동정지합(同情支合)이 많음.

(3) [병(丙)·신(辛)=합화수(合化水)] ➡ 〈위엄지합(威嚴支合)〉.

▶ 숙살권(肅殺權)과 무지개를 의미(意味)한다. 명예욕(名譽慾)이 강(强)하다. 위엄(威嚴)은 있으나 성질(性質)은 고집(固執)스럽고 잔인(殘忍)하며 색(色)을 좋아하고 편굴(偏屈)한 경향(傾向)이 조금 있음.

▶ 강압지합(强壓支合)과 위협공갈지합(威脅恐喝支合)이 많음.

(4) [정(丁)·임(壬)=합화목(合化木)] ➡ **〈인의지합(仁義支合)〉.**

▶ 음탕(淫蕩)한 감정(感情)에 흐르기 쉽고, 고결(高潔)하지 못하며, 여명(女命)은 만혼(晚婚)하거나 백두낭군(白頭郎君)에게 시집을 간다.

▶ 음와지합(淫訛支合)〈=그릇될 와〉과 요염지합(妖艶支合)이 많음.

(5) [무(戊)·계(癸)=합화화(合化火)] ➡ **〈무정지합(無情支合)〉.**

▶ 화려장엄(華麗莊嚴)과 전광기(電光器)를 의미(意味)한다. 년상(年上)이나 연하(年下)의 배우자(配偶者)를 만난다. 용모(容貌)는 아름다우나 박정(薄情)하고 냉정(冷情)하다.

• 여명(女命)은 미남(美男)과 결혼(結婚)한다.

▶ 본의(本意)아닌 어쩔 수 없는 사정합(事情合)이 많음.

◑ 합(合)의 형태(形態).

(1) 일간포함합(日干包含合).

▶ 원칙적(原則的)으로 일간(日干)의 합(合)은 잘 이루어지지 않는다.

▶ 일간(日干)이 통근(通根)이 안되면 합(合)이 되는 경우(境遇)가 많다. 주변(周邊)의 오행(五行)과 전체상황(全體狀況)을 살펴라.

(2) 일간제외합(日干除外合).

▶ 다른 간지(干支)에서 합(合)을 한다면 자신(自身)들의 앉은 자리에 대(對)해서만 관찰(觀察)하면 된다.

▶ 천간합(天干合)이 되는 지지(地支)가 통근(通根)을 하면 합(合)이 잘 안되고 반대(反對)면 合(합)이 성립(成立)한다.

(1) [갑(甲)·을(乙)·병(丙)·임(壬)·계(癸)]는 [기(己)·경(庚)·신(辛)·정(丁)·무(戊)]를 보면 합(合)할려고 간절(懇切)히 원(願)하나 순서(順序)를 바꾸면 반대 현상(反對現象)으로 웬만해서는 화격(化格)이 잘 안된다. 대개(大概) 일주 중심(日柱中心)으로 본다.

　▶ 주변조건(周邊條件)에 따라 서로 합(合)이 되는지 못되는지 살펴야 한다. 일단(一但) 합(合)이 되었다면 이 합(合)이 화오행(化五行)이냐 아니냐를 따져야 한다.

(2) 합(合)의 방해조건(妨害條件).

　▶ 두 글자 사이에서 어느 한쪽을 극(剋)하고 있을 때, 합(合)을 하고 있는데 그 뒤에서 합(合)하는 글자를 극(剋)하는 경우(境遇)와, 두글자 사이에서 서로 생(生)해 주도록 하는 글자가 있을 때이다.

(3) 화(化)의 방해조건(妨害條件).

　▶ 천간(天干)에서 합(合)이 되었는데 지지(地支)에서 반대(反對)할 경우(境遇)와, 천간(天干)에서 합(合)이 되었는데 지지(地支)에 각자(各字)의 뿌리가 있을 때이다.

2. 지지합(地支合).

(1) [육합(六合)=지합(支合)] ➡ 〈위도(緯度)의 만남〉.

► [자(子) · 축(丑)=합토(合土)] ➡ 물은 그릇에 담고 물은 흡수(吸收)된다.

► [인(寅) · 해(亥)=합목(合木)] ➡ 나무는 수(水)〈=물〉를 흡수(吸水)하여 정(情)을 通(통)한다.

► [묘(卯) · 술(戌)=합화(合火)] ➡ 나무는 흙을 만나 상합(相合)해서 정통(情通)을 한다.

► [진(辰) · 유(酉)=합금(合金)] ➡ 금(金)은 땅에 묻혀 생(生)한다.

► [사(巳) · 신(申)=합수(合水)] ➡ 전기(電氣)는 기계(機械)를 돌리는 역할(役割)을 한다.

► [오(午) · 미(未)=합화(合火)] ➡ 태양(太陽)은 땅위를 반사(反射)한다.

(2) [삼합(三合)] ➡ 〈가정(家庭)이나 부(父)·자(子)·손(孫)의 합(合)〉.

3개(個)의 지(支)가 합(合)하여 하나의 오행(五行)을 만드는 것으로서 가운데 있는 자(字)의 오행(五行)이 삼합전체(三合全體)의 오행(五行)이 된다. 삼합자중(三合字中)의 중심인자(中心因字)가 즉(卽) 자(子)·오(午)·묘(卯)·유(酉)가 월지(月支)에 좌(坐)해야 그 작용력(作用力)이 강(强)하고 없으면 그 작용(作用)이 약(弱)하다.

► 12운성(運星)의 〈장생(長生) · 제왕(帝旺) · 묘고(墓庫)〉로 이루어 진다.

► 3자(字) 가운데 2자(字)만 있어도 반합(半合) · 반국(半局)으로 보나 중심인자(中心因字)가 포함(包含)되어야 작용력(作用力)이 강(强)하다.

1) [해묘미합화목국(亥卯未合化木局)] ➡ 우로(雨露)가 수목(樹木)을 도우니 산림(山林)를 이룬다.

2) [인오술합화화국(寅午戌合化火局)] ➡ 나무가 불을 지피니 화염(火炎)을 이룬다.

3) [사유축합화금국(巳酉丑合化金局)] ➡ 용광로(鎔鑛爐)에 금(金)을 녹여서 기계(機械)를 만든다.

4) [신자진합화수국(申子辰合化水局)] ➡ 구름이 물을 엄청 쏟으니 바다를 이룬다.

(3) [방합(方合)] ➡ 〈친구(親舊)들의 모임〉.

동서남북(東西南北)의 방향(方向)의 합(合)을 말하고 원국(元局)에 있으면 그 해당(該當)하는 오행(五行)의 과다(過多)가 결정(決定)되며, 특(特)히 월(月)에 많은 영향(影響)을 미친다.

> ▶ [대운(大運)에 있으면] ➡ 〈용신(用神) · 희신(喜神) · 기신(忌神) · 구신(仇神) · 한신(閑神)〉의 운로(運路)에 참조(參照)하고 일행득기격(一行得氣格) · 종격(從格) 等의 격(格)을 정(定)할 때 적용(適用)한다.

1) [인(寅) · 묘(卯) · 진(辰)〈=동방(東方)=목국(木局)〉].
2) [사(巳) · 오(午) · 미(未)〈=남방(南方)=화국(火局)〉].
3) [신(申) · 유(酉) · 술(戌)〈=서방(西方)=금국(金局)〉].
4) [해(亥) · 자(子) · 축(丑)〈=북방(北方)=수국(水局)〉].
5) [진(辰) · 술(戌) · 축(丑) · 미(未)〈=중앙방(中央方)=토국(土局)〉].

> ▶ 이 방합국(方合局)도 2자(字)만 있어도 성국(成局)〈=공합(拱合)〉한다.
> ▶ 삼합(三合) · 방합(方合)의 순합(順合) · 정합(整合) ➡ 申子辰 · 亥子丑－－－.
> ▶ 삼합(三合) · 방합(方合)의 역합(逆合) · 잡합(雜合) ➡ 子申辰 · 丑子亥－－－.

(4) [암합(暗合)〈=장합(藏合)〉] ➡ 〈어둠속의 사연(事緣)〉 · 〈비밀(秘密)사랑의 합(合)〉 · 〈지장간(地藏干)의 합(合)〉 · 〈간지자체(干支自體)의 합(合)〉을 말한다.

> ▶ 장합(藏合)이라고 하는데 지지(地支)안에 천간(天干)이 2개(個)내지 3개(個)가 들어 있는데 지지(地支)안에 감추어 있는 천간(天干)이 서로 간합(干合)하는 것을 말한다.

▶ 이 암합(暗合)은 사주(四柱)를 감정(鑑定)할 때 오행(五行)의 조화(調和)나 균형(均衡)을 조절(調節)할 때 사용(使用)하며, 비밀(秘密)의 사랑합(合)으로 본다. 독립적(獨立的)인 합(合)은 아니다.

▶ [원국(元局)에 암합(暗合)이 있으면] ➡ 의부증(疑夫症)이나 의처증(疑妻症)이 있음.

• [이유(理由)] ➡ 월(月)과 일(日)이 합(合)하면 배우자(配偶者)에 집착성(執着性)이 강(强)해지기 때문이다.

1) 지지(地支)와 지지(地支)의 암합(暗合).

▶ [종류(種類)] ➡ 〈子巳(자사) · 子辰(자진) · 子戌(자술) · 丑寅(축인) · 寅午(인오) · 寅未(인미) · 卯申(묘신) · 巳丑(사축) · 巳酉(사유) · 午亥(오해)〉.

▶ [구성원리(構成原理)] ➡ 지장간(地藏干)의 활용(活用).

• [〈子(=壬 · ■ · 癸)〉---〈巳(=戊 · 庚 · 丙)〉] ➡ [무계합화(戊癸合火)].
• [〈子(=壬 · ■ · 癸)〉---〈辰(=乙 · 癸 · 戊)〉] ➡ [무계합화(戊癸合火)].
• [〈子(=壬 · ■ · 癸)〉---〈戌(=辛 · 丁 · 戊)〉] ➡ [정임합목(丁壬合木)], [무계합화(戊癸合火)].
• [〈丑(=癸 · 辛 · 己)〉---〈寅(=戊 · 丙 · 甲)〉] ➡ [무계합화(戊癸合火)], [병신합수(丙辛合水)], [갑기합토(甲己合土)].
• [〈寅(=戊 · 丙 · 甲)〉---〈午(=丙 · 己 · 丁)〉] ➡ [갑기합토(甲己合土)].
• [〈寅(=戊 · 丙 · 甲)〉---〈未(=丁 · 乙 · 己)〉] ➡ [갑기합토(甲己合土)].
• [〈卯(=甲 · ■ · 乙)〉---〈申(=戊 · 壬 · 庚)〉] ➡ [을경합금(乙庚合金)].
• [〈巳(=戊 · 庚 · 丙)〉---〈丑(=癸 · 辛 · 己)〉] ➡ [병신합수(丙辛合水)], [무계합화(戊癸合火)].
• [〈巳(=戊 · 庚 · 丙)〉---〈酉(=庚 · ■ · 辛)〉] ➡ [병신합수(丙辛合水)].

- [〈午(=丙·己·丁)〉---〈亥(=戊·甲·壬)〉] ➡ [갑기합토(甲己合土)],

　　　　　　　　　　　　　　　　　　　　　　[정임합목(丁壬合木)].

2) 일주(日柱)의 천간(天干)과 지지(地支)의 암합(暗合).

▶ [정기(正氣)의 합(合)] ➡ 〈정해(丁亥)·무자(戊子)·신사(辛巳)·

　　　　　　　　　　　　　　　임오(壬午)〉.

- [정해(丁亥)]--〈亥(=戊·甲·壬)〉 ➡ 〈정임합목(丁壬合木)〉.
- [무자(戊子)]--〈子(=壬·■·癸)〉 ➡ 〈무계합화(戊癸合火)〉.
- [신사(辛巳)]--〈巳(=戊·庚·丙)〉 ➡ 〈병신합수(丙辛合水)〉.
- [임오(壬午)]--〈午(=丙·己·丁)〉 ➡ 〈정임합목(丁壬合木)〉.

▶ [여기(餘氣)와 중기(中氣)의 합(合)] ➡ 〈甲午·乙巳·己亥·癸巳〉(4個).

- [갑오(甲午)]--〈午(=丙·己·丁)〉 ➡ 〈갑기합토(甲己合土)〉.
- [을사(乙巳)]--〈巳(=戊·庚·丙)〉 ➡ 〈을경합금(乙庚合金)〉.
- [기해(己亥)]--〈亥(=戊·甲·壬)〉 ➡ 〈갑기합토(甲己合土)〉.
- [계사(癸巳)]--〈巳(=戊·庚·丙)〉 ➡ 〈무계합화(戊癸合火)〉.

第2章. 형(刑)

세력(勢力)의 다툼을 벌이는 것과 같이 맹렬(猛烈)한 오행(五行)의 작용(作用)을 말한다. 잘못된 부분(部分)·교정(矯正)·형벌(刑罰)·송사(訟事)·수술(手術)·부상(負傷)·사고(事故)·관재구설(官災口舌)·한쪽 부모(父母)의 일찍 사별(死別)·소아마비(小兒痲痺)·뇌졸증(腦拙症) 等이 발생(發生)한다.

1. [인(寅)·사(巳)·신(申)의 삼형(三刑)〈=지세지형(持勢之刑)〉]

► 여러 형살중(刑殺中)에서 제일(第一) 작용력(作用力)이 강(强)하다. 자기세력(自己勢力)을 믿고 저돌적(猪突的)이다. 시비(是非)·쟁투(爭鬪)·폭력(暴力)·갈등(葛藤)·형액(刑厄)·송사(訟事) 等이 생긴다.

► 수술(手術)·흉터·대장(大腸)·소장(小腸)·삼초계통(三焦系統) 等의 질환(疾患)이 많음. 인사신삼형(寅巳申三刑) ➡ 외부사건(外部事件).

► [사주(四柱)에 인사신삼형(寅巳申三刑)이 있는데 대운(大運)이나 세운(歲運)에서 또 입(入)하면] ➡ 인사신(寅巳申)이 동(動)하여 재물손실(財物損失)·질병(疾病)·상해(傷害)·생리사별(生離死別) 等이 따른다.

2. [축(丑)·미(未)·술(戌)의 삼형(三刑)〈=무은지형(無恩之刑)〉]

▶ 친교(親交)와 친우(親友)에 배은망덕(背恩忘德)한다, 성질냉혹(性質冷酷)하고, 부모형제간(父母兄弟間)에 쟁투(爭鬪)가 있고, 배신불신(背信不信)이 발생(發生)을 하고, 저돌적(猪突的)·돌발적(突發的)·고집(固執)·욕심(慾心)·호언장담(豪言壯談)·비굴(卑屈)·교활(狡猾)·고독(孤獨) 等의 의미(意味)가 있다.

· 여명(女命)은 고독(孤獨)하고 독신생활(獨身生活)한다. 부부관계(夫婦關係)가 불미(不美)하다.

▶ 심장(心臟)·위장(胃腸)·뇌(腦)·신경계통(神經系統) 等의 질환(疾患)이 많음. 축미술삼형(丑未戌三刑) ➡ 내부사건(內部事件).

3. [자(子)·묘(卯)의 도화삼형(桃花三刑)〈=무례지형(無禮之刑)〉]

◉ 색정사건(色情事件).

▶ 예의무시(禮儀無視)한다. 타인(他人)에게 불쾌감(不快感)을 준다. 성질(性質)이 횡포(橫暴)하고 화해(和解)가 없음. 남녀간(男女間)에 색정문제(色情問題)로 염문(艷聞)이 많고 불륜관계(不倫關係)가 있음. 변태성(變態性)이 있는 부부생활(夫婦生活)을 한다.

▶ 비뇨기(泌尿器)·자궁(子宮)·간장계통(肝腸系統)의 질환(疾患)이 많음.

4. [자형살(自刑殺)=복음살(伏吟殺)] ➡ 〈辰辰. 午午. 酉酉, 亥亥.〉(4個)

◐ 일종(一種)의 복음살(伏吟殺)이다. 동료(同僚)끼리 서로 믿다가 자신(自身)의 임무(任務)를 망각(忘却)한다는 뜻이다. 원국(元局)에 있으면 화(禍)를 자초(自招)하고 금방(今方) 싫증을 느끼며, 일의 처리(處理)는 용두사미격(龍頭蛇尾格)이고 독립심(獨立心)이 없고 태만(怠慢)한 특성(特性)이 있으니 인내(忍耐)에 힘써야 한다.

1) [진(辰)·진(辰)] ➡ 붕괴(崩壞)된 것이다. 흙이 무너져 매몰(埋沒)되어 보물(寶物)이 묻힌다.

▶ 水災(수재)를 당(當)한다. 구설시비(口舌是非)가 많음. 비뇨기계통(泌尿器系統)의 질환(疾患)과 혈압(血壓) 等이 있다.

▶ 법관(法官) · 억압(抑壓) · 구속(拘束) · 시비(是非) · 붕괴(崩壞) 等.

2) [오(午)·오(午)] ➡ 화재(火災). 음독(飲毒). 마음의 상처(傷處). 교통사고(交通事故) 等을 의미(意味)한다.

▶ 자해행위(自害行爲)를 한다. 충돌(衝突)하고, 교통사고위험(交通事故危險)이 따른다.

▶ 자해(自害) · 자학(自虐) · 조급(躁急) · 과격(過激) · 투지(鬪志) · 충돌(衝突) · 폭행(暴行) · 음독(飲毒) · 횡포(橫暴) 等이 따른다.

3) [유(酉)·유(酉)] ➡ 칼, 수술(手術). 망신(亡身). 관재구설(官災口舌) 等이 따른다.

▶ 특(特)히 여명(女命)의 생리계통(生理系統)에 질병(疾病)이 있다. 몸에 흉터가 있다.

▶ 피부불량(皮膚不良) · 생리불순(生理不順) · 생리통(生理痛) · 자상(自傷) · 상해(傷害) · 절단(切斷) · 고집(固執) · 수족절단(手足切斷) · 요통(腰痛) · 피부질환(皮 膚疾患) · 투쟁(鬪爭) 等이 따른다.

4) [해(亥) · 해(亥)] ➡ 홍수(洪水), 수액조심(水厄操心). 재물손실(財物損失) 等이 따른다.

▶ 수재(水災)가 따른다. 당뇨(糖尿)나 혈압계통(血壓系統) 等의 질환(疾患)이 따른다.

▶ 음흉(陰凶)함 · 풍파(風波) · 붕괴(崩壞) · 침수(浸水) · 범람(氾濫) · 생식기질병(生殖器疾病) · 만사불성(萬事不成) · 파멸(破滅) 等이 따른다.

第3章. 충(沖)

1. [천간충극(天干沖剋)] ➡ 〈천충(天沖)〉.

▶ 10천간중(天干中)에서 7번(番)째 오는 천간(天干)끼리 충(沖)하는 것으로 양
간(陽干)은 양간(陽干)끼리 음간(陰干)은 음간(陰干)끼리 화합(和合)치 못하
고 서로 상극(相剋)되어 싸우는 것이다. 서로 충돌(衝突)해서 흔들리는 형
국(形局)이니 이동(移動) · 파산(破産) · 불리(不利) · 실패(失敗) · 질병(疾
病) · 살상(殺傷) · 사고(事故) · 수술(手術) 等 흉운(凶運)이 온다.

▶ 이 천간충(天干沖)은 지지상충(地支相沖)보다는 강(强)하지 않다.

・ 일간(日干)을 상충(相沖)하는 것을 편관(偏官), 칠살(七殺), 귀살(鬼殺)이
라고도 한다.

■ [년칠살(年七殺)] ➡ 조실부모(早失父母). 불구(不具).

■ [월칠살(月七殺)] ➡ 형제불구(兄弟不具). 단명(短命). 횡사(橫死).

■ [일칠살(日七殺)] ➡ 급변사고발생(急變事故發生)한다. 본인(本人)은
불구(不具)이다.

■ [시칠살(時七殺)] ➡ 자녀불구(子女不具). 단명(短命).

甲・庚	◉ 두(頭)・중풍(中風)・미치광이・복(腹)・광기(狂氣)・혈액(血液). ・직업변동(職業變動)이나 주거변동(住居變動) 等 이사(移徙)나 이동(移動)이 발생(發生)한다.
乙・辛	◉ 하초(下焦)・신경(神經)・간장(肝臟)・담(膽). ・관재구설(官災口舌)・휴업(休業) 等으로 고통(苦痛)이 따름.
丙・壬	◉ 주색(酒色)・폐(肺)・심장(心臟)・중풍(中風)・눈・주패(酒敗)・색난(色難). ・금융(金融)이나 재정악화(財政惡化)로 경제적고통(經濟的苦痛)이 생긴다.
丁・癸	◉ 손재(損財)・열(熱)・중풍(中風)・수화액(水火厄). ・야간(夜間)에 관재구설(官災口舌)이 발생(發生)한다.
戊・甲	◉ 위장(胃腸)・요통(腰痛)・적혈(赤血)・혈액(血液)・관재(官災)・관액(官厄)・허송세월(虛送歲月). ・가족우환발생(家族憂患發生). 직업(職業)의 이동(移動)이나 좌천(左遷) 等이 발생(發生)한다.
己・乙	◉ 중풍(中風)・늑막(肋膜)・복막(腹膜)・비장(脾臟)・하체상(下體傷)・ 관재(官災). ・애인(愛人)이나 배우자(配偶者)와의 불화극심(不和極甚)하다. 문서분실(文書紛失)을 조심(操心)하라.
庚・丙	◉ 두(頭,머리)・사지통(四肢痛)・이(耳,귀)・구(口,입)・목(目,눈). ・금전손해(金錢損害). 자기비행(自己非行)이 폭로(暴露)되어 망신(亡身)을 당(當)한다.
辛・丁	◉ 신경(神經)・수족(手足)・두(頭)・요통(腰痛)・화액(火厄). ・손재(損財)와 관재구설(官災口舌)이 따른다.
壬・戊	◉ 두통(頭痛)・위장(胃腸)・방광(膀胱)・간장(肝臟)・광병(狂病). 문서손재(文書損財)가 따른다. ・남과 다투고. 학생휴학(學生休學) 等 교육(敎育)에 피해(被害)가 있음.
癸・己	◉ 설사(泄瀉)・중풍(中風)・급병(急病)・문서손재(文書損財). ・사기수(詐欺數). 조직붕괴(組織崩壞). 계(契)와 같은 금전거래(金錢去來)를 조심(操心)하라.

► 12지중(支中)에서 7번(番)째 오는 지지(地支)끼리 충(沖)하는 것인데 서로 싸우고 충돌(衝突)한다는 뜻이다. 서로 충돌(衝突)하니 뿌리가 흔들리는 형상(形象)의 의미(意味)가 있음.

► [가속(加速) · 속진(速進) · 충전(充電) · 동(動)함 · 파재(破財) · 이산(離散) · 파괴살상(破壞殺傷) · 육친(六親)에 따라 의견충돌(意見衝突)] 等.

► 충(沖)이 있어도 상생상극(相生相剋)하면 충(沖)이 해소(解消)되기도 함.

◐ 지지상충(地支相沖)의 발생사건(發生事件)과 질병(疾病).

子 · 午	⊙ 불안(不安). 폐(肺). 눈. 어깨. 신장(腎臟). 심장병(心臟病). 수술(手術). 한자리에 오래 못 있음. 정신계통질환(精神系統疾患). 이별(離別). 권력(權力). 돈문제(問題). 속성속패(速成速敗)함. 상하불화(上下不和). · 항상(恒常) 심신불안정(心身不安定)하다. 배우자(配偶者)와 이별(離別)하거나 마찰심(摩擦甚)하다. 타향객지생활(他鄕客地生活)을 오래한다. 부부갈등(夫婦葛藤)이 있다. · 정화(丁火)가 소실(消失)된다.
丑 · 未	⊙ 불구(不具). 어깨 · 발 · 허리 · 위(胃). 비장(脾臟). 산액(産厄). 수술병(手術病). 외팔이. 손재(損財). 실수(失手). 불화(不和). 묘지(墓地). 땅. 주택(住宅). 돈벌 근본문제(根本問題). 지연(遲延)됨. · 형제간(兄弟間)에 재산(財産)다툼으로 원수(怨讐)되기 쉽다. 길을 가다가 부상(負傷)이나 불의(不意)의 사고(事故) 조심. 매사순조(每事順調)롭지 못해 중단(中斷)이나 방해(妨害)가 많음. · 을목(乙木)과 정화(丁火)가 소실(消失)된다.

寅·申	◉ 머리. 광병(狂病). 신경(神經). 정신적소란(精神的騷亂). 폐(肺). 대장(大腸). 위(胃). 색난(色難). 교통사고(交通事故). 파재(破財). 이별(離別). 수술(手術). 이사(移徙). 직업변동(職業變動). 매사축소(每事縮小). 남의 일을 잘 봐준다. • 남녀공(男女共)히 구설수(口舌數) 많음. 변사(變死). 파상(破傷). 정(情)이 많음. 감상적(感傷的). 남녀간(男女間)에 싸움이 많다. • 갑목(甲木)과 병화(丙火)가 소실(消失)된다.
卯·酉	◉ 불구(不具). 머리. 간(肝). 폐계통(肺系統). 골격계통(骨格系統). 이별(離別). 실패(失敗). 인간관계실패(人間關係失敗). 손재(損財). 배신당(背信當)한다. 쓸데없는 일에 근심이 많음. 불화관계(不和關係). • 친인배반(親人背反)한다. 걱정이 계속(繼續)된다. 부부관계 불건전(夫婦關係不健全)하다. • 을목(乙木)이 소실(消失)된다.
辰·戌	◉ 위(胃)·비장(脾臟)·신장(腎臟)·피부(皮膚)·심병(心病). 인덕(人德) 없음. 불안(不安). 이별(離別). 집터. 토지(土地). 돈을 벌 근본문제(根本問題). 인간고독(人間孤獨). 풍파고생(風波苦生)이 많다. 재고충(財庫沖)하면 길(吉)함. • 고집(固執)세고. 욕심(慾心)많고. 남과 다투기를 좋아한다. • 을목(乙木)과 정화(丁火)가 소실(消失)된다.
巳·亥	◉ 광병(狂病). 머리·허리·어깨. 신장(腎臟). 방광(膀胱). 소장(小腸). 혈압(血壓). 생식기(生殖器). 비뇨기(泌尿器). 암(癌). 가슴이 답답(遝遝)함. 수화액(水火厄). 교통사고(交通事故). 이사(移徙). 직업변동(職業變動). 가출(家出). 매사축소(每事縮小). 남의 일을 잘 봐준다. 신병(身病)으로 고민(苦悶)한다. • 소득(所得)없이 분주다사(奔走多事)함. 남의 일을 걱정하고 내 일 같이 돌봐준다. 모든 일에 반복(反復) 많고 손해(損害) 많다. • 갑목(甲木)과 병화(丙火)가 소실(消失)된다.

3. 충작용(沖作用)의 통변활용(通辯活用).

▶ [충소실오행(沖消失五行)].

　• [寅・申 ■ 巳・亥〈=甲・丙〉]・[辰・戌 ■ 丑・未〈=乙・丁〉]

　• [子・午〈=丁〉] ■ [卯・酉〈=乙〉].

▶ [년지(年支)를 충(沖)하는 태세(太歲)가 되면] ➡ 이사(移徙) 또는 부모형제(父母兄弟)와 떨어져 사는 것이 좋음. 매사지체(每事遲滯)가 된다. 노력(努力)에 비(比)해 소득(所得)이 적다. 송사사건(訟事事件)에 패소(敗訴)한다. 쓸데없는 일을 만들어 수습(收拾)하지 못한다. 조상비석건립(祖上碑石建立)와 분묘이장관계(墳墓移葬關係)와 족보(族譜) 等 조상(祖上)에 관계(關係)되는 일을 하게 된다.

▶ [월지(月支)를 충(沖)하는 태세(太歲)가 되면] ➡ 이사(移徙)・이동(移動)과 직업변동(職業變動)을 한다. 직장인(職場人)은 전직(轉職), 전보(轉補) 等 직장내(職場內)에서 변동(變動)이 있음. 부모형제(父母兄弟)와 불화발생(不和發生)하고, 가출(家出)하는 경우(境遇)가 발생(發生)한다.

　• 여명(女命)은 출가(出稼)를 한다.

▶ [일지(日支)를 충(沖)하는 태세(太歲)가 되면] ➡ 부부간(夫婦間)에 마찰(摩擦)이 심(甚)하고, 이별(離別)하는 경우(境遇)가 많음. 정신적(精神的)인 동요(動搖)가 심(甚)하고, 어떠한 일에도 불만족(不滿足)이다. 작은 일에도 짜증이 나고 화(禍)를 잘낸다.

▶ [시지(時支)를 충(沖)하는 태세(太歲)가 되면] ➡ 자손(子孫)의 일로 걱정하게 되고 속썩이는 자식(子息)이 있게 된다.

▶ 양지충(陽支沖)은 작용력(作用力)이 강(强)하고, 음지충(陰支沖)은 작용력(作用力)이 약(弱)하다.

▶ [천간합(天干合)되고 지지(地支)가 충극(沖剋)되면] ➡ 처음에는 잘하나 뒤가 깨끗하지 못하여 불화(不和)로 헤어진다.

▶ [인(寅)·신(申)·사(巳)·해(亥)를 충(沖)하면] ➡ 파상(破傷)이 되고 부상당(負傷當)하는 일이 발생(發生)한다.

▶ [자(子)·오(午)·묘(卯)·유(酉)를 충(沖)하면] ➡ 가부간(可否間)에 일의 결과(結果)가 결정(決定)이 난다.

▶ [진(辰)·술(戌)·축(丑)·미(未)를 충(沖)을 하면] ➡ 동요(動搖)가 발생(發生)한다.

▶ [사주(四柱)에서 진(辰)·술(戌)·축(丑)·미(未)가 모두 충(沖)이면] ➡ 귀명(貴命)에 속(屬)한다. 金泳三 전대통령(前大統領)의 명반(命盤)이다.

▶ [천간(天干)과 지지(地支)가 모두 충(沖)이면] ➡ 사람이 독(毒)하고, 싸움을 즐기며, 무서운 사람이다.

▶ [사주(四柱)에서 대운(大運)을 충(沖)하면] ➡ 흉(凶)을 자초(自招)한 것이니 흉작용(凶作用)이 빠르게 나타난다.

▶ [대운(大運)에서 사주(四柱)를 충(沖)하면] ➡ 외부(外部)에 흉(凶)이 발생(發生)하여 입(入)하니 흉작용(凶作用)이 늦게 나타난다.

▶ [사주(四柱)에 충(沖)이 있고 형(刑)·충(沖)·파(破)·해(害)가 있으면] ➡ 일생(一生)동안 파란곡절(波瀾曲折)이 많음.

第4章. 파(破)

▶ 깨어진다는 뜻이다. 이별(離別)이나 남에게 침해(侵害)를 당(當)한다는 의미(意味)이다. 〈정리(整理) · 중지(中止) · 중도장해(中途障害)〉 等의 작용(作用)을 한다.

▶ 주(主)로 사물(事物)의 형체(形體)와 정신(精神)을 파괴(破壞)하는 작용(作用)을 한다. 여기에 형살(刑殺)을 가세(加勢)시키면 위력(威力)은 무섭다. 파(破)와 형(刑)이 만나는 것은 사신파(巳申破), 미술파(未戌破)가 있고, 그 외(外)는 寅亥〈=합(合) · 파(破)〉와 子酉〈=생(生) · 파(破)〉가 있음.

> ⊙ 파살(破殺)의 작용(作用)과 발생사건(發生事件).

子 · 酉	⊙ 부모형제(父母兄弟)가 적(敵)이 됨. 부부불신(夫婦不信)하고 무정(無情)함. 자식(子息)은 불초(不肖)함. · 금생수(金生水)받지만 효신(梟神)〈=편인(偏印)〉이 생(生)하니 피해(被害) 입음. 요통(腰痛). 생리통(生理痛). 대하증(帶下症). 이비인후(耳鼻咽喉). 주색(酒色). 변태성(變態性). 고독(孤獨). 탕진(蕩盡) 等이 따른다. · 실패(失敗). 단명(短命). 주색패가(酒色敗家). 관재수(官災數).
丑 · 辰	⊙ 형제간(兄弟間)의 관재구설(官災口舌). 본인질병(本人疾病). 인덕(人德) 없음. 스스로 화(禍)를 자초(自招)함. · 축토(丑土)는 자갈이고 진토(辰土)는 진흙으로 불화합(不和合)한다. 골육상쟁(骨肉相爭). 비굴(卑屈). 매몰(埋沒). 위장(胃腸). 암(癌). 옴〈=온병(瘟病)〉. 피부질환(皮膚疾患). 습진(濕疹). 종양(腫瘍) 等이 따른다. · 변동(變動) 많음. 이향객지(離鄕客地). 풍파(風波)가 많음.

寅·亥	◉ 합(合)과 파(破)가 되니 나중에는 서로 깨어진다. •호사다마(好事多魔). 이산(離散). 정지(停止). 결단력(決斷力)의 부족(不足). 심신(心身)의 불안(不安) 等이 따른다. •조실부모형제(早失父母兄弟)한다. 급변(急變). 위란(危亂). 손재(損財)한다.

卯·午	◉ 유흥(遊興), 오락(娛樂), 색정(色情)으로 인(因)해 명예(名譽)의 실추(失墜)와
	  사업(事業)의 실패(失敗) 等이 잦음. 방탕(放蕩)하고 낭비벽(浪費癖)이 있다.
	•상생(相生)인데 도화(桃花)끼리이니 시기(猜忌), 질투(嫉妬)로 파탄(破綻)된다.
	  색정문제(色情問題). 주색(酒色). 오명(汚名). 피탈(被奪). 부부갈등(夫婦葛藤).
	  심신(心身)이 불안(不安)함. 간장(肝臟). 시력(視力) 等.
	•부부이별(夫婦離別). 수술(手術). 실패수(失敗數)가 있다.

巳·申	◉ 합(合)과 형(刑)이 되니 시작(始作)은 길(吉)하나 도중(途中)에 불화(不和)와
	  시비(是非)로 파산(破産)과 손재(損財)가 따른다.
	•웃으며 만나 칼부림으로 헤어지는 살(殺)이다. 쟁투(爭鬪). 공과(功過)를 다툰다. 시비
	  (是非)·모략(謀略)·배신(背信)·부부불화(夫婦不和). 심장(心臟)이나 대장(大腸)의
	  질환(疾患)으로 수술(手術) 等이 따른다.
	•관액(官厄). 급변사고(急變事故). 손재(損財)와 실패수(失敗數).

未·戌	◉ 골육상쟁(骨肉相爭)과 시비구설(是非口舌)이 생긴다. 주위(周圍)의 사람과
	  상호간(相互間)에 배신(背信)하고 시기(猜忌)와 질투(嫉妬)가 따른다.
	•비화(比和)이나 견원지간(犬猿之間)이라 합(合)이 안된다. 이기심(利己心).
	  질투(嫉妬). 비방(誹謗). 구설(口舌). 송사(訟事). 이별(離別). 방해(妨害). 심장(心臟)과
	  신경(神經)과 위장(胃腸)의 질환(疾患)이 따른다.
	•변동(變動)많음. 실패(失敗). 관재(官災). 수술(手術). 자궁액(子宮厄) 等이 생긴다.

第5章. 해(害)

▶ 해(害)를 입히는 살(殺)이다. 그 특성(特性)은 주(主)로 가족(家族)과 본인 (本人)에게 질병(疾病)의 극해(剋害)가 있음. 중상모략(中傷謀略), 지체(止 滯), 방해(妨害) 等이 따른다. 육친무정(肉親無情)하고 가정불화(家庭不和) 한다. 신병(身病)과 고혈압(高血壓)과 지체부자유(肢體不自由)하다. 한가지 일에 몰두(沒頭)하면 성공(成功)함. 직업(職業)은 스님, 목사(牧師), 종교인 (宗教人) 等이 많음. 은둔생활(隱遁生活)을 즐긴다.

▶ 충(沖)으로 공격(攻擊)하려는데 옆에 있는 것이 공격대상(攻擊對象)과 합 (合)을 하니 그 옆에 있는 것이 미워서 만들어진 것이 해살(害殺)이다. 12신 살(神殺)보다는 작용력(作用力)이 크다.

❯ 해살작용(害殺作用)과 발생사건(發生事件).

子·未	⊙ 세가지해(勢家之害). 육친(肉親)의 골육상쟁(骨肉相爭) 等. · 가장 손해(損害)를 입히는 살(殺)이다. 유시무종(有始無終). 과로(過勞). 음해(陰害). 시비(是非). 쟁투(爭鬪). 손해(損害). 생식기질환(生殖器疾患) 等이 따른다.

丑·午	⊙ 관귀상해(官鬼相害). 관재(官災). 쟁소(爭訴). 시비(是非) 等.
	· 축중계수(丑中癸水)에게 오중정화(午中丁火)가 심(甚)한 피해(被害)를 입는다.
	  갈등(葛藤). 부부불화(夫婦不和). 용두사미(龍頭蛇尾). 정신질환(精神疾患).
	  공포증(恐怖症). 신경장애(神經障碍). 음독(飲毒). 암투(暗鬪) 等이 따른다.

寅·巳	◉ 본인상해(本人傷害). 신체질환(身體疾患)의 사고(事故) 等. • 형(刑)과 해(害)가 되어 작용(作用)이 배가(倍加)가 된다. 구설시비(口舌是非). 　쟁투(爭鬪). 모략(謀略). 배신(背信). 외모(外貌)에 흉터가 있음 等. • 수술사고(手術事故). 소송(訴訟). 권력(權力). 세력집단문제(勢力集團問題) 等이 　따른다.
卯·辰	◉ 장유상해(長幼相害). 상하불목(上下不睦). 친교간(親交間)의 쟁투(爭鬪) 等. • 멸시(蔑視). 암해(暗害). 모략(謀略). 골육상쟁(骨肉相爭). 송사(訟事). 분쟁(分爭). 　위장(胃腸). 신경계통(神經系統)의 질환(疾患) 等이 따른다.
申·亥	◉ 쟁투상해(爭鬪相害). 선후불합(先後不合). 자식불효(子息不孝). 골육무정(骨肉無情) 　等. • 암투(暗鬪). 분쟁(分爭). 사고(事故). 풍파(風波). 절교(絕交). 원수(怨讐). 　유두무미(有頭無尾). 상호비방(相互誹謗). 대장(大腸). 생식기(生殖器). 방광(膀胱) 　等의 질환(疾患)이 따른다.
酉·戌	◉ 질투상해(嫉妬相害). 가정불화(家庭不和). 의처증(疑妻症). 의부증(疑夫症). 　고부갈등(姑婦葛藤). 자매불화(姉妹不和) 等. • 서로 주장(主張)이 강(强)해 물러서지 않는 개성(個性)이 강(强)한 살(殺)이다. 　질투(嫉妬). 암투(暗鬪). 경쟁(競爭). 골육상쟁(骨肉相爭). 밀고(密告). 협박(脅迫). 　불화(不和). 배신(背信) 等이 따른다

第6章. 원진(元辰)<=怨嗔>

▶ 이러지도 저러지도 못하는 상태(狀態)의 살(殺)이다. 권태(倦怠)롭고 안보면 보고 싶고 만나면 미워진다. 부부관계(夫婦關係)는 이혼(離婚)으로 한(恨)스러운 세상(世上)을 보낸다. 냉전상태(冷戰狀態)이다. 연애(戀愛)할 때는 좋으나 결국(結局)은 헤어진다.

1. 원진살(元辰殺)의 작용(作用)과 발생사건(發生事件).

子·未	⊙ 고독(孤獨). 이별(離別). 손재(損財). 산액(産厄).
丑·午	⊙ 고독(孤獨). 이별(離別). 자궁살(子宮殺). 산액(産厄).
寅·酉	⊙ 신병(身病). 불구(不具). 이별(離別). 색난(色難).
卯·申	⊙ 수술(手術). 수족상(手足傷)함. 질병(疾病).
辰·亥	⊙ 질병(疾病). 이별(離別). 상인(上人)의 원망(怨望).
巳·戌	⊙ 화액(禍厄). 이별(離別). 자식액(子息厄). 실패(失敗).

2. 년(年)·월(月)·일(日)·시(時)의 원진작용(元辰作用).

▶ [년(年)·월(月)이 원진(元辰)] ➡ 조부모(祖父母)와 불화(不和)한다. 유년시

절(幼年時節)에 애정(愛情)없이 성장(成長)한다.

▶ [월(月)・일(日)이 원진(元辰)] ⇒ 부모형제간(父母兄弟間)과 고부간(姑婦間)과 불화(不和)한다.

▶ [일(日)・시(時)가 원진(元辰)] ⇒ 처(妻)와 자식(子息)과의 인연(因緣)이 희박(稀薄)하다.

▶ [년주원진(年柱元辰)] ⇒ 조상무덕(祖上無德)하다. 상속재산(相續財産)이 별로 없다. 부모(父母)와 무정(無情)하고 원망(怨望)한다.

▶ [월주원진(月柱元辰)] ⇒ 부모형제(父母兄弟)와 무덕(無德)하고 원망(怨望)하고 원수(怨讐)처럼 지낸다.

　• 같이 살면 원망(怨望)하고 증오(憎惡)한다. 불구(不具)와 단명(短命)하고 질병(疾病)이 있음.

▶ [일주원진(日柱元辰)] ⇒ 부부불화(夫婦不和)하여서 생리사별(生離死別)한다. 각종(各種) 질병(疾病)으로 고통(苦痛)을 받는다. 고독생활(孤獨生活)한다. 산후(産後)의 질병(疾病)이 있음. 서로 증오(憎惡)한다.

▶ [시주원진(時柱元辰)] ⇒ 자식(子息)이 귀(貴)하다. 자식불효(子息不孝)한다. 타향객지생활(他鄕客地生活)한다. 외국(外國)에 거주(居住)하면 부귀(富貴)하고 자식(子息)의 덕(德)을 볼 수 있음.

◐ 육친원진(六親元辰).

　• [비겁원진(比劫元辰)] ⇒ 형제(兄弟)의 해(害)가 있음.
　• [식상원진(食傷元辰)] ⇒ 자식(子息)의 해(害)가 있음.
　• [재성원진(財星元辰)] ⇒ 부인(婦人)과 첩(妾)의 해(害)가 있음.
　• [관성원진(官星元辰)] ⇒ 남편(男便)과 자식(子息)의 해(害)가 있음.

• [인성원진(印星元辰)] ➡ 부모(父母)의 해(害)가 있음.

3. 원진(元辰)의 화복(禍福).

▶ [원진(元辰)이 있으면] ➡ 교통업(交通業)에 종사(從事)하거나 외국(外國)에 거주(居住)하면 길(吉)하고, 재혼자(再婚者)는 길(吉)하다.

▶ [원진(元辰)〈띠〉끼리 결혼(結婚)하면] ➡ 서로 원망(怨望)하고, 불평(不評)이 많고, 고생(苦生)하다가 생리사별(生離死別)하게 된다.

▶ [원진(元辰)] ➡ 불화(不和) · 증오(憎惡) · 이별(離別) · 고독(孤獨) · 열등감(劣等感) 等을 나타낸다.

▶ [서로 원진(元辰)이면] ➡ 애정(愛情)이 없고, 성적(性的)으로 불만(不滿)이다. 월지(月支)끼리 원진(元辰)은 양쪽 부모(父母)의 왕래(往來)가 힘들다.

▶ [원진(元辰)〈띠〉가 맞이끼리 만나면] ➡ 한쪽 부모(父母)가 없으면 재물(財物)을 이루나, 부모(父母)가 둘다 계시면 3년내(年內)에 부모(父母)를 실(失)한다.

▶ [원진(元辰)〈띠〉가 지차(之次)끼리 만나면] ➡ 패륜아(悖倫兒)이거나 불구자식(不具子息)이 출생(出生)한다.

▶ [서로가 원진(元辰)이라도] ➡ 고아(孤兒)끼리 만나든지 · 인물차이(人物差異)가 나든지 · 집안의 차이(差異)가 나든지 · 학벌차이(學閥差異)가 나면 무난(無難)하다.

第7章. 공망(空亡)

1. 공망(空亡)〈=천충살(天沖殺)〉.

▶ 공망(空亡)이란 12개(個)의 지지(地支)에서 천간(天干)이 없는 것을 말하는데 〈하늘〉이 없이 〈땅〉만 있으면 어떻게 만물(萬物)을 생성(生成)할 수 있으며 여자(女子)는 있으나 남자(男子)가 없는데 어찌해서 자식(子息)을 얻을 것인가. 꽃이 필 수 없는 형상(形象)이오. 짝 잃은 기러기가 새끼를 낳을 수 없는 형상(形象)이다.

▶ 깨졌다 · 황폐(荒廢)하다 · 피상(被傷)됐다 · 정지(停止)했다 · 망(亡)했다는 等의 뜻이다. 또 공망성(空亡星)은 허영심(虛榮心)을 촉진(促進)시키는 것이 특징(特徵)이다.

2. 양지공망(陽支空亡)을 공(空)·음지공망(陰支空亡)을 망(亡)이라 함.

▶ 양일주(陽日柱)의 양지공망(陽支空亡)은 진공(眞空)이오, 음지공망(陰支空亡)은 반공(半空)이다.

▶ 음일주(陰日柱)의 음지공망(陰支空亡)은 진공(眞空)이오, 양지공망(陽支空亡)은 반공(半空)이다.

▶ 공망(空亡)은 형(刑) · 충(沖) · 파(破) · 해(害) · 합(合)이 되면 해소(解消)되

148 성호사주명리학(城湖四柱命理學)

어 탈공(脫空)이 되고, 세운(歲運)에서 또 공망(空亡)이 되면 같은 공망(空亡)을 또 만나니 진공(眞空)이 해소(解消)되어 공망해소(空亡解消) 된다.

▶ 월령공망(月令空亡)은 진공(眞空), 불령공망(不令空亡)은 반공(半空)이다.

> 3. 공망(空亡)은 글자 그대로 공(空)치고 허탕(虛蕩)치고 망(亡)하는 것이니 사주상(四柱上) 가장 문제시(問題視)되는 성(星)〈=별〉이다.

▶ [사주(四柱)에 길신(吉神)이 공망(空亡)되면] ➡ 길신(吉神)이 없어져 사주(四柱)가 흉(凶)해지고,
  • [흉신(凶神)이 공망(空亡)되면] ➡ 흉성(凶星)이 없어져 사주(四柱)가 길(吉)해진다.

▶ [길신(吉神)이 공망(空亡)이 된 사주(四柱)] ➡ 충(沖)이 되는 년(年)·월(月)·일(日)에 길사(吉事)가 생긴다.
  • [흉신(凶神)이 공망(空亡)이 된 사주(四柱)] ➡ 충(沖)이 되는 년(年)·월(月)·일(日)에 불길(不吉)한 일이 발생(發生)한다.

▶ [사주(四柱)의 4기둥이나 3기둥이 공망(空亡)이 되면] ➡ 귀명사주(貴命四柱)에 속(屬)한다.

▶ [육친공망(六親空亡)은 작용력(作用力)이 크고 물질공망(物質空亡)은 어려움이 있어도 노력(努力)하면] ➡ 갱생가능(更生可能)하다.

▶ [무관사주(無官四柱)에서 운로(運路)에서 관성(官星)이 공망(空亡)되어 입(入)하면] ➡ 무관공망(無官空亡)이라 하여 그 힘이 약(弱)해진다.

▶ [일지중심(日支中心)] ➡ 년(年)·월(月)·시지(時支)의 공망(空亡)을 보고,
 · 년지중심(年支中心)으로 일지공망(日支空亡)을 본다.

▶ 가끔 [월지중심(月支中心)] ➡ 년(年)·일(日)·시지(時支)의 공망(空亡)으
로 보는 경우(境遇)가 있다.
 · [시지중심(時支中心)] ➡ 년(年)·월(月)·일지(日支)의 공망(空亡)을
본다.

▶ [목공망(木空亡)] ➡ 목공즉절(木空則折)한다. 나무가 썩고, 꺾어지므로 대
흉(大凶)하다.
 · 어망(漁網). 의류제조(衣類製造). 가구점(家具店) 等.

▶ [화공망(火空亡)] ➡ 화공즉열(火空則熱)한다. 더욱 밝아져 길(吉)하다.
 · 타이어수리(tire修理). 풍선(風扇). 기공(氣功) 等.

▶ [토공망(土空亡)] ➡ 토공즉붕(土空則崩)한다. 흙은 붕괴(崩壞)되어 무너져
대흉(大凶)하다.
 · 농업(農業). 원예업(園藝業) 等.

▶ [금공망(金空亡)] ➡ 금공즉명(金空則鳴)한다. 울림으로 대길(大吉)하다.
 · 치과재료상(齒科材料商). 철망업(鐵網業). 파이프(pipe) 等.

▶ [수공망(水空亡)] ➡ 水空則勿(수공즉물)한다. 물속이 비면 맑아지므로 대
길(大吉)하다.

- 깡통. 통조림. 어항(魚缸). 양어장(養魚場) 等.

▶ 반드시 목(木)과 토(土)의 공망(空亡)을 잘 살펴야 한다.

▶ 공망(空亡)되는 날에는 귀중(貴重)한 행사(行使)는 금물(禁物)이다.

- 공망(空亡)의 방향(方向)으로는 큰 일은 성사(成事)가 안된다.

▶ [상대(相對)의 일주(日柱)로 보아서 한 쪽이 공망(空亡)이면] ➡ 불화관계
(不和關係)가 형성(形成)이 된다.

- 정해일주공망(丁亥日柱空亡)은 오미생(午未生)이다.

第5篇

길성(吉星)과 흉성(凶星)

第1章. 길성(吉星)

天干 천간	文_문	合_합	羊_양	飛_비	天貴 천귀	暗_압	金_금	天沖 천충	紅艶 홍염	學堂 학당
甲	巳	己	卯	酉	丑·未	亥	辰	庚	午	亥
乙	午	庚	辰	戌	子·申	戌	巳	辛	午	午
丙	申	辛	午	子	亥·酉	申	未	壬	寅	寅
丁	酉	壬	未	丑	亥·酉	未	申	癸	未	酉
戊	申	癸	午	子	丑·未	申	未	甲	辰	寅
己	酉	甲	未	丑	子·申	未	申	乙	辰	酉
庚	亥	乙	酉	卯	丑·未	巳	戌	丙	戌	巳
辛	子	丙	戌	辰	午·寅	辰	亥	丁	酉	子
壬	寅	丁	子	午	巳·卯	寅	丑	戊	子	申
癸	卯	戊	丑	未	巳·卯	丑	寅	己	申	卯

천상삼기(天上三奇)	지하삼기(地下三奇)	인중삼기(人中三奇)
[甲·戊·庚]	[乙·丙·丁]	[壬·癸·辛]
⊙ 총명(聰明). 학문발달(學文發達). ·축(丑)·미(未)가 있어서 지(地)를 얻음.	⊙ 후복(厚福). 부귀다명(富貴多名). ·신(申)·유(酉)가 있어서 지(地)를 얻음.	⊙ 수재(秀才). 신동(神童). ·묘(卯)·사(巳)·오(午)가 있어서 지(地)를 얻음.

○ 수기(秀氣)를 발휘(發揮)함으로서 귀명(貴命)이며, 생각(生覺)의 이상(理想)이 높고, 나쁜 살(殺)을 조금 억제(抑制)한다. 일주(日柱)를 중심(中心)으로 나란히 나열(羅列)되어야 한다.

▶ 본삼기(本三奇)는 〈년(年)·월(月)·일(日)·시(時)의 순(順)〉으로 나열(羅列)이 되어야 성격(成格)이 된다. 순서(順序)가 맞지 않으면 삼기성(三奇星)의 효력(效力)을 상실(喪失)하고, 남녀(男女)가 일찍 고독(孤獨)해지고, 부부(夫婦)가 재혼(再婚)하는 등 성패(成敗)가 많게 된다.

▶ 본격(本格)은 술해(戌亥)의 천라(天羅)〈=천문(天門)〉가 있어야 기귀(奇貴)의 본격(本格)이 된다. 술해(戌亥)가 없으면 비록 명(名)은 있으나 기귀(奇貴)는 어렵다.

· [기(奇)]란 귀(貴)한 것이다. 3가지가 기귀(奇貴)한 것이니 천(天)·인(人)·지(地) 의 삼재(三才)를 뜻함이다. 삼기귀인(三奇貴人)은 천을귀인(天乙貴人)의 법(法)에 근원(根源)을 두고 있다.

· [갑(甲)·무(戊)·경(庚)] ➡ 천상삼기(天上三奇)라고 하는 것은 선천양귀(先天陽貴)나 후천음귀(後天陰貴)의 법(法)으로 귀인(貴人)을 일으킬 때 갑(甲)·무(戊)·경(庚)의 삼간(三干)이 똑같이 귀인(貴人)이 축(丑)·미

(未)에 임(臨) 하는 고(故)로 〈기(奇)〉라고 하는 것이다.

- [을(乙) · 병(丙) · 정(丁)] ➡ 지하삼기(地下三奇)라고 하는 것은 천을귀인(天乙貴人)을 천간(天干)과 지지(地支)로 짝하여 갈 때 양귀(陽貴)의 갑(甲)에 덕(德)을 자(子)에서 일으키면 을(乙)에 덕(德)은 축(丑)에 있고, 병(丙)에 덕(德)은 인(寅)에 있고, 정(丁)에 덕(德)은 묘(卯)에 있게 되며, 음귀(陰貴) 의 갑(甲)에 덕(德)을 신(申)에서 일으키면 을(乙)에 덕(德)은 미(未)에 있고, 병(丙)에 덕(德)은 오(午)에 있고, 정(丁)에 덕(德)은 사(巳)에 있어서 서로 사이가 없이 연(連)하여져 다른 천간(天干)의 나망(羅網)이나 천공(天空) 때문에 건너 뛰는 것과 다른 점(點)이 있는 고(故)로 〈기(奇)〉라 하였고, 또 을(乙) · 병(丙) · 정(丁)을 일월성(日月星)에 비유(比喻)하였으니 을(乙)과 경(庚)은 합(合)하는지라 초생(初生)달이 경방(庚方)에서 처음 나오는 고(故)로 을(乙)을 달에 비(比)하였고, 병(丙)은 양화(陽火)라 태양(太陽)에 비(比)하였으며, 정(丁)은 음화(陰火)라 별에 비(比)하여 하늘에 삼광(三光)이 땅에 응(應)함을 〈기(奇)〉하다 한 것이다.

- [임(壬) · 계(癸) · 신(辛)] ➡ 인중삼기(人中三奇)라고 하는 것은 기문법(奇門法)에 을(乙) · 병(丙) · 정(丁)을 삼기(三奇)라 하고, 〈무(戊) · 기(己) · 경(庚) · 신(辛) · 임(壬) · 계(癸)를 육의(六儀)〉라고 했다. 육의중(六儀中)에 무(戊) · 경(庚)은 갑(甲)과 더불어 일기(一奇)를 이루었고, 임(壬) · 계(癸) · 신(辛)만 구슬을 꿰듯 차례(次例)대로 연결(連結)되어 이것을 〈기(奇)하다〉고 한 것이다.

- 태을경(太乙經)에는 임(壬) · 계(癸) · 신(辛)을 수기(水奇)라고 하였다. 수(水)는 인지(人智)를 뜻한 것 같다.

◎ [삼기귀인(三奇貴人)의 화복(禍福)].

- [명중(命中)에 삼기(三奇)가 있으면] ➡ 정신(精神)과 인격(人格)이 탁월(卓越)하고 박학다능(博學多能)하다.

- [삼기(三奇)가 천을귀인(天乙貴人) 또는 천월이덕(天月二德)과 겸(兼)하여 있으면] ➡ 대업(大業)을 성취(成就)하며, 흉재(凶災)가 소멸(消滅)하고, 복력(福力)이 증대(增大)한다.

- [삼기(三奇)가 삼합국(三合局)을 이루면] ➡ 국가(國家)의 큰 재목(材木)이 되며, 공망(空亡)은 되었으나 생왕(生旺)한 자(者)는 산림(山林)에 숨은 선비로써 부귀(富貴)하여도 교만(驕慢)하지 않고, 세력(勢力)에 불굴(不屈)하는 고상(高尙)한 인격자(人格者)이다.

- [삼기(三奇)가 함지(咸池)〈=도화살(挑花殺)〉나 천라지망(天羅地網)〈=나망살(羅網殺)〉이나 또는 충파(沖破), 원진(元辰)이 되면] ➡ 삼기(三奇)라 할 수 없다.

- [삼기(三奇)가 년(年)에는 없고 월(月)·일(日)·시(時)에 있으면] ➡ 일생(一生) 고독(孤獨)한 명(命)이다. 본인(本人)에 갑(甲)·무(戊)·경(庚)이 월(月)·일(日)·시(時)에 유(有)하고 있다.

- [삼기(三奇)]는 년(年)·월(月)·일(日)이나 월(月)·일(日)·시(時)에 차례(次例)대로 있는 것이 가장 길(吉)하고, 거꾸로 시(時)·일(日)·월(月)이나 일(日)·월(月)·년(年)으로 있는 것은 삼기(三奇)로 보지 않는다.

---

2. 천을귀인(天乙貴人) ➡ 일간(日干)으로 비교(比較).

日干_{일간}	甲·戊·庚	乙·己	丙·丁	壬·癸	辛
天貴_{천귀}	丑·未	子·申	亥·酉	巳·卯	午·寅

◉ 나쁜 살(殺)을 억제(抑制)하고, 좋은 살(殺)을 더욱 좋게 하며, 총명(聰明)과 부귀(富貴) 等을 나타내는 길성(吉星)이다.

▶ 천을귀인(天乙貴人)이 형(刑)·충(沖)·파(破)·해(害)·공망(空亡)이 되면 평생(平生)동안 노고(勞苦)가 심(甚)하며, 건록(建祿)이 동주(同柱)하면 공부(工夫)를 잘하고, 괴강(魁罡)이 동주(同柱)하면 중인(衆人)의 존경(尊敬) 받음.

(1) [생성과정(生成過程)] ➡ 양귀인(陽貴人)과 음귀인(陰貴人) 구별(區別).

▶ [일진(日辰)] ➡ 태양(太陽)과 궤도(軌度)의 교차부분(交叉部分).
▶ [양귀인(陽貴人)] ➡ 궤도(軌度)와 지구(地球)의 교차부분(交叉部分).
▶ [음귀인(陰貴人)] ➡ 태양(太陽)이 안보이는 지구하부분(地球下部分).

(2) [천을귀인(天乙貴人)의 구성(構成)].

▶ 천을(天乙)은 신(神)으로서 자미원(紫微垣)과 함께 있으면서 태을성(太乙星)과 천황대제(天皇大帝)를 섬기는 일성(一星)이다.

• 만신(萬神)을 주재(主宰)하는 천상신(天上神)으로서 옥형(玉衡)을 잡고

천상(天上)이나 인간(人間)의 모든 일을 비교(比較)하여 헤아리며 그 신(神)이 임(臨)하는 곳에는 일체(一切)의 흉살(凶殺)이 피(避)하여 숨어 버린다는 지존(至尊)의 신(神)이다.

▶ 사주(四柱)에 천을귀인(天乙貴人)이 임(臨)하면 복력(福力)이 강(强)하고 총명(聰明)하여 흉재(凶災)를 면(免)하게 된다고 한다.

▶ [호중자(壺中子)가 운(云)].

• 귀인(貴人)은 주야(晝夜)로 나누어 각각(各各) 전권(專權)으로 다스리는 고(故)로 낮에 출생(出生)하였으면 주귀(晝貴)라 하고, 밤에 출생(出生)하였으면 야귀(夜貴)라 하며, 혹(或) 자후(子後)를 낮으로 삼고, 오후(午後)를 밤으로 삼으며, 혹(或) 태양(太陽)이 뜨면 낮으로 삼고, 태양(太陽)이 지면 밤으로 삼았으나, 이것은 다 억설(臆說)이며 다만 인(寅)과 신(申)으로 음양(陰陽)을 나누어 동지후(冬至後)를 양귀(陽貴)로 용(用)하고, 하지후(夏至後)를 음귀(陰貴)로 용(用)하여 인명(人命)에 일양(一陽)이 생(生)한 후(後)에 양귀(陽貴)를 만나면 힘을 얻게 되고, 일음(一陰)이 생(生)한 후(後)에 음귀(陰貴)를 만나면 또한 힘을 얻게 된다고 하였다.

▶ [양귀(陽貴)] ➡ 선천(先天)으로 곤괘(坤卦)자리에서 일으킨다.

• 곤(坤)은 북방자위(北方子位)라 자(子)위에 〈갑(甲)〉을 일으키면 갑(甲)에 덕(德)이 자(子)에 있는 것이나 갑덕(甲德)을 취(取)하지 않고 갑(甲)과 합(合)이 되는 기토(己土)를 취(取)하는 고(故)로 기(己)에 귀인(貴人)은 자(子)가 되는 것이다.

• 양귀(陽貴)는 순행(順行)하므로 〈을(乙)〉의 덕(德)은 축(丑)에 있으나 을(乙)과 합(合)하는 경금(庚金)을 취(取)하는 고(故)로 경(庚)에 귀인(貴人)은 축(丑)이 되고,

• 〈병(丙)〉에 덕(德)은 인(寅)에 있으나 병(丙)과 합(合)하는 신금(辛金)을

취(取)하는 고(故)로 신(辛)의 귀인(貴人)은 인(寅)이 되고.

• 〈정(丁)〉의 덕(德)은 묘(卯)에 있으나 정(丁)과 합(合)하는 임수(壬水)를 취(取)하는 고(故)로 임(壬)의 귀인(貴人)은 묘(卯)가 되고.

• 〈진(辰)〉은 지망(地網)이라 귀인(貴人)이 임(臨)하지 않는 고(故)로 무(戊)는 진(辰)을 뛰어넘어 덕(德)이 사(巳)에 있다. 〈무(戊)〉는 계수(癸水)와 합(合)하는 고(故)로 계(癸)를 취(取)하여 사(巳)가 귀인(貴人)이 되고, 〈오(午)〉는 양귀(陽貴)를 처음 일으킨 자방(子方)과 대충방(對沖方)이라 귀인(貴人)은 적(敵)이 없는 고(故)로 충방(沖方)에 임(臨)하지 아니하니 〈천공 방(天空方)〉이라 하며.

• 〈기(己)〉에 덕(德)은 미(未)에 있으나 기(己)와 합(合)하는 갑목(甲木)을 취(取)하는 고(故)로 갑(甲)의 귀인(貴人)은 미(未)가 되고.

• 〈경(庚)〉의 덕(德)은 신(申)에 있으나 경(庚)과 합(合)하는 을목(乙木)을 취(取)하는 고(故)로 을(乙)의 귀인(貴人)은 신(申)이 되고.

• 〈신(辛)〉의 덕(德)은 유(酉)에 있으나 신(辛)과 합(合)하는 병화(丙火)를 취(取)하는 고(故)로 병(丙)의 귀인(貴人)은 유(酉)가 되고.

• 〈술(戌)〉은 天羅(천라)라 貴人(귀인)이 臨(임)하지 않는 故(고)로 〈임(壬)〉은 술(戌)을 뛰어넘어 덕(德)이 해수(亥水)에 있으나 임(壬)과 합(合)하는 정화(丁火)를 취(取)하니 정(丁)의 귀인(貴人)은 해수(亥水)가 되고.

• 〈자(子)〉는 귀인(貴人)을 일으킨 곳이라 귀인(貴人)은 두 번(番) 임(臨)하지 않는 고(故)로 계(癸)는 자(子)를 뛰어 넘어 덕(德)이 축(丑)에 있으나 계(癸)와 합(合)하는 무토(戊土)를 취(取)하는 고(故)로 무(戊)의 귀인(貴人) 은 축(丑)이 되는 것이다.

▶ [음귀(陰貴)] ➡ 후천(後天)으로 곤괘(坤卦)자리에서 일으킨다.

• 후천곤괘(後天坤卦)인 신(申)에서 갑(甲)을 일으키니 〈갑(甲)〉의 덕(德)은

신(申)에 있으나 갑(甲)을 취(取)하지 않고 갑(甲)과 합(合)하는 기토(己土) 를 취(取)하는 고(故)로 기(己)의 귀인(貴人)은 신(申)이 된다.

- 음귀(陰貴)는 역행(逆行)하므로 〈을(乙)〉의 덕(德)은 미(未)에 있으나 을(乙)과 합(合)하는 경금(庚金)을 취(取)하는 고(故)로 경(庚)의 귀인(貴人)은 미(未)가 되고.

- 〈병(丙)〉의 덕(德)은 오(午)에 있으나 병(丙)과 합(合)하는 신금(辛金)을 취(取)하는 고(故)로 신(辛)의 귀인(貴人)은 오(午)가 되고.

- 〈정(丁)〉의 덕(德)은 사(巳)에 있으나 정(丁)과 합(合)하는 임수(壬水)를 취(取)하는 고(故)로 임(壬)의 귀인(貴人)은 사(巳)가 되고.

- 〈진(辰)〉은 지망(地網)이라 귀인(貴人)이 임(臨)하지 않는 고(故)로 무(戊)는 진(辰)을 뛰어 넘어 덕(德)이 묘(卯)에 있으나 무(戊)와 합(合)하는 계수(癸水)를 취(取)하는 고(故)로 계(癸)의 귀인(貴人)은 묘(卯)가 되고.

- 〈인(寅)〉은 음귀(陰貴)를 처음 일으킨 신방(申方)과 대충방(對沖方)이라 귀인(貴人)은 적(敵)이 없는 고(故)로 충방(沖方)에 임(臨)하지 않으니 〈천공방(天空方)〉이라 하며.

- 〈기(己)〉는 인(寅)을 뛰어 넘어 덕(德)이 축(丑)에 있으나 기(己)와 합(合)하는 갑목(甲木)을 취(取)하니 갑(甲)의 귀인(貴人)은 축(丑)이 되고.

- 〈경(庚)〉의 덕(德)은 자(子)에 있으나 경(庚)과 합(合)하는 을목(乙木)을 취(取)하는 고(故)로 을(乙)의 귀인(貴人)은 자(子)가 되고.

- 〈신(辛)〉의 덕(德)은 해(亥)에 있으나 신(辛)과 합(合)하는 병화(丙火)를 취(取)하는 고(故)로 병(丙)의 귀인(貴人)은 해(亥)가 되고.

- 〈술(戊)〉은 천라(天羅)라 귀인(貴人)이 임(臨)하지 않는 고(故)로 임(壬)은 술(戊)을 뛰어넘어 덕(德)이 유(酉)에 있으나 임(壬)과 합(合)하는 정화(丁火)를 취(取)하는 고(故)로 정(丁)의 귀인(貴人)은 유(酉)이고.

- 〈신(申)〉은 음귀(陰貴)를 일으킨 곳이라 귀인(貴人)은 두번 임(臨)하지 않는 고(故)로 계(癸)는 신(申)을 뛰어넘어 덕(德)이 미(未)에 있으니 계(癸)와 합(合)하는 무토(戊土)를 취(取)하는 고(故)로 무(戊)의 귀인(貴人)은 미(未)가 되는 것이다.

❏ 미루어 보건대,

- [갑(甲) · 무(戊) · 경(庚)은] ➡ 〈축(丑) · 미(未)〉,
- [을(乙) · 기(己)는] ➡ 〈자(子) · 신(申)〉,
- [병(丙) · 정(丁)은] ➡ 〈해(亥) · 유(酉)〉,
- [임(壬) · 계(癸)는] ➡ 〈사(巳) · 묘(卯)〉,
- [신(辛)] ➡ 〈인(寅) · 오(午)〉가 성립(成立)이 된다.

(3) 천을귀인(天乙貴人)의 활용결(活用訣).

❏ 태세(太歲)와 일진(日辰)에 혼용가능(混用可能)하다.

甲	目的 (목적)	• 2개(個)의 길을 놓고 이럴까 저럴까 망설인다.
陽貴=未 양귀(8)	行動 (행동)	• 미방(未方)으로 곧장 가야 득(得)이 있지만 대개(大蓋) 변동(變動)함.
陰貴=丑 음귀(8)	結果 (결과)	• 변동(變動)해도 결과(結果)는 같음. 안정(安定)이 최상(最上)의 방책(方策)이다. 딴 것하면 흉(凶)함.
乙	目的 (목적)	• 일을 깊이 알지 못해 남에게 말려듦. 나 자신(自身)은 결백(潔白)하다. 그 단위(單位)가 7, 9홀수이므로 성사(成事) 안됨.

陽貴=申 양귀(7)	行動 (행동)	• 위생업(衛生業)과 접객업(接客業)됨. 다른 것은 안됨.
陰貴=子 음귀(9)	結果 (결과)	• 전진(前進)보다 후퇴(後退)가 상책(上策)임.
丙	目的 (목적)	• 이미 결정(決定)되었으니 진행범위(進行範圍)만 결정(決定)하라.
陽貴=酉 양귀(6)	行動 (행동)	• 과거경험(過去經驗)과 실력(實力)이 있어 미흡(未洽)하나 말단(末端)은 아니다.
陰貴=亥 음귀(4)	結果 (결과)	• 야간 고통(苦痛)있으나 현재(現在)는 달성(達成)됨. 자식(子息)은 더 얻을 수 있음.
丁	目的 (목적)	• 음성적교섭(陰性的交涉)으로 진행(進行)하니 미공개(未公開), 부정(不正), 비밀(秘密)의 요소(要素)이다.
陽貴=亥 양귀(4)	行動 (행동)	• 공개(公開)못할 것. 내(內)는 이루어지나 외(外)는 애로(隘路)가 있음.
陰貴=酉 음귀(6)	結果 (결과)	• 이 이상(以上) 발전(發展)도 퇴보(退步)도 없는 상태(狀態).
戊	目的 (목적)	• 상대(相對)와 대치상태(對峙狀態). 양다리를 걸치고 있음.
陽貴=丑 양귀(8)	行動 (행동)	• 어느 쪽을 무너뜨릴까 고심(苦心)한다. 간방(艮方)에서 목적(目的) 이룸. 여성(女性)과의 관계(關係)라면 곤방(坤方)에도 이루어짐.
陰貴=未 음귀(8)	結果 (결과)	• 양다리 걸친 것을 축소(縮小)해야 한다.
己	目的 (목적)	• 진행(進行)할려니 물이고, 퇴보(退步)할려니 함정(陷穽)이니 진퇴양난(進退兩難)임. 절약(節約), 절제(節制)해야 된다.

陽貴=子 음귀(9)	行動 (행동)	• 절약(節約)과 절제(節制)로서 법률(法律), 규칙(規則), 기록(記錄)에 어긋나지 않은 범위(範圍)에서 행동(行動)하고 싶다.
陰貴=申 음귀(7)	結果 (결과)	• 접객성(接客性)없어 함께 도모(圖謀)하는 것은 실패(失敗)한다.
庚	目的 (목적)	• 신사도(紳士道)냐, 남성박력(男性迫力)으로 밀고 가느냐, 포기(抛棄)하느냐, 선심(善心)을 베푸느냐 等의 기로(岐路)에 서있다.
陽貴=丑 양귀(8)	行動 (행동)	• 인간관계(人間關係)가 밀착(密着)되어 자신(自身)보다 주위(周圍)에 신경(神經)이 쓰인다.
陰貴=未 음귀(8)	結果 (결과)	• 보수적(保守的)으로 처리(處理)하는 것이 좋다.
辛	目的 (목적)	• 환경(環境), 인간관계(人間關係)가 너무 급진행(急進行)되므로 안정감(安定感)이 부족(不足)함.
陽貴=寅 양귀(7)	行動 (행동)	• 임시변통(臨時變通)으로 남의 힘 빌려서 체면유지(體面維持)해야 할 형편(形便)이다.
陰貴=午 음귀(9)	結果 (결과)	• 공동대처(共同對處)해야 할 일은 불성(不成)된다.
壬	目的 (목적)	• 오합지졸(烏合之卒)과 진실성(眞實性)이 없는 환경(環境)이니 더 이상(以上) 발전(發展)이 없음.
陽貴=卯 양귀(6)	行動 (행동)	• 혼자 힘만으로 새로운 길을 택(擇)해야 할 형편(形便)이나 안되는 방향(方向)으로 중지상태(中止狀態)이다.
陰貴=巳 음귀(4)	結果 (결과)	• 상대방(相對方)이 끌어 갈 능력(能力)과 실력(實力)이 없음.
癸	目的 (목적)	• 모든 일이 무의미(無意味)하게 된 상태(狀態)이다.

陽貴=巳 양귀(4)	行動 (행동)	• 독특(獨特)한 선전(宣傳)을 하지 않으면 음침(陰沈)한 늪에서 발전(發展)은 커녕 퇴조(退潮)만 예상(豫想)이 된다.
陰貴=卯 음귀(6)	結果 (결과)	• 현실(現實)의 환경(環境)을 그대로 인정(認定)할 수 없으므로 떠나야 할 형편(形便)이다.

▶ [양귀(陽貴)] ➡ 만물생동(萬物生動)하여 길(吉)하다.

▶ [음귀(陰貴)] ➡ 만물무생(萬物無生)하니 흉(凶)하다.

▶ [금일(今日)의 실권자(實權者)는] ➡ 양귀(陽貴)의 〈띠〉와 성씨(姓氏)임.

▶ [음귀(陰貴)] ➡ 나쁜 것의 과거(過去)를 아는 것.

  • 직장인(職場人)이 몇 개월(個月)째 놀고 있다. 상인(商人)이 몇 개월(個月)째 장사가 안된다. 가출자(家出者)는 몇달 전(前)에 집을 나갔다 等.

(4) 특별귀인(特別貴人).

1) [병일(丙日)] ➡ 〈유(酉)·해(亥)〉. [정일(丁日)] ➡ 〈해(亥)·유(酉)〉.

▶ 유물(有物)이니 돈은 있으나 자기(自己) 것을 축 안내고 남의 것을 갚을려니 고민(苦悶)이 있다.

▶ 변동(變動)을 하지 말고 안정(安定)하는 것이 최길(最吉)이다. 실이 꼬이 듯이 일이 꼬여 있는 상태(狀態)이다.

▶ 정리(整理)와 정돈(整頓)을 할려고 하나 정리(整理)가 잘 안된다. 1년(年)이 지나면 처리(處理)가 된다.

2) [임일(壬日)] ➡ 〈묘(卯)·사(巳)〉. [계일(癸日)] ➡ 〈사(巳)·묘(卯)〉.

▶ 무물(無物)하고, 무재(無財)하다. 실제(實際)로 없는 상태(狀態)이다. 2년(年) 지나야 해결(解決)이 된다. 빚진 자(者)에게 찾아가서 사정(事情)을

하라.

▶ 변동(變動)해야 길(吉)하다. 안정(安定)은 불길(不吉)하다. 일이 꼬인 상태 (狀態)이다. 정리(整理)와 정돈(整頓)을 해야 한다.

▶ 마음으로는 정리(整理)가 다 된 상태(狀態)이다.

(5) 천을귀인(天乙貴人)의 화복(禍福).

▶ 천을귀인(天乙貴人)은 방향(方向)과 택일(擇日) 等에 제일(第一) 많이 적용 (適用)이 되며 특(特)히 각종(各種) 택일(擇日)을 할 때 좋은 시간(時間)이 천을귀인(天乙貴人)이 된다.

▶ [음택(陰宅)의 좌(坐)에서 천을귀인방(天乙貴人方)에 수려(秀麗)한 산(山)이 있으면] ➡ 귀격(貴格)의 땅이고,

• [대운(大運)이나 세운(歲運)에서 오면] ➡ 길(吉)하고, 시험합격(試驗合 格)에 좋으며, 돕는 사람이 많으며,

• [재성(財星)이 천을귀인(天乙貴人)을 만나면] ➡ 재물복(財物福)이 있고,

• [관성(官星)이 천을귀인(天乙貴人)을 만나면] ➡ 관직(官職)에 진출(進出) 하고, 여명(女命)은 미남(美男)을 만나 결혼(結婚)한다.

▶ [천을귀인(天乙貴人)이 생(生)·왕운(旺運)을 만나면] ➡ 복력(福力)이 풍후 (豊厚)하며 평생(平生) 신병(身病)이 적고.

• 사(死)·절지(絕地)를 만나면 복력(福力)이 감소(減少)한다.

▶ [천을귀인(天乙貴人)은 형(刑)·충(沖)·파(破)·공망(空亡)을 가장 두려워 하니 이를 범(犯)하면] ➡ 복력(福力)이 박약(薄弱)하여 평생(平生) 곤고(困 苦)함이 있다.

▶ [천을귀인(天乙貴人)이 간합(干合)과 지합(支合)이 되면] ➡ 사회(社會)에서 신용(信用)을 얻게 되며, 부자(富者)는 더욱 부자(富者)가 되고, 상인(商人)

은 발복(發福)이 신속(迅速)하여 생애(生涯)에 죄과(罪過)를 범(犯)하지 않는다.

▶ [천을귀인(天乙貴人)이 겁살(劫殺)과 동주(同柱)하면] ➡ 위엄(威嚴)이 있고 모사(謀事)를 잘한다.

▶ [천을귀인(天乙貴人)이 건록(建祿)과 동주(同柱)하면] ➡ 문학(文學)에 특출(特出)한 재주가 있다.

▶ [천을귀인(天乙貴人)이 식신(食神)과 동주(同柱)하면] ➡ 평생(平生) 식록(食祿)이 풍부(豊富)하다.

▶ [천을귀인(天乙貴人)이 문창성(文昌星)과 동주(同柱)하면] ➡ 지혜(智慧)가 출중(出衆)하고 흉(凶)이 변(變)하여 길(吉)이 된다.

3. 천덕귀인(天德貴人)·월덕귀인(月德貴人) ➡ 월지비교(月支比較).

月支월지	寅	卯	辰	巳	午	未	申	酉	戌	亥	子	丑
天德천덕	丁	申	壬	辛	亥	甲	癸	寅	丙	乙	巳	庚

1) [천덕귀인(天德貴人)] ➡ 천우신조(天佑神助)의 혜택(惠澤)이 많음. 천지(天地)의 도움으로 흉살(凶殺)을 제압(制壓)한다.

　• [여명(女命)에 천덕귀인(天德貴人)이 있으면] ➡ 현모양처(賢母良妻)이며 일생(一生)에 무화지명(無禍之命)이다.

▶ 천덕(天德)이란 삼합(三合)의 기(氣)를 말함이다.

　• 해묘미(亥卯未)는 목기국(木氣局)인 고(故)로 목(木)으로 천덕(天德)을 삼고, 인오술(寅午戌)은 화기국(火氣局)인 고(故)로 화(火)로 천덕(天德)을 삼고, 사유축(巳酉丑)은 금기국(金氣局)인 고(故)로 금(金)으로 천덕(天

德)을 삼고, 신자진(申子辰)은 수기국(水氣局)인 고(故)로 수(水)로 천덕(天德)을 삼는다.

▶ 덕(德)은 천간(天干)을 위주(爲主)로 하고, 지지(地支)는 사용(使用)하지 않음으로 천덕(天德)이라고 명명(命名)한 것이다.

▶ [사괘(四卦)와의 관계(關係)].

- [인(寅)·신(申)·사(巳)·해(亥)] ⇒ 오행(五行)의 장생지(長生地)인 고(故)로 음 간(陰干)으로 짝을 하고.

- [진(辰)·술(戌)·축(丑)·미(未)] ⇒ 오행(五行)의 장지(葬地)〈=고장지(庫藏地)〉인 고(故)로 양간(陽干)으로 짝을 하고.

- [자(子)·오(午)·묘(卯)·유(酉)] ⇒ 오행(五行)의 왕지(旺地)인 고(故)로 묘고(墓庫)에 해당(該當)하는 건(乾)·곤(坤)·간(艮)·손(巽)의 사괘(四卦)로 짝을 하니 건궁(乾宮)에는 〈술해(戌亥)=서북(西北)〉가 있고, 곤궁(坤宮)에는 〈미신(未申)=남서(南西)〉이 있고, 간궁(艮宮)에는 〈축인(丑寅)=동북(東北)〉있고, 손궁(巽宮)에는 〈진사(辰巳)=동남(東南)〉있다.

- 이것은 천덕(天德)은 천간(天干)을 용(用)하고 지지(地支)를 용(用)하지 않는다는 원칙(原則)에서 사괘(四卦)로 대용(代用)한 것이다.

- 사괘(四卦)에 건궁(乾宮)은 술해방(戌亥方)이니 술(戌)은 화(火)의 묘(墓)가 되고, 곤궁(坤宮)은 미신방(未申方)이니 미(未)는 목(木)의 묘(墓)가 되고, 간궁(艮宮)은 축인방(丑寅方)이니 축(丑)은 금(金)의 묘(墓)가 되고, 손궁(巽宮)은 진사방(辰巳方)이니 진(辰)은 수(水)의 묘(墓)가 되는 것이다.

▶ [삼합(三合)과의 관계(關係)].

- [해,묘,미(亥,卯,未)] ⇒ 목(木)이 덕(德)이라 해(亥)는 음간(陰干)인 을목(乙木)으로 천덕(天德)을 삼고, 미(未)는 양간(陽干)인 갑목(甲木)으로 천덕(天德)을 삼으며, 묘(卯)는 곤(坤)으로 천덕(天德)을 삼으니, 곤궁(坤宮)

에는 목(木)의 묘고(墓庫)인 미(未)와, 신(申)이 있으나, 미(未)는 갑목(甲木)과 짝을 하였으니 신(申)으로 천덕(天德)을 삼는 것이다.

- [인,오,술(寅,午,戌)] ➡ 화(火)가 덕(德)이라 인(寅)은 음간(陰干)인 정화(丁火)로 천덕(天德)을 삼고, 술(戌)은 양간(陽干)인 병화(丙火)로 천덕(天德)을 삼으며, 오(午)는 건(乾)으로 천덕(天德)을 삼으니, 건궁(乾宮)에는 화(火)의 묘고(墓庫)인 술(戌)과 해(亥)가 있으나, 술(戌)은 이미 병(丙)과 짝 하였으니 해(亥)로 천덕(天德)을 삼는 것이다.

- [사,유,축(巳,酉,丑)] ➡ 금(金)이 덕(德)이라 사(巳)는 음간(陰干)인 신금(辛金)으로 천덕(天德)을 삼고, 축(丑)은 양간(陽干)인 경금(庚金)으로 천덕(天德)을 삼으며, 유(酉)는 간(艮)으로 천덕(天德)을 삼으니, 간궁(艮宮)에는 금(金)의 묘고(墓庫)인 축(丑)과 인(寅)이 있으나, 축(丑)은 이미 경금(庚金)과 짝하였으니 인(寅)으로 천덕(天德)을 삼는다.

- [신,자,진(申,子,辰)] ➡ 수(水)가 덕(德)이라 신(申)은 음간(陰干)인 계수(癸水)로 천덕(天德)을 삼고, 진(辰)은 양간(陽干)인 임수(壬水)로 천덕(天德)을 삼으며, 자(子)는 손(巽)으로 천덕(天德)을 삼으니, 손궁(巽宮)에는 수(水)의 묘고(墓庫)인 진(辰)과 사(巳)가 있으나, 진(辰)은 이미 임수(壬水)와 짝하였으니 사(巳)로 천덕(天德)을 삼는 것이다.

▶ 그러나 이것은 천덕(天德)은 지지(地支)를 쓰지 않는다는 원칙(原則)에 어긋나는 것이다.

◐ [천덕귀인(天德貴人)의 화복(禍福)].

- 천덕(天德)은 〈일간(日干)〉을 위주(爲主)로 하니, 정월(正月)에 정일(丁日), 삼월(三月)에 임일(壬日) 等을 말하며 시주(時柱)에 있는 것도 좋다.

- [주중(柱中)에 천덕(天德)이 월덕(月德)과 같이 있으면] ➡ 길(吉)한 자(者)는 더욱 길(吉)하고, 흉(凶)한 자(者)는 흉(凶)을 감(減)하며, 재(財)·관(官)·인(印)·식(食)에 임(臨)하면 복력(福力)이 증가(增加)하고, 효신(梟神)과 겁재(劫財), 상관(傷官)에 임(臨)할지라도 횡포(橫暴)를 화(化)하여 주나 충극(沖剋)을 만나면 자연(自然)히 무력(無力)해진다.
- [주중(柱中)에 천덕(天德)이 있으면] ➡ 천성(天性)이 인자(仁慈)하고 복력(福力)이 더한다.
- [천월이덕(天月二德)] ➡ 명리(名利), 제인(濟人), 엄흉(掩凶)하는 선신(善神)이므로 횡화(橫禍)나 횡액(橫厄)를 만나지 아니하고 모든 살(殺)을 해소(解消)시킨다.
- [일(日)이나 시(時)에 천월이덕(天月二德)에 임(臨)하고 형(刑)·충(沖)·파(破)·극(剋)이 없으면] ➡ 일생(一生)동안 형액(刑厄)과 도난(盜難)을 당(當) 하지 않는다.
- [여명(女命)에 천월이덕(天月二德)이 있으면] ➡ 일생(一生)동안 산액(産厄)의 위험(危險)이 없으며, 성품(性品)이 온순(溫順)하고 정조(貞操)를 중(重)히 여긴다.

2) [월덕귀인(月德貴人)] ➡ 물질(物質)의 덕(德)많음. 월지비교(月支比較).

月支월지	亥·卯·未	寅·午·戌	巳·酉·丑	申·子·辰
月德월덕	甲	丙	庚	壬

▶ 월덕(月德)의 구성(構成)은 천덕(天德)과 대동소이(大同小異)하나, 천덕(天德)은 음간(陰干)도 사용(使用)하였지만 월덕(月德)은 양간(陽干)만 사용(使用)한다.

► 월(月)은 음(陰)이라 음(陰)에는 덕(德)이 없는 고(故)로 양(陽)으로써 덕(德)을 삼아 갑(甲)·병(丙)·경(庚)·임(壬)의 4양간(陽干)을 사용(使用)을 한다.

► 5양중(陽中)에 무토(戊土)를 사용(사용)하지 않는 것은 삼합국(三合局)의 수기(秀氣)인 양간(陽干)이 양(陽)이 되는데 토(土)만 국(局)이 없기 때문이다.

► 토(土)는 사시(四時)의 중간(中間)에 기생(寄生)하여 생살형(生殺刑)하는 덕(德)을 아울러 시행(施行)하니 무덕(無德)이 대덕(大德)이다.

◐ [월덕귀인(月德貴人)의 화복(禍福)].

• 월덕(月德)은 일간(日干)을 위주(爲主)로 사용(使用)하나 작용능력(作用能力)은 천덕(天德)과 대동소이(大同小異)하다.

• [일간(日干)에 덕(德)이 있으면] ➡ 덕망(德望)이 있어 한 몸에 존경(尊敬)을 받게 된다.

• [일간(日干)이 덕(德)을 극(剋)하면] ➡ 언동(言動)과 처세(處世)에 실덕(失德)하는 경우(境遇)가 많게 된다.

• [주중(柱中)에 덕(德)이 관(官)에 해당(該當)하면] ➡ 관덕(官德)이 있고, 재(財)에 해당(該當)하면 재복(財福)과 처덕(妻德)이 있으며, 인(印)에 해당(該當)하면 상인(上人)의 덕(德)이 있다.

4. 금여성(金輿星) ➡ 일간(日干)으로 비교(比較).

日干일간	甲	乙	丙	丁	戊	己	庚	辛	壬	癸
金輿금여	辰	巳	未	申	未	申	戌	亥	丑	寅

► 인물(人物)이 좋음. 귀공자타입(貴公子type)이다. 온후(溫厚)하고 유순(柔

順)하다. 절도(節度)와 의리(義理)가 있음. 조상(祖上)의 음덕(陰德)이 있음.
양연(良緣)이 있고 행운(幸運)을 암시(暗示)한다. 미덕(美德)과 미모(美貌)
를 갖추었다. 친인(親人)과 처가(妻家)의 도움이 있음. 최고급(最高級)의 관
용차(官用車)를 탄다. 배우자(配偶者)를 잘 만난다. 금전운(金錢運)도 있음.

- 건록전(建祿前)⟨=12운성(運星)⟩의 두 번째 자리가 금여(金與)이다. 명중
  (命中)에 금여성(金輿星)이 있으면 성질(性質)이 유순(柔順)하고 모양(模
  樣)은 원만(圓滿)해서 부자(富者)아니면 귀(貴)하게 된다.

▶ 특(特)히 배우자(配偶者)를 잘 만나는 복(福)이 있고, 육친(六親)과 화목(和
  睦)하며, 자손(子孫)이 성(盛)하다. 명문가(名文家)의 후예(後裔)들이 이 살
  (殺)이 많다고 한다.

▶ [세운(歲運)에서 오면] ➡ 시험(試驗)에 합격(合格)하고, 진급(進級)을 하거
  나, 영전(榮轉)을 한다.

5. 암록성(暗綠星) ➡ 일간(日干)으로 비교(比較).

日干일간	甲	乙	丙·戊	丁·己	庚	辛	壬	癸
暗綠암록	亥	戌	申	午	巳	辰	寅	丑

▶ 남이 모르는 음덕(陰德)이 많음. 총명(聰明)하고 두뇌(頭腦)에 재능(才能)이
  있음. 구사일생(九死一生)한다. 복권(福券)에 당첨(當籤)된다. 건록(建祿)과
  육합(六合)된 것이다. 불로소득(不勞所得)이 있음.

- [암록(暗祿)] ➡ 건록(建祿)과 육합(六合)⟨=지합(支合)⟩하는 지(支)를 말
  한다. 건록(建祿)을 복신(福神)으로 볼 때 건록(建祿)과 합(合)하는 암록
  (暗祿)은 은연중(隱然中)에 귀기(貴氣)를 더해 준다 하여 암록(暗祿)이라
  한다.

日干일간	甲	乙	丙·戊	丁·己	庚	辛	壬	癸
文昌문창	巳	午	申	酉	亥	子	寅	卯
學堂학당	亥	午	寅	酉	巳	子	申	卯
文曲문곡	亥	子	寅	卯	巳	午	申	酉

1) [문창귀인성(文昌貴人星)] ➡ 학자(學者)이다. 지혜총명(智慧聰明)하다. 이론적(理論的)이다. 논리적(論理的)이다. 문예재질(文藝才質)이 있다. 풍류(風流)를 즐긴다.

- 문창성(文昌星)은 식신(食神)의 녹지(祿地)에 해당(該當)한다. 갑(甲)의 식신(食神)은 병화(丙火)인데, 병화(丙火)의 건록(建祿)〈=12운성(運星)〉은 사(巳)가 되는 것이다. 다른 천간(天干)도 동일(同一)하다.

- 병화(丙火)의 식신(食神)은 무토(戊土)인데 무토(戊土)는 신(申)에서 장생(長生)을 한다. 오직 토(土)는 사계(四季)에 기생(寄生)을 하여 일정(一定)하지 않으니 화토(火土)가 같이 인(寅)에서 장생(長生)하는 이치(理致)로 보면 토(土)의 식신(食神)인 신유(申酉)가 화(火)의 식신(食神)자리도 되는 고(故)로 병정(丙丁)은 신유(申酉)로 문창(文昌)을 삼는 것이다.

- 명중(命中)에 문창성(文昌星)이 있으면 총명(聰明)이 과인(過人)하고, 흉(凶)한 것이 화(化)하여 길(吉)한 것으로 변(變)하며, 학문(學文)이 뛰어난 학자(學者)가 된다.

2) [학당귀인성(學堂貴人星)] ➡ 12운성(運星)의 장생(長生)에 해당(該當)한다. 학문(學文)에 능(能)하다. 총명(聰明)하다. 박사(博士)·교수(敎授)·교사(敎

師) 等에 재질(才質)이 있다.

- 학당(學堂)은 일간(日干)의 장생지(長生地)에 속(屬)한다. 삼거일람(三車一覽)에 이를기를 총명(聰明)한 명(命)은 학당(學堂)을 보고 알 수 있으며, 학당유기(學堂有氣)하면 사유(師儒)의 도(道)에 진출(進出)한다고 하였다.

3) [문곡귀인성(文曲貴人星)] ➡ 학문(學文)이며 지혜(智慧)롭고 총명(聰明)하다. 사후(死後)에 명성(名聲)의 평가(評價)를 받음. 문학(文學)보다 문예(文藝)에 능(能)하다.

7. 천의성(天醫星)〈=활인성(活人星)〉 ➡ 월지비교(月支比較).

月支월지	子	丑	寅	卯	辰	巳	午	未	申	酉	戌	亥
天醫천의	亥	子	丑	寅	卯	辰	巳	午	未	申	酉	戌

▶ 의사(醫師) · 종교인(宗敎人) · 간호원(看護員) · 운명가(運命家) · 약사(藥師) 等의 활인봉사지명(活人奉仕之命)이다.

- [여명(女命)에 이 살(殺)이 있으면] ➡ 간호원(看護員)이나 유흥업(遊興業)에 많이 종사(從事)한다.

8. 천주귀인(天廚貴人) ➡ 일간(日干)으로 비교(比較).

日干일지	甲	乙	丙	丁	戊	己	庚	辛	壬	癸
月支월지	巳	午	巳	午	申	酉	亥	子	寅	卯

▶ [원국(元局)에 있으면] ➡ 일생(一生)에 재복(財福)이 많음. 행복(幸福)한 생활(生活)을 영위(營爲)한다.

- 월지(月支)에 식신(食神)을 놓으니 식신생재(食神生財)에 해당(該當)한다. 흉성(凶星)이 극(剋)하면 길신(吉神)이 아니다.

9. 황은대사성(皇恩大赦星) ➡ 월지(月支)로 비교(比較).

月支월지	寅	卯	辰	巳	午	未	申	酉	戌	亥	子	丑
地支지지	戌	丑	亥	巳	酉	卯	子	午	亥	辰	申	未

▶ 중죄(重罪)에 처(處)했다가 사면(赦免)이 되는 것이다.
- 기신(忌神)에 해당(該當)이 되면 길신(吉神)이 아니다.

10. 태극귀인(太極貴人) ➡ 일간(日干)으로 비교(比較).

日干(일간)	甲·乙	丙·丁	戊·己	庚·辛	壬·癸
年支(년지)	子·午	寅·酉	辰·戌·丑·未	寅·卯	巳·申

▶ 의외(意外)의 횡재(橫財)한다. 수장(首長)이 되어 부하(部下)를 통솔(統率)한다.
- 형(刑)·충(沖)·파(破)·해(害)·공(空)으로 파상(破傷)이 되면 길신(吉神)의 작용(作用)을 못한다.

11. 천희신(天喜神) ➡ 생월(生月)로 비교(比較).

生月생월	寅	卯	辰	巳	午	未	申	酉	戌	亥	子	丑
地支지지	未	午	巳	辰	卯	寅	丑	子	亥	戌	酉	申

▶ 목전(目前)의 흉사(凶事)도 길(吉)이 되는 길신(吉神)이다.

- [형(刑)·충(沖)·파(破)·해(害)·공(空)이 되면] ➡ 길신(吉神)의 작용(作用)을 못한다.

12. 천사일(天赦日) ➡ 생월(生月)로 비교(比較).

生月(생월)	寅·卯·辰	巳·午·未	申·酉·戌	亥·子·丑
日支(일지)	戊寅	甲午	戊申	甲子

▶ 천사(天赦)란 죄과(罪過)를 용서(容恕)한다는 뜻이니,
  천사일(天赦日)은 생일진(生日辰)을 위주(爲主)로 한다.
  - [명중(命中)에 만약(萬若) 천사일(天赦日)을 봉(逢)하면] ➡ 일생(一生) 동안 우환(憂患)이 적으며 온갖 재해(災害)를 구원(救援)해 준다는 길신(吉神)이다.

13. 홍란성(紅鸞星) ➡ 생월(生月)로 비교(比較).

生月생월	寅	卯	辰	巳	午	未	申	酉	戌	亥	子	丑
地支지지	丑	子	亥	戌	酉	申	未	午	巳	辰	卯	寅

▶ 재액(災厄)을 감면(減免)이 된다.
  - 이 살(殺)이 [형(刑)·충(沖)·파(破)·해(害)·공망(空亡)이 되면] ➡ 길신작용(吉神作用)을 못한다.
  - [이상(以上)의 길신(吉神)이 주중(柱中)에 있으면] ➡ 재액(災厄)이 감면(減免)되나,
  - [형(刑)·충(沖)·파(破)·해(害)·공망(空亡)이 되면] ➡ 길신(吉神)의 작용(作用) 을 하지 못한다.

1. 양인살(羊刃殺=陽刃殺)과 비인살(飛刃殺) ➡ 일간비교(日干比較).

(1)종류(種類).

日干(일간)	甲	乙	丙	丁	戊	己	庚	辛	壬	癸
羊刃(양인)	卯	辰	午	未	午	未	酉	戌	子	丑
飛刃(비인)	酉	戌	子	丑	子	丑	卯	辰	午	未

> ➡ [양인살(陽刃殺)〈=양인살(羊刃殺)〉의 구성(構成)].

▶ 양인(陽刃)〈=양인(羊刃)〉은 너무 극왕(極旺)함을 뜻하니 양간(陽干)이 제
왕위(帝位)〈=12운성(運星)〉에 이르면 그 강(强)함이 도(度)에 지나쳐 겁재
(劫財)와 더불어 같지 않음이 있는 고(故)로 겁자(劫字)의 반쪽을 따서 〈인
(刃)〉이라고 하였다.

▶ 음양만물(陰陽萬物)의 이치(理致)가 모두 극왕(極旺)함을 미워하니,

  • 화(火)가 극왕(極旺)하면 만물(萬物)이 초멸(焦滅)이 되고,

  • 수(水)가 극왕(極旺)하면 범람(氾濫)을 하여 유실(流失)이 되며,

  • 목(木)이 극왕(極旺)하면 이즈러지고,

  • 토(土)가 극왕(極旺)하면 제방(堤防)이 무너진다.

▶ 그러므로 극왕(極旺)함을 흉(凶)하게 여기고 중화(中化)됨을 길(吉)하게 여

기는 것이다.

▶ 양(陽)은 본래(本來) 강(强)한데 겁재(劫財)를 봉(逢)하면 정재(正財)를 겁탈(劫奪)하는 힘이 너무 지나쳐서 강(强)하기가 칼날과 같다하여 〈인(刃)〉이라 하고, 음(陰)은 유(柔)하기 때문에 양(陽)에 비(比)하면 약(弱)하여 인(刃)이 못된다.

▶ [자평진전(子平眞詮)에 운(云)하기를].

• [인(刃)]이란 기후(氣候)를 가리키니 갑목(甲木)이 묘월(卯月)에 생(生)하였으면 인(刃)이 되나 묘월(卯月)에 생(生)하지 않고 천간(天干)에 을(乙)이 투출(透出)하거나, 지지(地支)에 묘(卯)가 있으면 인(刃)으로 보지 않고 겁재(劫財)로 본다고 하였다. 그렇다면 일인(日刃)이나 시인(時刃)은 실로 양인(陽刃)이라고 할 수 없다.

▶ 인(刃)과 겁(劫)이 동일(同一)하나 인(刃)은 월령(月令)의 기운(氣運)을 얻어 그 역량(力量)이 비교적(比較的) 강(强)하여 겁재(劫財)와는 다르다. 이로 보건대 오양(五陽)은 인(刃)이 있으나 오음(五陰)은 인(刃)이 없다는 주장(主張)이 근리(近理)하다.

(2) 양인(羊刃)〈=陽刃〉은 녹(祿)이 과(過)해서 된 것으로 흉성(凶星)이다.

• 양인(羊刃)은 창(槍)이요, 비인(飛刃)은 방패(防牌)이다.

▶ 양인(羊刃)은 편관(偏官)을 좋아하고 비인(飛刃)은 정관(正官)을 좋아한다.

▶ 차라리 벼슬을 하지 못하면 기술(技術)이라도 있어야 하니 양인(羊刃)을 기술성(技術星)으로 본다. 기능공(技能工)이나 운동선수(運動選手)는 양인성(羊刃星)이 없으면 숙련가(熟練家)가 되지 못한다.

▶ 성급(性急)하다. 수술(手術)한다. 교통사고(交通事故)가 발생(發生)한다. 혈광사(血光事)가 생기며 횡포(橫暴)스럽다. 성급(性急)해서 일을 망(亡)친다.

부부운(夫婦運)이 불길(不吉)하다.

- • [양인(羊刃)이 많으면] ➡ 농아(聾啞), 불구(不具), 극처(剋妻), 극부(剋夫)
  하며 배우자(配偶者)가 자주 바뀐다. 남명(男命)은 처궁(妻宮)이 불리(不
  利)하며, 여명(女命)은 음란(淫亂)하여 망신(亡身)을 당(當)한다.

▶ [일주양인(日柱羊刃)] ➡ 색정(色情)이 생기며, 가정(家庭)을 소홀(疏忽)히
  해서 불편(不便)하다.

▶ [월주양인(月柱羊刃)] ➡ 편부모(片父母)가 있다. 재혼(再婚)을 한다.

▶ [년·월양인(年·月羊刃)] ➡ 조업(祖業)을 파괴(破壞)한다. 조출타향(早出
  他鄉)한다. 고독(孤獨)한 일생(一生)을 보낸다.

▶ [일·시양인(日·時羊刃)] ➡ 부부간(夫婦間)에 불화(不和)하고, 배우자(配
  偶者)가 횡액(橫厄)을 당(當)하고, 자식운(子息運)이 희박(稀薄)하고, 자식
  덕(子息德)이 없음.

- • 여명(女命)은 재혼(再婚)을 하며, 백두낭군(白頭郎君)과 결혼(結婚)하면
  부(富)와 명예(名譽)를 얻는다.

▶ [양인공망(羊刃空亡)되면] ➡ 거짓말쟁이거나 허풍(虛風)쟁이이다.

▶ [양인(羊刃)과 상관(傷官)이 동주(同柱)하면] ➡ 악사(惡死)를 하며, 돈과 재
  산(財産)을 보고 결혼(結婚)하나 단명(短命)하고 조난(遭難)을 당(當)한다.

▶ [양인(羊刃)과 목욕(沐浴)과 동주(同柱)하면] ➡ 악질(惡疾)로 고생(苦生)을
  한다.

▶ [양인(羊刃)과 정재(正財)와 동주(同柱)하면] ➡ 재물(財物)로 인(因)해서 사
  회적(社會的)으로 오욕(汚辱)을 입는다.

▶ [양인(羊刃)과 비견(比肩)이 동주(同柱)하면] ➡ 처(妻), 재물(財物), 부친(父
  親)을 극(剋)하고 자기재산(自己財産)을 탕진(蕩盡)한다.

(3) 원국(元局)에 있는 양인(羊刃)의 특성(特性).

▶ [년유(年有)] ➡ 조부모대(祖父母代)에 불명예(不名譽)가 있음.

▶ [월유(月有)] ➡ 부모형제(父母兄弟)와 불목요소(不睦要素)가 있음.

▶ [일유(日有)] ➡ 부부(夫婦)의 불편요소(不便要素)가 있음.

▶ [시유(時有)] ➡ 자식(子息)에 불미(不美)한 사건(事件)이 있음.

1) [비인(飛刃)의 작용(作用)] ➡ 양인(羊刃)이 없으면 무간주(無看做)한다.

▶ [재성(財星)이 비인(飛刃)이 되면] ➡ 사기성(詐欺性)과 허세(虛勢)가 있음.
낭비벽(浪費癖)이 심(甚)하거나 투기성(投機性)이 있음. 진실성(眞實性)이
없음.

▶ 비인(飛刃)은 양인(羊刃)과 충(沖)되는 지(支)이고, 양인(羊刃)이 없으면 비
인(飛刃)은 성립(成立)을 안한다.

2) 양인(羊刃)이 있고 합(合)이 많으면.

▶ 범법자(犯法者)가 많고, 추(醜)한 얼굴이다.

▶ 양인(羊刃)은 칼이며, 편관(偏官)은 주먹이며, 정관(正官)을 싫어하며, 관액
(官厄)이나 좌천(左遷)을 당(當)하는 等의 액운(厄運)을 부른다.

▶ [원국(元局)에 인(刃)이 있고 대운(大運)이나 세운(歲運)에서 합(合), 형(刑),
파(破)가 되면] ➡ 수술(手術)을 하거나, 구속(拘束)이 되거나 구류(拘留)를
당(當)하는 형사사건(刑事事件) 等이 발생(發生)한다.

3) 무인사주(無刃四柱).

▶ 무골호인(無骨好人)이다. 결단력부족(決斷力不足)하다. 자살(自殺)이나 살
인(殺人)이나 피를 보는 일 等을 못한다. 혼사(婚事)는 강제혼(强制婚)이 나

벼락혼(婚)을 하게 된다.

4) 예제(例題) 1

戊	戊	戊	癸	比肩	▲	比肩	正財
羊午空	子	羊午空	酉	正印	正財	正印	傷官
年殺	六害	年殺	將星				

▶ 다혼(多婚)하나 실패(失敗)한다. 무자(無子)한다. 시상무오(時上戊午)가 일지(日支)인 자정재(子正財)를 공망(空亡)된 것으로 흉(凶)하다.
   • 년간정재(年干正財)가 12운성(運星)의 계(癸)·자(子)에 녹(祿)을 이루고자 하나 공망(空亡)으로 힘이 없어 무력(無力)하다.

▶ 월(月)·시(時)에 양인(羊刃)이 자리하여 비인자(飛刃子)를 상충(相冲)하니 기녀(妓女)로서 도벽(盜癖)이 심(甚)했다.

▶ 이와같이 [재성(財星)이 양인(羊刃)이나 비인(飛刃)에 걸치고 충(沖)이나 합(合)이 있으면] ⇒ 주(主)로 성병(性病)에 걸리고, 포악(暴惡)하고, 무모증(無毛症)이 있고, 도적(盜賊) 等이 된다. 투기업(投機業)에 종사(從事)하여 패가망신(敗家亡身)을 한다.

◐ [양인살(羊刃殺)의 화복(禍福)].

▶ 인(刃)은 강렬(强烈)함을 주장(主張)하니 무력(無力), 불량배(不良輩), 소인(小人), 칼 等으로 표현(表現)할 수가 있다.

▶ [인(刃)은 관살(官殺)을 좋아하니 인(刃)과 살(殺)이 균형(均衡)을 이루면] ⇒ 위(位)⟨=벼슬⟩가 왕후(王侯)에 오른다.

▶ 인(刃)은 강렬조급(强烈躁急)하여 일생(一生)에 장애(障碍)가 많고, 신강(身强)한데 양인(羊刃)을 만나면 화액(禍厄)은 더욱 심(甚)하다.

▶ [인(刃)이 있으면] ➡ 괴걸(怪傑)이나 열사(烈士)가 되는 자(者)가 있으며, 가끔 무관(武官)으로 성공(成功)한다.

▶ [년(年)에 인(刃)이 있으면] ➡ 선조(先祖)의 업(業)을 파(破)하여 불효(不孝)를 한다.

▶ [월(月)에 인(刃)이 있으면] ➡ 성정(性情)이 일방(一方)으로 치우쳐 괴벽(怪癖)한 기(氣)가 있으며 형제(兄弟)의 덕(德)이 없다.

▶ [일(日)에 인(刃)이 있고 시(時)에 편인(偏印)이 있으면] ➡ 처(妻)에게 산액(産厄)이 있다.

▶ [시(時)에 인(刃)이 있으면] ➡ 처자(妻子)를 극(剋)하고, 고향(故鄕)을 등지며, 외모(外貌)는 겸화(謙和)한 듯 하나 실은 자비심(慈悲心)이 없으며, 성질(性質)이 강(强)하여 그 가정(家庭)은 적막(寂寞)하다.

▶ [인(刃)이 정재(正財)와 동주(同柱)하면] ➡ 재물(財物)이 소멸(消滅)되며, 재물(財物)로 인(因)하여 사회(社會)에 오욕(汚辱)을 받는다.

▶ [인(刃)이 인수(印綬)와 동주(同柱)하면] ➡ 성공(成功)을 하나 신병(身病)을 득(得)한다.

▶ [인(刃)이 3,4개(個) 있으면] ➡ 난치병(難治病)이 있기 쉽다.

▶ [남명(男命)에 인(刃)이 많으면] ➡ 처궁(妻宮)이 불리(不利)하다.

▶ [여명(女命)에 인(刃)이 많으면, 또 상관(傷官)이 있으면] ➡ 악사(惡死)를 하게 된다.

▶ [여명(女命)에 인(刃)과 인수(印綬)가 3개(個) 이상(以上)이 있으면] ➡ 자식(子息)을 두기 어렵고, 황음(荒淫)하여 수치(羞恥)를 모르며, 창녀(娼女)가 되기 쉽고, 악사(惡死)를 하게 된다.

戊戌무술	庚戌경술	庚辰경진	壬辰임진

○ [괴강살(魁罡殺)의 구성(構成)].

▶ 괴강(魁罡)이란 진토(辰土)는 천괴(天魁)이고, 술토(戌土)는 하괴(河魁)이니 서로가 충(沖)이 되면 천지(天地)가 절멸(絕滅)하기 때문이다. 진토(辰土)는 수(水)의 고장(庫藏)으로 서로가 충(沖)이 되어 천충지격(天衝地擊)이 되기 때문이다.

▶ 괴강(魁罡)은 진(辰)과 술(戌)을 말한다. 월장법(月將法)으로 진(辰)은 천강(天罡)이 되고, 술(戌)은 하괴(河魁)가 된다. 진술(辰戌)은 천을귀인(天乙貴人)이 임(臨)하지 않는 악살(惡殺)의 땅이다.

▶ 술(戌)은 천문(天門) 또는 천라(天羅)라 하고, 진(辰)을 지호(地戶) 또는 지망(地網)이라고 한다.

▶ 대개(大蓋) 하늘은 서북간(西北間)〈=건방(乾方)〉이 함(陷)하고, 땅은 동남간(東南間)〈=손방(巽方)〉이 함(陷)하다고 하였으니 서북간(西北間)은 음(陰)이 끝나는 육음(六陰)의 자리요, 동남간(東南間)은 양(陽)이 끝나는 육양(六陽)의 자리라, 음양(陰陽)이 마침내 다하면 어두워 밝지 못하므로 인명(人命)에 나망(羅網)이 있으면 이와 같다고 하였다.

▶ 진술(辰戌)이 괴강(魁罡)이 되니 어찌하여 유독(惟獨) 4일(日)만을 괴강(魁罡)이라 하고 갑일(甲日)이나 병일(丙日)에는 괴강(魁罡)이 없는가? 이해(理解)하기가 어렵다.

● **[괴강살(魁罡殺)의 적용(適用)].**

▶ 년(年)·월(月)·일(日)·시(時)의 어디에 있어도 적용(適用)이 된다.

모든 길흉(吉凶)에 극단적(極端的)으로 작용(作用)한다. 자기주장(自己主張)과 고집(固執)과 아집(我執)이 강(强)하다. 결백증(潔白症)이 있다. 청렴결백(淸廉潔白)하다. 총명(聰明)하다. 횡포(橫暴)스럽다. 살생(殺生)을 즐긴다. 극빈(極貧)하다. 재앙(災殃)이 생긴다. 애국열사(愛國烈士)이다. 포로(捕虜)가 된다. 상부(喪夫)한다. 흑백론(黑白論)을 주장(主張)한다. 이론적(理論的)으로 토론(討論)을 좋아한다. 너무 똑똑해서 탈(頉)이다 等.

▶ [직업(職業)] ➡ 군인(軍人), 경찰(警察), 사법관(司法官), 의사(醫師), 운동가(運動家), 불량배(不良輩) 等이 많음.

▶ [여명(女命)의 괴강살(魁罡殺)] ➡ 여명(女命)이 더 해(害)롭다. 여명(女命)은 대체적(大體的)으로 부부해로(夫婦偕老)를 못하고, 혼자 생활(生活)을 하면서 살고, 강(强)한 살(殺)에 밀려 남편(男便)이 가출(家出)을 하여 첩(妾)을 보고, 무능력(無能力)하고 직업(職業)을 실(失)한다.

• 또 여명(女命)은 양보(讓步)하고 고집(固執)을 버려라, 혼자서 가정(家庭)을 부양(扶養)한다.

• [괴강일주여명(魁罡日柱女命)] ➡ 주중(柱中)에서 식상(食傷)을 다봉(多逢)하면 천격(賤格)으로 불행(不幸)한 팔자(八字)이며, 괴강(魁罡)을 다봉(多逢)하면 상부(喪夫)함을 불면(不免)한다.

▶ [경진일주(庚辰日柱)] ➡ 수액(水厄)을 겪음.

• [경진시(庚辰時)] ➡ 자녀익사(子女溺死)를 한다.

• [경술일주(庚戌日柱)] ➡ 기능공(技能工)이 많음.

• [무술일주(戊戌日柱)] ➡ 타살(他殺)을 당(當)하며, 부부(夫婦)싸움을 하

다가 매를 맞는다.

- [괴강신약사주(魁罡身弱四柱)] ➡ 재앙(災殃)이 많고 곤궁(困窮)하다.
- [괴강(魁罡)이 형충(刑沖)되면] ➡ 의외(意外)의 화(禍)를 당(當)한다.

▶ [괴강일주(魁罡日柱)가 간여지동(干如支同)을 하고 월령(月令)에서 관성(官星)을 보면] ➡ 부부운(夫婦運)이 흉(凶)하다.

- [여명(女命)에 시상백호(時上白虎)하면 즉(卽) 경진일주(庚辰日柱)나 경술일주(庚戌日柱)에 병술백호시(丙戌白虎時)이면] ➡ 남편(男便)의 흉사(凶死)가 있음.

⊙ [괴강살(魁罡殺)의 화복(禍福)].

▶ 괴강(魁罡)은 중인(衆人)을 제복(制伏)을 하는 강렬(强烈)한 성질(性質)을 내포(内包)를 하고 있으며, 총명(聰明)하고, 결단력(決斷力)이 있고, 문사(文詞)에도 능(能)하나, 반면(反面)에 사나워서 살벌(殺伐)한 성질(性質)이 있고, 극빈(極貧)하거나 재앙(災殃)에 걸리는 수(數)도 있다.

▶ [남자(男子)의 사주(四柱)에 괴강(魁罡)이 있으면] ➡ 의논(議論)하는 것을 좋아하고, 결벽성(潔癖性)이 있으며, 괴강(魁罡)이 2개(個) 이상(以上)이 있으면 도리어 부귀발전(富貴發展)하는 수(數)도 있다.

▶ [여명(女命)의 사주(四柱)에 괴강(魁罡)이 있으면] ➡ 용모(容貌)는 비록 아름다우나 심성(心性)이 강(强)하여 남편(男便)을 극(剋)하고, 병재(病災)에 고통(苦痛)을 받는 자(者)가 많다.

▶ 경술일생(庚戌日生)이나 경진일생(庚辰日生)은 정관(正官)이나 편관(偏官)을 꺼리며,

- 임진(壬辰), 무술일생(戊戌日生)은 정재(正財)나 편재(偏財)를 꺼리니 이

를 범(犯)하면 극빈(極貧)의 명(命)이 될 수도 있다.

▶ [괴강(魁罡)이 형(刑)·충·(沖)파·(破)·해(害)를 만나면] ➡ 일생(一生)동안 빈한(貧寒)을 불면(不免)한다.

▶ [괴강일생(魁罡日生)이 주중(柱中)에 또 괴강(魁罡)이 많아 귀격(貴格)이 되면] ➡ 대권(大權)을 잡는 수(數)도 있다.

▶ [일위(一位)의 괴강(魁罡)이 형(刑)·충(沖)을 만나고 재(財)·관(官)이 노출(露出)이 되었으면] ➡ 그 화액(禍厄)이 무궁(無窮)하다.

▶ 괴강(魁罡)은 길흉(吉凶)을 극단적(極端的)으로 표현(表現)하는 일성(一星)이다.

3. 고진살(孤辰殺) ➡ 상처(喪妻)과 과숙살(寡宿殺) ➡ 상부(喪夫).

生年(男女共通)	寅·卯·辰生	巳·午·未生	申·酉·戌生	亥·子·丑生
地支(지지)	巳·丑	申·辰	亥·未	寅·戌

▶ 삼합(三合)에서 중심인자(中心因字)가 빠진 것. 생년비교(生年比較)한다.

◑ 구성원리(構成原理).

· [고운(古云)] ➡ 고과(孤寡)는 외롭다는 뜻이고, 진숙(辰宿)은 별을 말함이니 신(神)을 가리키는 뜻이다.

· 늙어서 처무(妻無)함을 〈환(鰥)〉이라고 하고, 늙어서 부무(夫無)함을 〈과(寡)〉라 하고, 어려서 부모무(父母無)함을 〈고(孤)〉라 하고, 늙어서 자식무(子息無)함을 〈독(獨)〉이라 하였다.

▶ [해(亥)·자(子)·축(丑)의 북방수국(北方水局)] ➡ 금(金)은 수(水)의 모(母)

가 되나, 금(金)은 인(寅)에서 절(絕)하므로 해(亥)·자(子)·축(丑)인 수(水)가 인(寅)을 보면 고진(孤辰)이 되고, 화(火)는 수(水)의 처(妻)가 되나, 화(火)는 술(戌)에서 입묘(入墓)하는 고(故)로 해(亥)·자(子)·축(丑)인 수(水)가 술(戌)을 보면 과숙(寡宿)이 되는 것이다.

▶ [인(寅)·묘(卯)·진(辰)의 동방목국(東方木局)] ➡ 수(水)는 목(木)의 모(母)가 되나, 수(水)는 사(巳)에서 절(絕)하므로 인(寅)·묘(卯)·진(辰)의 목(木)이 사(巳)를 보면 고진(孤辰)이 되고, 금(金)은 목(木)의 부(夫)가 되나, 금(金)은 축(丑)에서 입묘(入墓)하므로 인(寅)·묘(卯)·진(辰)의 목(木)은 축(丑)을 보면 과숙(寡宿)이 되는 것이다.

- 진토(辰土)는 왕(旺)한 화(火)에 의(依)해 진중(辰中)의 계수(癸水)가 증발(蒸發)되기 때문에 〈상부살(喪夫殺)〉이 된다.

▶ [사(巳)·오(午)·미(未)의 남방화국(南方火局)] ➡ 목(木)은 화(火)의 모(母)가 되나, 신(申)에서 절(絕)하므로 사(巳)·오(午)·미(未)의 화(火)가 신(申)을 보면 고진(孤辰)이 되고, 수(水)는 화(火)의 부(夫)가 되나, 수(水)는 진(辰)에서 입묘(入墓)하므로 사(巳)·오(午)·미(未)의 화(火)가 진(辰)을 보면 과숙(寡宿)이 되는 것이다.

- 사오미방합화국(巳午未方合火局)으로 신중(申中)의 경금재성(庚金財星)이 왕(旺)한 화(火)에 피상(被傷)이 되니 〈상처살(喪妻殺)〉이 된다.

▶ [신(申)·유(酉)·술(戌)의 서방금국(西方金局)] ➡ 토(土)는 금(金)의 모(母)가 되나, 토(土)는 해(亥)에서 절(絕)하므로 신(申)·유(酉)·술(戌)의 금(金)이 해(亥)를 보면 고진(孤辰)이 되고, 목(木)은 금(金)의 처(妻)가 되나, 미(未)에서 입묘(入墓)하므로 신(申)·유(酉)·술(戌)의 금(金)이 미(未)를 보면 과숙(寡宿)이 되는 것이다.

▶ 재성(財星)과 관성(官星)을 참조(參照)해서 판단(判斷)하라. 고독(孤獨)하며, 남녀(男女)의 부부운(夫婦運)이 평탄(平坦)치 못하며, 상처(喪妻)를 하거나 상부(喪夫)를 한다.

▶ [공망(空亡) · 화개(華蓋) · 고진(孤辰) · 과숙(寡宿)이 함께 모이면] ➡ 독신(獨身)으로 늙고, 승려(僧侶)나 수녀(修女)가 되든지, 복술가(卜術家)나 점술가(占術家)가 된다.

▶ [남명(男命)에 비견(比肩) · 인수(印綬)에 고진(孤辰)이 있으면] ➡ 혼인(婚姻)이 지연(遲延)이 되거나, 상처(喪妻)를 한다.
　• [처성(妻星)에 사(死) · 절(絶)이 있고 고진(孤辰)을 만나면] ➡ 장가(杖家)를 못간다.

▶ [여명(女命)에 상관(傷官) · 겁재(劫財) · 편인(偏印)에 과숙(寡宿)이 있으면] ➡ 과부(寡婦)가 되고,
　• [부성(夫星)〈=관성(官星)〉에 사(死) · 절(絶)이 있고 과숙(寡宿)을 만나면] ➡ 시집을 못간다.

▶ [고과살(孤寡殺)이 있으면] ➡ 소년(少年)이나 소녀시절(少女時節)에는 노고(勞苦)가 많다.
　• [역마(驛馬) · 공망(空亡) · 상문조객(喪門弔客)을 만나면] ➡ 의탁(依託)할 곳이 없어서 방랑(放浪)을 하거나, 방탕(放蕩)을 한다.
　• [고과살(孤寡殺)이 있고 천간(天干)에 편인(偏印)〈=도식(倒食), 효신(梟神)〉이 있으면] ➡ 처자(妻子)를 극(剋)하고, 여식(女息)만 많고, 특(特)히 흉살(凶殺)을 만나면 종신자식(終身子息)이 없게 된다.

▶ 이 고과살(孤寡殺)에 관계(關係)없이,

- 남명(男命)에는 비겁(比劫)의 과다사주(過多四柱)와 재성과다사주(財星過多四柱)가 상처살(喪妻殺)이요,
- 여명(女命)에는 식상(食傷)의 과다사주(過多四柱)가 상부살(喪夫殺)로 작용(作用)을 하고 있다.

▶ 고과(孤寡)는 상부극처(喪夫剋妻)하는 신(神)이며 부부간(夫婦間)의 이별(離別)과 공방(空房)을 뜻한다.

▶ 고진(孤辰)〈=년삼진(年三辰)〉이 화개(華蓋)와 동주(同柱)하면 산중(山中)의 스님의 명(命)이다.

▶ 고과(孤寡)가 쌍(雙)으로 있고, 재(財)·관(官)을 대동(帶同)하였으면 총림(叢林)〈=승려(僧侶)들이 화합(和合)하여 함께 배우며 안거(安居)하는 곳〉의 영수(領袖)가 된다.

▶ [고과살(孤寡殺)이 역마살(驛馬殺)과 동주(同柱)하면] ➡ 타향(他鄕)에서 방탕(放蕩)을 한다.

▶ [고과살(孤寡殺)이 공망(空亡)이 된 자(者)] ➡ 소년(少年)이나 소녀시절(少女時節)에 노고(勞苦)가 많다.

▶ [고과살(孤寡殺)이 시주(時柱)에 있는 자(者)] ➡ 그 자식(子息)이 불초(不肖)하다.

▶ [년(年)·월(月)·일(日)·시(時)의 주중(柱中)에 고과살(孤寡殺)〈=고진과숙살(孤辰寡宿殺)〉이 있는 자(者)] ➡ 그에 해당(該當)하는 육친(六親)의 덕(德)이 없다.

---

4. 생이별살(生離別殺) ➡ 일지(日支)에 비겁(比劫)을 놓은 자(者).

▶ [일주(日柱)] ➡ 〈甲寅·乙卯·丙午·丁未·戊辰·戊申·戊戌·己丑·

庚申·辛酉·壬子·癸亥 等의 일생(日生)〉.

- [상부부(喪夫婦)하는 일진(日辰)〈=일주(日柱)〉]이다.

▶ 남녀(男女) 모두 부부궁(夫婦宮)이 부실(不實)하고, 조사(早死)나 생리사별 (生離死別)하는 살(殺)이다.

▶ 원국(元局)에 비겁태왕(比劫太旺)과 동일작용(同一作用)이다.
- 이유(理由)는 천간(天干)과 오행(五行)이 같으므로 일지(日支)에서 처성 (妻星)인 재(財)를 극(剋)하기 때문이다.

▶ [대운(大運)이나 세운(歲運)에서 다시 봉(逢)하여 입(入)하면] ⇒ 공방살(空 房殺)로 그 작용(作用)은 배가(倍加)된다.

---

5. 음욕방해살(淫慾妨害殺) ⇒ 팔전(八專)과 구추(九醜)를 말함.

(1) [팔전(八專)] ⇒ 〈甲寅·乙卯·丁未·戊戌·己未·庚申·辛酉·癸丑〉.
- 팔전(八專)을 〈음욕살(淫慾殺)〉이라고도 한다.

▶ [일주(日柱)이면] ⇒ 부정(不貞)한 처(妻)가 있고,
[시주(時柱)이면] ⇒ 부정(不貞)한 자식(子息)이 있음.

▶ [여인(女人)이 범(犯)하면] ⇒ 친소(親疎)를 가리지 못하고 음욕(淫慾)을 범 (犯)한다고 한다.

(2) [구추(九醜)] ⇒ 〈乙卯·乙酉·戊子·戊午·己卯·己酉·辛卯·壬子·壬午〉.
- 구추(九醜)를 〈방해살(妨害殺)〉이라고도 한다.

▶ [남자(男子)가 범(犯)하면] ⇒ 추(醜)하게 생기고, 악사(惡死)하여 종명(終 命)하기 어렵다고 한다.

▶ [여자(女子)가 범(犯)하면] ⇒ 주(主)로 산액(産厄)이 있음.

子·酉	丑·午	寅·未	卯·申	卯·酉	辰·亥	巳·戌

日支_{일지}	子	丑	寅	卯	辰	巳	午	未	申	酉	戌	亥
鬼門_{귀문}	酉	午	未	申	亥	戌	丑	寅	卯	子	巳	辰

❍ 정신이상(精神異常)과 신경쇠약(神經衰弱)의 증세(症勢)가 있다. 꿈과 예감(豫感)이 적중(適中)한다. 예민(銳敏)하고, 변태성(變態性)이고, 의처증(疑妻症)과 의부증(疑夫症) 等이 있다.

▶ [이 귀문관살(鬼門官殺)이 주중(柱中)에 있으면] ➡ 영리(怜悧)하나 까다롭고, 신경질적(神經質的)이며, 엉뚱한 짓을 한다. 정신쇠약(精神衰弱)하거나 정신박약(精神薄弱)하다. 간질(癎疾)과 잡귀(雜鬼)로 고생(苦生)한다. 동성동본(同姓同本)과 결혼(結婚)한다. 불감증(不感症)이 있다. 근친상간(近親相姦) 等이 작용(作用)한다.

▶ [일지(日支)와 년지(年支)에 동주(同柱)하면] ➡ 조상(祖上)을 원망(怨望)한다. 동성동본(同姓同本)과의 결혼(結婚)을 번민(煩悶)한다.

• [재성(財星)이 동주(同柱)하면] ➡ 년상여인(年上女人)이나 유부녀(有夫女)를 사랑한다.

• [재성(財星)과 인성(印星)이 동주(同柱)하면] ➡ 고부갈등(姑婦葛藤)과 모처 불화(母妻不和)를 한다.

• [여명(女命)에 귀문관살(鬼門官殺)이 있고 재성(財星)이 동주(同柱)하면] ➡ 강간(强姦)을 당(當)할 염려(念慮)가 있으니 조심(操心)하고.

• [관성(官星)이 동주(同柱)하면] ➡ 유부남(有婦男)이나 백두낭군(白頭郎

君)과 인연(因緣)이 있고 심(甚)하면 간질병(癎疾病)에 걸린다.

▶ [일지(日支)와 월지(月支)] ➡ 부모형제(父母兄弟)로 신경(神經)을 쓰고, 원망(怨望)을 하고, 불화(不和)한다.

▶ [일지(日支)와 시지(時支)] ➡ 처자(妻子)로 인(因)한 신경(神經)을 쓰고, 걱정이 많고, 불화(不和)한다.

• 명중(命中)에 귀문관살(鬼門官殺)이 있으면 정신이상(精神異常)에 걸린다. 일(日)이나 시(時)에 있으면 배우자(配偶者)가 신경질(神經質)이 심(甚) · 변태성(變態性) · 신경과민(神經過敏) · 신경쇠약(神經衰弱)에 걸린다.

---

7. 백호대살(白虎大殺) ➡ 사주(四柱)에 비교(比較).

甲辰갑진	乙未을미	丙戌병술	丁丑정축	戊辰무진	壬戌임술	癸丑계축

• 〈甲戊 · 辰. 丙壬 · 戌. 丁癸 · 丑. 乙未.〉

> ❯ 혈광지신(血光之神)이다. 주중(柱中) 어디에 있어도, 육친(六親) 모두에 해당(該當)된다. 객사(客死)한다. 질병(疾病)에 걸린다. 영적세계(靈的世界)에 빠진다. 예감(豫感)이 적중(適中)한다. 외국(外國)에 간다. 방랑생활(放浪生活)을 한다. 놈팽이이다. 교통사고(交通事故) 等으로 수술(手術)을 한다. 조출이향(早出離鄉)한다. 암(癌)에 걸린다. 총기사(銃器死)를 당(當)한다. 자살(自殺)한다. 횡사(橫死)한다. 피살(被殺)을 당(當)한다. 악병사(惡病死)한다. 산망(産亡)한다. 각혈(咯血) 等을 겪는다.

▶ [원국(元局)에 이 백호살(白虎殺) 있으면] ➡ 자손(子孫)에 액(厄)이 미쳐서 무자(無子) · 유산(流産) · 불구(不具) · 단명(短命) · 횡사(橫死)한다.

• 백호살(白虎殺)의 지지(地支)는 진(辰) · 술(戌) · 축(丑) · 미(未)의 화개성

(華蓋星)이니 불도(佛道)에 정진(精進)하여 업장소멸(業障消滅)의 기도(祈禱)를 정성(精誠)껏 올리고 〈불설소재길상다라니의 경문(經文)〉을 많이 암송(暗誦)하라.

▶ [남명(男命)이 관성백호(官星白虎)면] ➡ 자녀액조심(子女厄操心)하라.

▶ [여명(女命)이 식상백호(食傷白虎)면] ➡ 자녀(子女), 자궁(子宮), 생식기(生殖器), 유방(乳房) 等이 손상(損傷)이 되거나 질병(疾病)에 걸린다.

▶ [백호살(白虎殺)은 단독(單獨)이면 화(禍)가 적으나 다른 흉성(凶星)과 중복(重複)으로 형(刑)·충(沖)이 되면] ➡ 화(禍)가 백출(百出)한다.

(1) 년(年)·월(月)·일(日)·시(時)의 백호(白虎).

▶ [년백호(年白虎)] ➡ 부모(父母), 조상(祖上)과 생리사별(生離死別)한다.
　　• 불구(不具), 단명(短命), 객사(客死), 횡사(橫死), 추락사(墜落死), 교통사고사(交通事故死) 等을 당(當)한다.

▶ [월백호(月白虎)] ➡ 형제(兄弟)가 비명횡사(非命橫死)를 한다. 불구(不具), 객사(客死), 횡사(橫死) 等을 당(當)한다. 출타(出他)해서 횡사(橫死)한다.

▶ [일백호(日白虎)] ➡ 부부(夫婦)의 생리사별(生離死別)을 하든지 무자(無子)한다. 몸에 흉터가 있다. 성격(性格)이 포악(暴惡)하다. 남녀불문(男女不問)하고 가족(家族)이 불편(不便)하다.

▶ [시백호(時白虎)] ➡ 자식(子息)과 생리사별(生離死別)을 하든지 무자(無子)한다. 대인관계(對人關係)가 원만(圓滿)치 못하다.

(2) 육친별(六親別)의 백호(白虎).

▶ [비겁백호(比劫白虎)] ➡ 형살동주(刑殺同柱)하면 형제자매중(兄弟姉妹中)에 한 형제(兄弟)가 횡사(橫死)한다.

► [식상백호(食傷白虎)] ➡ 조모산망(祖母産亡)한다. 여명(女命)은 자녀(子女)가 흉사(凶死)한다.

► [재성백호(財星白虎)] ➡ 일주(日柱)가 심약(甚弱)하면 산망(産亡)한다. 자살(自殺)한다.

　• [편재백호(偏財白虎)면] ➡ 부친(父親)이 교견사(咬犬死)한다.

► [관성백호(官星白虎)] ➡ 주중(柱中)에 식상태왕(食傷太旺)하면 자손횡사(子孫橫死)한다. 매부(妹夫)가 혈광사(血光死)한다.

► [인성백호(印星白虎)] ➡ 형살(刑殺)을 당(當)하면 모친(母親)이 산망(産亡)한다. 혈광사(血光死)한다.

(3) 일주백호(日柱白虎).

► [갑진일(甲辰日), 을미일(乙未日)] ➡ 부친(父親)의 사망시(死亡時)에 임종(臨終)하기가 힘들다.

　• [주중(柱中)에 재왕(財旺)하든지, 비겁(比劫)이 태왕(太旺)하면] ➡ 처(妻)가 음독(飮毒)을 하니 조심(操心)하라.

► [병술일(丙戌日)] ➡ 자궁액(子宮厄)·산액(産厄)이 있다. 이별(離別)을 한다.

► [정축일(丁丑日)] ➡ 신(申)·유(酉)·술(戌)·축월(丑月)에 출생(出生)하고 일주(日柱)가 심약(甚弱)하면 처첩(妻妾)이 자살(自殺)을 한다.

► [무진일(戊辰日)] ➡ 이별(離別), 자궁액(子宮厄), 산액(産厄), 수술(手術) 等이 발생(發生)한다.

► [임술일(壬戌日), 계축일(癸丑日)] ➡ 또는 수일생(水日生)으로 관성백호(官星白虎)이면 횡액사(橫厄死)를 조심(操心)하라.

　• 여명(女命)은 형(刑)·충(沖)을 만나고, 주중(柱中)에 관성(官星)이 없거나 미약(微弱)하고, 또 형(刑)·충(沖)·파(破)를 당(當)하면 부군(夫君)이

횡사(橫死)한다.

> ○ 백호대살(白虎大殺)은 육수백호(六獸白虎)와 구궁중(九宮中)에서 오귀(五鬼)를
> 합(合)친 흉살(凶殺)이니 기(忌)한다.

- 구궁법(九宮法)으로 중궁(中宮)에 닿는 일진(日辰)이 백호살(白虎殺)이니
  일명(一名) 〈오귀살(五鬼殺)〉이라고 한다. 명중(命中)에 이 살(殺)이 있으
  면 혈광(血光)을 보고, 악사(惡死)나 급사(急死)를 한다.

8. 삼재팔난법(三災八難法).

(1) [삼재(三災)] ➡ 수재(水災)·화재(火災)·풍재(風災).

또는 천재(天災)·인재(人災)·지재(地災).

(2) [팔난(八難)] ➡ 손재난(損財難)·주색난(酒色難)·질병난(疾病難)·

부모난(父母難)·형제난(兄弟難)·부부난(夫婦難)·

관재난(官災難)·실직난(失職難).

㉠ [삼재법(三災法)] ➡ 12운성(運星)의 병(病),사(死),묘(墓)에 해당(該當).

▶ 삼합(三合)과 방합(方合)의 원리활용(原理活用)하면 쉽게 산출(算出).

- [해(亥) · 묘(卯) · 미생(未生)] ➡ [사(巳) · 오(午) · 미년(未年)].
- [인(寅) · 오(午) · 술생(戌生)] ➡ [신(申) · 유(酉) · 술년(戌年)].
- [사(巳) · 유(酉) · 축생(丑生)] ➡ [해(亥) · 자(子) · 축년(丑年)].
- [신(申) · 자(子) · 신생(信生)] ➡ [인(寅) · 묘(卯) · 진년(辰年)].

▶ [암기방법(暗記方法)] ➡ 삼합(三合)과 방합(方合)의 끝자리 고장(庫藏)이
  동일(同一)하다.

ⓒ [대장군방위(大將軍方位)] ➡ 3년(年)을 간다. 시계방향(時計方向).
- [인(寅)·묘(卯)·진년(辰年)] ➡ [자방위(子方位)〈=북방(北方)〉].
- [사(巳)·오(午)·미년(未年)] ➡ [묘방위(卯方位)〈=동방(東方)〉].
- [신(申)·유(酉)·술년(戌年)] ➡ [오방위(午方位)〈=남방(南方)〉].
- [해(亥)·자(子)·축년(丑年)] ➡ [유방위(酉方位)〈=서방(西方)〉].

▶ [암기방법(暗記方法)] ➡ 방합(方合)과 고장(庫藏)이 같은 삼합(三合)의 중심인자(中心因字)의 방향(方向)이다.

ⓒ [삼살방위(三煞方位)] ➡ 1년(年)을 간다. 시계반대방향(時計反對方向).
- 12운성(運星)의 포(胞), 태(胎), 양(養)에 해당(該當)한다.
- [해(亥)·묘(卯)·미년(未年)] ➡ [유방위(酉方位)〈=서방(西方)〉].
- [인(寅)·오(午)·술년(戌年)] ➡ [자방위(子方位)〈=북방(北方)〉].
- [사(巳)·유(酉)·축년(丑年)] ➡ [묘방위(卯方位)〈=동방(東方)〉].
- [신(申)·자(子)·진년(辰年)] ➡ [오방위(午方位)〈=남방(南方)〉].

▶ [암기방법(暗記方法)] ➡ 삼합(三合)의 중심인자(中心因字)의 충(沖)이 되는 방향(方向)이다.

ⓒ [삼재(三災)의 재앙(災殃)].
- 부모(父母)의 병환(病患)으로 인(因)한 근심.
- 본인(本人)과 처자(妻子)의 질병(疾病)으로 인(因)한 근심.
- 형제(兄弟)의 근심.
- 손재(損財)의 근심.
- 도적(盜賊)의 근심.
- 여난(女難)과 남난(男難)의 근심.
- 쟁투(爭鬪)와 시비(是非)의 근심.
- 관재구설(官災口舌)의 근심.

9. 효신살(梟神殺) ➡ 일지(日支)에 인성(印星)을 놓은 자(者).

○ [갑자(甲子)·을해(乙亥)·병인(丙寅)·정묘(丁卯)·무오(戊午)·기사(己巳)·경진(庚辰)·경술(庚戌)·신축(辛丑)·신미(辛未)·임신(壬申)·계유(癸酉)의 일주(日柱)].

▶ 효(梟)는 올빼미를 의미(意味)하고 어미새를 잡아 먹는 흉조(凶鳥)이다. 동방지불인지조(東方之不仁之鳥)이다.

▶ 모(母)와 인연(因緣)이 없음. 다른 모(母)를 모시든지, 모(母)와 처(妻)가 화합(和合)을 못하는 흉살(凶殺)이다.

▶ 집안에 부엉이나 올빼미 等의 박제(剝製)를 금지(禁止)하라.

10. 홍염살(紅艶殺) ➡ 일간(日干)으로 비교(比較).

日干(일간)	甲·乙	丙	丁	戊·己	庚	辛	壬	癸
地支(지지)	午	寅	未	辰	戌	酉	子	申

○ 일지(日支)에 있으면 그 힘이 강(强)하다.

▶ 이 홍염살(紅艶殺)을 가지면 다정(多情)하고, 주색(酒色)을 좋아하고, 풍류지객(風流之客)이며, 낭만적(浪漫的)인 성품(性品)을 지닌다.

▶ 남명(男命)은 작첩(作妾)을 한다. 여명(女命)은 남편(男便)이 있으면서 정부(情夫)를 두거나, 심(甚)하면 정부(情夫)를 따라 도망(逃亡)을 가는 흉살(凶殺)이다.

▶ 눈웃음을 치며 추파(追播)를 던진다. 희희낙낙(喜喜樂樂)한다. 외정(外情)을 즐긴다.

- 여명(女命)은 남편궁(男便宮)이 나쁘며, 만인(萬人)의 처(妻)가 되고, 부호(富豪)집에서 출생(出生)을 해도 탈선(脫線)하여 기생(妓生)이 되는 살(殺)이며, 남몰래 밀통(密通)하여 사생아(私生兒)를 낳는다.

⇒ [홍염살(紅艶殺) · 도화살(挑花殺) · 목욕살(沐浴殺)의 차이점(差異點)].

- [홍염살(紅艶殺)] ➡ 눈웃음을 치는 것과 추파(追播)와 애교(愛嬌)가 특징(特徵)이다.
- [도화살(挑花殺)〈=년살(年殺)〉] ➡ 호색(好色)하여 육체적(肉體的)인 쾌락(快樂)을 즐기는 것이 특징(特徵)이다.
- [목욕살(沐浴殺)〈=12운성(運星)〉] ➡ 추잡(醜雜)하고 변태적(變態的)인 성생 활(性生活)을 하는 것이 특징(特徵)이다.

11. 고란살(孤鸞殺)과 과곡살(寡鵠殺)=여명일주국한(女命日柱局限).

(1) 고란살(孤鸞殺)〈=신음살(呻吟殺)=공망살(空亡殺)〉.

⇒ [일주(日柱)] ➡ 〈갑인(甲寅) · 을사(乙巳) · 정사(丁巳) · 무신(戊申) · 신해(辛亥)〉.

- 병오(丙午) · 무오(戊午) · 기유(己酉) · 임자(壬子)의 일주(日柱) 等도 추가(追加)하기도 한다.
- ▶ 여명(女命)의 부군(夫君)은 작첩(作妾)을 하든지, 또는 이별(離別)을 하는 살(殺)이다.
- 이 고란살(孤鸞殺)은 부성(夫星)인 관(官)이 일지(日支)에서 절(絕)이 되기 때문이다.
- ▶ 남편(男便)이 첩(妾)을 두고 부인(婦人)을 돌보지 않는 살(殺)이다.

► 남편(男便)과의 애정(愛情)이 멀어지고, 또 남편(男便)이 무능(無能)하여 여자(女子)가 직업(職業)을 가지고 생계(生計)를 유지(維持)한다.

► 첫 아기를 낳고부터 남편(男便)이 아기에게 애정(愛情)을 몽땅 쏟으니 부부(夫婦)의 정(情)이 멀어진다. 대개(大蓋) 결혼(結婚)에 실패(失敗)하면 재가(再嫁)를 하지 않겠다고 다짐하는 것이 특징(特徵)이다.

► [고란살(孤鸞殺)의 특징(特徵)] ➡ 일지(日支) 즉(卽) 배우자(配偶者) 자리에 비겁(比劫)과 식상(食傷)이 있어서 작용(作用)이 되는데, 〈비겁(比劫)〉은 탈부(奪夫)요, 〈관성(官星)〉의 절지(絕地)로서 부군(夫君)이 의지(依支)할 곳이 없고, 〈식상(食傷)〉은 극관(剋官)으로 부군(夫君)이 피상(被傷)되기 때문이다.

(2) 과곡살(寡鵠殺) ➡ 일주(日柱)에 비교(比較). ·鵠=(고니 곡, 혹).

○ [일주(日柱)] ➡ 〈甲寅·乙巳·丙午·丁巳·戊午·壬子.〉

► [남자(男子)가 범(犯)하면] ➡ 극처(剋妻)를 하고,
  · [여자(女子)가 범(犯)하면] ➡ 극부(剋夫)를 하거나 극부(剋父)한다.

► 목화운사대(木火運蛇大)이면 불상(不祥)·금저하필강(金猪何必强)이면 창광(猖狂)하다. 토후목호재시(土□木虎何在時)면 대고란일장(對孤鸞一場)이다.

12. 음양차착살(陰陽差錯殺) ➡ 사주(四柱)에 비교(比較).

陽錯殺(양착살)	丙子	丙午	戊寅	戊申	壬辰	壬戌
陰差殺(음차살)	丁丑	丁未	辛卯	辛酉	癸巳	癸亥

○ 이 살(殺)은 제일진신(第一進神) 갑자(甲子)·제이진신(第二進神) 기묘(己卯)·

제삼진신(第三進神) 갑오(甲午)·제사진신(第四進神) 기유(己酉)를 합쳐 그대로 〈진신(進神)〉이라 칭(稱)하고 제일(第一) 제이(第二) 제삼(第三) 제사(第四)의 교신(交神)·퇴신(退神)·복신(伏神)을 〈차착(差錯)〉이라 한다. 진신(進神)의 12일 외(日外)에 있으므로 나의 가문외(家門外)로 취급(取扱)하여 외가(外家)나 처가(妻家)의 고독(孤獨)을 나타낸다.

▶ 본인(本人)의 가문외(家門外)에 작용(作用)하는 흉살(凶殺)로 남녀(男女) 모두 외가(外家)나 외삼촌(外三寸)이 고독(孤獨)하거나, 처남(妻男)이 고독(孤獨)하거나 쇠몰(衰沒)한다.

▶ [여명(女命)] ➡ 시댁(媤宅)의 형제(兄弟)가 쇠패(衰敗)하고 영락(零落)하거나, 남편(男便)이 바람을 피우거나 작첩(作妾)한다. 또는 시모(媤母)와 동서간(同壻間)에 불합(不合)한다.

▶ 명중(命中)에 이 살(殺)이 있으면 외가(外家)나 처가(妻家)가 쇠패(衰敗)한다. 남녀막론(男女莫論)하고 년(年)·월(月)·일(日)·시(時)에 이중삼중(二重三重)으로 이 살(殺)이 있는 것을 크게 꺼린다.

　• 특(特)히 일(日)에 이 살(殺)을 범(犯)하면 외가(外家)가 영락(零落)하여 무력(無力)하며 처가(妻家)와도 덕(德)이 없어 결국(結局)은 원수(怨讐)가 되어 서로 왕래(往來)를 하지 않게 된다.

13. 소랑살(小狼殺) ➡ 일간(日干)으로 비교(比較).

日干(일간)	甲	乙	丙	丁	戊	己	庚	辛	壬	癸
小狼(소랑)	午	辰	申	申	午	丑	寅	酉	未	亥

❍ 상부(喪夫)나 상처(喪妻)를 한다. 자손액(子孫厄)이 있다. 재산탕진(財産蕩盡) 等 가내(家內)에 괴이(怪異)한 일이 발생(發生)한다.

14. 격각살(隔角殺)〈=혈광살(血光殺)〉 ➡ 일지비교(日支比較).

日支(일지)	子	丑	寅	卯	辰	巳	午	未	申	酉	戌	亥
隔角(격각) 時支(시지)	寅	卯	辰	巳	午	未	申	酉	戌	亥	子	丑

❍ 생일지(生日支)에서 시지(時支)로 대조(對照)하여 1자(字)가 간격(間隔)된 것을 말한다.

- 단(但) 대운(大運)이나 세운(歲運)의 운로(運路)에서 격각(隔角)된 지지 (地支)가 입(入)하면 운로(運路)에서만 면액(免厄)이 성립(成立)된다.
- ▶ 명중(命中)에 이 살(殺)이 있으면 고독(孤獨)하고, 수족(手足)을 상(傷)하여 혈광(血光)을 보게 된다.
- 일(日)·시(時)에 있으면 처자(妻子)에 해(害)롭고, 태월(胎月)에 있으면 부모(父母)를 해(害)롭게 한다.

第3章. 신살종합(神殺綜合)

1. 현침살(懸針殺) ➡ 침구소질(鍼灸素質)에 활용(活用).

◑ [일주(日柱)] ➡ 〈甲午. 甲申. 辛卯. 辛未.〉(4個)

- ▶ 의사(醫師), 약사(藥師), 간호사(看護師), 운명가(運命家), 포수(砲手) 等 특수기능분야(特殊機能分野)에 두각(頭角)을 나타내며, 성격(性格)이 무도(無道)하고 예리(銳利)하며, 관재(官災)나 재액(災厄)이 자주 발생(發生)한다.
- ▶ 이 살(殺)과 양인(羊刃)·형살(刑殺)이 함께 모이면 도살업(屠殺業)이나 정육점(精肉店)에 종사(從事)한다.
- ▶ [여명(女命)에 이 살(殺)이 있으면] ➡ 사지(四肢)가 아프고, 두통(頭痛)을 앓는다.

2. 자형살(字形殺).

◑ [자형살(字形殺)]이란 12간지자의(干支字意)가 담겨 있는 살(殺)이다. 고(故)로 글자의 형상(形象)으로써 살(殺)을 논(論)함을 말한다.

- ▶ [갑(甲)·을(乙)·병(丙)·정(丁)·기(己)·임(壬)의 글자가 있으면] ➡ 〈평두살(平頭殺)〉이라 하여 명중(命中)에 이 살(殺)이 3,4개(個)가 있고,

- 공망(空亡)을 띤 자(者)는 승도(僧道)에 합당(合當)하며,
- 남명(男命)은 극처(剋妻)하고,
- 여명(女命)은 극부(剋夫)하며 심(甚)하면 참수형(斬首刑)도 받는다.

▶ [갑(甲)·묘(卯)·신(辛)·오(午)·신(申) 等의 글자가 있으면] ➡ 〈현침살(懸針殺)〉라 하여 군인(軍人)이나, 의사(醫師)이거나, 혹(或)은 바느질하는 사람이고,

- 이 살(殺)이 형(刑)이 되고 칠살(七殺)이 극(剋)하면 멀리 귀양(歸養)〈=도배(徒輩)〉을 간다고 하였다.

▶ [을(乙)·기(己)·사(巳) 等의 글자가 있으면] ➡ 〈곡각살(曲脚殺)〉이라 하여 명중(命中)에 이 살(殺)을 범(犯)하면 수족(手足)이 온전(溫全)하지 못하다고 하였고,

▶ [무술(戊戌)의 글자가 있으면] ➡ 〈도과살(倒戈殺)〉이라 하여 이 살(殺)이 양인살(羊刃殺)과 같이 있으면 칼에 찔리거나 몽둥이에 상(傷)하여 악사(惡死)를 당(當)하는 수(數)가 있다고 하였다.

3. 자액살(自縊殺) ➡ 일지(日支)로 비교(比較).

日支(일지)	子	丑	寅	卯	辰	巳
自縊(자액)	酉	午	未	申	戌	亥

○ 일명(一名) 〈현량살(懸樑殺)〉이라고 한다.

- 명중(命中)에 자액살(自縊殺)이 있는 것을 대기(大忌)하니 공망(空亡), 관부(官符), 대모살(大耗殺) 等과 같이 있으면 스스로 들보〈=량(樑)〉에 목매어 죽는 액(厄)을 면(免)키 어렵다고 하였다.

4. 괘검살(掛劍殺).

○ 이 살(殺)은 사유축금국(巳酉丑金局)을 이루고 신금(申金)이 있으면 금기(金氣)가 순전(純全)하여 〈괘검살(掛劍殺)〉이 된다.

- 주중(柱中)에 원진살(元辰殺)이나 백호살(白虎殺), 관부살(管符殺), 망신살(亡身殺) 等의 흉(凶)한 살(殺)이 있고, 오행(五行)이 형(刑)하고 극(剋)하면 흉포(凶暴)하여 살인(殺人)을 하지 않으면 피살(被殺)을 당(當)함을 면(免)하기 어렵다고 하였다.

5. 구교살(句絞殺) ➡ 일지(日支)로 비교(比較).

日支 (일지)	子	丑	寅	卯	辰	巳	午	未	申	酉	戌	亥
句絞 (구교)	卯酉	辰戌	巳亥	午子	未丑	申寅	酉卯	戌辰	亥巳	子午	丑未	寅申

○ [명중(命中)에 이 구교살(句絞殺)이 있으며 신강(身强)하여 살(殺)을 극(剋)하면] ➡ 주(主)로 병형(兵刑)의 중임(重任)을 장악(掌握)하여 교수(絞首)를 집행(執行)을 하고 형벌(刑罰)하는 일을 전행(專行)을 하게 되며, 만약(萬若) 살(殺)이 되어 신(身)을 극(剋)하면 비명횡사(非命橫死)를 한다.

▶ 이 살(殺)은 금신(金神)〈=백호(白虎)〉과 같이 있는 것을 꺼린다.
- [소인(小人)의 명중(命中)에 이 살(殺)이 있으면] ➡ 재액(災厄)과 횡화(橫禍)가 많으며, 혹(或) 관귀(官鬼)〈=편관(偏官)과 칠살(七殺)〉와 더불어 있으면 재앙(災殃)이 더욱 중(重)하다.

► [행년(行年)〈=유년(流年)〉에서 이 살(殺)을 봉(逢)하면] ➡ 구설수(口舌數)와 형옥(刑獄)의 액(厄)이 따른다.

6. 단교관살(斷橋關殺)과 급각살(急脚殺) ➡ 월지비교(月支比較).

月支 월지	寅	卯	辰	巳	午	未	申	酉	戌	亥	子	丑	風齒 풍치
斷橋 단교	寅	卯	申	丑	戌	酉	辰	巳	午	未	亥	子	蟲齒 충치

生月(생월)	寅·卯·辰		巳·午·未		申·酉·戌		亥·子·丑	
急脚殺(급각살)	亥·子		卯·未		寅·戌		丑·辰	

◎ 수족불구(手足不具)한다. 무일생(戊日生)에 인(寅)·사(巳)·신(申)이 있어도 수족불구(手足不具)한다. 무오일생(戊午日生)이 년주(年柱)나 월주(月柱)에 진(辰)·유(酉)가 있으면 수족불구(手足不具)한다.

► [일지(日支)에 있으면] ➡ 작용력(作用力)이 강(强)하다. 넘어지거나 떨어져 수족(手足)을 상(傷)하고 골절(骨折)이 된다.
  • [이 살(殺)이 왕(旺)하면] ➡ 소아마비(小兒痲痺), 절름발이〈=건각(蹇脚)〉, 전신(全身)에 흉터가 있다.
  • [단교관살(斷橋關殺)이나 급각살(急脚殺)이 동주(同柱)하면] ➡ 신체불구(身體不具)나, 기형아(畸形兒)나, 저능아(低能兒)가 된다.
► 적용(適用)은 〈년(年)·월(月)·일(日)·시(時)의 육친(六親)〉에 응용(應用)이 된다.

◯ [일주(日柱)] ➡ 〈乙巳 · 乙丑 · 己丑 · 己巳日〉에 출생(出生)한 사람.

▶ 이곳에 형(刑) ➡ 충(沖)을 맞으면 수족(手足)에 결함(缺陷)이 있음.

日干(일간)	甲·己	乙·庚	丙·辛	丁·壬	戊·癸
日時(일시)	巳	子	申	戌	卯

◯ 우물에 빠져 몸을 상(傷)하는 살(殺)이다. 수액지화(水厄之禍)가 있음.

▶ 익사사고(溺死事故)가 있음. 남의 모사(謀事)에 말려들어 함정(陷穽)에 빠진다.
▶ [이 낙정관살(落井關殺)이 주중(柱中)에 있고 급각살(急脚殺)이나, 단교관살(斷橋關殺)이나, 백호대살(白虎大殺) 等이 병림(併臨)하면] ➡ 흉살작용(凶殺作用)이 더욱 가중(加重)된다.

生月(생월)	寅·卯·辰	巳·午·未	申·酉·戌	亥·子·丑
生時(생시)	寅·申	未	酉	丑

◯ 물에 빠지는 살(殺)이다.

- 배타는 업(業)에 종사(從事)하면 풍랑(風浪)을 만나 위험(危險)한 일을 당(當)한다.

10. 수익살(水溺殺).

● [일주(日柱)] ; 〈丙子 · 癸丑 · 癸未〉.

- 명중(命中)에 수익살(水溺殺)이 있으면 물에 빠지는 액(厄)을 당(當)한다고 하였다.
■ 이 3일(日)을 수익살(水溺殺)로 한 이유(理由)는?
▶ [병자일(丙子日)].
- 병(丙)은 신(辛)과 합(合)하여 수(水)로 화(化)하고, 자(子)는 수(水)의 왕지(旺地)가 되며, 병자(丙子)는 납음오행(納音五行)도 간하수(澗下水)로 수(水)가 된다.
▶ [계축일(癸丑日)].
- 천간(天干) 역시(亦是) 계수(癸水)이고, 축(丑)은 삼하(三河)의 분금(分金)에 해당(該當)한다고 하였다.
▶ [계미일(癸未日)].
- 천간(天干)은 계수(癸水)가 되고, 미(未)는 28숙분(宿分)에 해당(該當)한다.
- 이 3일(日)은 지(支)가 천간(天干)을 극(剋)하는 공통점(共通點)이 있다. 공망(空亡) · 묘고(墓庫) · 칠살(七殺)〈=편관(偏官)〉 · 관부(官符) · 대모살(大耗殺)〈=겁살(劫殺)〉 等과 같이 있는 것을 크게 꺼린다고 하였다.

11. 병신살(病身殺).

○ [乙巳日이나 乙巳時生 · 乙未日이나 乙未時生 · 己巳日이나 己巳時生].

▶ 신체(身體)의 어느 한 곳에 흠(欠)이 있음.

12. 안맹살(眼盲殺) ➡ 생월(生月)로 비교(比較).

生月(생월)	寅·卯·辰	巳·午·未	申·酉·戌	亥·子·丑
地支(지지)	3丑	申	未	寅

○ 안질병(眼疾病)이나, 안구(眼球)에 이상(異狀)있다. 시력(視力)이 나쁘다.

13. 맹인살(盲人殺) ➡ 생월(生月)로 비교(比較).

生月(생월)	寅·卯·辰	巳·午·未	申·酉·戌	亥·子·丑
日時(일시)	酉日·酉時	辰日·辰時	未日·未時	亥日·亥時

○ 월령(月令)을 기준(基準)으로 일(日) · 시(時)를 대비(對比)한다.

▶ 맹자(盲者)나 안질(眼疾)로 고생(苦生)하는 흉살(凶殺)이다.

14. 농아살(聾啞殺) ➡ 생월(生月)로 비교(比較).

生年(생년)	亥·卯·未	寅·午·戌	巳·酉·丑	申·子·辰
生時(생시)	子	卯	午	酉

○ 이병(耳病)이나 귀에 이상(異狀)이 있다.

• 심(甚)하면 귀먹어리가 되는 수(數)가 있음.

15. 탕화살(湯火殺).

➡ [축(丑). 인(寅). 오(午)]가 원국(元局)에 있을 때.

▶ 화재(火災)나, 화상(火傷)이나, 음독(飮毒)이나. 중독(中毒)이나. 마약(痲藥)
等을 한다. 비관(悲觀)을 하거나, 총상(銃傷)이나, 파편상(破片傷)을 당(當)
하는 等이 발생(發生)하는 흉살(凶殺)이다.
• 일지(日支)를 위주(爲主)로 본다. 이 살(殺)이 있으면 수족(手足)이 흉험
(凶險)하고 끓는 물이나 불에 놀래며, 치질(痔疾)이 있다.
• 탕화살(湯火殺)이 형(刑)·충(沖)이 되면 총(銃)이나 파편(破片)으로 몸을
상(傷)한다.

16. 천화살(天火殺).

➡ 이 살(殺)은 인(寅)·오(午)·술(戌)의 화국(火局)을 이루고 천간(天干)에 병(丙)·
정(丁)이 투출(透出)하였으며, 주중(柱中)에 일점(一點)의 수(水)가 없어야 〈천화
살(天火殺)〉이 된다.

• 이 살(殺)이 있으면 화재(火災)를 잘 당(當)한다.
▶ 명대(明代)에 만육오(萬育吾)선생(先生)은 자기(自己)의 명조(命造)가 인오
술화국(寅午戌火局)을 이루고 월간(月干)에 계수(癸水)가 있었으나 무오대
운(戊午大運)을 만나 갑술년(甲戌年) 갑술월(甲戌月)에 화재(火災)를 당(當)
하였다.

• 이것은 무계합화(戊癸合火)하여 화(火)로 화(化)했기 때문이다.

17. 매아살(埋兒殺).

◐ [인(寅) · 신(申) · 사(巳) · 해일생(亥日生)] ➡ 〈신(申)〉이나.

• [자(子) · 오(午) · 묘(卯) · 유일생(酉日生)] ➡ 〈묘(卯)〉가 주중(柱中)에 있을 때.

▶ 동자선녀신(童子仙女神)이 붙어 다녀서 매사(每事)가 되는 일이 없고, 무공(無功)이며, 헛고생(苦生)만 한다.

18. 야제살(夜啼殺) ➡ 생월(生月)로 비교(比較).

生月(생월)	寅·卯·辰	巳·午·未	申·酉·戌	亥·子·丑
地支(지지)	午	酉	子	卯

◐ 애기 때 밤낮이 바뀌어 울어대는 살(殺)이다.

• 주야(晝夜)를 혼동(混同)한다.

19. 혈빈살(血貧殺).

◐ [인(寅) · 묘(卯) · 진월생(辰月生)] ➡ 술일(戌日)이나 술시(戌時)일 때.

• [사(巳) · 오(午) · 미생월(未月生)] ➡ 축일(丑日)이나 미시(未時)일 때나,

미일(未日)이나 축시(丑時)일 때.

▶ 하혈(下血)이나, 혈변(血便)을 자주 한다. 폐약(肺弱)하면 혈토(血吐)도 자주 한다.

---

20. 암금살(暗金殺) ➡ 일지(日支)로 비교(比較).

日支(일지)	子·午·卯·酉	寅·申·巳·亥	辰·戌·丑·未
暗金(암금)	巳	酉	丑

❍ 암금(暗金)은 사(巳)·유(酉)·축(丑)의 금국(金局)를 말한다.

- 금(金)이 생(生)하는 사(巳)는 〈신음살(呻吟殺)〉이라 하니 모진 고문(拷問) 과 감금(監禁) 또는 악질(惡疾)의 재액(災厄)을 주(主)로 하며, 금(金)이 왕(旺)하는 유(酉)는 〈파쇄살(破碎殺)〉이라 하니 파괴(破壞)와 유혈(流血) 等의 일을 주(主)로 하며,

- 금(金)의 장지(藏地)인 축(丑)은 〈백의살(白衣殺)〉이라 하니 자손(子孫)을 극(剋)하며, 상복(喪服)과 곡읍(哭泣)의 재앙(災殃)이 따른다.

- 오행(五行)이 왕상(旺相)하고 천을귀인(天乙貴人)이나 천월이덕(天月二德) 또는 건록(建祿) 等과 같이 있으면서 귀격(貴格)이 되면 고관(高官)과 대권(大權)을 잡게 되며, 격(格)이 천(賤)하고 여러 흉신(凶神)과 같이 있으면 흉화(凶禍)는 더욱 심(甚)하다.

▶ [망신살(亡身殺)과 같이 있으면] ➡ 억울(抑鬱)하게 관재구설(官災口舌)에 걸리게 되며.

- [겁살(劫殺)과 같이 있으면] ➡ 비명횡사(非命橫死)를 하게 되며.

- [백호살(白虎殺)이나 양인살(羊刃殺)과 같이 있으면] ➡ 칼에 찔리거나

낙상(落傷)또는 잔질(殘疾)이 따르고.

- [년운(年運)에서 봉(逢)하면] ➡ 상고(喪故)나 도적(盜賊)의 침범(侵犯) 또는 구설수(口舌數) 等이 따른다.
- [소아(小兒)의 명조(命造)에 이 살(殺)이 있으면] ➡ 불이나 끓는 물에 상(傷)하며 깨지고 부러지는 액운(厄運)이 따른다.

21. 권설살(卷舌殺) ➡ 생년(生年)으로 비교(比較).

生年 생년	子	丑	寅	卯	辰	巳	午	未	申	酉	戌	亥
生日 생일	酉	戌	亥	子	丑	寅	卯	辰	巳	午	未	申

○ 이 살(殺)이 있으면 재산풍파(財産風波)가 많고, 걱정하는 일이 많음.

22. 화상살(畵象殺).

○ [인(寅)·신(申)·사(巳)·해(亥)의 일생(日生)] ➡ 〈또 寅·申·巳·亥가 있는 사람〉.

- [자(子)·오(午)·묘(卯)·유(酉)의 일생(日生)] ➡

  〈또 子·午·卯·酉가 있는 사람〉.
- [진(辰)·술(戌)·축(丑)·미(未)의 일생(日生)] ➡

  〈또 辰·戌·丑·未가 있는 사람〉.

▶ 마음이 허약(虛弱)하여 공포영화(恐怖映畵)나 무서운 그림이나 무서운 말만

들어도 놀래기를 잘 한다.

23. 태백살(太白煞) ➡ 출생년(出生年)·세운(歲運)으로 비교(比較).

출생년(出生年) 및 세운년(歲運年)	해당일(該當日)
寅·申·巳·亥生이나 그 해 세운년(歲運年)	酉日을 피(避)한다.
子·午·卯·酉生이나 그 해 세운년(歲運年)	巳日을 피(避)한다.
辰·戌·丑·未生이나 그 해 세운년(歲運年)	丑日을 피(避)한다.

❂ 이 태백살(太白殺)은 〈암금적살(暗金的殺)〉이라고도 하는데 혼택일(婚擇日)과 개업일(開業日)에 꼭 피(避)하는 일(日)이다.

▶ 이 살(殺)이 닿는 날은 매사불성(每事不成)한 흉일(凶日)이다. 재패(財敗)· 파손(破損)·파괴(破壞)의 뜻을 가지고 있음.

▶ 사주(四柱)에 이 살(殺)이 있고 사(死)·절(絕)이 붙으면 인격(人格)이 천 (賤)하고, 독(毒)하며, 말을 잘하는 달변가(達辯家)이나 간교(奸巧)한 기질 (氣質)을 가지고 있다. 이 살(殺)이 양인살(羊刃殺)이나 백호살(白虎殺)이 붙으면 살상(殺傷)도 일으킨다.

▶ 사주(四柱)의 격식(格式)이 좋으면 오히려 인격(人格)이 높고, 위엄(威嚴)도 있어 존대(尊待)받는 인물(人物)이 된다.

24. 오귀살(五鬼殺) ➡ 생년(生年)으로 비교(比較).

生年(생년)	亥·卯·未	寅·午·戌	巳·酉·丑	申·子·辰
地支(지지)	子·丑	卯·辰	午·未	酉·戌

◐ [이 살(殺)이 사주(四柱)에 있으면] ➡ 남녀간(男女間)에 독수공방(獨守空房)을 불면(不免)한다. 같이 살아도 서로 마음은 따로따로이다.

▶ 풍파(風波)가 많고, 우환(憂患)과 질고(疾苦)가 따르며, 관재구설(官災口舌) 과 손재수(損財數)가 따른다.

25. 평두살(平頭殺).

◐ [출생일(出生日)과 출생시(出生時)] ➡ 〈갑자(甲子) · 갑인(甲寅) · 병인(丙寅) · 병 진(丙辰) · 병술(丙戌) 等의 일(日) · 시(時)〉일 때.

▶ [양인(羊刃)과 동주(同柱)하면] ➡ 살생(殺生)을 당(當)하든지 스스로 자해 (自害)를 한다.

26. 음양살(陰陽殺).

◐ [남명(男命)] ➡ 〈병자일생(丙子日生)〉. [여명(女命)] ➡ 〈무오일생(戊午日生)〉에 해당(該當)한다.

▶ 평생(平生)동안 미남(美男)이나 미녀(美女)와 접촉(接觸)이 많아 결혼(結婚) 을 하기도 한다. 단(但) 함지살(咸池殺)〈=년살(年殺)〉이나 원진살(元辰殺) 이 붙으면 남녀간(男女間)에 행실(行實)이 음란(淫亂)하다.
▶ 남명(男命)은 양(陽)에 속(屬)하니 음(陰)을 희(喜)한다. 명중(命中)에 병자 일(丙子日)을 봉(逢)하면 정음(正陰)이 되니 평생(平生)에 미녀(美女)를 많 이 만난다.

- [정음(正陰)이란] ➡ 수(水)가 자(子)에서 왕(旺)하는데 납음오행(納音五行)이 다시 수(水)가 되기 때문에 〈정음(正陰)〉이라 한다.

▶ 여명(女命)은 음(陰)에 속(屬)하니 양(陽)을 희(喜)한다. 명중(命中)에 무오일(戊午日)을 봉(逢)하면 정양(正陽)이 되니 평생(平生)에 미남자(美男子)를 많이 만난다.

- [정양(正陽)이란] ➡ 화(火)가 오(午)에서 왕(旺)하는데 다시 납음오행(納音五行)이 화(火)가 되기 때문에 〈정양(正陽)〉이라 한다.

▶ 일진(日辰)에서 봉(逢)하는 것을 희(喜)하고 반대(反對)로 남명(男命)이 무오일생(戊午日生)이면 미녀(美女)의 유혹(誘惑)을 받게 되고, 여명(女命)이 병자일생(丙子日生)이면 미남(美男)의 유혹(誘惑)을 많이 받는다.

27. 강성살(剛星殺).

◎ [일주(日柱)] ➡ 〈庚辰日 · 壬辰日 · 壬戌日生〉.

▶ 싸울 때 말보다 주먹이나 욕(辱)을 앞세우는 사람이다. 합(合)이나 공망(空亡)되면 작용(作用)을 못한다.

28. 육수성(六秀星).

◎ [일주(日柱)] ➡ 〈丙午日 · 丁未日 · 戊子日 · 戊午日 · 己丑日 · 己未日生〉.

▶ 재조(才操)가 뛰어난 사람이다.

29. 진신성(進神星) ➡ 생월(生月)로 비교(比較).

生月(생월)	寅·卯·辰	巳·午·未	申·酉·戌	亥·子·丑
日時(일시)	甲子日·甲子時	甲午日·甲午時	己卯日·己卯時	己酉日·己酉時

▶ 자기고집(自己固執)으로 성공(成功)하는 사람이다.

▶ 형(刑)·충(沖)·공망(空亡)을 맞으면 작용(作用)을 못한다.

30. 고허살(孤虛殺) ➡ 생일(生日)〈=일주(日柱)〉로 비교(比較).

出生日 (출생일)	甲子·乙丑	甲寅·乙卯	甲辰·乙巳	甲午·乙未	甲申·乙酉	甲戌·乙亥
孤虛殺 (고허살)	辰·巳	午·未	申·酉	戌·亥	子·丑	寅·卯

▶ 평생(平生) 허황(虛荒)된 꿈만 먹고 살다가 마침내 허송세월(虛送歲月)을 한다.

31. 천랑살(天狼殺) ➡ 생일(生日)〈=일간(日干)〉로 비교(比較).

生日 생일	甲	乙	丙	丁	戊	己	庚	辛	壬	癸
生月 생월	戌	丑	戌	丑	未	子	未	未	未	未

▶ 위에서 물건(物件)이 떨어질 때나, 벼락을 맞는 것에 주의(注意)해야 하는 살(殺)이다.

32. 부벽살(釜劈殺) ➡ 생월(生月)로 비교(比較).

生月(생월)	寅·申·巳·亥	子·午·卯·酉	辰·戌·丑·未
地支(지지)	酉	亥	丑

▶ 파재(破財)·낭비(浪費)·분재(分財) 等으로 고생(苦生)을 하는 흉살(凶殺)이다.

33. 천전살(天轉殺) ➡ 생월(生月)로 비교(比較).

生月(생월)	寅·卯·辰	巳·午·未	申·酉·戌	亥·子·丑
日柱(일주)	乙卯	丙午	辛酉	壬子

○ 일정(一定)한 직업(職業)이 없이 동서남북(東西南北)으로 전전(轉傳)하여 자연(自然)의 방해(妨害)를 받는 살(殺)이다.

○ [천지전살(天地轉殺)의 구성(構成)].

• 이 천지전살(天地轉殺)은 일주(日柱)를 위주(爲主)로 하여 본다.

• 춘월(春月)에 을묘일생(乙卯日生)이면 〈천전살(天轉殺)〉이 되고, 신묘일생(辛卯日生)이면 〈지전살(地轉殺)〉이 된다.

• 을묘일주(乙卯日柱)는 간지(干支)가 모두 목(木)이 되고, 신묘일주(辛卯日柱)는 지지(地支)만 목(木)이 되나, 납음오행(納音五行)으로 송백목(松柏木)에 해당(該當)하니, 목(木)이 봄에 전왕(專旺)한 때라, 간지(干支)가 모두 목(木)인 을묘(乙卯)는 〈천전살(天轉殺)〉이라 하고, 지지(地支)만 목(木)이나 납음오행(納音五行)이 송백목(松柏木)인 신묘(辛卯)는 〈지전살(地轉殺)〉이라 한다.

- 나머지도 동일(同一)한 이치(理致)이다.
- 만약(萬若) 주중(柱中)에 제복(制伏)하는 신(神)이 있으면 그 화액(禍厄)은 훨씬 가벼워 진다.

▶ [삼명통회(三命通會)에 운(云)하기를].
- 명중(命中)이 이 천지전살(天地轉殺)을 범(犯)하면 반드시 요사(夭死)를 한다고 했다.

▶ [현미부(玄微賦)에 운(云)하기를].
- 초한시절(楚漢時節)에 명장(名將) 한신(韓信)이 이 천지전살(天地轉殺)을 범(犯)했기 때문에 주살(誅殺)이 되었다고 한다.

34. 지전살(地轉殺) ➡ 생월(生月)로 비교(比較).

生月(생월)	寅·卯·辰	巳·午·未	申·酉·戌	亥·子·丑
日柱(일주)	辛卯	戊午	癸酉	丙子

▶ 사사건건(事事件件)이 혼미(昏迷)하고 묘파조성(墓破造成)에 낭비(浪費)가 심(甚)하고, 발달(發達)이 늦고, 불의(不意)의 재살(災殺)로 실패(失敗)가 많고, 직업(職業)의 변화(變化)가 심(甚)하다.

35. 사폐일(四廢日) ➡ 생월(生月)로 비교(比較).

生月(생월)	寅·卯·辰	巳·午·未	申·酉·戌	亥·子·丑
日柱(일주)	庚申	壬子	甲寅	丙午

❍ 사폐일(四廢日)이란 사계절(四季節)의 폐일(廢日)이란 뜻이다.

- 춘절(春節)에는 금기(金氣)가 절(絶)하고,
- 하절(夏節)에는 수기(水氣)가 절(絶)하고,
- 추절(秋節)에는 목기(木氣)가 절(絶)하고,
- 동절(冬節)에는 화기(火氣)가 절(絶)하여 무력(無力)하니 영화(榮華)를 누리기 어렵다는 것이다.
▶ 이 살(殺)은 년(年) · 월(月) · 시(時)는 해당(該當)이 안되고 일주(日柱)로만 적용(適用)을 한다. 만약(萬若) 주중(柱中)에서 생부(生扶)를 받으면 폐일(廢日)로 보지 않는다.

36. 반음살(反吟殺)과 복음살(伏吟殺).

(1) [반음살(反吟殺)] ➡ 자일생(子日生)이나 자년생(子年生)이 대운(大運)이나 세운(歲運)에서 상충(相沖)되는 오자(午字)를 만나는 것.
  ▶ 처아(妻兒)를 해(害)하고, 가계(家計)를 난성(難成)한다.
  ▶ 축미(丑未) · 인신(寅申) · 묘유(卯酉) · 진술(辰戌) · 사해(巳亥)도 충(沖)으로 성립(成立)한다.

(2) [복음살(伏吟殺)] ➡ 자일생(子日生)이나 자년생(子年生)이 대운(大運)이나 세운(歲運)에서 같은 자자(子字)를 만나는 것.
  ▶ 눈물을 흘리며, 파재(破財)를 하고 신음사(呻吟事)나 장탄식(長歎息)을 하는 일이 발생(發生)한다.
  ▶ 〈子子 · 丑丑 · 寅寅 · 卯卯 · 辰辰 · 巳巳 · 午午 · 未未 · 申申 · 酉酉 · 戌戌 · 亥亥〉 等도 성립(成立)한다.

37. 천형살(天刑殺) ➡ 년지(年支)로 비교(比較).

年生 (년생)	子·丑	寅	卯·辰	巳	午·未	申	酉·戌	亥
時(시)	乙時	庚時	辛時	壬時	癸時	丙時	丁時	戊時

► 시(時)가 본명(本命)을 범(犯)한 자(者)는 형액(刑厄)을 당(當)하거나, 질병(疾病)을 만난다.

◯ [곤랑도화(滾浪桃花)] ➡ 〈간합지형(干合支刑)〉.

甲子 ➡ 己卯	갑기합토(甲己合土)·자묘형살(子卯刑殺)
丙子 ➡ 辛卯	병신합수(丙辛合水)·자묘형살(子卯刑殺)
戊子 ➡ 癸卯	무계합화(戊癸合火)·자묘형살(子卯刑殺)
甲寅 ➡ 己巳	갑기합토(甲己合土)·인사형살(寅巳刑殺)

► 주색(酒色)하고 황음(荒淫)한다. 방광(膀胱)과 신경(腎經) 等에 상신(傷身)을 한다. 성병(性病)이나, 임질(淋疾)이나, 치질(痔疾)이나, 요도염(尿道炎)이나, 당뇨(糖尿)나, 산증(疝症) 等을 경험(經驗)한다.

► [甲寅·己巳]. [甲申·己巳]. [乙巳·庚寅]. [乙巳·庚申].
　[丙寅·辛巳]. [丙申·辛巳]. [丁巳·壬寅]. [丁巳·壬申].
　[戊寅·癸巳]. [戊申·癸巳].

► [庚子·乙卯]. [壬子·丁卯]. [甲戌·己丑]. [甲戌·己未].

► [乙丑·庚戌]. [乙未·庚戌]. [丙戌·辛丑]. [丙戌·辛未].
　[丁丑·壬戌]. [丁未·壬戌]. [戊戌·癸丑]. [戊戌·癸未].

日(일)	子	丑	寅	卯	辰	巳	午	未	申	酉	戌	亥
時(시)	午	亥	戌	酉	申	未	子	巳	辰	卯	寅	丑

▶ [군자(君子)가 범(犯)하면] ➡ 이질(痢疾)이나, 장풍(腸風)이나, 각기(脚氣) 等을 앓는다.

▶ [소인(小人)이 범(犯)하면] ➡ 사지(四肢)를 절손(折損)을 하거나,

• [거듭 범(犯)하면] ➡ 도배(徒配)〈=귀양(歸養)〉를 간다.

◐ 도둑의 누명(陋名)을 쓴다든지, 신용타락(信用墮落)을 하든지 또는 폭력(暴力)이 난무(亂舞)하는 等의 흉사(凶死)가 만발(滿發)한다.

• [비보법(裨補法)] ➡ 조상(祖上)에게 제례(祭禮)나 천도(遷度)를 해주면 면액(免厄)이 된다.

• 〈상(喪)=년삼진(年三辰)〉은 일의 정지(停止)를 말하고, 〈조(弔)=후삼진(後三辰)〉는 해(害)를 받는다는 뜻이다.

(1) 년지기준(年支基準) ➡ 前三辰=조객살(弔客殺). 後三辰=상문살(喪門殺).

年支(년지)	子	丑	寅	卯	辰	巳	午	未	申	酉	戌	亥
喪門(상문)	寅	卯	辰	巳	午	未	申	酉	戌	亥	子	丑
弔客(조객)	戌	亥	子	丑	寅	卯	辰	巳	午	未	申	酉

▶ 상조살(喪弔殺)은 일(日) · 시(時)에 조객(弔客)이 있고, 년(年) · 월(月)에 상문(喪門)이 있으면 재난(災難)이 반감(半減)이 되나 반대현상(反對現狀)이면 재액(災厄)이 배가(倍加)가 된다.

  · 가정(家庭)에는 상액(喪厄)과 친척(親戚)의 상복(喪服)을 뜻하고,

▶ [시주(時柱)의 상조살(喪弔殺)이 있으면] ➡ 자손(子孫)의 근심과, 자손(子孫)의 실패(失敗)와, 불구자손(不具子孫)을 둔다.

▶ [년월주(年月柱)의 상문(喪門)] ➡ 부모(父母) 때문에 돈을 많이 쓰고,
  [일주(日柱)의 상문(喪門)] ➡ 집 때문에 돈을 많이 쓴다.

(2) 육친(六親)으로 변환(變換)해 태세(太歲) ➡ 신수(身數)에 적용(適用)함.

◐ [비견(比肩)]. 《(凶)●》.

▶ 짊어진 부채(負債)와 책임(責任)을 벗고 홀가분하게 살기 위(爲)해 독립(獨立)을 시도(試圖)하려고 본업(本業)은 뒤로 하고 생활(生活)을 하나 동기(同氣)와 친구(親舊)를 망(亡)해 먹고, 인기하락(人氣下落)이 되며, 친구(親舊)와 동기간(同氣間)을 배신(背信)한다.

  · 신경계통(神經系統)의 질병(疾病)이 침입(侵入)한다.

◐ [겁재(劫財)]. 《(吉)○》.

▶ 경쟁자(競爭者)를 물리치기 위(爲)해 벗과 동기간(同氣間)을 끌어들여 의(義)로운 인간적(人間的)인 협조(協助)를 잘 받다가 크게 무리(無理)한 행동(行動)을 하여 인신공격(人身攻擊) 내지(乃至) 협박(脅迫)을 받으나 이익면(利益面)에는 득(得)을 보게 되는 모순(矛盾)이 생긴다.

⊙ [식신(食神)]. 《(凶)●》.

► 서류(書類)와 인계인수(引繼引受)의 과정(過程)에서 값진 것을 헐값에 버리는 어리석음을 범(犯)하여 후배(後輩)나, 자신(自身)이나, 여행(旅行)하는 것과 이사(移徙) 等에 타격(打擊)을 크게 입어 식생활(食生活)의 위협(威脅)도 느낀다. 공(功)든 탑(塔)이 붕괴(崩壞)되는 아픔이 있음.

⊙ [상관(傷官)]. 《(吉)○》.

► 이사(移徙)나, 송사(訟事)나, 이익배분(利益配分) 等에 초반(初盤)에 곤욕(困辱)과 희생(犧牲)을 치루며 심(甚)하면 맞고소사건(告訴事件) 等 상대방(相對方)을 죽이고 싶도록 증오(憎惡)하나, 자신(自身)의 재치(才致)로 위기(危機)넘기고 추대(推戴)를 받거나, 승소(勝訴) 等 행운(幸運)이 온다.

⊙ [편재(偏財)]. 《(吉)○》.

► 빚을 얻어 빚을 갚으니 형편(形便)이 장님이 자기(自己) 닭 잡아 먹고 배부른 모순(矛盾)을 저질렀다가 신용타락(信用墮落)은 물론(勿論) 공격(攻擊)도 호되게 당(當)하나 어쩔 수 없이 상대방(相對方)의 호의(好意)로 기간(期間)을 번다.

⊙ [정재(正財)]. 《(凶)●》

► 최후수단(最後手段)을 총동원(總動員)하여 적은 소자본(小資本)이 생기지만 조건(條件)이 나쁜 돈을 알고 써서 윗돌빼서 아랫돌 고이는 임시방편형(臨時方便形)의 경제관리(經濟管理)로 재산증식(財産增殖)도 안되고 금전불통(金錢不通)과 처가(妻家)와 갈등(葛藤)이 생긴다.

◑ [편관(偏官)]. 《(吉)○》.

► 전(前)에 잘못되어 버려 두었던 일을 다시 도전(挑戰)하여 대중(大衆)과 마주 앉고 접촉(接觸)하여 어느 정도(程度)의 투기목적(投機目的)을 달성(達成)하지만 힘과 경제적(經濟的)인 손실(損失)이 지대(至大)하나 다만 일부(一部) 책임(責任)을 면(免)하는 탈피적(脫皮的)인 성공(成功)을 한다.

◑ [정관(正官)]. 《(凶)●》.

► 현실적생활(現實的生活)이 대의명분(大義名分)을 내세우는 일이므로 긍지(矜持)는 살지만 경제적희생(經濟的犧牲)과 가정적출혈(家庭的出血)이 너무 크다. 후유증(後遺症)으로 대중(大衆)앞에서 모욕(侮辱)을 당(當)하는 곤욕(困辱)을 치룬다. 가장(家長)노릇으로 참는다.

◑ [편인(偏印)]. 《(吉)○》.

► 빽(bag)〈=뒷줄의 배경(背景)〉이 좋고 지식(知識)이 풍부(豊富)한 능력자(能力者)를 모셔서 궁색(窮塞)하거나 어려웠던 일을 힘들게 마무리 지우나 시일(時日)이 늦은 흠(欠)이 있으며, 신병(身病)이 사라져 본업외(本業外)의 부업(副業)이 생겨서 바빠진다.

◑ [정인(正印)]. 《(凶)●》.

► 부실문서(不實文書)를 양성화(陽性化)시키고, 인격(人格)을 되찾기 위(爲)해 노력(努力)을 하나 점점(漸漸) 인기하락(人氣下落)과 신용타락(信用墮落)으로 인격(人格)이 저하(低下)가 되며, 정상탈환(頂上奪還)과 인기회복(人氣回復)과 서류(書類)로 인(因)한 행운(幸運) 等이 뜻을 이루지 못한다.

40. 태세(太歲)인 1년용(年用)의 상문조객살(喪門弔客殺).

○ 상문살(喪門殺)과 조객살(弔客殺)을 합(合)쳐서 〈상조살(喪弔殺)〉이라 하며, 〈미래(未來)3진(辰)〉을 〈상문(喪門)〉, 〈과거(過去)3진(辰)〉을 〈조객(弔客)〉이라 한다. 단(但) 사주(四柱)에는 적용(適用)하지 말 것.

▶ [상문(喪門)] ➡ 초상(初喪)의 목적물(目的物)인 시체(屍體)를 뜻한다.

▶ [조객(弔客)] ➡ 문상(問喪)와서 괴로움을 주는 주정꾼의 뜻을 가진다.

▶ 비극(悲劇)이나, 지연(遲延)이 되는 것과, 막힘과, 불발(不發) 等의 뜻을 가진 흉살(凶殺)이다.

▶ 사주(四柱)의 감정(鑑定)에는 사용(使用)을 하지 않고, 태세(太歲)를 기준(基準)하여 신수(身數)를 볼 때 사용(使用)한다.

▶ 이 물건(物件) 잡으려다 딴 물건(物件)을 잘못 잡아 도둑의 누명(陋名)을 쓴다든지 하는 식(式)이다.

▶ 신용타락(信用墮落)과, 일의 지연(遲延)과, 폭력난무(暴力亂舞) 等의 흉사(凶死)가 만발(滿發)한다.

▶ 상조살(喪弔殺)은 대운(大運)에 나타날 때가 가장 무섭다. 원국(元局)에서는 년주(年柱)나 월주(月柱)에 있는 것을 꺼린다.

41. 증오살(憎惡殺).

○ 막 지나간 대운(大運)의 〈띠〉에 해당(該當)되는 사람.

▶ 식구(食口)나 부부지간(夫婦之間)이라도 지나 간 대운(大運)〈띠〉생(生)은 그 대운(大運)까지는 괜찮다가 경과(經過)를 하면 원수(怨讐)처럼 변(變)하

게 된다.

▶ 지난 대운(大運)이 술(戌)이었다면 식구중(食口中)에 술생(戌生)과는 증오(憎惡)스러운 감정적(感情的)인 대립사건(對立事件)이 계속(繼續)해서 발생(發生)한다.

▶ 부(父)와 모(母)의 지나간 대운(大運)〈띠〉의 자식(子息)은 가출(家出)을 하거나 심(甚)하면 사망(死亡)한다.

---

42. 풍파살(風波殺)〈=음욕살(淫慾殺)=년살(年殺)=욕살(浴殺)=도화살(桃花殺)=함지살(咸池殺)=끼살(殺)〉.

◑ 문점인(問占人)의 명국내(命局內)에 당년태세(當年太歲)의 미래(未來)2진(辰)이 나타나면 〈풍파살(風波殺)〉로 〈끼〉가 발동(發動)된다.

▶ 〈亥年이면 子〉・〈子年이면 丑〉・〈寅年이면 卯〉・〈卯年이면 辰〉…….

▶ 부부간(夫婦間)에 같이 있으면 없는 것으로 한다.

▶ 가장 무서운 것은 대운(大運)에 나타난 경우(境遇)이다.
  • 금년(今年)은 묘세운(卯歲運)이니 현대운(現大運)에 인(寅)이 나타난 경우(境遇)이다.

▶ 애정행각(愛情行脚)의 발생월(發生月)은
  • 태세(太歲)가 묘년(卯年)이면 미래(未來)2진(辰)인 진년(辰年)의 삼합월(三合月)인 신(申)・자(子)・진월(辰月)이고,
  • 태세(太歲)인 묘년(卯年)에 대운(大運)이 인(寅)이면 인(寅)・오(午)・술월(戌月)이다.

▶ 학생(學生)은 이 년살(年殺)이 오면 공부(工夫)를 잘한다.

▶ 세운(歲運)에 이 년살(年殺)이 오면 부채(負債)가 발생(發生)한다.

43. 괴강살(魁罡殺)·백호살(白虎殺)이 대운(大運)이나 세운(歲運)에 오면.

◆ 주소(住所)를 특별시(特別市)나 광역시(廣域市)를 쓰지 않는 지방(地方)이든지, 미확정(未確定)된 불확실(不確實)한 지역(地域)이나, 재개발지역(再開發地域) 等으로 이사(移徙)를 가야 좋다. 가지 않으면 망(亡)하든지 재산(財産)이 축소(縮小)가 된다.

▶ 해외(海外)로 이민(移民)을 가면 발복(發福)한다.

44. 병부살(病付殺) ➡ 년지(年支)로 비교(比較).

年支(년지)	子	丑	寅	卯	辰	巳	午	未	申	酉	戌	亥
病付(병부)	亥	子	丑	寅	卯	辰	巳	午	未	申	酉	戌

◆ 병부살(病付殺)은 년지(年支)〈=태세(太歲)〉의 과거(過去)2진(2辰)이다.

- 오생(午生)이면 사년(巳年)에 병(病)이 난다.
- 진생(辰生)은 묘년(卯年)에 발병(發病)한다.
- 명중(命中)에 이 살(殺)을 봉(逢)하면 질병(疾病)이 많다. 세운(歲運)에서도 봉(逢)해도 질병(疾病)이 많이 따른다.

▶ [병(病)이 찾아오는 시기(時期)] ➡ 증오살(憎惡殺)을 준용(準用)한다.

- 막바로 끝난 오행(五行)이 병(病)이 된다.

▶ 을축운(乙丑運)에서 을운(乙運)이 경과(經過)하고 축운(丑運)이 왔다면 간장계통(肝腸系統)에 반드시 발병(發病)을 한다.

► 원래(元來) 타고난 병(病)은 대운(大運)의 첫 지지(地支)의 오행(五行)에 해당(該當)하는 병(病)이 원병(原病)이다.

45. 사부살(死付殺) ➡ 년지(年支)로 비교(比較).

年支(년지)	子	丑	寅	卯	辰	巳	午	未	申	酉	戌	亥
死付(사부)	巳	午	未	申	酉	戌	亥	子	丑	寅	卯	辰

◐ 병부살(病付殺)의 대충방(對沖方)을 말한다.

► 명중(命中)이 이 살(殺)을 범(犯)하면 귀(貴)한 신(神)이 구해(救解)하지 않는 고(故)로 신음(呻吟)을 하다가 생명(生命)을 실(失)한다.

46. 관부살(官付殺) ➡ 년지(年支)로 비교(比較).

年支(년지)	子	丑	寅	卯	辰	巳	午	未	申	酉	戌	亥
官付(관부)	辰	巳	午	未	申	酉	戌	亥	子	丑	寅	卯

► [관부살(管符殺)]을 일(日)이나 시(時)에 범(犯)하면 평생(平生) 관재(官災)가 많다.
  • [양인(羊刃)과 같이 있으면] ➡ 형벌(刑罰)을 받게 되고.
  • [공망(空亡)이 되면] ➡ 진실(眞實)되지 못하고 실성(失聲)한 소리를 잘하니 〈망어살(妄語殺)〉이라고도 한다.

○ 태세(太歲)의 과거(過去)5진생(辰生)과 미래(未來)5진생(辰生)이다.

▶ 궤도이탈(軌道離脫)을 한다. 무단가출(無斷家出)을 한다. 출국(出國)을 한다. 입대(入隊)를 한다. 연수교육(研修敎育)을 받으러 떠난다. 형액(刑厄)〈=수옥(囚獄)이 되든지〉 等으로 가출(家出)을 한다.

▶ 묘년(卯年)은 해생(亥生)과 미생(未生)이다.

▶ 추월(追越)의 뜻이 있고 식구중(食口中)에 해당자(該當者)는 가출(家出)하거나, 방탕(放蕩)을 하지 않으면 큰 문제(問題)가 있음.

○ [태세기준(太歲基準)으로 미래(未來)4진(辰)이 고진살(孤辰殺)이고, 과거(過去)4진(辰)이 과숙살(寡宿殺)이다] ➡ 1년용(年用)이다.

▶ 亥 ⋯→ 子 ⋯→ 丑 ⋯→ 寅 ⋯→ [卯] ⋯→ 辰 ⋯→ 巳 →⋯ 午 ⋯→ 未 ⋯→ 申 ⋯→ 酉 ⋯→ 戌 ⋯→ 亥.
　　寡宿 －－－－－－－－－ 孤辰

▶ 별방고독생활(別房孤獨生活)을 하고, 주말부부(週末夫婦)로 지내고, 해외출장(海外出張)을 가든지, 장기연수(長期研修)를 떠나든지, 투옥(投獄)되어 있든지 等을 하게 된다.

▶ 원국(元局)에 있는 고과살(孤寡殺)은 평생(平生)을 가지만 태세(太歲)에 나타나는 고과살(孤寡殺)은 1년용(年用)이다.

▶ 120㎡ ÷ 3 = 40 − 4 = 36평(坪). 몫의 40에서 앞숫자 〈4〉를 뺀다.

▶ 156㎡ ÷ 3 = 52 − 5 = 47평(坪).

50. 평생고민살(平生苦悶殺).

(1) 불행자녀(不幸子女).

❍ 첫아들 〈띠〉가 부(父)와 같거나, 첫딸 〈띠〉가 모(母)와 같을 때 적용(適用)을 한다.

▶ 부모(父母)와 이별수(離別數)가 있다. 조실부모(早失父母)한다. 몰락(沒落)을 하거나 재물(財物)을 크게 실패(失敗)한다.

▶ 애기가 출산후(出産後) 100일(日)부터 재난(災難)이 온다하여 〈백일살(白日殺)〉이라고도 한다.

▶ 그의 부모(父母)가 장남(長男)이거나, 장녀(長女)이거나, 조실부모(早失父母)를 했거나, 자식(子息)이 100일(日)을 지나서 2년(年)을 떨어져 살거나, 외국(外國)에 가거나, 자식(子息)이 결혼(結婚)을 하면 면액(免厄)이 된다.

▶ 부부간(夫婦間)에는 어느 쪽이든 운시(運始)가 년(年)과 같은 오행(五行)일 때는 부부간(夫婦間)에 죽지 않으면 해결(解決)이 안된다.

▶ [대운(大運)의 첫 지지(地支)에 해당(該當)하는 타인(他人)은] ➡ 평생(平生) 나를 애먹이는 자(者)이다.

(2) 불효자녀(不孝子女).

> ◐ 자식(子息)의 생년(生年)이나, 생월(生月)이거나, 운시(運始)가 백호살(白虎殺)이
> 나 괴강살(魁罡殺)을 가지고 출생(出生)하면.

- 그의 조부모대(祖父母代)부터 부모대초(父母代初)에 크게 몰락(沒落)을
  해 버린 가문(家門)이다.
▶ 장남(長男)아닌 사람이 12신살(神殺)의 군위(君位)가 되면.
- 그 운성(運星)의 작용(作用)도 못하고, 부모(父母)를 몰락(沒落)을 시킨
  다.
▶ [장남(長男)이 운시(運始)가 군위(君位)이면] ➡ 부선망(父先亡)한다.
▶ [여명(女命)이 운시(運始)가 〈갑(甲)이나 자(子)·인(寅)〉 等 높은 뜻의 오행
  (五行)을 타고 태어나면] ➡ 부모(父母)나 남편(男便)이 몰락(沒落)한다.

(3) 효자지명(孝子之命).

> ◐ 자식(子息)의 〈띠〉와 부모(父母)의 생년(生年)과 삼합(三合) 또는 육합(六合)〈=지
> 합(支合)〉이 되면.

- 그는 반드시 효도(孝道)를 하게 되고, 종신자식(終身子息)의 노릇을 하게
  되는데 한 집에 살며 생활(生活)을 하면서 부모(父母)의 업(業)을 지니면
  별일이 없고 부유(富裕)하게 살지만, 따로 분가(分家)해서 살면 평생(平
  生) 출세(出世)를 못하고 빈한(貧寒)하게 산다. 가난하지 않으면 천병(天
  病)을 지니어 오히려 부모(父母)를 괴롭힌다.

> ◐ 부모(父母)의 〈띠〉와 자식(子息)의 〈띠〉가 원진(元辰)이 되면.

• 부모(父母)와 자식(子息)이 비슷한 운명(運命)이 된다.

(4) 출세자녀(出世子女).

> ⊙ 자식(子息)의 생년(生年)이 부모(父母)의 생년(生年)이나 월(月)이 충(沖)이 되면.

• 그 자식(子息)은 성격상(性格上)으로는 부모(父母)와 자주 부딪친다. 그러나 커가면서 뚜렷한 개성(個性)이 나타나게 되어 부모(父母)의 권세(權勢)를 절대적(絶對的)으로 압도(壓倒)한다.
• 고(故)로 충(沖)을 좋아하는 이론(理論)이지만 충(沖)이라도 자식(子息)이 부모(父母)를 이기는 충(沖)을 더 좋아하는데 오행(五行)이라도 이기는 것을 좋아한다. 부(父)가 묘생(卯生)이고 자식(子息)이 유생(酉生)이라면 금극목(金克木)으로 길(吉)한 것이 더하다.

> ⊙ 딸이 모(母)와 충(沖)이 되는 〈띠〉라면.

• 그 사위가 크게 출세(出世)한다.

51. 천라지망살(天羅地網殺).

(1) [천라살(天羅殺)] ➡ 〈술(戌)·해(亥)〉.

▶ [천라살(天羅殺)이 원국(元局)에 나란히 있으면].
• 반생(半生)이 불운(不運)하고, 원국(元局)에 있고 태세(太歲)가 지나면 관재(官災)가 아니면 해외출국(海外出國)을 한다. 이 천라살(天羅殺)은 외국(外國)은 대길(大吉)하다.
▶ [직업(職業)] ➡ 승려(僧侶), 의사(醫師), 종교가(宗敎家), 역술가(易術家) 等

은 길(吉)하나 약사(藥師)는 불길(不吉)하다.

► 고향(故鄕)을 떠나서 타향(他鄕)살이 하는 것이 길(吉)하다.

(2) [지망살(地網殺)] ➡ 〈진(辰)·사(巳)〉.

► 약사(藥師)는 대길(大吉)하다. 부모업(父母業)을 계승(繼承)하면 대길(大吉)
하고, 고향(故鄕)을 떠나면 패망(敗亡)하거나 천박(淺薄)한 생활(生活)하니
불길(不吉)하다.

► [이 지망살(地網殺)이 있고 대운(大運)이나 세운(歲運)에서 또 만나서 결혼
(結婚)하면] ➡ 부모(父母)는 망(亡)하거나 배우자(配偶者)는 병신(病身)이
된다.

  • [여명(女命)에 이 지망살(地網殺)이 있으면] ➡ 남편출세(男便出世)를 못
   시킨다.

> ⬀ [이 살(殺)을 가진 자(者)끼리 결혼(結婚)을 하면] ➡ 정의(情誼)는 좋으나 빈한(貧
> 寒)하다.

(3) 천라(天羅), 지망(地網) 等의 나망살(羅網殺)은 모두 빈한(貧寒)하고 고독 (孤獨)하게 살아간다.

► 특(特)히 〈파혼살(破婚殺)〉 또는 〈불거살(不居殺)〉이라 하여,

  • 진인(辰人)이 사운(巳運)을 만나거나,

  • 사인(巳人)이 진운(辰運)을 맞이할 때는 생리사별(生離死別)을 하게 되
   며, 혹(或) 동거(同居)를 해도 별방(別房)을 한다.

► 특이현상(特異現狀)은 진생(辰生)·사생(巳生)이 결혼(結婚)을 하고, 술생
(戌生)·해생(亥生)이 결혼(結婚)을 하면 애정(愛情)은 평생(平生) 유지(維

持)되나 빈한(貧寒)하다.

▶ [호중자(壺中子)에 의(依)하면].

　• 천라(天羅)〈=술해(戌亥)〉와 지망(地網)〈=진사(辰巳)〉은 원천적(源泉的)
　　인 흉살(凶殺)로서 이 살(殺)이 들면 일찍감치 이웃이나 친척(親戚)을 찾
　　아서 더부살이를 하거나 머슴살이를 해야 하고, 아니면 의술(醫術)이나
　　역술(易術)을 익혀서 활인구명(活人救命)을 하라고 하였다.

▶ 직업(職業)으로는 의사(醫師), 약사(藥師), 종교가(宗教家), 역술인(易術人)
　等은 성공(成功)하고 부귀공명(富貴功名)을 누리지만.

　• 기외(其外)는 출세(出世)도 힘들고, 가난하고, 고독(孤獨)하고 무주택(無
　　住宅)인 자(者)가 많음.

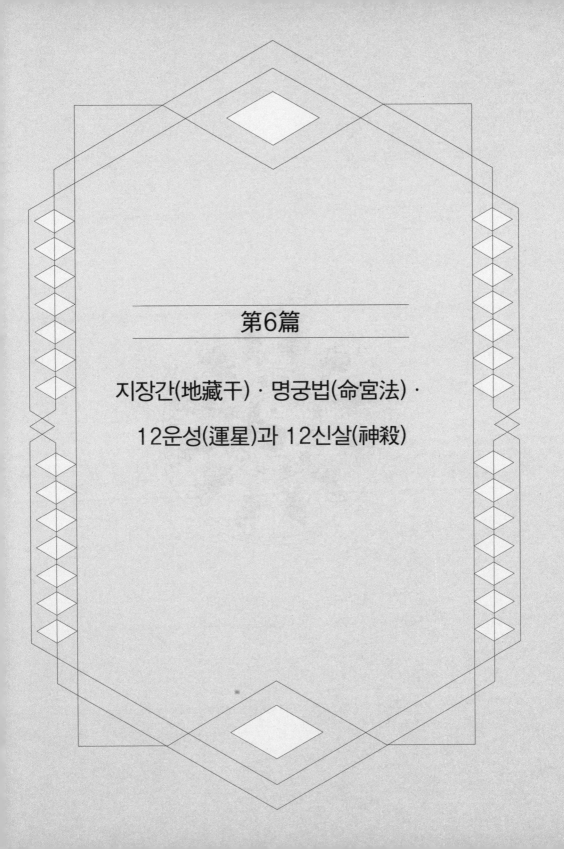

第6篇

지장간(地藏干) · 명궁법(命宮法) ·

12운성(運星)과 12신살(神殺)

第1章. 지장간(地藏干)과 절기심천(節氣深淺)

1. 지장간(地藏干).

○ 지장간(地藏干)이란 천(天)·인(人)·지(地)의 삼재도(三才道)에 의거(依據)해서 설명(說明)하면 천(天)은 하늘, 지(地)는 땅, 하늘과 땅사이에 인간(人間)을 비유(比喩)해 인원(人元)이라 하며 [여기(餘氣) ➡ 〈천(天)〉]·[중기(中氣) ➡ 〈인(人)〉]·[정기(正氣) ➡ 〈지(地)〉]로 구성(構成)된다.

地支	寅	卯	辰	巳	午	未	申	酉	戌	亥	子	丑
餘氣 여기	戊 7日 2分	甲 10日 5分	乙 9日 3分	戊 7日 1分	丙 10日 3分	丁 9日 3分	戊 7日 2分	庚 10日 5分	辛 9日 3分	戊 7日 2分	壬 10日 5分	癸 9日 3分
中氣 중기	丙 7日 2分	■	癸 3日 2分	庚 7日 3分	己 11日 3分	乙 3日 2分	壬 7日 2分	■	丁 3日 2分	甲 7日 2日	■	辛 3日 1分
正氣 정기	甲 16日 2分	乙 20日 6分	戊 18日 6分	丙 16日 5分	丁 10日 3分	己 18日 6分	庚 16日 6分	辛 20日 6分	戊 18日 6分	壬 16日 6分	癸 20日 7分	己 18日 6分

· [여기(餘氣)] ➡ 전월(前月)의 오행(五行)을 가진 천간(天干)이 남아서 작용(作用)하는 것을 말한다.

· [중기(中氣)] ➡ 본월(本月)의 기운(氣運)이 들기 전(前)의 기(氣)이다.

- [정기(正氣)] ➡ 본월(本月)의 오행(五行)과 동일(同一)한 기운(氣運)이 왕성(旺盛)한 천간(天干)을 말한다.

▶ 한달은 보통(普通)〈30일(日)〉인데 여기(餘氣)는 몇일(日), 중기(中氣)는 몇일(日), 정기(正氣)는 몇일간(日間)을 작용(作用)하는 가를 알아보고 각자(各自)가 태어난 당일(當日)이 여기(餘氣)·중기(中氣)·정기(正氣) 중(中) 어느 기(氣)를 받을 때 태어났는 가를 가려서 판단(判斷)의 차이(差異)를 가린다.

▶ 고(故)로 지장간(地藏干)은 지중(地中)에 숨어 있는 천간(天干)을 말하고, 격(格)과 용신(用神)을 찾는데 중요(重要)한 역할(役割)하며 숨은 육신(六神)을 찾아 응용(應用)도 하며, 지장간(地藏干)에 숨은 한달30일중(日中) 여기(餘氣)·중기(中氣)·정기(正氣)로 나누어 정격(定格)을 한다.

▶ 천간(天干)은 지지(地支)에 근원(根源)을 두고 있지 않으면 그 자체(自體)로는 존재(存在)하지 못하고, 대세(大勢)의 흐름에 맡겨 따라가지 않을 수 없다. 따라서 오행(五行)이 투간(透干)되어 있는 천간(天干)과 대조(對照)하여 서로 뿌리를 두어 유정(有情)·무정(無情)·상생화합(相生和合)·상극대립(相剋對立)·합(合)·형(刑)·충(沖)·암합(暗合)·암충(暗沖) 等을 살피고 참고(參考)한 다음 운명(運命)을 풀어가야 올바른 감정(鑑定)이며, 지지(地支)안에 암장(暗藏)된 천간(天干)들과 상호(相互)의 맥락(脈絡)에서 우리는 운명(運命)의 여러 양상(樣相)을 볼 수 있다.

▶ 지지(地支)속의 지장간(地藏干)을 잘 이해(理解)하고 그 상호(相互)의 기능(機能)들을 적용(適用)함으로서 복잡(複雜)한 인생(人生)살이의 성패(成敗)와 희비(喜悲)를 널리 조감(鳥瞰)해 보고 새 인생(人生)의 길잡이를 삼을 수 있으니 지장간(地藏干)의 이해(理解)는 명리감정(命理鑑定)에 매우 중요(重要)한 열쇠가 된다.

◎ 명리학(命理學)은 기상변화(氣象變化)와 음양오행(陰陽五行)의 생극조화(生剋調和)를 판단기준(判斷基準)으로 삼기 때문에 절후(節後)는 중요(重要)하다. 월(月)을 정(定)함에도 월력상(月曆上)의 각월(各月)을 무시(無視)하고 절입일(節入日)을 기준(基準)을 한다.

▶ 모든 지지(地支)는 여기(餘氣) · 중기(中氣) · 정기(正氣)로 나누고 어느 월(月)에 태어났느냐에 따라 지장간(地藏干) 중(中)에서 여기(餘氣) · 중기(中氣) · 정기(正氣)에 해당(該當)하는 작용(作用)을 한다.

寅月 (正月)	• 입춘일(立春日)부터 시작(始作)해서 추운 가운데 화기(火氣)가 생(生)하고 　우수일(雨水日)부터 목(木)이 점차(漸次) 왕성(旺盛)해진다. • [양목(陽木)] ➡ 동량지목(棟樑之木). 화영목(火榮木).
卯月 (2月)	• 경칩(驚蟄)부터 시작(始作)해서 목기(木氣)가 왕성(旺盛)해 지는 계절(季節)의 　초순목(初旬木)은 한목(寒木)이고, 중순(中旬)과 하순(下旬)의 목(木)은 점차(漸次) 　왕목(旺木)이 된다. • [음목(陰木)] ➡ 묘목(卯木). 초근지목(草根之木). 습목(濕木). 풍화작용(風化作用)을 　의미(意味)한다.
辰月 (3月)	• 청명(淸明). 목왕춘절(木旺春節). 토기(土氣), 수기(水氣)도 왕(旺)하고, 　곡우후(穀雨後)에는 계수(癸水)와 진중무토(辰中戊土)가 함께 공존(共存)한다. • [양토(陽土)] ➡ 중원토(中原土). 가색지토(稼穡之土). 엽목지토(葉木之土).
巳月 (4月)	• 입하(立夏). 화왕절(火旺節). 초기(初期)에는 토왕여기(土旺餘氣)이고, 　중순(中旬)에는 양금왕(陽金旺)하고, 소만이후(小滿以後)에는 병화(丙火)가 　득세(得勢)한다. • [양화(陽火)] ➡ 태양지화(太陽之火). 노치지화(爐治之火). 강렬지화(强烈之火).

午月
(5月)
	• 망종(芒種). 화기극왕(火氣極旺). 초기(初期)는 화기극왕(火氣極旺), 중기(中氣)에도
	  병화기토(丙火己土)가 극왕(極旺)하고, 하순(下旬)에는 정화(丁火)가 왕(旺)한다.
	  음기(陰氣)가 생(生)하기 시작(始作)한다.
	• [음화(陰火)] ➡ 등촉지화(燈燭之火).

未月
(6月)
	• 소서(小暑). 복염(伏炎). 초순(初旬)에는 화기왕(火氣旺)하나, 목기(木氣)가
	  생기(生氣)하고, 대서후(大暑後)에는 토왕(土旺)하고, 하지후(夏至後)에는
	  화생토(火生土)로 토(土)가 최왕(最旺)하다.
	• [음토(陰土)] ➡ 조토(燥土). 왕토(旺土).

申月 (7月)	• 입추(立秋). 초기(初期)는 노염(老炎)이 있고, 중순(中旬)에는 임수(壬水)가 일어나며 처서후(處暑後)에는 금기(金氣)가 왕(旺)해진다. • [양금(陽金)] ➡ 무쇠철(鐵). 완금장철(頑金丈鐵).

酉月
(8月)
	• 백로(白露). 초순(初旬)에는 경금(庚金)이 왕(旺)하고, 과일이 결실(結實)하고,
	  중순(中旬)과 하순(下旬)에는 신금생왕(辛金生旺)하고 모체(母體)에서
	  결별(訣別)한다.
	• [음금(陰金)] ➡ 비철금속(非鐵金屬). 금(金), 은(銀), 주옥(珠玉)이 된다.

戌月 (9月)	• 한로(寒露). 토왕(土旺)이지만 금기(金氣)가 남아 있고, 상강(霜降)이 되면 고장(庫藏)에 간직하고, 토기(土氣)가 왕성(旺盛)해진다. • [양토(陽土)] ➡ 왕토(旺土). 제방토(堤防土). 조토(燥土).

亥月
(10月)
	• 입동(立冬). 수왕(水旺)이지만 토(土)의 여기(餘氣)가 있고, 소설(小雪) 때는
	  해중갑목(亥中甲木)이 생기(生氣)됨으로 소춘(小春)이라 한다.
	• [양수(陽水)] ➡ 정지수(停止數). 해수(海水). 호수(湖水). 큰물.
	  온난지수(溫暖之水)를 의미(意味)한다.

子月
(11月)
	• 대설(大雪). 음기극성(陰氣極盛)하고, 수(水)가 동결(凍結)하고, 동지(冬至)
	  10일후(日後)부터 1양(陽)이 시생(始生)하여 화기생장(火氣生長)이 시작(始作)한다.
	• [음수(陰水)] ➡ 우로수(雨露水). 천수(泉水). 천수(川水). 유수(流水).
	  한냉지수(寒冷之水)를 의미(意味)한다.

丑月 (12月)	• 소한(小寒). 음한위세(陰寒威勢)를 떨치고, 계수왕(癸水旺)하고, 대한(大寒)은 신금(申金), 기토(己土)가 왕성(旺盛)해지고, 지하(地下)부터 2양(陽)이 돋아 오른다. • [음토(陰土)] ➡ 동토(凍土). 습토(濕土). 철분(鐵分)있는 토(土).

第2章. 명궁법(命宮法)<=사주(四柱)의 집>

1. 월(月)·시지지(時地支)의 고정수표(固定數表).

月時	寅	卯	辰	巳	午	未	申	酉	戌	亥	子	丑
월시	1	2	3	4	5	6	7	8	9	10	11	12

2. 명궁산출법(命宮算出法).

- ▶ [명궁기본수(命宮基本數)] ➡ [14와 26].
  - ・[月·時의 합수(合數)가 14미만(未滿)이면] ➡ 14-합수(合數)=나온 수(數).
  - ・[月·時의 합수(合數)가 14이상(以上)이면] ➡ 26-합수(合數)=나온 수(數).
- ▶ 나온 수(數)의 지지(地支)의 간(干)은 연두법(年頭法)에 맞추어 산출(算出)한 것이 명궁(命宮)이다.
  - ➡ [1942年 3月 21日 申時生(신시생)].
  - ・辰月3 + 申時7=10이니 14 − 10= 〈4〉.
  - ・4의 支는 4巳. 임오생(壬午生)은 〈을사(乙巳)〉이니 명궁(命宮)이다.
  - ➡ [1947年 11月 1日 寅時生(인시생)].

- 子月11 + 寅時1=12이니 14 − 12= 〈2〉.
- 2의 支는 2卯. 정해생(丁亥生)은 〈계묘(癸卯)〉이니 명궁(命宮)이다.
➡ [1978年 11月 4日 戌時生(술시생)].
- 亥月10 + 戌時9=19이니 26 − 19= 〈7〉.
- 7의 支는 7申. 무오생(戊午生)은 〈경신(庚申)〉이니 명궁(命宮)이다.

3. 원리(原理)와 통변활용(通辯活用).

(1) [원리(原理)] ➡ 명궁(命宮)의 기산법(起算法)은 대운(大運)을 정(定)하는 법(法)과 달리 그 생월(生月)의 절입일(節入日)을 기준(基準)하는 것이 아니고 해당월(該當月)의 중기(中氣)로서 기준(基準)한다.

1月	2月	3月	4月	5月	6月	7月	8月	9月	10月	11月	12月
大寒 대한	雨水 우수	春分 춘분	穀雨 곡우	小滿 소만	夏至 하지	大暑 대서	處暑 처서	秋分 추분	霜降 상강	小雪 소설	冬至 동지

▶ 남녀음양생(男女陰陽生)을 막론(莫論)하고 정월생(正月生)을 자(子)에서 시작(始作)하여 2월생(月生)은 해(亥) · 3월생(月生)은 술(戌) · 4월생(月生)은 유(酉) · 5월생(月生)은 신(申)---와 같이 이하(以下) 동법(同法)으로 역수(逆數)한 다음 그 사람의 생월(生月)에서 멈추고, 멈추어진 자리에서 출생시(出生時)로부터 순행(順行)하여 나가다가 남녀불문(男女不問)하고 묘(卯)가 닿는 곳이 명궁(命宮)이다.

▶ 명궁작성시(命宮作成時)에 주의(注意)할 점(点).
- 자기(自己)의 생월절입일(生月節入日)로 하지 말고 생월절기전(生月節

前)의 중기(中氣)로서 준(準)한다.

- 생일(生日)의 일주(日柱)는 아무 작용(作用)도 하지 않는다.
- 천간(天干)은 연두법(年頭法)을 적용(適用)한다.

(2) 통변활용(通辯活用).

◐ 명궁(命宮)의 중요성(重要性).

▶ 신(神)은 사묘(祠廟)에서 살고, 인(人)은 방실(房室)에 살고, 영혼(靈魂)은 영부(靈符)에 살고, 인생(人生)의 사주팔자(四柱八字)는 명궁(命宮)에 거(居)하게 되는 것과 같은 이치(理致)이다. 명궁(命宮)은 그 명(命)의 거실(居室)로서 명(命)의 기거(起居), 동작(動作), 진산(進散), 진퇴(進退)와 기타(其他) 만반(萬般)의 조화(調和) 그 모두가 여기에 근거(根據)되어 있으니 연구(研究)할 가치(價値)가 있다.

▶ 이 명궁(命宮)은 활용면(活用面)이 광범위(廣範圍)하니 육친(六親), 용신(用神), 신살(神殺) 等 제반사(諸般事)에 대조(對照)해 본다. 명궁(命宮)은 안정(安靜)되어야 좋다.

- [예(例)] ➡ [사주(四柱)에 역마(驛馬), 지살(地殺)이 있는데 명궁(命宮)에도 역마(驛馬), 지살(地殺)이 임(臨)하면] ➡ 해외사업(海外事業)이나 해외진출(海外進出)을 도모(圖謀)할 수가 있는 것이다.

▶ 명궁(命宮)을 육친(六親)으로 바꾸어 용신(用神)·희신(喜神)·기신(忌神)·구신역할(仇神役割)·부족오행보충(不足五行補充)에 참고(參考)하라.

◐ 명궁(命宮)의 활용(活用).

▶ 명궁(命宮)은 망신살(亡身殺)·겁살(劫殺)·칠살(七殺)〈=편관(偏官)〉·백호(白虎)·양인(羊刃)·재살(災殺)〈=수옥살(囚獄殺)〉·역마살(驛馬殺) 等의 유무(有無)를 살펴라.

· [이런 살(殺)이 있으면] ➡ 흉사(凶死)·빈곤(貧困)·불구(不具)·천(賤)하거나·종신병(終身病)이 생긴다.

· [명궁(命宮)에 백호살(白虎殺)이 있으면] ➡ 반드시 관액(官厄), 횡액(橫厄)이 많이 발생(發生)한다.

▶ [명궁(命宮)에 12운성(運星)의 사(死)·묘(墓)·절(絶)·병(病) 等이 놓이면] ➡ 일생(一生)동안 큰 발전(發展)이 없다.

▶ [명궁(命宮)에 천을귀인(天乙貴人)이 있으면] ➡ 예술적소질(藝術的素質)이 있고, 상인(上人)의 신망(信望)을 받음.

· [명궁(命宮)에 천을귀인(天乙貴人)·장생(長生)·관대(冠帶)가 동주(同柱)하면] ➡ 지혜(智慧)깊고, 학술(學術)·기능(技能)으로 출세(出世)한다.

· 명궁(命宮)에 천을귀인(天乙貴人)·공망(空亡)·형(刑)·충(沖)·파(破)·해(害)·백호(白虎)·고과살(孤寡殺) 等이 있으면 종교인(宗敎人)이다.

▶ [명궁(命宮)이 공망(空亡)되면] ➡ 풍류심(風流心)이 많고, 예술(藝術), 학문(學文)에 신망(信望)을 얻는다.

· [명궁(命宮)이 공망(空亡)이 안되고 형(刑)·충(沖)·파(破)·해(害)가 없고 12운성(運星)의 왕상(旺相)에 해당(該當)되면] ➡ 부귀(富貴)하고, 일생(一生)동안 큰 재액(災厄)이 없고, 희열사(喜悅事)가 많음.

▶ [명궁(命宮)은 일지(日支)나 시지(時支)와 형(刑)·충(沖)·파(破)·해(害)를 꺼린다. 형(刑)·충(沖)·파(破)·해(害)가 되면] ➡ 빈한(貧寒), 단명(短命),

곤액(困厄) 等을 당(當)하고 신체(身體)가 허약(虛弱)하다.

► [명궁(命宮)에 고진(孤辰), 과숙(寡宿)이 있으면] ➡ 승려(僧侶), 사당(祠堂)의 관리자(管理者)가 되며 아니면 고독(孤獨)을 불면(不免)하고 만혼(晚婚)으로 결혼(結婚)이 늦다.

► [명궁(命宮)에 역마(驛馬)가 있으면] ➡ 일생분주(一生奔走)한데 충(沖)이나 공망(空亡)을 만나면 일생(一生)동안 집에 붙어 있지 않고 이사(移徙)와 이동(移動)만 한다.

  • 명궁(命宮)에 역마(驛馬), 도화성(桃花星)이 동주(同柱)하면 국제결혼(國際結婚)하고, 이민(移民)가고, 이성문제(異性問題)로 도주(逃走)한다.

► [명궁(命宮)에 도화살(挑花殺), 홍염살(紅艶殺), 욕살(浴殺) 等이 있으면] ➡ 주색잡기(酒色雜技)로 패망(敗亡)하고,

  • 또 여기에 [공망(空亡)까지 겸(兼)하면] ➡ 수치(羞恥)와 염치(廉恥)를 모른다.

► 명궁(命宮)을 대운(大運)·세운(歲運)이 충극(沖剋)하면 생명(生命)이 위험(危險)하다.

※ 예제(例題) 1 ➡ 壬戌年. 8月. 11日. 亥時生.(추분(秋分)以後에 出生)

辛	壬	己	壬	正印	▲	正官	比肩
亥孤	寅	酉	戌魁	比肩	食神	正印	偏官

► 명궁(命宮)은 무신(戊申)이다. 명궁신(命宮申)과 일지인(日支寅)이 충(沖)하여 교통사고(交通事故)를 당(當)했다.

► 임일(壬日)이 득록어해(得祿於亥)하고 신금명궁(申金命宮)에 장생(長生)이 되고, 신왕(身旺)되니 상신(傷身)은 하였으나 경미(輕微)한 사고(事故)에 그쳤다.

第3章. 12운성(運星)

1. 조견표(早見表).

	絶胞 절포	胎 태	養 양	生 생	浴 욕	帶 대	祿 록	旺 왕	衰 쇠	病 병	死 사	墓 묘
甲	申	酉	戌	亥	子	丑	寅	卯	辰	巳	午	未
丙戊	亥	子	丑	寅	卯	辰	巳	午	未	申	酉	戌
庚	寅	卯	辰	巳	午	未	申	酉	戌	亥	子	丑
壬	巳	午	未	申	酉	戌	亥	子	丑	寅	卯	辰
乙	酉	申	未	午	巳	辰	卯	寅	丑	子	亥	戌
丁己	子	亥	戌	酉	申	未	午	巳	辰	卯	寅	丑
辛	卯	寅	丑	子	亥	戌	酉	申	未	午	巳	辰
癸	午	巳	辰	卯	寅	丑	子	亥	戌	酉	申	未

▶ [장생(長生)부터 양일간(陽日干)] ➡ 순행(順行)한다.

· 〈甲=亥〉·〈丙戊=寅〉·〈庚=巳〉·〈壬=申〉으로 인(寅)·신(申)·사(巳)·해(亥)부터 시작(始作)하여 순행(順行)한다.

▶ [장생(長生)부터 음일간(陰日干)] ➡ 역행(逆行)한다.

· 〈乙=午〉·〈丁己=酉〉·〈辛=子〉·〈癸=卯〉으로 자(子)·오(午)·묘(卯)·유(酉)부터 시작(始作)하여 역행(逆行)한다.

(1) 절(絶) ➡ 포(胞) ➡ 겁살(劫殺) ➡ 정권(停權) ➡ 이성상합(二性相合).

1) 대운(大運)·세운(歲運)에 적용(適用).

▶ 제사(諸事)를 정리(整理)를 하고 새 출발(出發)을 시도(試圖)한다. 골치 아픈 일이 해결(解決)이 된다. 봉사(奉仕)의 뜻이다. 외부충동(外部衝動)에 동요(動搖)하는 기질(氣質)이 있다.

• 여명(女命)은 유혹(誘惑)에 약(弱)해 정조(貞操)를 실(失)한다.

2) 원국(元局)에 적용(適用).

▶ [년유(年有)] ➡ 부모인연(父母因緣)이 희박(稀薄)해서 생리사별(生離死別)을 한다. 타향(他鄕)살이를 한다. 선대양자(先代養子)가 되든지 또는 서계(庶系)가 되기 쉽다.

▶ [월유(月有)] ➡ 대인관계(對人關係)가 불원만(不圓滿)하고 사회생활(社會生活)에 고립(孤立)을 당(當)한다.

▶ [일유(日有)] ➡ 주관(主觀)이 없어 남의 꾀에 잘 넘어간다. 색난소동(色難騷動)을 일으킨다. 변동(變動)을 좋아한다. 충동(衝動)을 하면 쉽게 동요(動搖)가 되어 무계획적(無計劃的)인 일을 벌린다. 호변성(好變性)의 기질(氣質)이니 결혼후(結婚後)에도 가정불만(家庭不滿)이 많아서 가정운(家庭運)이 불길(不吉)하다.

▶ [시유(時有)] ➡ 주색탕진(酒色蕩盡)한다. 여아(女兒)가 많음. 자녀(子女)의 근심이 많음.

3) 육친(六親)에 적용(適用).

▶ [비겁(比劫)·절(絶)] ➡ 형제(兄弟)가 무덕(兄德)해서 형제(兄弟)가 없는 것과 같다.

▶ [식상(食傷)·절(絶)] ➡ 의식주(衣食住)가 곤난(困難)하다. 일생분주(一生奔走)하다.
  • 여명(女命)은 자식무덕(子息無德)하고 자녀생산(子女生産)에 문제(問題)가 있음.

▶ [재성(財星)·절(絶)] ➡ 남명(男命)은 처(妻)로 인(因)해서 고민(苦悶)이 많음. 재복(財福)도 별로 없음.

▶ [관성(官星)·절(絶)] ➡ 남명(男命)은 자식무덕(子息無德)하다. 직업운(職業運)이 없음. 구직난(求職難)을 겪는다.
  • 여명(女命)은 남편무덕(男便無德)하다.

▶ [인성(印星)·절(絶)] ➡ 모(母)와의 인연(因緣)이 희박(稀薄)하다. 공부취미(工夫趣味)가 없음. 학업운(學業運)이 불길(不吉)하다. 문서(文書)를 분실(紛失)하기도 한다.

(2) 태(胎) ➡ 재살(災殺) ➡ 분리(分離) ➡ 태반작용(胎盤作用).

1) 대운(大運)·세운(歲運)에 적용(適用).

▶ 형태(形態)나 구성(構成)의 뜻이다. 모의협잡(謀議挾雜)을 구(求)한다. 현실(現實)로 옮기는 상태(狀態)이다. 초약후길(初弱後吉)한다. 재산운(財産運)의 기초(基礎)를 다진다. 주체성(主體性)이 미약(微弱)하다. 의타심(依他心)이 많음. 남의 도움을 좋아한다. 색정문제(色情問題)로 고민(苦悶)을 한다.

2) 원국(元局)에 적용(適用).

▶ [년유(年有)] ➡ 부모(父母)의 변동기(變動期)에 출생(出生)해서 파란(波瀾)

이 많음. 선대(先代)는 발달(發達)한 가문(家門)이다.

▶ [월유(月有)] ➡ 공덕(功德)이 없음. 직업변동(職業變動)이 많음. 부모대(父母代)에 변동(變動)이 많다. 고독(孤獨)하다.

▶ [일유(日有)] ➡ 어려서 사경(死境)이였으나 중장년기이후(中壯年期以後)에 건강회복(健康回復)한다. 직업변동(職業變動)이 많음. 끈기가 부족(不足)하다.

　• 여명(女命)은 고부간(姑婦間)에 갈등(葛藤)이 있고, 남편(男便)의 일에 장애(障碍)가 많고, 부부불화(夫婦不和)하고, 별거(別居)를 한다. 부부궁(夫婦宮)이 바뀐다.

▶ [시유(時有)] ➡ 여아(女兒)가 많음. 자녀(子女)가 가업(家業)을 돌보지 않아 전업(轉業)한다. 부모업(父母業)을 계승(繼承)하기가 힘들다.

3) 육친(六親)에 적용(適用).

▶ [비겁(比劫)·태(胎)] ➡ 형제(兄弟), 친구(親舊), 근친가족(近親家族)으로부터 도움을 받아 발전(發展)의 기틀을 세운다.

▶ [식상(食傷)·태(胎)] ➡ 의식주증가(衣食住增加)해 생활(生活)이 윤택(潤澤)해진다. 자녀경사(子女慶事)가 있음.

　• 여명(女命)은 임신(姙娠)한다.

▶ [재성(財星)·태(胎)] ➡ 재산(財産)이 증가(增加)한다. 처(妻)가 잉태(孕胎)한다. 처(妻)에게 경사(慶事)가 있음.

▶ [관성(官星)·태(胎)] ➡ 명예상승(名譽上昇)한다. 자녀(子女)를 임신(姙娠)한다. 직업운(職業運)이 좋음.

▶ [인성(印星)·태(胎)] ➡ 학문(學文)이 발전(發展)한다.

(3) 양(養) ➡ 천살(天殺) ➡ 양육(養育) ➡ 생기기상(生氣起上).

1) 대운(大運)·세운(歲運)에 적용(適用).

▶ 구성확대(構成擴大)한다. 모든 준비(準備)가 갖추어진 것이다. 나타나는 상
태(狀態)이다. 착실(着實)하고, 안정적(安定的)인 기질(氣質)이다. 낙천적
(樂天的)인 기질(氣質)이나 겁(怯)이 많음. 양자(養子), 분가(分家), 발전(發
展), 팔방미인(八方美人), 색난(色難), 견실(堅實), 교육(敎育) 等의 뜻을 내
포(內包)하고 있다.

2) 원국(元局)에 적용(適用).

▶ [년유(年有)] ➡ 부친(父親)이 양자(養子)이다. 본인(本人)도 양자(養子)이
다. 아니면 타부모(他父母)를 모셔 본다.

▶ [월유(月有)] ➡ 양자(養子)이거나 서출(庶出)이다. 주색잡기(酒色雜技)로
가산(家産)을 탕진(蕩盡)한다.

▶ [일유(日有)] ➡ 색난(色難)을 행(行)하고 재혼(再婚)을 한다. 유년시절(幼年
時節)에는 타인(他人)에게 양육(養育)이 된다. 호색(好色)으로 남난여난(男
難女難)을 한다. 사교(社交)가 능(能)하다. 팔방미인(八方美人)이다.

▶ [시유(時有)] ➡ 자식덕(子息德)이 있음. 만년(晩年)에 자식(子息)으로부터
효양(孝養)을 받는다.

3) 육친(六親)에 적용(適用).

▶ [비겁(比劫) · 양(養)] ➡ 형제(兄弟)가 온순(溫順)하다.

▶ [식상(食傷) · 양(養)] ➡ 의식주(衣食住)가 윤택(潤澤)하다. 조모(祖母)가 양
육(養育)한다.

▶ [재성(財星) · 양(養)] ➡ 재물운(財物運)이 좋아진다.

► [관성(官星)·양(養)] ➡ 직업운(職業運)이 좋음.

► [인성(印星)·양(養)] ➡ 계모(繼母)가 있고 이복형제(異腹兄弟)가 있음.

(4) 장생(長生) ➡ 지살(地殺) ➡ 파생(派生) ➡ 공기흡입(空氣吸入).

1) 대운(大運)·세운(歲運)에 적용(適用).

► 설립(設立)하고, 운영출발(運營出發)하고, 매사성취(每事成就)하고, 독립(獨立)된 상태(狀態)이고, 영역확보(領域確保)한다는 뜻을 의미(意味)한다. 창조(創造)하고, 발전(發展)하고, 진취적(進取的)인 기상(氣象)을 가지고, 개척(開拓)하고, 전진(前進)을 하는 等의 뜻을 가지고 있다. 희망(希望)과 의욕(意慾)이 왕성(旺盛)하다. 욱일승천(旭日昇天)하여 장래촉망(將來囑望)을 받는다. 두령격(頭領格)이고, 학당성(學堂星)이고, 탄생성(誕生星)의 뜻도 있고, 창의(創意), 은혜(恩惠), 수복(壽福), 유화(宥和), 감각적(感覺的), 귀여움, 유약(柔弱)함 等의 뜻도 있다. 통솔력(統率力)이 강(强)하다. 발명가(發明家)나 학문가(學文家) 等에 소질(素質)이 있음.

2) 원국(元局)에 적용(適用).

► [년유(年有)] ➡ 선대발달중흥(先代發達中興)한다.

► [월유(月有)] ➡ 부모대(父母代)에 영화(榮華)를 누린다. 형제창성발달(兄弟昌盛發達)한다. 인덕(人德)이 있음. 상인(上人)을 잘 모신다.

► [일유(日有)] ➡ 부부화합(夫婦和合)하고 처덕(妻德)이 있음. 부모혜택(父母惠澤)이 크다. 언행일치(言行一致)하고 온화(溫和)하다.
  • 여명(女命)은 자식(子息)이 현명(賢明)하고, 일생(一生)동안 편안(便安)한 생활(生活)을 한다.
  • 여명(女命)의 병인일(丙寅日)·임인일생(壬寅日生)은 박학수재(博學秀

才)이나 남편덕(男便德)이 없어 신세한탄(身勢恨歎)을 한다.

- 남녀공(男女共)히 〈무인일생(戊寅日生)〉과 〈정유일생(丁酉日生)〉은 복록(福祿)이 적다.

▶ [시유(時有)] ➡ 자손영달(子孫榮達)한다. 가문(家門)을 빛내고 만년(晚年)의 인생(人生)이 영화(榮華)롭다.

3) 육친(六親)에 적용(適用).

▶ [비겁(比劫) · 장생(長生)] ➡ 형제자매(兄弟姉妹)와 친구(親舊)나 동료(同僚)가 길(吉)하다.

▶ [식상(食傷) · 장생(長生)] ➡ 의식주(衣食住)가 풍족(豊足)하고 문화혜택(文化惠澤)을 누린다.

▶ [재성(財星) · 장생(長生)] ➡ 거부(巨富)로 산다.

▶ [관성(官星) · 장생(長生)] ➡ 명예(名譽)롭고, 자식(子息)이나 남편(男便)이 훌륭해진다. 직위(職位)가 상승(上昇)한다. 직업운(職業運)이 대길(大吉)하다. 자식(子息)은 현출(賢出)한다.

- 여명(女命)은 남편덕(男便德)이 크다.

▶ [인성(印星) · 장생(長生)] ➡ 문장(文章)으로 인기상승(人氣上昇)한다. 예술가(藝術家)는 명성(名聲)을 얻는다. 문장가(文章家)도 명성(名聲)을 얻는다.

(5) 목욕(沐浴) ➡ 년살(年殺) ➡ 세척(洗滌) ➡ 오물세척(汚物洗滌).

1) 대운(大運)·세운(歲運)에 적용(適用).

▶ 제거(除去)나 배신(背信)의 뜻이다. 매사(每事)가 지연(遲延)된다. 얼굴이 미인(美人)이다. 혼사(婚事)는 결혼시기(結婚時期)이다. 색(色)을 좋아하고 바람끼〈=년살(年殺)〉가 많음. 함지살(咸池殺)이나 패욕살(敗浴殺)이나 색

욕(色慾)을 뜻한다. 불안정(不安定)하고 실패(失敗)와 회의적(懷疑的)이다. 구설(口舌)과 노고(勞苦)와 변덕(變德)의 뜻이다.

- 색난(色難)에 방탕(放蕩)하고, 주색낭비(酒色浪費)에 빠진다. 천방지축(天方地軸)이다. 유흥(遊興)·연극(演劇)·주류(酒類)·오락(娛樂) 等에 종사(從事)한다. 외교적수완(外交的手腕)이 있다. 미(美)를 선호(選好)한다. 유행(流行)에 민감(敏感)하다. 색정(色情)과 이성문제(異性問題)로 번민(煩悶)한다. 현실(現實)에 도취(陶醉)한다. 저축(貯蓄)보다는 낭비(浪費)하는 기질(氣質)이 많음.

2) 원국(元局)에 적용(適用).

▶ [년유(年有)] ➡ 선대(先代)집안 좋았으나 주색(酒色)으로 재산탕진(財産蕩盡)하여 파가(破家)가 된다.

▶ [월유(月有)] ➡ 이복형제(異腹兄弟)가 있다. 장자손실(長子損失)한다. 가정환경(家庭環境)이 안좋고, 부부(夫婦)의 인연(因緣)이 바뀐다.

▶ [일유(日有)] ➡ 부모재산(父母財産)의 계승(繼承)이 힘들다. 모(母)와 생리사별(生離死別)을 한다. 부모(父母)와 처덕(妻德)이 없음. 형제(兄弟)와 친척(親戚)이 불연(不然)으로 불목(不睦)한다. 사치(奢侈)와 색정(色情)으로 풍파(風波)가 많음. 타도(他道)나 타국(他國)에서 생활(生活)하는 팔자(八字)이다.

- [을사일생(乙巳日生)] ➡ 존경(尊敬)을 받지만 부자(富者)가 되면 병신(病身)이나 불구(不具)가 된다.
- [갑자일생(甲子日生)·신해일생(辛亥日生)] ➡ 고집(固執)이 세고 부부이별(夫婦離別)하는 운명(運命)이다.
- [여명(女命)은 월(月)·일(日)에 목욕살(沐浴殺)이 있으면] ➡ 남편(男便)

에 대(對)한 불만(不滿)이 많아 이혼(離婚)하기 쉽다.

▶ [시유(時有)] ➡ 자손(子孫)과 이별(離別)한다. 처궁(妻宮)에 변화(變化)가
있어 제이(第二)의 여인(女人)과 가정(家庭)을 꾸미는 경우(境遇)가 있음.

3) 육친(六親)에 적용(適用).

▶ [비겁(比劫)·목욕(沐浴)] ➡ 형제(兄弟)가 외정(外情)을 하고 주색(酒色)에
빠진다.

▶ [식상(食傷)·목욕(沐浴)] ➡ 자식(子息)이 주색(酒色)으로 가산탕진(家産蕩
盡)한다. 화류계(花柳界)나 예술계(藝術界)에 이름이 난다.

 • 여명(女命)은 호색(好色)한다.

▶ [재성(財星)·목욕(沐浴)] ➡ 지출(支出)이 많음. 가산(家産)을 탕진(蕩盡)하
는 위험(危險)이 있다.

▶ [관성(官星)·목욕(沐浴)] ➡ 직업운(職業運)이 불길(不吉)하다. 명예(名譽)
가 없음. 자식(子息)과 관직(官職)에 애로(隘路)가 있음.

 • 여명(女命)은 남편(男便)이 부침(浮沈)이 많고, 남편(男便)이 바람둥이이
고, 주색잡기(酒色雜技)에 빠진다. 기생(妓生), 첩(妾)의 팔자(八字)이다.
바람둥이 남편(男便)에게 시집을 간다.

▶ [인성(印星)·목욕(沐浴)] ➡ 모(母)가 풍류인(風流人)이고 방탕(放蕩)한 생
활(生活)을 한다.

(6) 관대(冠帶) ➡ 월살(月殺) ➡ 성숙(成熟) ➡ 부부안례(夫婦雁禮).

1) 대운(大運)·세운(歲運)에 적용(適用).

▶ 책임수행(責任遂行)한다. 시행착오(試行錯誤)를 한다. 기틀이 잡히는 상태
(狀態)이다. 부부의(夫婦誼)는 길(吉)하다. 제멋대로 행동(行動)을 한다. 발

탁(拔擢)과 혜택(惠澤)의 뜻이다. 출세시기(出世時期)이다. 자존심(自尊心)이 강(强)하다. 고통(苦痛)을 인내(忍耐)한다. 부정불의(不正不義)에 대항(對抗)한다. 명예(名譽), 존경(尊敬), 성공(成功)의 뜻을 내포(內包)하고 있다. 향상심(向上心)으로 출세욕망(出世慾望)이 있다. 고집불통(固執不通)이다. 진취적(進取的)인 기상(氣象)이 있다. 독립(獨立), 독행(獨行)의 의욕(意慾)이 강(强)하다. 고통(苦痛)과 고정(苦情)을 인내(忍耐)로 참는다.

- [직업(職業)] ➡ 실업가(實業家) · 판사(判事) · 군인(軍人) · 학자(學者) · 종교인(宗敎人) 等의 기질(氣質)이 있음

2) 원국(元局)에 적용(適用).

▶ [년유(年有)] ➡ 선대(先代)가 예의가문(禮儀家門)이다. 명문가출신(名文家出身)이다. 유복(有福)하게 성장(成長)한다. 상속재산(相續財産)이 있음. 일찍 출세(出世)한다. 천재적기질(天才的氣質)이 있음. 늙어 가면서 재혼(再婚)을 한다.

▶ [월유(月有)] ➡ 부모형제(父母兄弟)가 발전(發展)한다. 사회적(社會的)인 기반(基盤)이 튼튼하다. 명진사해(名振四海)한다. 개성(個性)이 강(强)하고 의사표시(意思表示)가 분명(分明)하다. 고집(固執)이 강(强)하다. 자기(自己)의 명예(名譽)와 출세(出世)를 위(爲)해서는 수단방법(手段方法)을 가리지 않는다.

▶ [일유(日有)] ➡ 세인(世人)의 총애(寵愛)를 받음. 상류층생활(上流層生活)을 한다. 자비심(慈悲心)과 덕(德)이 많아 존경(尊敬)을 받으나 부부애정(夫婦愛情)은 실패(失敗)한다. 용모단정(容貌端正)하고 두뇌명석(頭腦明晳)하다. 의리(義理)가 있고 조숙성장(早熟成長)한다. 사회적발전(社會的發展)이 빠르나 부부간(夫婦間)은 길연(吉緣)이 힘들고 지모(智謀)가 부족(不足)해

모사(謀事)가 힘들다. 직업(職業)과 주거(住居)에 변동(變動)이 많음.

- 여명(女命)의 〈임술일생(壬戌日生) · 계축일생(癸丑日生)〉은 남편(男便)
  의 흉사(凶事)가 있으니 백두낭군(白頭郎君)이나 연하(年下)의 남자(男
  子)와 결혼(結婚)하면 무방(無妨)하다.

▶ [시유(時有)] ➡ 자녀(子女)가 발달(發達)한다.

3) 육친(六親)에 적용(適用).

▶ [비겁(比劫) · 관대(冠帶)] ➡ 형제(兄弟)가 발달(發達)한다.

▶ [식신(食神) · 관대(冠帶)] ➡ 남자(男子)는 직업운(職業運)이 길(吉)하고,
  - 여자(女子)는 자녀현출(子女賢出)하고, 의식주풍족(衣食住豊足)하다.

▶ [상관(傷官) · 관대(冠帶)] ➡ 총명(聰明)하다. 남자(男子)는 직업운(職業運)
  이 불길(不吉)하고, 관직(官職)을 박탈당(剝奪當)한다.
  - 여명(女命)은 남편(男便)하는 일에 애로(隘路)가 많고, 생리사별(生離死
    別)하는 경우(境遇)도 있고, 장병(長病)으로 고생(苦生)한다.

▶ [재성(財星) · 관대(冠帶)] ➡ 가산증진(家産增進)이 된다. 대업성취(大業成
  就)한다. 재물운(財物運)은 길(吉)하다. 처(妻)는 고집(固執)이 세고 가권(家
  權)을 쥔다.

▶ [관성(官星) · 관대(冠帶)] ➡ 직업운(職業運)이 길(吉)하다. 관운대통(官運
  大通)한다.

▶ [인성(印星) · 관대(冠帶)] ➡ 기예(技藝)와 예술(藝術)은 발달(發達)한다. 사
  기(詐欺)를 잘 당(當)한다.
  - 여명(女命)은 자녀(子女)의 근심이 많음.

(7) 건록(建祿) ➡ 임관(臨官) ➡ 망신살(亡身殺) ➡ 중귀(重貴) ➡ 권좌부임(權

座赴任).

1) 대운(大運)·세운(歲運)에 적용(適用)한다.

▶ 출세(出世), 발탁(拔擢), 혜택(惠澤)의 뜻이다. 부정불의(不正不義)를 배격(排擊)을 하고 공명정대(公明正大)하고 공사분명(公私分明)하고 책임의식(責任意識)이 분명(分明)하다. 명예(名譽)·안태(安泰)·고상(高尚)·풍부(豊富)의 뜻이 있다. 공직인(公職人)과 지휘자(指揮者)에 능력(能力)이 있음. 잔소리꾼의 기질(氣質)이 있음. 인격품위(人格品位)를 지키며 상하질서(上下秩序)를 엄격(嚴格)히 구분(區分)하는 처세(處世)를 하게 된다.

2) 원국(元局)에 적용(適用).

▶ [년유(年有)] ➡ 선대(先代)가 번창(繁昌)한다. 부(父)가 자수성가(自手成家)한다.

▶ [월유(月有)] ➡ 자존심(自尊心)과 고집(固執)이 강(强)하다. 자수성가(自手成家)한다.

 • [여명(女命)]은 맞벌이를 하거나, 사회활동(社會活動)하는 맹렬여성(猛烈女性)으로 활동(活動)이 뛰어나다.

▶ [일유(日有)] ➡ 의리(義理)가 있고 건실(健實)하다. 두뇌명석(頭腦明晳)하고 두뇌회전(頭腦回傳)이 빠르다. 하는 일에 과신(過信)하면 기회(機會)를 잃는다. 간섭(干涉)을 받아 들이지 않고 배격(排擊)을 한다. 고독(孤獨)하고 내성적(內省的)인 성격(性格)이다. 독립심(獨立心)이 강(强)하다. 건전(健全)한 사상(思想)을 가진다. 남녀공(男女共)히 애정관계(愛情關係)가 원만(圓滿)치 못하다. 초년고생(初年苦生)하면 중년(中年)에 발복(發福)한다. 초년(初年)에 유복(有福)하면 중년(中年)에 고생(苦生)한다.

 • [남명(男命)] ➡ 무골호인(無骨好人)이다. 하는 것마다 안된다. 있으면 쓰

고 없으면 안쓴다. 자존심(自尊心)이 강(强)하고 문학(文學)이나 책(冊)을 좋아한다.

- [여명(女命)] ➡ 실조(失助)한다.
- 〈갑인일생(甲寅日生)·을묘일생(乙卯日生)·경신일생(庚申日生)〉은 재혼(再婚)이 아니면 독수공방(獨守空房)을 한다.

▶ [시유(時有)] ➡ 자손(子孫)은 부귀영화(富貴榮華)를 누리고 발복(發福)을 하게 된다.

3) 육친(六親)에 적용(適用).

▶ [비겁(比劫)·건록(建祿)] ➡ 형제발달(兄弟發達)한다. 비겁(比劫)이 많으면 군겁쟁재(群劫爭財)를 유발(誘發)해서 파재(破財)·손처(損妻)·부도(不渡)가 발생(發生)한다.

▶ [식상(食傷)·건록(建祿)] ➡ 의식주(衣食住)가 풍족(豊足)하고 직업운(職業運)이 길(吉)하다.

▶ [재성(財星)·건록(建祿)] ➡ 처(妻)로 인(因)해 재물(財物)을 얻음. 재물(財物)이 풍족(豊足)하다.

▶ [관성(官星)·건록(建祿)] ➡ 남명(男命)은 자식현출(子息賢出)하여 직장(職場)의 장(長)이 된다. 여명(女命)은 남편덕(男便德)이 크다.

▶ [인성(印星)·건록(建祿)] ➡ 부모덕(父母德)이 있음.

(8) 제왕(帝旺) ➡ 장성살(將星殺) ➡ 벌과(罰過) ➡ 욕도전멸(辱都戰滅).

1) 대운(大運)·세운(歲運)에 적용(適用).

▶ 제거(除去)와 정벌(征伐)과 독재(獨裁)와 데모(demo)의 뜻이 내포(內包)되어 있다. 생활력(生活力)과 승부욕(勝負慾)이 강(强)하다. 지나친 과욕(過

慾)으로 실패(失敗)한다. 좀 잔인(殘忍)한 성격(性格)이다. 지배력(支配力)과 불굴정신(不屈精神)과 강인(强忍)한 의지(意志)가 있음. 강자(强者)에 대(對)한 반항심(反抗心)이 있음. 정의(正義), 독립(獨立), 두령(頭領), 헌신(獻身), 투쟁(鬪爭), 솔선수범(率先垂範), 도살(屠殺), 척도(尺度), 재란(財亂)의 뜻이 있다. 타인(他人)의 조언(助言)을 무시(無視)한다. 독선(獨善)과 아집(我執)으로 불화(不和)가 생긴다. 남을 하시(下視)하는 기질(氣質)이 있음.

2) 원국(元局)에 적용(適用).

▶ [년유(年有)] ➡ 선대(先代)가 명문가(名門家)이다. 부귀공명(富貴功名)한다. 본인(本人)은 자비심(慈悲心)이 많음.

▶ [월유(月有)] ➡ 장남(長男)이 출세(出世)가 드물고 조출타향(早出他鄕)하여 모(母)와 인연(因緣)이 희박(稀薄)하다. 타인(他人)을 무시(無視)하고 고집(固執)있음. 독립심(獨立心)이 강(强)하다. 수완(手腕)이 좋아서 두령(頭領)의 노릇을 한다.

▶ [일유(日有)] ➡ 부부불화(夫婦不和)한다. 타향(他鄕)살이 하고 양자팔자(養子八字)이다. 천상천하유아독존(天上天下唯我獨尊)이다. 자존심(自尊心)이 강(强)하다. 외롭고 괴로워도 말을 하지 않고, 소속(所屬)되지 않는 자유분망(自由奔忙)한 생활(生活)을 한다. 간섭(干涉)을 철저(徹底)히 배격(排擊)한다. 인정(人情)에 약(弱)하고 동정심(同情心)이 많음. 부모(父母)를 떠나 타향(他鄕)에서 성공(成功)한다. 가정(家庭)은 고독(孤獨)하다. 처(妻)의 인연(因緣)이 바뀐다.

• [제왕(帝旺)이 2개(個)가 있으면] ➡ 배우자(配偶者)가 해(害)롭고 큰 피해(被害)를 당(當)한다.

• [여명(女命)의 병오일생(丙午日生) · 무오일생(戊午日生) · 임자일생(壬子

日生)·계해일생(癸亥日生)] ➡ 부부궁(夫婦宮)이 불리(不利)하고 한번 결혼실패(結婚失敗)하면 재혼(再婚)하기가 힘든 과부(寡婦)의 명(命)이다.

▶ [시유(時有)] ➡ 자손(子孫)의 덕(德)으로 말년(末年)은 평안(平安)하다. 자손(子孫)이 부귀(富貴)하게 되어 말년(末年)을 빛내며, 사회적(社會的)으로 활동(活動)해 명성(名聲)이 높아 진다.

3) 육친(六親)에 적용(適用).

▶ [비겁(比劫)·제왕(帝旺)] ➡ 재혼(再婚)한다. 타인(他人)과 자신(自身)을 상해(傷害)한다.

▶ [식상(食傷)·제왕(帝旺)] ➡ 경제력(經濟力)이 왕성(旺盛)하다. 활인성(活人星)의 직업(職業)에 성공(成功)한다. 의식주(衣食住)가 풍족(豊足)하고, 의료업(醫療業)에 성공(成功)한다.

▶ [재성(財星)·제왕(帝旺)] ➡ 재물(財物)을 많이 모아도 나중에는 계속(繼續)해서 지출(支出)이 된다.

▶ [관성(官星)·제왕(帝旺)] ➡ 생살지권(生殺之權)을 가진다. 권세욕(權勢慾)이 매우 강(强)하다. 세력(勢力)을 부리기를 좋아한다.

▶ [인성(印星)·제왕(帝旺)] ➡ 모(母)와 의견충돌(意見衝突)한다.

(9) 쇠(衰) ➡ 반안살(攀鞍殺) ➡ 퇴색(退色) ➡ 임직양보(任職讓步).

1) 대운(大運)·세운(歲運)에 적용(適用).

▶ 양보(讓步)와 후보선정(候補選定)의 뜻이다. 뒷 일을 생각(生覺)한다. 순리적(順理的)으로 해결(解決)한다. 고지식(固知識)하다. 후일(後日)을 도모(圖謀)한다. 고독(孤獨)을 좋아한다. 안정위주(安定爲主)로 하기 때문에 모험(冒險)을 피(避)한다. 보수적(保守的)인 사고(思考)를 가진다. 평화적(平和

的)인 타협심(妥協心)이 풍부(豐富)하다. 수세적(守勢的)인 기질(氣質)이다. 모사(謀事)를 기획(企劃)을 하는데 권모술수(權謀術數)에 능(能)하다.

- [직업(職業)] ➡ 학자(學者)·의사(醫師)·종교가(宗敎家)·역술가(易術家)·행정원(行政員)·연구가(研究家)·발명가(發明家)·사색가(思索家)·고리대금업(高利貸金業)·기술(技術) 等에 소질(素質)이 있음.

2) 원국(元局)에 적용(適用).

▶ [년유(年有)] ➡ 선조대(先祖代)에 가산몰락(家産沒落)한다. 가운(家運)이 쇠퇴시기(衰退時期)에 출생(出生)한다. 가정(家庭)에 성실(誠實)하나 사회적(社會的)으로 두각(頭角)을 내기가 힘들다.

▶ [월유(月有)] ➡ 부모대(父母代)에 재산손실(財産損失)이 있음. 남의 일이나 보증(保證)으로 파산(破産)한다.

▶ [일유(日有)] ➡ 보증(保證)으로 손재(損財)한다. 성질(性質)이 온순(溫順)하다. 주체의식(主體意識)이 약(弱)해 남의 유혹(誘惑)에 빠진다.

- [여명(女命)]은 현모양처(賢母良妻)이고 충실(充實)하고 실수(失手)하는 일도 없지만 내적(內的)으로는 말못할 고통(苦痛)이 있음.
- [갑진일생(甲辰日生)·을축일생(乙丑日生)·경술일생(庚戌日生)·신미일생(辛未日生)] ➡ 부부해로(夫婦偕老)를 하기가 힘들다.

▶ [시유(時有)] ➡ 자손(子孫)의 건강(健康)이 불길(不吉)하다. 자녀덕(子女德)이 적음. 자손(子孫)으로 인(因)한 근심과 걱정이 있음. 노년(老年)은 고독(孤獨)한 생활(生活)을 영위(營爲)한다.

3) 육친(六親)에 적용(適用).

▶ [비견(比肩)·쇠(衰)] ➡ 형제무덕(兄弟無德)하다. 형제(兄弟)의 힘이 약(弱)

하다.

▶ [식상(食傷)·쇠(衰)] ➡ 지능(知能)이 낮음.

▶ [재성(財星)·쇠(衰)] ➡ 재물(財物)이 분산(分散)된다.

▶ [관성(官星)·쇠(衰)] ➡ 직업운(職業運)이 나쁘다. 보잘 것 없는 직업(職業)에 종사(從事)한다. 가문(家門)이 영화(榮華)롭지 못하다.

　• 남명(男命)은 자식(子息)이 우둔(愚鈍)하다.

▶ [인성(印星)·쇠(衰)] ➡ 학업(學業)이 부진(不振)하고 학문(學文)은 중도탈락(中途脫落)한다.

(10) 병(病) ➡ 역마살(驛馬殺) ➡ 양보(讓步) ➡ 작사위임(作事委任).

1) 대운(大運)·세운(歲運)에 적용(適用).

▶ 피신(避身)하고 은신(隱身)하고 도주(逃走)를 한다. 행동(行動)에 속박(束縛)을 받음. 명예퇴직(名譽退職)은 능력자(能力者)에 양보(讓步)를 한다. 공부(工夫)는 잘된다. 유랑생활(流浪生活)을 한다. 늙어서 노쇠(老衰)하여 활동(活動)보다는 조용한 것을 선호(選好)한다. 난관(難關)에 임(臨)하면 당황(唐惶)하고 좌절(挫折)한다. 경쟁(競爭)이나 쟁투(爭鬪)를 피(避)하는 기질(氣質)이다. 풍류인(風流人)이고 환상가(幻想家)이다. 공상적(空想的)이다. 내성적(內省的)이다. 명예(名譽)에 관심(關心)이 없음. 모순(矛盾)이 된다. 건실(健實)하다. 허약(虛弱)하다. 비애(悲哀)가 있다. 만능(萬能)재주꾼이다.

　• [직업(職業)] ➡ 작가(作家)·교직원(敎職員)·철학인(哲學人)·연구발명가(硏究發明家)·설계사(設計士)·참모(參謀)·기사(技士)·간호사(看護師)·약사(藥師)·구류가(九流家) 等의 기질(氣質)이 있음.

2) 원국(元局)에 적용(適用).

► [년유(年有)] ➡ 선대(先代)가 곤궁(困窮)하다. 본인(本人)의 초년(初年)에 질병(疾病)으로 고생(苦生)한다.

► [월유(月有)] ➡ 부모대(父母代)에 곤궁(困窮)하고, 조별부모(早別父母)한 다. 청장년기(靑壯年期)에 병약(病弱)하여 질병(疾病)이 있음. 외(外)는 태연(泰然)하나 내(內)는 근심이 있음. 비관(悲觀)을 하고, 결단력(決斷力)과 실천력(實踐力)이 부족(不足)하다.

► [일유(日有)] ➡ 다정다감(多情多感)하다. 부부중(夫婦中)에 약물(藥物)의 계속(繼續)해서 복용(服用)하고 중병(重病)을 경험(經驗)한다.

• [병신일생(丙申日生) · 무신일생(戊申日生) · 임인일생(壬寅日生)] ➡ 진취성(進就性)이 있으나 지속성(持續性)이 없음.

• [여명(女命)] ➡ 온순(溫順)하나 중년(中年)에 남편(男便)과 이별(離別)하고, 가운(家運)이 쇠(衰)하고, 곤궁(困窮)하고, 남편(男便)에게 버림을 받아 불행(不幸)하게 된다. 특(特)히 무신일생(戊申日生)이나, 계유일생(癸酉日生)이 심(甚)하다.

► [시유(時有)] ➡ 자녀(子女)가 병약(病弱)하다. 질병(疾病)으로 고생(苦生)하니 걱정이 많음.

3) 육친(六親)에 적용(適用).

► [비겁(比劫) · 병(病)] ➡ 형제중(兄弟中)에 자주 아프고 병약(病弱)한 사람이 있다.

► [식상(食傷) · 병(病)] ➡ 식도(食道)와 소화기계통(消化器系統)의 질병(疾病)이 있다.

► [재성(財星) · 병(病)] ➡ 아내에게 질병(疾病)이 있음. 재산(財産)을 모으기가 힘들다.

▶ [관성(官星) · 병(病)] ➡ 직장운(職場運)이 불길(不吉)하다. 자랑을 할만한 직업(職業)이 못된다. 자식(子息)의 질병(疾病)과 남편(男便)의 질병(疾病)이 있다.

▶ [인성(印星) · 병(病)] ➡ 모(母)가 병약(病弱)하고, 부모중(父母中)에 한쪽에 문제(問題)가 있음. 학업운(學業運)이 나쁘다.

(11) 사(死) ➡ 육해살(六害殺) ➡ 정지(停止) ➡ 생기멸사(生氣滅死).

1) 대운(大運) · 세운(歲運)에 적용(適用).

▶ 능력(能力)에 한계(限界)가 있고, 판단착오(判斷錯誤), 정리(整理), 잔무번다(殘務煩多) 等의 뜻이 내포(內包)되어 있다. 아픈 자(者)는 사일(死日)에 사망(死亡)한다. 만물(萬物)이 병(病)이 들어 수명(壽命)을 다해 죽음을 상징(象徵)한다. 내기(內氣)와 인기(人氣)가 있고 야무지다. 성품(性品)이 고요하다. 정직(正直)하고 근면(勤勉)하고 노력형(努力形)이다. 복종(服從)한다. 매사순종(每事順從)한다. 인자(仁慈)하고 동정심(同情心)이 많음. 효부(孝婦)나 효자(孝子) 等의 기질(氣質)이 있음.

· [직업(職業)] ➡ 학자(學者) · 연구가(研究家) · 발명가(發明家) · 종교인(宗敎人) · 문예작가(文藝作家) · 기획(企劃) · 조명(照明) · 기능설계(機能設計) 等에 종 사(從事)한다,

2) 원국(元局)에 적용(適用).

▶ [년유(年有)] ➡ 선대(先代)에 빈천(貧賤)하다.

▶ [월유(月有)] ➡ 부모형제(父母兄弟)와의 인연(因緣)이 희박(稀薄)하다. 고독(孤獨)하다.

▶ [일유(日有)] ➡ 초년(初年)에 질병(疾病)으로 고생(苦生)을 한다. 부모(父

母)와 생리사별(生離死別)한다. 처(妻)의 병약(病弱)으로 생리사별(生離死別)한다.

- [여명(女命)의 을해일생(乙亥日生)·경자일생(庚子日生)] ➡ 남편(男便)과 이별(離別)하고 좋은 자식(子息)을 얻기 어렵다.
▶ [시유(時有)] ➡ 자식(子息)과 인연(因緣)이 희박(稀薄)하다.

3) 육친(六親)에 적용(適用).

▶ [비겁(比劫)·사(死)] ➡ 형제발전(兄弟發展)은 지지멸멸(遲遲滅滅)한다. 본인(本人)은 독자(獨子)이다. 자식(子息)은 편생(偏生)한다. 부모(父母)가 생존중(生存中)에 유산(遺産)을 받기가 힘들다. 형제사별(兄弟死別)한다.

▶ [식신(食神)·사(死)] ➡ 생활(生活)하는 데서 의식주(衣食住)가 곤난(困難)하여 고생(苦生)이 많음.

▶ [상관(傷官)·사(死)] ➡ 양친(兩親)의 일찍 사별(死別)한다. 열등의식(劣等意識)으로 사로 잡혀서 성격(性格)이 삐뚤어진다. 여명(女命)은 자식(子息)이 일찍 사망(死亡)한다.

▶ [재성(財星)·사(死)] ➡ 재산도산(財産倒産)한다. 처자(妻子)의 근심이 있다. 재물운(財物運)이 나쁘다.

▶ [관성(官星)·사(死)] ➡ 직업상(職業上)의 명리(名利)가 힘들고 자식(子息)의 발달(發達)도 늦음. 명예(名譽)로 인(因)한 오욕(汚辱)이 있음. 일생(一生)에 부침(浮沈)이 많으니 기술방면(技術方面)으로 나가라.

- [여명(女命)] ➡ 남편(男便)과 생리사별(生離死別)을 한다.
▶ [인성(印星)·사(死)] ➡ 모(母)와 인연(因緣)이 희박(稀薄)하다.

(12) 묘(墓) ➡ 화개살(華蓋殺) ➡ 취침(就寢) ➡ 만사종료(萬事終了).

1) 대운(大運)·세운(歲運)에 적용(適用).

▶ 창고(倉庫)와 기지(基地)이다. 저축성(貯蓄星)의 뜻이 있다. 숨어서 재기(再起)를 도모(圖謀)한다. 원대복귀(原隊復歸)한다. 새출발(出發)한다. 지난 것은 끝내고 새출발(出發)을 모색(摸索)한다. 전(前)에 있었던 것을 정리(整理)를 한다. 초흉후길(初凶後吉)한다. 옛날을 회상(回想)한다. 매사침착(每事沈着)하고 낭비(浪費)와 허례허식(虛禮虛식)을 모른다. 내핍생활(耐乏生活)하는 기질(氣質)이 있음. 건실(健實)하고 실질생활(實質生活)을 추구(追求)하는 수전노(守錢奴)〈=구두쇠〉의 특성(特性)이 있음. 매사(每事)에 인색(吝嗇)하다.

• [직업(職業)] ➡ 종교인(宗敎人)·학자(學者)·미술가(美術家)·은행가(銀行家)·금융인(金融人)·장의사(葬儀師)·창고인(倉庫人)·보관업(保管業)·전당포(典當鋪)·계리사(計理士)·역술사(易術師)·의사(醫師)·예술가(藝術家) 等의 기질(氣質)이 있음.

2) 원국(元局)에 적용(適用).

▶ [년유(年有)] ➡ 장남(長男)이 아니라도 선조묘(先祖墓)를 돌보며 봉제사(奉祭祀)를 하게 된다.

▶ [월유(月有)] ➡ 부모형제(父母兄弟)의 인연(因緣)이 희박(稀薄)하다. 남으로 인(因)해 지출(支出)이 많음. 차남(次男)이라도 불문(不問)하고 봉묘(奉墓) 와 봉제사(奉祭祀)를 하며 운(運)이 늦게 열린다.

• 충(沖)이 되면 부자(富者)집에서 출생(出生)하여 득재(得財)한다.

▶ [일유(日有)] ➡ 재복(財福)은 있음. 부모(父母)와 인연(因緣)이 희박(稀薄)하다. 조출타향(早出他鄕)한다. 곤고(困苦)한 생활(生活)을 한다. 주거변동(住居變動)이 많음. 소박(素朴)하고 소탈(疏脫)한 인생(人生)이다. 낭비(浪

費)를 안하는 절약가(節約家)이다. 물질(物質)보다 정신적(精神的)으로 만족(滿足)한다.

- 부자(富者)집의 태생(胎生)은 중년이후(中年以後)에 쇠(衰)하고, 가난한 집의 출생(出生)은 중년이후(中年以後)에 발복(發福)한다.
- [여명(女命)의 기축일생(己丑日生)] ➡ 말주변이 없고, 낯가림을 잘한다.
- [여명(女命)의 정축일생(丁丑日生) · 임진일생(壬辰日生)] ➡ 남편(男便) 때문에 근심과 걱정이 많음.

▶ [시유(時有)] ➡ 자식병약(子息病弱)으로 근심걱정이 많음.

3) 육친(六親)에 적용(適用).

▶ [비겁(比劫) · 묘(墓)] ➡ 형제사별(兄弟死別)하든지 감옥(監獄)에 가는 형제(兄弟)가 있음. 형제(兄弟)가 모여서 조용하게 사는 경우(境遇)도 있음.

▶ [식신(食神) · 묘(墓)] ➡ 재산(財産)을 모을줄만 알고 써보지도 못한 채 죽는 경우(境遇)도 있음.

▶ [상관(傷官) · 묘(墓)] ➡ 학문(學文)이나 예술방면(藝術方面)에 명성(名聲)을 얻음. 파격(破格)이면 사망(死亡)한다.

▶ [재성(財星) · 묘(墓)] ➡ 부(父)와 처(妻)의 인연(因緣)이 희박(稀薄)하다.

▶ [관성(官星) · 묘(墓)] ➡ 남편(男便)과 인연(因緣)이 희박(稀薄)하다. 자식(子息)도 인연(因緣)이 희박(稀薄)하다.

▶ [인성(印星) · 묘(墓)] ➡ 모(母)와 인연(因緣)이 희박(稀薄)하다. 상인(上人)의 도움 있어 크게 발달(發達)하는 경우(境遇)도 있음.

第4章. 12신살(神殺)

	劫煞 겁살	災殺 재살	天殺 천살	地殺 지살	年殺 년살	月殺 월살	亡身 망신	將星 장성	攀鞍 반안	驛馬 역마	六害 육해	華蓋 화개
亥卯未	申	酉	戌	亥	子	丑	寅	卯	辰	巳	午	未
寅午戌	亥	子	丑	寅	卯	辰	巳	午	未	申	酉	戌
巳酉丑	寅	卯	辰	巳	午	未	申	酉	戌	亥	子	丑
申子辰	巳	午	未	申	酉	戌	亥	子	丑	寅	卯	辰
12 運星 운성	絶胞 절포	胎 태	養 양	長生 장생	沐浴 목욕	冠帶 관대	建祿 건록	帝旺 제왕	衰 쇠	病 병	死 사	墓 묘
異名 이명	逆謀主動者·大耗殺 역모주동자·대모살	囚獄殺·逆謀同調者 수옥살·역모동조자	君王·祖上座定方向 군왕·조상정좌방향	自動車·가마·바퀴 자동차·가마·바퀴	桃花殺·侍女宮女·咸池殺 도화살·시녀·궁녀·함지살	障碍物·內堂마님·枯草殺 장애물·내당마님·고초살	激戰地·現場·作業場 격전지·현장·작업장	將帥·忠臣·指導人物 장수·충신·지도인물	內侍·갑옷·喪服 내시·갑옷·상복	自家用·移動말·運輸業 자가용·이동말·운수업	馬夫·守門將·지름길. 마부·수문장·지름길	參謀·顧問官·諮問官·宗教 참모·고문관·자문관·종교

(1) 재화백출(災禍百出)·총난(銃難)·검난(劍難)·전사(戰死)·수난(受難)·화재(火災)·산액(産厄)·교통(交通)·감전(感電)·철길사고(事故)·열차사고(列車事故)·기계사고(機械事故) 等이 따른다.

▶ 급괴질(急怪疾)에 생긴다. 파재(破財)한다. 비명횡사(非命橫死)한다. 교통사고(交通事故)나 돌발사고(突發事故)가 발생(發生)한다. 손실(損失)이 생긴다. 관재구설(官災口舌)이 발생(發生)한다. 불화(不和)한다. 부정(不正)한다. 강제차압(强制差押)이나 강제압류(强制押留)나 강제철거(强制撤去)나 강탈(强奪)이나 반항(反抗) 等의 강제성(强制性)이 있는 사건(事件)이 발생(發生)한다.

　• [질병(疾病)] ➡ 질병(疾病), 수술(手術), 사망(死亡) 等이 발생(發生)을 한다.

▶ [이 살(殺)이 있으면 직업(職業)으로는] ➡ 자동차(自動車)·관광(觀光)·해운(海運)·해외영업(海外營業)·군인(軍人)·전기(電氣)·전자(電子)·방위산업(防衛産業) 等이 길(吉)하다.

(2) 겁살육친(劫煞六親).

◉ 문서계약보증(文書契約保證)·도난(盜難)·속패(速敗)·파산(破産)·낭비(浪費) 等의 일이 발생(發生)한다.

▶ [비겁(比劫)] ➡ 형제(兄弟)·친구(親舊)·동업자(同業者)에 의(依)해.

▶ [식상(食傷)] ➡ 아랫사람·부하(部下)·자손(子孫)으로 인(因)해.

▶ [재성(財星)] ➡ 처(妻)·첩(妾)·여자(女子)·애인(愛人)·부친(父親)에 의

(依)해, 여명(女命)은 시댁식구(媤宅食口)들에 의(依)해.

▶ [관성(官星)] ➡ 직장(職場)때문에, 여명(女命)은 부군(夫君)·정부(情夫) 等에 의(依)해.

▶ [인성(印星)] ➡ 모(母)·친가(親家)·외가(外家) 等에 의(依)해.

▶ [겁살해당자식(劫煞該當子息)] ➡ 비명사(非命死)·불구(不具)된다.

(3) 겁살대운(劫煞大運).

▶ 대운(大運)에 겁살(劫煞)이 임(臨)하면 강제철거(強制撤去), 강제집행(強制執行), 강제압류(強制押留), 강제강탈(強制強奪) 等을 자주 당(當)하고, 이러한 부동산(不動産)이나 또 설정(設定)된 부동산(不動産)이나 가옥(家屋) 等을 갖고 있으면 괴이(怪異)한 급질(急疾), 파재(破財), 돌발사고(突發事故), 관재구설(官災口舌), 가정불화(家庭不和) 等이 발생(發生)한다.

(4) 겁살세운(劫煞歲運).

▶ 세운(歲運)에 겁살(劫煞)이 임(臨)하면 처녀(處女)와 총각(總角)의 강제결혼발생(強制結婚發生)하거나, 강제(強制)로 빼앗기는 상태(狀態)이다. 집을 줄이거나 철거(撤去)나 차압(差押)을 당(當)하는 운(運)이다.

▶ 심신(心身)이 불안정(不安定)하여 아슬아슬하게 살아가는 운(運)이다. 수표부도(手票不渡)가 발생(發生)한다.

▶ 사업가(事業家)는 자본기반(資本基盤)이 허술(虛述)하여 사업(事業)이 망(亡)한다.

▶ 몸이 아프고, 상해(傷害), 부상(負傷)을 당(當)해 수술(手術)을 하거나 심(甚)하면 사망(死亡)하게 된다.

(5) 신살이용감정법(神殺利用鑑定法).

> ● [년(年)] ➡ 터전이나 토지(土地)·근(根).
> [월(月)] ➡ 가기(家基)·묘(苗).
> [일(日)] ➡ 자신(自身)·화(花).
> [시(時)] ➡ 자손(子孫)·담장(堎墻)·가게·실(實).

▶ [신살(神殺)을 이용(利用)하여 사주(四柱)를 감정(鑑定)을 할려면] ➡ 월살(月殺)〈=장애물(障碍物)〉·역마살(驛馬殺)〈=교통(交通)〉·지살(地殺)〈=탈것〉·년살(年殺)〈=시녀(侍女)〉·육해살(六害殺)〈=마부(馬夫)〉 等을 잘 살펴라.

● 감정응용(鑑定應用). 건명(乾命).

甲	戊	庚	甲	偏官	▲	食神	偏官
寅孤	辰白	午	寅孤	偏官	比肩	正印	偏官
地殺	月殺	將星	地殺				

72	62	52	42	32	22	12	2
戊	丁	丙	乙	甲	癸	壬	辛
寅	丑	子	亥	戌	酉	申	未
地殺지살	天殺천살	災殺재살	劫殺겁살	華蓋화개	六害육해	驛馬역마	攀鞍반안

1) 현황(現況).

▶ 평생(平生) 직업(職業)이 별무(別無)하다. 이처상배(二妻喪配)를 했다. 5,6차(次) 중혼(重婚)을 한다. 장자(長子)는 무관(武官)이다. 술대운(戊大運)이

가장 부유(富裕)했다. 하는 업(業)마다 실패(失敗)했다. 두주불사(斗酒不辭)한다. 건강(健康)하다. 외국행(外國行)을 시도(試圖)를 했으나 여러번 실패(失敗)한다. 무능(無能)한 생활(生活)을 한다. 풍류객(風流客)이다.

▶ 수학(修學)도 중도(中途)에서 중단(中斷)한다. 소개업(紹介業)으로 말년(末年)을 보낸다. 4남(男)1녀(女)이다. 의(義)로운 일에는 솔선수범(率先垂範)을 한다.

2) 해설(解說).

▶ 진(辰)이 월살(月殺)〈=장애물(障碍物)〉이니 ➡ 〈지장간(地藏干)〉으로는 〈乙=정관(正官)·癸=정재(正財)·戊=비견(比肩)〉이다.

▶ 계수정재(癸水正財)인 재물(財物)과 을목정관(乙木正官)인 감투가 장애물(障碍物)속에 쌓여 있다.

▶ 년(年)·시(時)에 지살(地殺)이 양투(兩透)하여 외국행(外國行)을 마음은 있으나 시녀(侍女)인 년살묘(年殺卯)가 없어 불가능(不可能)하였다.

• 년(年)·시(時)에 있는 상제용(上帝用)가마는 평민(平民)이 탈 수 없어 무용지물(無用之物)이 되고 또한 마부(馬夫)인 육해살(六害殺)인 유(酉)도 없으니 움직일 수가 없다.

• 문점자(問占者)의 외국행(外國行)은 마부(馬夫)인 육해살(六害殺)의 유무여부(有無與否)를 살펴서 감정(鑑定)하라.

• 이동마(移動馬)가 마부(馬夫)〈=육해살(六害殺)〉이나 시녀(侍女)〈=년살(年殺)〉等을 충동(衝動)할 때 출국(出國)이 이루어진다.

▶ 년(年)·시(時)에 지살(地殺)이 임(臨)하니 조별객지(早別客地)하고 이사(移徙)가 잦아 평생(平生) 주택난(住宅難)을 겪는다.

▶ 월지오(月支午)에 장성살(將星殺)이 있으나 참모(參謀)인 화개살(華蓋殺)인

술(戌)이 없고, 마부(馬夫)인 유(酉)<=육해살(六害殺)>마져 없으니 무용지물(無用之物)이다.

▶ 갑인관성(甲寅官星)이 건록(建祿)에 임(臨)했으나 허록관성(虛祿官星)이라 관운(官運)이 없었다. 수(水)가 없기 때문이다.

▶ 자신(自身)이 장애물(障碍物)에 걸려 있는 무용(無用)한 장(將)이니 살기 위(爲)해 중혼(重婚)을 했다.

▶ 장애물(障碍物)있는 명(命)은 항상(恒常) 충(沖)·파운(破運)이 좋다.

▶ [지살(地殺)이 있는 자(者)의 외국행(外國行)] ➡ 관광(觀光)·초청(招請)·이민 방식(移民方式)이고 단체여행(團體旅行)이다.

2. 재살(災殺)<=수옥살(囚獄殺)=역모동조자(逆謀同調者)>.

(1) 명예(名譽)와 실권(實權)을 두고 쟁탈전(爭奪戰)을 벌이는 현상(現象)이다. 납치(拉致)·감금(監禁)·소송(訴訟)·급성질환(急性疾患)·교통사고(交通事故)·횡사(橫死)·혈광사(血光死) 等이 따르고, 남녀(男女) 모두 음탕(淫蕩)하여 이성구설(異性口舌)이 따른다.

▶ 혈관재(血管災)와 횡사(橫死)를 주도(主導)하는 살성(殺星)이다. 포로(捕虜)와 망명(亡命)에 해당(該當)한다. 동업(同業)을 조심(操心)하라. 금전거래(金錢去來)나 보증(保證) 等을 조심(操心)하라. 또 직장(職場)이나 가정(家庭)에 변동(變動)이 많다. 심신(心身)이 불안정(不安定) 하다.

▶ [이 살(殺)이 있으면 직업(職業)으로는] ➡ 침술(鍼術)·바늘·신발류(類)·의류(衣類)·섬유류(纖維類)·지물류(紙物類)·법관(法官)·교도관(矯導官)·경찰(警察)·식품가업공(食品加工業)·농원(農園)·한약재(韓藥材)·

한의사(韓醫師) · 약사(藥師) · 음식업(飮食業) 等으로 나가면 길(吉)하다.

(2) 재살육친(災殺六親).

▶ [비겁(比劫)에 재살(災殺)있으면] ➡ 형제(兄弟) · 친우(親友) · 동료(同僚) 等으로 인(因)해 관재(官災)나 송사(訟事)가 발생(發生)하고 또 증인(證人)으로 출석(出席)한다.

▶ [식상(食傷)에 재살(災殺)있으면] ➡ 부하(部下)나 하인(下人)의 사고(事故)가 발생(發生)하고, 심(甚)하면 배신(背信)을 당(當)한다.
  • 여명(女命)은 자손(子孫)으로 인(因)한 일이 발생(發生)하고, 자녀중(子女中)에 납치(拉致)나 감금(監禁)도 있다.

▶ [재성(財星)에 재살(災殺)있으면] ➡ 부친(父親)이나 처(妻), 첩(妾)으로인(因)한 재산(財産)을 압류(押留)를 당(當)한다. 재산(財産)으로 인(因)한 송사(訟事)가 발생(發生)하고, 여자관계(女子關係)로 인(因)한 싸움이 일어난다.

▶ [관성(官星)에 재살(災殺)있으면] ➡ 직장상사(職場上司)나 업무관계(業務關係)로 인(因)해 관재(官災)나 송사(訟事)가 발생(發生)한다.
  • 여명(女命)은 부군(夫君)이 감금(監禁)을 당(當)하기도 한다.

▶ [인성(印星)에 재살(災殺)이 임(臨)하면] ➡ 형법공부(刑法工夫)를 하고, 주택(住宅)을 저당설정(抵當設定)하거나 또는 차압(差押)을 당(當)하고, 학원소요(學園騷擾)가 발생(發生)한다.

▶ [재살(災殺)이 용신(用神)되면] ➡ 군인(軍人) · 경찰관(警察官) · 형무관(刑務官) 等과 인연(因緣)이 있다.

▶ [재살(災殺)이 편재(偏財)에 임(臨)하고 형살(刑殺)을 만나면] ➡ 부친(父親)이 횡액(橫厄)을 당(當)하고,

- [역마(驛馬)나 지살(地殺)이 임(臨)하면] ➡ 부친(父親)이 납치(拉致)나 감금(監禁)을 당(當)한다.
▶ [재살(災殺)에 형살(刑殺)이 있게 되면] ➡ 납치(拉致)나 구금(拘禁)이 있게 되고, 기해일생(己亥日生)이 주중(柱中)에 나망살(羅網殺)인 진사(辰巳)나 술해(戌亥)를 만나도 감금(監禁)을 당(當)한다.
▶ [취직(就職)·입찰(入札)·제반사(諸般事)를 도모(圖謀)할 때] ➡ 재살(災殺)의 해당(該當)〈띠〉와 의논(議論)하라.

(3) 재살대운(災殺大運).

▶ 대운(大運)에 재살(災殺)이 임(臨)하면 자신(自身)의 측근(側近)을 악용(惡用)한 후(後)에 목적달성(目的達成)하고, 여러 핑계를 삼아 낯선 곳에서 생활(生活)한다.
- 측근(側近)이나 동료(同僚)를 악용(惡用)한 후(後)에 부도(不渡)를 내고 타지(他地)로 도망(逃亡)가서 신분(身分)을 감춘 채 이리저리 피신(避身)하면서 살아간다.

(4) 재살세운(災殺歲運).

▶ 세운(歲運)에 재살(災殺)이 임(臨)하면 밀어내거나 물리치는 것이다. 칼로 도려내는 운(運)이다. 수술(手術), 상해(傷害), 부상당(負傷當)하는 운(運)이다.
▶ 상업(商業)하는 사람은 처음 될듯 될듯하나 결국(結局)은 안되어 실패(失敗)한다.
▶ 천재지변(天災地變)의 액운(厄運)이 있다. 만사(萬事)가 불여의(不如意)한 상태(狀態)이다. 매사(每事)에 침착(沈着)하라.

▶ 관재구설(官災口舌)이 있고. 만사(萬事)에 분쟁(分爭)이 있어 신경질(神經疾)이 난다.

3. 천살(天殺)〈=지혜주도살(智慧主導殺)=조상(祖上)의 정좌방향(定座方向)〉.

(1) 천재지변(天災地變)같이 불시(不時)에 닥치는 재난(災難)·슬픔·죽음·관재구설(官災口舌)·수해(水害)·질병(疾病) 等 나이가 들어 이 살(殺)이 있으면 중풍(中風)으로 수명(壽命)을 보전(保全)키 어렵다.

▶ 불시재난(不時災難)의 화근(禍根)이 된다. 천재지변(天災地變)이나 가뭄이나 홍수(洪水)의 피해(被害)를 입는다. 돌발사고(突發事故)가 생긴다. 태풍피해(颱風被害)이나 수화피해(水火被害)를 입는다. 전기(電氣)나 벼락의 피해(被害)를 입는다. 과음과식(過飮過食)한다. 언어장애(言語障碍)가 생긴다.
　　• [질병(疾病)] ➡ 급병(急病) · 질병(疾病) · 정신병(精神病) · 신경질환(神經疾患) · 암(癌) · 마비(痲痺) · 고혈압(高血壓) · 중풍(中風) 等이 일어난다.
▶ [이 살(殺)이 있으면 직업(職業)으로는] ➡ 부동산(不動産) · 건축(建築) · 주택(住宅) · 건설(建設) · 경찰(警察) · 군인(軍人) · 창고직(倉庫職) · 종교인(宗敎人) 等의 직종(職種)이 길(吉)하다.

(2) 천살육친(天殺六親).
▶ 육친(六親)은 해당육친(該當六親)에 따라 추명(推命)하라.
▶ 식구중(食口中)에 천살(天殺)〈띠〉에 투자(投資)하면 허탕(虛蕩)이고, 자녀(子女)라도 천살(天殺)〈띠〉에 투자(投資)하면 파산(破産)으로 집안이 몰락(沒落)한다.

▶ 천살(天殺)〈띠〉와 동업불가(同業不可)하고, 동업(同業)을 하면 부채(負債)가 생기고, 나를 구속(拘束)을 시키고, 돈을 차용(借用)하는 심부름을 해 주면 못받는다.

(3) 천살대운(天殺大運).

▶ 천살대운(天殺大運)이 오기 전(前)은 악운(惡運)이 오지 못한 것이며, 천살대운(天殺大運)이 지나가면 역적심리(逆賊心理)로 무리(無理)하게 행동(行動)해서 법망(法網)에 걸리고, 인간취급(人間取扱)을 못받고 외톨이가 되어 신용(信用)을 일시(一時)에 실(失)한다.

▶ 천살대운(天殺大運)은 위험지역(危險地域)에서 악수(握手)를 하는 격(格)이니 오금(烏金)도 못펴고 오들오들 떠는 경우(境遇)이다.

• 천살운(天殺運)에는 마비질환(痲痺疾患)이 발생(發生)한다. 즉(卽) 중풍(中風)·언어장애(言語障碍)·말더듬·음주과음(飮酒過飮)·심장질환(心臟疾患)·신경성질환(神經性疾患)·급성질환(急性疾患) 等이 발생(發生)한다.

(4) 천살세운(天殺歲運).

▶ 세운(歲運)에 천살(天殺)이 임(臨)하면 신분(身分)과 명예(名譽)는 높아지나 실속이 없다. 몸이 종잡을 수 없이 괴롭고 고통(苦痛)스럽고 아프다. 동조자(同調者)가 없어 혼자 괴롭고 고독(孤獨)하다.

▶ 여명(女命)은 남자(男子)를 멀리 하게 되고, 또 남자(男子)는 맥(脈)을 못춘다. 이혼(離婚)하려고 한다.

▶ 사업가(事業家)는 대도시(大都市)에 나가서 사업(事業)을 하게 된다.

(1) 자동차(自動車)바퀴. 역마살(驛馬殺)과 비슷하다.

- ▶ 활동적(活動的)이고, 노력형(努力形)이고, 모험(冒險)과 개혁(改革)을 좋아하고, 성급(性急)하고, 한 곳에 정착(定着)이 어렵고, 일이 많고 분주(奔走)하고, 이동(移動)과 변화(變化)가 많음.

- ▶ 수난(受難)·해난(海難)·화재(火災)·검난(劍難)·수술(手術)·상해(傷害)·산액(産厄)·관재구설(官災口舌)·교통(交通)·총기(銃器)·감전사고(感電事故)·기계사고(機械事故) 等이 따르며 가문(家門)에 전사자(戰死者)가 많음.

- ▶ 걸음마를 배우는 형태(形態)이다. 이사변동(移徙變動)한다. 변업(變業)을 한다. 여행(旅行)을 한다. 해외여행(海外旅行)이나 해외이민(海外移民)을 간다. 타향객지생활(他鄕客地生活)을 한다. 직장변동(職場變動)이나 가정변동(家庭變動)이나 차변동량(車輛變動)이나 차량사업(車輛事業) 等이 발생(發生)한다.

- ▶ 지살(地殺)은 작고 가볍게 움직이고, 역마(驛馬)는 넓고 크게 움직인다. 지살(地殺)은 차량(車輛)이고, 움직이는 것이고, 도로여행(道路旅行)을 하고, 객지(客地)이며, 변화(變化) 等의 의미(意味)가 되니 이 지살운(地殺運)을 만나면 승진(昇進), 명예(名譽), 취업(就業), 문서입수(文書入手), 전출입(轉出入), 이사(移徙), 해외이사(海外移徙)나 해외여행(海外旅行) 等이 발생(發生)하고 상사(上司)나 상인(上人)으로부터 신망(信望)을 얻음. 성품(性品)이 명랑쾌활(明朗快活)하고, 난사(難事)를 극복(克服)하고, 매사처리(每事處理)를 잘한다.

- ▶ [이 살(殺)이 있으면 직업(職業)으로는] ➡ 관광(觀光)·총포(銃砲)·방위산

업(防衛産業) · 해운(海運) · 통신(通信) · 자동차(自動車) · 전자(電子) · 전기(電氣) · 무역(貿易) · 해외(海外) · 영업직(營業職) · 수리업(修理業) 等이 길(吉)하다.

(2) 지살육친(地殺六親).

▶ [비겁(比劫)에 지살(地殺)이 있으면] ➡ 해외(海外)에 형제(兄弟)나 친우(親友)가 있음.

▶ [식상(食傷)에 지살(地殺)이 있으면] ➡ 자손(子孫)의 해외출입(海外出入)이 있다.

▶ [재성(財星)에 지살(地殺)이 있으면] ➡ 국제결혼(國際結婚)이나 해외결혼(海外結婚)있고 외화획득무역(外貨獲得貿易)과 인연(因緣)이 있음.

• [지살(地殺)이 재성(財星)과 합(合)하면] ➡ 이방여성(異邦女性)과 작배(作配)한다.

• [주중(柱中)에 지살(地殺)이 중중(重重)한 암재자(暗財者)가 되면] ➡ 외국여성(外國女性)과 혼인(婚姻)한다.

• [지살(地殺)이 중중(重重)하고 재성(財星)에 역마(驛馬)가 임(臨)하면] ➡ 양재(洋裁), 양품점(洋品店), 양화(洋靴), 양말, 운수업(運輸業) 等에 성공(成功)한다.

• 그리고 배우자(配偶者)는 먼 곳에 있는 여자(女子)와 인연(因緣)이 있게 된다.

▶ [관성(官星)에 지살(地殺)이 있으면] ➡ 외교관(外交官)이나 외국인상사(外國人商社)에 근무(勤務)하든지, 해외지사장(海外支社長)이 되든지, 운전기사(運轉技士) 等과 인연(因緣)이 있다.

• [남명(男命)] ➡ 해외(海外)와 인연(因緣)이 있다.

- [여명(女命)] ➡ 남편(男便)의 해외출입(海外出入)이 많고, 해외출가(海外出稼)나 국제결혼(國際結婚)이 있게 된다.

▶ [인성(印星)에 역마(驛馬)나 지살(地殺)이 임(臨)하고 형(刑)·충(沖)이 되면] ➡ 모(母)가 철마(鐵馬)나 차액(車厄)으로 노상(路上)의 횡액(橫厄)이 있게 된다.

▶ [비겁(比劫)에 지살(地殺)이 임(臨)하고 형(刑)·충(沖)되면] ➡ 형제(兄弟)가 차액(車厄)을 당(當)한다.

▶ [관성(官星)이 주중(柱中)에서 지살(地殺)이나 역마(驛馬)와 합(合)되면] ➡ 여행(旅行)이나 차(車)안에서 연애(戀愛)를 한다.

▶ [일주(日柱)와 지살(地殺)이 합(合)이 되면] ➡ 옥외출산(屋外出産)을 하든지, 차내(車內)에서 출산(出産)을 하든지, 병원(病院) 等에서 출산(出産)한다. 또 시지(時支)와 역마(驛馬)나 지살(地殺)이 합(合)되어도 옥외출산(屋外出産)을 한다.

▶ [일지(日支)나 시지(時支)에 관성(官星)이 있고 역마(驛馬)나 지살(地殺)이 임(臨)하여 형(刑)·충(沖)을 당(當)하면] ➡ 일점혈육(一點血肉)이 실종(失踪)이 된다. 일시(日時)에 역마(驛馬)나 지살(地殺)이 있고 형(刑)·충(沖)하여도 자손(子孫)이 실종(失踪)되는 액(厄)이 있다.

▶ [일지(日支)가 형살(刑殺)에 임(臨)하고 지살(地殺)이나 역마(驛馬)가 형(刑)·충(沖)된 중(中)에 재성(財星)이 태왕(太旺)하거나 상관(傷官)이 태왕(太旺)한 사람] ➡ 노상(路上)에서 횡사(橫死)나 횡액(橫厄)을 당(當)하는 것이니 교통사고(交通事故)를 조심(操心)해야 한다.

▶ [계사일(癸巳日)·계미일(癸未日)·계축일생(癸丑日生)에 갑인시생(甲寅時生)] ➡ 노상횡액(路上橫厄)을 주의(注意)하라.

▶ [월주(月柱)에 역마(驛馬)나 지살(地殺)이 있고 공망(空亡)을 만나면] ➡ 형

제(兄弟)가 적고, 고독(孤獨)을 불면(不免)한다.

▶ [일주(日柱)에 지살(地殺)이나 역마(驛馬)를 놓고 공망(空亡)을 만나면] ➡ 자손(子孫)으로 인(因)한 수심(愁心)이 있고, 심(甚)하면 무자(無子)까지 한다.

▶ [시지(時支)에 역마(驛馬)나 지살(地殺)이 있고 공망(空亡)을 만나면] ➡ 외가(外家)가 절손(絶孫)하고 적막(寂寞)하다.

▶ [주중(柱中)에 역마(驛馬)나 지살(地殺)이 공망(空亡)에 임(臨)하면] ➡ 이사(移徙)를 자주 한다.

  • [그런 중(中)에 도화살(挑花殺)이 임(臨)하고 형(刑) · 충(沖)을 받으면] ➡ 타관(他館)에 나가 객사(客死)를 하게 된다.

▶ [주중(柱中)에 역마살(驛馬殺)나 지살(地殺)이 있고 재(財) · 관(官) · 인(印)의 삼귀(三貴)가 구전(俱全)을 하면] ➡ 국제기관(國際機關)에 등용(登用)이 된다.

▶ [주중(柱中)에 역마(驛馬)나 지살(地殺)이 중중(重重)한 중(中)에 인성(印星)이 다봉(多逢)하면] ➡ 통역관(通譯官)으로 입신(立身)한다.

  • [주중(柱中)에 재(財) · 인(印)에 역마(驛馬)나 지살(地殺)이 임(臨)하면] ➡ 운수사업(運輸事業)에서,

  • 〈인(寅) · 사(巳)〉에 역마재(驛馬財)는 항공계(航空界)에서,

  • 〈신해(申亥)〉에 역마재(驛馬財)는 수산어업(水産漁業) 等에서 성재(成財)한다.

▶ [財星(재성)에 역마(驛馬)나 지살(地殺)이 임(臨)하고, 형살(刑殺)을 봉(逢)하면] ➡ 부친(父親)의 피랍(被拉)이나 납치지액(拉致之厄)을 당(當)하니 조심(操心)하라.

▶ [주중(柱中)에 관(官) · 인(印)이 합(合)을 하고 역마(驛馬)가 있으면] ➡ 해외(海外)에서 출세(出世)하고 이름을 날린다.

(3) 지살대운(地殺大運).

▶ 대운(大運)에 지살(地殺)이 있고 세운(歲運)에 육해살(六害殺)이 오면 큰 돈은 생기지 않고 잔돈만 생기는 等의 궁핍(窮乏)한 생활(生活)이 발생(發生)한다.

(4) 지살세운(地殺歲運).

▶ 세운(歲運)에 지살(地殺)이 임(臨)하면 이사(移徙), 이동(移動), 출장(出張) 等을 가고, 또는 해외(海外)에 나가게 되고, 초청(招請)을 받아 가는 운(運)이 생긴다.

▶ 취직(就職)·취업(就業)·승진(昇進)·승급(昇級)·영전(榮轉) 等이 되며 지살운(地殺運)은 대접(待接)을 받으러 가는 운(運)이다.

▶ 문서(文書)나 금전운(金錢運)이 호전(好轉)이 되며, 새집을 짓고 새 가구(家具)를 장만(贓滿)하는 운(運)이다.

▶ 춘절(春節)에 지살(地殺)이 되면 재물(財物)은 털어 먹으나 명예(名譽)는 높아진다.

▶ 여명(女命)은 남자(男子)를 멀리 하게 되고 부부불화(夫婦不和)하든지, 별거(別居)를 하거나 이별(離別)하게 된다.

5. 년살(年殺)〈=시녀(侍女)=궁녀(宮女)〉.

(1) 도화살(桃花殺) ➡ 목욕살(沐浴殺) ➡ 함지살(咸池殺) ➡ 패욕살(敗浴殺) ➡ 패지살(敗地殺) ➡ 시녀(侍女)의 뜻이 있다.

▶ 화려(華麗)한 색깔에 민감(敏感)하고, 예민(銳敏)하고, 아름다움을 좋아하

고, 남녀간(男女間)에 성욕쾌락(性慾快樂)을 즐기고, 결혼생활(結婚生活)을 하는데 색정문제(色情問題)로 함정(陷穽)에 빠진다.

▶ 년살(年殺)은 주색(酒色)과 풍류(風流)이다. 애교만점(愛嬌滿點)이다. 사교(社交)에 유능(有能)하다. 도박(賭博)이나, 망신(亡身)이나, 충돌(衝突)이나, 사고(事故) 等으로 응용(應用)을 한다.

▶ [이 운(運)을 봉(逢)하면] ➡ 심신(心身)이 산란(散亂)해지고, 허영(虛榮)과 향락(享樂)에 빠지고, 남녀(男女) 모두 색정(色情)에 빠져 그로 인(因)해 치정(癡情)에 얽매여 불륜(不倫)에 빠지니 조심(操心)하고, 항시(恒時) 관재구설(官災口舌)이 있으니 상인(上人)이나 상사(上司)의 충고(忠告)를 받아들여 행동(行動)에 주의(注意)할 것이다.

▶ [년살특성(年殺特性)] ➡ 비범(非凡)한 발전(發展)을 위(爲)해 고독(孤獨)하게 수련(修鍊)과 수학(修學)과 고등교육(高等敎育)을 받는 等 박학(博學)해야 하는 만물박사격(萬物博士格)이다.

▶ 지루해도 참고 견디면 일약(一躍) 스타덤(stardom)에 오를 수 있다.

▶ 부모(父母)의 생년(生年)을 기준(基準)해서 년살(年殺)에 해당(該當)하는 자식(子息)은 방탕(放蕩)과 주색(酒色)으로 애(碍)를 먹인다.

▶ 가정적(家庭的)으로 바람〈=년살(年殺)〉을 많이 피워 부부불화(夫婦不和)로 가정파탄(家庭破綻), 별거(別居), 이별(離別) 等을 하게 된다.

(2) 년살육친(年殺六親).

▶ [비겁(比劫)에 년살(年殺)이 있으면] ➡ 형제(兄弟)가 바람 피우고, 탈재(奪財)와 파산(破産)이 있고, 못된 친우(親友)로 인(因)해서 발생(發生)한 패망(敗亡)을 걱정한다.

▶ [식상(食傷)에 년살(年殺)이 있으면] ➡ 삭탈관직(削奪官職)을 당(當)하거

나, 명예손상(名譽損傷)을 당(當)하거나 하고, 어린 여자(女子)와 처녀(處女)를 좋아하며, 첩(妾)이나 애인(愛人)에게는 후(厚)하나 정처(正妻)에게는 인색(吝嗇)하다.

• 여명(女命)은 자손(子孫)의 풍류(風流)가 심(甚)하다.

▶ [재성(財星)에 년살(年殺)이 있으면] ➡ 부친(父親)이 주색(酒色)을 좋아하고, 본인(本人)도 연애결혼(戀愛結婚)에 주색잡기(酒色雜技)를 좋아하고, 처외(妻外)에 정(情)을 두고, 첩(妾)으로 인(因)해 재물(財物)을 모으고, 매간(賣姦)으로 득재(得財)를 한다.

• 여명(女命)은 시모(媤母)가 풍류(風流)를 좋아한다.

▶ [관성(官星)에 년살(年殺)이 있으면] ➡ 작첩(作妾)으로 인(因)해 득자(得子)·득병(得病)·관재(官災)·배신(背信)·구타(毆打)·상신(傷身)·망신(亡身) 等을 당(當)한다. 처(妻)로 인(因)해 벼슬을 하고, 간통(姦通)을 하다가 사랑을 하게 된다.

• 여명(女命)은 연애결혼(戀愛結婚)을 하고, 그의 남편(男便)은 기생작첩(妓生作妾)을 한다.

▶ [인성(印星)에 년살(年殺)이 있으면] ➡ 첩(妾)이나 소실(小室)인 모(母)를 보게 되고, 공부중(工夫中)에 연애(戀愛)를 하고, 연애소설(戀愛小說)을 좋아 하고, 선생님(先生任)을 사모(思慕)하게 된다.

▶ [월주(月柱)에 도화(桃花)와 망신살(亡身殺)이 동주(同柱)하면] ➡ 후처소생(後妻所生)이 분명(分明)하다.

▶ [일(日)·시(時)에 도화살(挑花殺)을 두면] ➡ 동서(東西)에 첩(妾)이나 애인(愛人)을 둔다.

▶ [비겁(比劫)에 도화(桃花)와 형살(刑殺)이 동주(同柱)하면] ➡ 처첩(妻妾)으로 인(因)한 송사(訟事)로 패가(敗家)한다.

► [재록(財祿)〈=재관(財官)〉에 도화살(挑花殺)이 임(臨)하면] ➡ 처(妻)로 인(因)하여 치부(致富)한다.

► [시지(時支)에 도화살(挑花殺)이 있고 운(運)에서 다시 도화살(挑花殺)을 봉(逢)하면] ➡ 자식(子息)이 바람을 피운다.

► 일시(日時)에 천간합(天干合)하고 지지(地支)에 자묘형살(子卯刑殺)이 되면 성병(性病)을 조심(操心)하라.
   • 곤랑도화(滾浪挑花)〈=간합지형(干合支刑)〉이다.

► [여명(女命)에 일지(日支)에 도화살(挑花殺)이 있으면] ➡ 남편(男便)이 작첩(作妾)하여 동거(同居)를 한다.
   • [여명(女命)의 월령(月令)에 도화살(挑花殺)이 있으면] ➡ 유부녀(有夫女)가 연상(年上)의 남자(男子)와 바람을 피우고 또한 소실(小室)로 입가(入嫁)할 수도 있다.

► [남녀(男女)가 원국(元局) 모두에 자(子)·오(午)·묘(卯)·유(酉)가 있으면] ➡ 사랑을 따라 잘도 가고.
   • [남녀(男女)가 원국(元局) 모두에 인(寅)·신(申)·사(巳)·해(亥)가 있으면] ➡ 음란(淫亂)하다.

► [주중(柱中)에 합다(合多)하고 합귀(合貴)하면] ➡ 주야(晝夜)로 손님을 접대(接待)하니 기생팔자(妓生八字)이다.

► 년살(年殺)이 사주(四柱)에 있다 하여 무조건(無條件)으로 풍류지객(風流之客)으로 결론(結論)을 내리지 말고, 남명(男命)은 재성과다(財星過多)를, 여명(女命)은 관성과다(官星過多)를 살핀 후(後)에 감명(鑑命)해야 적중(適中)한다.

(3) 년살대운(年殺大運).

▶ [원국(元局)에 년살(年殺)이 있고 대운(大運)에 년살(年殺)이 오면] ➡ 도화살(挑花殺)이 재발(再發)하니 풍류(風流)나 색난(色難)을 일삼고, 재첩(再妾)하여 가사(家事)를 돌보지 않고 주색(酒色)에 빠져 인간도리(人間道理)를 벗어난 행동(行動)을 한다.

▶ 남녀공(男女共)히 허영(虛榮)과 사치(奢侈)에 동요(動搖)되고, 향락(享樂)과 성병(性病)에 걸리고, 도박(賭博)이나 허영적(虛榮的)인 사업(事業)에 손을 대어 망(亡)하는 예(例)가 많다.

▶ 집을 가출(家出)하거나, 정부(情夫)와 도피(逃避)를 하거나, 마음을 잡지 못해 갈팡질팡한다.

- 여명(女命)은 정부(情夫)를 탐(貪)하여 춤바람이 나서 부도덕(不道德)한 행위(行爲)를 하여 인간윤리(人間倫理)를 벗어난다.

(4) 년살세운(年殺歲運).

▶ 세운(歲運)에 년살(年殺)이 임(臨)하면 남녀(男女)의 색정문제(色情問題)로 함정(陷穽)에 빠지고, 못난 짓을 하고, 수치(羞恥)스러운 일이 생긴다.

▶ 실속이 없고 비밀(秘密)이 탄로(坦路)가 나서 망신당(亡身當)하는 운(運)이다.

▶ 사업(事業)이나 직업(職業)은 다방업(茶房業)·술집·여관(旅館)·목욕탕(沐浴湯) 等의 직업(職業)에 종사(從事)한다.

▶ 가정(家庭)에는 부부불화(夫婦不和)하고, 가정파탄(家庭破綻)으로 별거(別居)하거나 이별(離別)을 하게 된다.

(1) 창고(倉庫)를 파괴(破壞)하는 살(殺)로서 무엇이든지 빠져 나간다. 고집살(固執殺)이며 화개살(華蓋殺)과 충(沖)된다. 장애물(障碍物)이다.

▶ 종교(宗敎)로 인(因)한 문제발생(問題發生)한다. 견(犬)〈=개〉을 조심(操心)하라. 수족(手足)이 상해(傷害)가 된다. 복부수술(腹部手術)을 하게 된다. 위장질환(胃腸疾患)이 있다. 노년(老年)에 수족장애(手足障碍)가 온다. 장애물(障碍物)을 나타내는 살(殺)이다.

▶ [이 살(殺)이 있으면 직업(職業)으로는] ➡ 부동산(不動産)·건축(建築)·기업(企業)·종교인(宗敎人)·법조계(法曹界)·군인(軍人)·점술가(占術家)·은행(銀行)·보관업(保管業) 等이 길(吉)하다.

▶ 월살(月殺)은 정기(精氣)가 저장(貯藏)되어 있는 것과 창고(倉庫)를 파괴(破壞)하여 정기(精氣)나 자원(資源)이나 자본(資本)을 고갈(枯渴)하게 하는 작용(作用)이며, 각종(各種)의 기능(機能)을 마비(痲痺)를 시키고, 사업(事業)이 부진(不振)하고, 자금(資金)이 고갈(枯渴)이 되고, 종교상(宗敎上)의 분쟁(分爭)이 생기고, 종교문제(宗敎問題)로 소송사건(訴訟事件) 等이 발생(發生)한다.

· [질병(疾病)] ➡ 소아마비(小兒痲痺)가 되거나 하체(下體)의 마비(痲痺)가 발생(發生)한다.

▶ 종교인(宗敎人)은 종교교리(宗敎敎理)의 위반사건(違反事件)을 일으키며, 사찰(寺刹), 교회(敎會), 묘당(廟堂)을 이동(移動)하거나 파괴(破壞)를 하는 관권(官權)이 발동(發動)한다.

▶ 월살일(月殺日)은 곡식(穀食)을 파종(播種)하거나, 집의 건축(建築)을 하거나, 동물(動物)을 교미(嬌媚)를 하거나, 닭이 부화(孵化)를 하거나, 인생(人

生)의 결혼일(結婚日)을 정(定)하거나 等 출발(出發)을 불행(不幸)하게 하는 날이라고 절대(絕對)로 금(禁)하는 날이다.

▶ 고초살(枯焦殺)로서 뼈의 마디마디를 파고드는 악살(惡殺)이다.

(2) 월살종합(月殺綜合).

▶ [주중(柱中)에 일(日)·시(時)가 모두 고초살(枯焦殺)이면] ➡ 장자(長子)가 건각(蹇脚)〈=절름발이〉이며, 살이 찐 사람이 적다.

▶ [대운(大運)·세운(歲運)에 월살(月殺)을 만나면] ➡ 투기(投機)를 하거나 투자(投資)를 하는데 있어서 과욕(過慾)과 변동(變動)은 실패수(失敗數)가 있다.

▶ [주중(柱中)에 월살(月殺)이 많으면] ➡ 육친무덕(肉親無德)하고, 처자(妻子)와 인연(因緣)이 박약(薄弱)하고, 관재구설(官災口舌)이 항상(恒常) 따르고, 투자(投資)·투기(投機)·재물(財物) 等에 커다란 변혁(變革)을 일으키고, 계약(契約)이나 문서보증(文書保證) 等으로 곤경(困境)에 빠진다.

▶ 남명(男命)은 무모(無謀)한 계획(計劃)이나 계획성(計劃性)이 없는 허영(虛榮)으로 실패(失敗)를 한다.

▶ 여명(女命)은 유혹(誘惑)에 빠져 재산(財産)을 도산(倒産)하며, 이성(異性)에 현혹(眩惑)되어 무단가출(無斷家出)하고, 남편(男便)과 별거(別居)를 하고, 정신적스트레스(精神的stress)로 자신(自身)의 건강(健康)을 해(害)치게 된다.

　• 허욕(虛慾)이나 이성문제(異性問題)를 배격(排擊)하고 남에게 이용당(利用當)하지 않도록 조심(操心)할 것이다.

▶ [주중(柱中)에 월살(月殺)과 화개살(華蓋殺)이 있으면] ➡ 하체(下體)가 아프거나, 불구(不具)가 되고, 인생행로(人生行路)가 절름발이의 인생(人生)

이 된다.

▶ [직업(職業)] ➡ 월살(月殺)은 달빛이니 하생(夏生)은 해(害)롭고, 낮에도 불을 켜고 하는 음성적(陰性的)인 직업(職業)이나 연구직(硏究職)에 종사(從事)해야 좋지만, 다른 직업(職業)을 가지면 휴직(休職)이나 허송세월(虛送歲月)해야 하는 等의 운(運)으로 흐른다.

▶ 여명(女命)에는 월살(月殺)이 고독성(孤獨星)과 고초살(枯焦殺)과 장애물살(障碍物殺)에 해당(該當)된다.

  • 남편(男便)을 멀리 두고 견우직녀(牽牛織女)가 만나는 형상(形象)이니 주야장천(晝夜長川)에 한숨 짓고 살아 간다.

(3) 월살대운(月殺大運).

▶ 대운(大運)에 월살(月殺)이 임(臨)하면 사례금(謝禮金), 위로금(慰勞金), 하사금(下賜金) 等을 받을 일이 발생(發生)한다. 상속(相續)을 결정(決定)해서 받을 일이 발생(發生)한다. 빌려준 돈은 받는다.

▶ [월살(月殺)이 있는 사주(四柱)가 대운(大運)·세운(歲運)에서 화개살운(華蓋殺運)을 만나면] ➡ 퇴직(退職)을 하고, 몰락(沒落)을 하고, 부부(夫婦)가 서로 쟁탈(爭奪)하여 상쟁(相爭)하고, 부상(負傷)을 당(當)하고, 수술(手術)도 하게 된다.

(4) 월살세운(月殺歲運).

▶ 세운(歲運)에 월살(月殺)이 임(臨)하면 무언가 앞을 가로막고, 고독(孤獨)하고, 답답(遝遝)한 생활(生活)하고, 발전(發展)이 없어 후퇴(後退)한다.

▶ 공직자(公職者)는 좌천(左遷)이 되고, 공직자(公職者)는 부하(部下)인 아랫 사람의 잘못으로 손해(損害)를 보며, 통솔력(統率力)의 부족(不足)으로 모

함(謀陷)에 빠져 좌천(左遷)하는 예(例)가 많다.

▶ 여명(女命)은 남편(男便)과 별거(別居)하여 이혼(離婚)하며 모순적(矛盾的)인 생활(生活)을 한다.

▶ 남에게 이용(利用)을 잘 당(當)하고 음침(陰沈)하게 살아 간다.

---

7. 망신살(亡身殺)〈=군왕(君王)의 친척(親戚)〉. [패전지지(敗戰之地)=격전지지(激戰之地)].

(1) 망신살(亡身殺)이 뻗치는 살(殺).

▶ 개혁(改革)과 정의(正義)를 좋아하며, 남의 일에 간섭(干涉)하기를 좋아하고, 종교(宗敎)는 기독교(基督敎)가 길(吉)하다.

▶ 교통사고(交通事故) · 상해(傷害) · 산액(産厄) · 해난(海難) · 총난(銃難) · 검난(劍難) · 수난(水難) 等이 따른다.

▶ [이 살(殺)이 있으면 직업(職業)으로는] ➡ 전기(電氣) · 전자(電子) · 자동차(自動車) · 철도(鐵道) · 중화기(重火器) · 전쟁무기(戰爭武器) · 기계부품(機械部品) · 군인(軍人) · 법조계(法曹界) · 관광(觀光) · 해외근무(海外勤務) · 출장근무(出張勤務) · 행상(行商) · 영업직(營業職) · 자동차보험(自動車保險) 等이 길(吉)하다.

▶ 안에서 잃은 것을 〈망신(亡身)〉이라 하고 반드시 내부(內部)에서 작용(作用)이 일어난다.

▶ [망신살(亡身殺)이 있으면] ➡ 육친간(六親間)의 생리사별(生離死別)을 하거나, 실물(失物)이나 도난(盜難)을 당(當)하고, 사업실패(事業失敗)를 하고, 사기(詐欺)를 당(當)하거나, 재물손실(財物損失) 等의 작용(作用)을 하며,

신체(身體)의 정기(精氣)를 설기(洩氣)하여 병약(病弱)하거나 악질(惡疾) 等을 가져 온다.

(2) 망신살종합(亡身殺綜合).

▶ 냉철(冷徹)하고, 결단력(決斷力)이 있으며, 적반하장(賊反荷杖)의 형태(形態)이다. 몸을 팔아도 이익(利益)을 추구(追求)한다. 실속은 있으나 명예(名譽)는 추락(墜落)한다.

▶ [망신살(亡身殺)이 원국(元局)에 있으면] ➡ 혁명(革命)이나 데모(demo)에 참가(參加)로 재판(裁判)을 받는다.

▶ [망신살(亡身殺)에 흉성(凶星)이 많으면] ➡ 성품(性品)과 마음이 좁고, 거짓말을 잘하고, 시비(是非)를 잘 걸고, 주색풍류(酒色風流)에 탐닉(耽溺)하고, 송사(訟事)를 일으킨다.

▶ [망신살(亡身殺)의 자식(子息)] ➡ 사생아(私生兒)이고, 후일(後日)에 가문(家門)에 먹칠하고, 출생시(出生時)에 사산(死産)을 하거나, 대부분(大部分) 불치병(不治病)에 걸리고, 패륜자식(悖倫子息)이다.

▶ [남녀공(男女共)히 알고 지내다 헤어진 애인(愛人)이거나, 첫 순정(純情)을 뺏은 사람] ➡ 망신살(亡身殺)〈띠〉나 겁살(劫殺)〈띠〉이다.

▶ 망신살(亡身殺)〈띠〉와 연애(戀愛)하는 사람은 조심(操心)해야 한다. 언젠가는 배우자(配偶者)에게 발견(發見)되어 망신(亡身)을 당(當)하며 간통죄(姦通罪)로 고소(告訴)를 당(當)한다.

▶ 남편(男便)의 외도(外道)하는 상대(相對)〈띠〉가 망신살(亡身殺)〈띠〉이며, 살고 있는 방향(方向)도 망신살(亡身殺)의 방향(方向)이다.

▶ [대운(大運)·세운(歲運)에서 망신살운(亡身殺運)을 만나면] ➡ 신규사업(新規事業)·증권사업(證券事業)·가옥문서(家屋文書) 等에는 실질소득(實質

所得)은 있으나 명예(名譽)가 손상(損傷)이 된다. 비밀(秘密)이 폭로(暴露)가 되는 경우(境遇)도 있다.

(3) 망신살대운(亡身殺大運).

▶ 대운(大運)에 망신살(亡身殺)이 임(臨)하면 흙탕물의 의미(意味)이고, 벌집을 잘못 손댄 것과 같고, 재산몰락(財産沒落)을 당(當)한다.

▶ 퇴직금(退職金) · 사례금(謝禮金) · 위로금(慰勞金) · 상속금(相續金) · 보상금(補償金) 等으로 보기도 한다.

▶ 여명(女命)은 출산(出産)이나 임신(姙娠)을 하게 되고, 몸에 칼을 댈 일이 생기고, 수술건(手術件)도 발생(發生)한다.

(4) 망신살세운(亡身殺歲運).

▶ 세운(歲運)에 망신살(亡身殺)이 임(臨)하면 실속은 있으나 명예(名譽)는 떨어진다. 내가 가진 모든 것을 남에게 보여 준다. 천박(淺薄)하고 저속(低俗)하고 망신횡액수(亡身橫厄數)가 있음.

▶ 세운(歲運)에 망신살(亡身殺)이 임(臨)하면 여자(女子)는 생남(生男)하고 산부인과(産婦人科)에 출입(出入)을 자주 하게 되고, 음부이상(陰部異狀)이나 자궁병(子宮病)을 조심(操心) 하라.

8. 장성살(將星殺).

(1) 장군(將軍).

▶ 승진(昇進) · 권력(權力) · 발전(發展) 等이 따라서 군인(軍人) · 경찰(警察) ·

법관(法官) · 공직(公職) 等에 출세(出世)한다.

▶ 그러나 부부갈등(夫婦葛藤)이 심(甚)하고 · 색난(色難) · 수난(水難) · 검난(劍難) · 영난(靈難) · 형난(刑難) · 교통사고(交通事故) · 상해(傷害) · 수술(手術) · 요절(夭折) 等이 따른다.

▶ 용맹심(勇猛心)이 왕성(旺盛)하고, 과감(果敢)하고, 진취적(進取的)이며, 인내(忍耐)와 끈기로 만난(萬難)을 돌파(突破)하여 업무(業務)를 성공적(成功的)으로 이끈다.

   • [직업(職業)] ➡ 사법경찰관(司法警察官)이나 군인(軍人)이 되면 양명(揚名)하고 발전(發展)한다.

   • 장성살(將星殺)이 원국(元局)에 있으면 승진(昇進) · 명예회복(名譽回復) · 권력(權力) · 건강(健康) · 용맹(勇猛) · 이익(利益) · 납품(納品) 等의 길사(吉事)가 있다.

(2) 장성살종합(將星殺綜合).

▶ 성격강직(性格剛直)하여 남에게 아부(阿附)하거나 굽히기를 싫어한다. 승부욕(勝負慾)과 결단력(決斷力)이 강(强)하고 통솔력(統率力)이 뛰어나고 사업(事業)이나 취업(就業)의 성취감(成就感)이 왕성(旺盛)하지만 무작정(無酌定)으로 덤벼드는 결점(缺點)이 있음.

▶ [여명(女命)]의 장성살(將星殺)은 흉성(凶星)인데 남편(男便)을 갈아치우는 사람 많고, 남편(男便)을 형극(刑剋)하고, 제사(諸事)에 너무 따지고 이론(理論)이 강(强)해 타협(妥協)이 힘들어 고독(孤獨)한 생활(生活)을 자초(自招)한다.

▶ 몸이 아파서 신기(神氣)가 있다 하여 밖에 돌아다니면 괜찮고 집에 있으면 발광(發狂)을 한다.

► [장성살(將星殺)이 있고 반안살(攀鞍殺)이 동주(同柱)하면] ➡ 종교인(宗敎人)에 많은데 목석(木石)같은 여성(女性)이 된다.

► [장성살(將星殺)이 있으면] ➡ 화해(和解)나 모사(謀事)가 탁월(卓越)하고, 자식(子息)을 늦게 두거나 고(苦)되게 키우는 사람이 많다.

► 장성살(將星殺)에 해당(該當)하는 아들은 종손(宗孫)이며, 딸은 외동이며 학업중단(學業中斷)한 경험(經驗)이 있다.

► 위기(危機)에 처(處)해 있을 때 항상(恒常) 구(求)해 주는 사람은 장성살(將星殺)〈띠〉이며,
  • 관재사건(官災事件)이 발생시(發生時)에는 장성살(將星殺)〈띠〉에게 부탁(付託)을 하라.

► 장성살(將星殺)〈띠〉의 사람은 비밀(秘密)이 많고, 일지(日支)가 장성살(將星殺)인 여명(女命)은 남편(男便)을 두고 도망(逃亡)가는 경우(境遇)가 있다.

► 장성살방(將星殺方)에 출입문(出入門)이나 창문(窓門)을 만들지 말고 튼튼하게 막아라.

(3) 장성살대운(將星殺大運).

► 대운(大運)에 장성살(將星殺)이 임(臨)하면 학생(學生)은 반장(班長)이 되고, 직장인(職場人)은 승진(昇進)을 하고, 관청인(官廳人)은 승급(昇級)을 하고, 여성(女性)은 좋은 배우자(配偶者)를 만난다.

► 사업인(事業人)은 사업(事業)이 발전(發展)하고, 부하(部下)나 종업원(從業員)의 도움이 원만(圓滿)하고, 사회(社會)에 유통(流通)이 잘되고 상(賞)까지 받고, 부족(不足)한 자금(資金)이 해결(解決)이 되고, 영업(營業)이 순조(順調)로워 만사형통(萬事亨通)하게 된다.

(4) 장성살세운(將星殺歲運).

▶ 세운(歲運)에 장성살(將星殺)이 임(臨)하면 군입대(軍入隊)하는 운(運)이고, 출장(出張)을 가거나, 외국출입(外國出入)을 하거나, 동서(東西)로 많이 다닌다.

▶ 이별(離別)·고독(孤獨)·원행(遠行)·부상(負傷)·파산(破産) 等이 많은 시기(時期)이다.

▶ [여명(女命)]은 남자(男子)의 대리역할(代理役割)로 가정(家庭)과 자식(子息)을 위(爲)해 직업전선(職業前線)에 나간다.

---

9. 반안살(攀鞍殺)[=내시(內侍),힘을 주도(主導)하는 살(殺)].

(1) 말 위 안장(鞍裝)에 편안(便安)하게 앉는다는 뜻.

▶ 편안(便安)하고 안정(安定)되며, 만사(萬事)가 해결(解決)되나,

• 잘못하면 낙상수(落傷數)가 있고, 3년(年)을 주기(週期)로 직장(職場)이나 주거(住居)를 옮기고, 수족상해(手足傷害)나 결림이 있고, 복부위장(腹部胃腸)의 질환(疾患)이 따른다.

▶ [이 장성살(將星殺)이 있으면 직업(職業)으로는] ➡ 경찰(警察)·교도관(矯導官)·군인(軍人)·종교인(宗敎人) 等이며·부동산(不動産)·주택관리(住宅管理)·난방(煖房)·토목(土木)·도로공사(道路工事)·창고직(倉庫職)·보관업(保管業)·역술인(易術人)·미장공(美裝工) 等은 길(吉)하다.

▶ 상인(商人)은 수익(收益)이 있고. 월급자(月給者)는 승진(昇進)하고. 학생(學生)은 진학(進學)하고. 집안은 편안(便安)하고. 운세(運勢)는 길운(吉運)이다.

(2) 반안살종합(攀鞍殺綜合).

▶ [이 살(殺)이 있으면] ➡ 지혜(智慧)와 문장(文章)이 뛰어나고, 신체(身體)가 허약(虛弱)하여 질병(疾病)의 염려(念慮)가 있고, 집착력(執着力)을 발휘(發揮)하는 시기(時期)이고, 가옥토지(家屋土地)의 문서(文書)를 잡는 때이며, 부업(副業)의 기회(機會)를 잡는다.

• [여명(女命)]은 건강(健康)에 유념(留念)하고, 고독(孤獨)하고, 마음은 우울(憂鬱)하고, 초조(焦燥)하다. 불의(不意)의 사고(事故)를 조심(操心)하라. 신규사업(新規事業)은 성공(成功)한다.

▶ [반안살(攀鞍殺)이 사주(四柱)에 있으면] ➡ 임기응변(臨機應變)에 능(能)하고, 평소(平素)에 자금융통(資金融通)을 잘하며, 식생활(食生活)에 불편(不便)이 없고, 은인(恩人)이 사는 방향(方向)이다.

▶ 반안살(攀鞍殺)〈띠〉는 식구(食口)나 부하(部下)이면 부려먹기 쉽다. 자금(資金)을 구(求)하는 〈띠〉이며, 돈거래(去來)하면 후유증(後遺症)없는 〈띠〉이며, 마음을 놓고 상담(相談)할 수 있는 〈띠〉이며, 자금(資金)을 감출 때 맡기고 싶은 〈띠〉이며.

• 급(急)히 피신(避身)하는 방향(方向)이며, 잃어버린 물건(物件)을 찾는 방향(方向)이다.

▶ [반안살방(攀鞍殺方)에 두침(頭枕)하면] ➡ 사업(事業)이 순조(順調)롭고, 직장승진(職場昇進)이 잘되고, 학생(學生)은 성적향상(成績向上)되어 합격(合格)이 되고, 혼인(婚姻)길이 열리고, 가정(家庭)은 편안(便安)하고 행복(幸福)하다.

▶ [천살방(天殺方)에 두침(頭枕)하면] ➡ 모든 운(運)의 문(門)을 닫고, 사업(事業)은 적자(赤字)를 불면(不免)하고, 직장(職場)을 해직(解職)을 당(當)하고, 학생(學生)의 진학(進學)길이 막히고, 혼사운(婚事運)이 안 생기고, 부

부파란(夫婦波瀾)이 발생(發生)한다.

(3) 반안살대운(攀鞍殺大運).

▶ 대운(大運)에 반안살(攀鞍殺)이 임(臨)하면 상인(商人)은 수익(收益)이 있고, 월급자(月給者)는 승진(昇進)하고, 학생(學生)은 진학(進學)길이 열리고, 집안이 편안(便安)하고, 인사(人事)에 있어서 모든 것을 새롭게 시작(始作)할려는 운(運)이다.

(4) 반안살세운(攀鞍殺歲運).

▶ 세운(歲運)에 반안살(攀鞍殺)이 임(臨)하면 신규사업(新規事業), 건축(建築), 시험공부(試驗工夫)를 시작(始作)하는 운(運)이며, 노력(努力)하면 성공(成功)하며, 부업(副業)을 시작(始作)하는 운(運)이다.

▶ 상인(上人)의 우환(憂患)이나 질병(疾病)이나 상복운(喪服運)으로 눈물을 흘릴 운(運)이다.

▶ 가정(家庭)살림을 장만하는 운(運)이며, 집문서(文書)나 토지문서(土地文書)를 잡고, 노력(努力)하면 소원성취(所願成就)한다.

10. 역마살(驛馬殺)〈=이동(移動)말=자동차(自動車)〉.

(1) 작용(作用)은 지살(地殺)보다 강(强)하다.

▶ 두뇌회전(頭腦回傳)이 빠르다. 활동력(活動力)이 강(强)하다. 근면(勤勉)하다. 여유(餘裕)가 있는 생활(生活)하고 풍류(風流)를 즐긴다. 한 곳에 정착(定着)하지 못하고 자리를 이동(移動)한다. 직장변화(職場變化)가 있다. 이

사(移徙)를 한다. 승진(昇進)이 된다. 부부(夫婦)가 분리(分離)가 된다.

▶ [이 살(殺)이 있으면 직업(職業)으로는] ➡ 운수(運輸)·해운(海運)·관광(觀光)·무역(貿易)·외교(外交)·운동선수(運動選手)·영업(營業)·수금사원(收金社員) 等은 성공(成功)한다.

▶ 이동살(移動殺)·원행(遠行)·출행(出行)·이사(移徙)·이동(移動)·해외여행(海外旅行)·해외이민(海外移民)·각종물자(各種物資)의 이동운반(移動運搬)·무역업(貿易業)·운수사업(運輸事業)·차량사업(車輛事業)·수송사업(輸送事業)·관광여행(觀光旅行)·운동경기(運動競技)·정보교환(情報交換)·신문방송(新聞放送)·전화(電話)·전보(電報)·〈TV〉·선전보도(宣傳報道)·우편통신(郵便通信)·서적(書籍)과 언론(言論)의 보도(報道), 출판(出版), 명예(名譽), 선양(宣揚) 等이 발생(發生)한다.

▶ [역마물상(驛馬物象)] ➡ 가옥(家屋)·점포(店鋪)·사무실(事務室) 等의 이동(移動)·판매(販賣)·창업(創業)·폐업(閉業)·휴업(休業)·업무(業務)의 출장(出張)·해외(海外)로 나들이의 출장(出張)·관광(觀光)·무역(貿易)·외출(外出)·가출(家出)·도망(逃亡)·자동차운행(自動車運行)·입원(入院)·퇴원(退院) 等이다.

(2) 역마살종합(驛馬殺綜合).

▶ 지살(地殺)과 작용(作用)이 비슷하다.

• [역마살(驛馬殺)이 길성(吉星)인 정인(正印)·정관(正官)·식신(食神)·재성(財星)과 동주(同柱)를 하면] ➡ 활동성(活動性)이 많고, 재물(財物)을 일찍 모은다.

• [역마살(驛馬殺)이 흉성(凶星)인 편관(偏官)·편인(偏印)·상관(傷官)·겁재(劫財)과 동주(同柱)하면] ➡ 일생(一生)동안 분주(奔走)하여 노고(勞

苦)가 많고, 역마(驛馬)가 생왕(生旺)하면 임기응변(臨機應變)의 재주가
있고, 외교(外交)에 능(能)하고, 운수사업(運輸事業)으로 성공(成功)한다.

▶ [편관(偏官)〈=칠살(七殺)〉· 편인(偏印)〈=도식(倒食)〉과 역마(驛馬)가 동주
(同柱)하면] ➡ 타향(他鄕)에서 고생(苦生)을 하며 인격(人格)이 하락(下落)
하고 동분서주(東奔西走)한다.

▶ [시지역마(時支驛馬)] ➡ 해외이민(海外移民)가거나, 해외직장(海外職場)
等으로 해외(海外)에 장기거주(長期居住)를 하게 되고, 인생(人生)살이 고
달프고, 동분서주(東奔西走)해도 별 소득(所得)이 없고.

· [유년(幼年)에 역마상충(驛馬相沖)되면] ➡ 급변사고(急變事故)나, 불구
병신(不具病身)이 되거나, 상해피해(傷害被害)를 보게 된다.

▶ [역마살(驛馬殺)〈띠〉] ➡ 조산경험(早産經驗)이 있고, 젊은 시절(時節)을 함
께 고락(苦樂)한 사람이며, 자녀(子女)나 손자(孫子)가 본인기준(本人基準)
해서 역마살(驛馬殺)〈띠〉이면 가문(家門)이 번창(家門繁昌)하며, 학술(學
術)을 배울 때 인연(因緣)이 있는 〈띠〉이며, 직장(職場)을 주선(周旋)을 해
주는 〈띠〉이며, 식구중(食口中)에 관재구설(官災口舌)로 옥고(獄苦)를 치른
사람이며, 가내(家內)에 중요사건(重要事件)을 일으키는 사람의 〈띠〉이다.

▶ [이 역마살(驛馬殺)의 운(運)을 봉(逢)하면] ➡ 매사(每事)에 적극적(積極的)
으로 활동(活動)하고, 뜻이 관철(貫徹)될 때까지 끈질긴 집념(執念)으로 뛰
어든다, 부부별거(夫婦別居)하고, 이별(離別), 부상(負傷), 객지생활(客地生
活)을 하게 된다.

▶ 역마(驛馬)나 지살(地殺)에서.

· 〈인목(寅木)· 사화(巳火)〉는 비행기(飛行機)요,

· 〈해수(亥水)〉는 선박(船舶)이요,

· 〈신금(申金)〉은 기차(汽車)나 자동차(自動車)로 응용(應用)한다.

- [역마(驛馬)나 지살(地殺)이 형(刑)·충(沖)이 되면] ➡ 교통사고(交通事故)나 교통두절(交通杜絕)이 발생(發生)한다.

(3) 역마살대운(驛馬殺大運).

▶ 대운(大運)에 역마살(驛馬殺)이 임(臨)하면 이사변동(移徙變動)하며, 해외(海外)에 출입(出入)하며.

- [대운(大運)·세운(歲運)·월운(月運)이 모두 역마(驛馬)를 상충(相沖)하면] ➡ 교통사고(交通事故)나 횡사(橫死)가 발생(發生)하고, 말년(末年)이나 초년(初年)의 역마운(驛馬運)은 불리(不利)하다.

▶ 관재구설(官災口舌)로 관액(官厄)이 있으며.

- 감옥(監獄)에 갇힌 사람은 역마살(驛馬殺)이 세운(歲運)이나 월운(月運)이 와야 석방(釋放)된다.

(4) 역마살세운(驛馬殺歲運).

▶ 세운(歲運)에 역마살(驛馬殺)이 임(臨)하면 험(險)하고 좁은 길로 뛰어 다니는 운(運)이다. 성패(成敗)가 타향(他鄉)에 있다. 동분서주(東奔西走)하여 뛰어도 인생(人生)살이가 고달프고 소득(所得)도 별로 없다, 식구부양(食口扶養)하기 위(爲)해 뛰다보니 신병(身病)만 생긴다.

▶ 이별(離別)이나 별거(別居)하며, 부상(負傷)을 입거나, 객지생활(客地生活)을 하고, 사업(事業)은 내외(內外)가 항상(恒常) 분주(奔走)하며, 기자(記者)노릇이나 운수업(運輸業)이나 노동업(勞動業) 等에 종사(從事)하며, 외국(外國)에 나갈 수도 있다.

(1) 여섯가지 해(害)를 당(當)하는 살(殺).

► [사주(四柱)에 이 살(殺) 있으면] ➡ 질병(疾病)으로 평생(平生) 신음(呻吟)을 하고, 절름발이의 운(運)으로 흐른다.

► [대운(大運)·세운(歲運)에서 만나면] ➡ 도난(盜難), 관액(官厄), 화재(火災) 等이 발생(發生)하고, 남녀(男女) 모두 이성문제(異性問題)가 복잡(複雜)해 진다.

► [이 살(殺)이 있으면 직업(職業)으로는] ➡ 봉제(縫製)·신발류(類)·선원(船員)·의류(衣類)·의사(醫師)·식품(食品)·주류(酒類)·섬유(纖維)·책(冊)·식물재배(植物栽培)·침술(鍼術)·인쇄(印刷)·신문(新聞)·잡지(雜誌) 等은 길(吉) 하다.

► 구병(久病)이 발생(發生)하고, 급성(急性)인 질병(疾病)이 발생(發生)하고, 제사(諸事)가 막히고, 제반사(諸般事)에 신음(呻吟)하고, 난사(難事)에 부딪치고, 화재(火災)와 도난사건(盜難事件)과 관액사건(官厄事件)이 많이 발생(發生)하고, 지름길을 택(擇)하여 쉽게 성공(成功)을 할려고 꾀를 쓰나 다성다패(多成多敗)한다, 일생(一生)동안 분주(奔走)하게 생활(生活)을 하니 일이 많다.

(2) 육해살종합(六害殺綜合).

► 구병(久病)의 발병(發病)으로 시달리고, 주중(柱中)에 많으면 골육형극(骨肉刑剋)하고 고독(孤獨)하고, 동작(動作)이 민감(敏感)하고, 예민(銳敏)하게 행동(行動)을 하고, 속식(速食)하고, 비위행위(非違行爲)가 탄로(坦路)날까봐 미리 가서 말을 맞춘다.

- [여명(女命)]은 난산(難産)을 하고, 임종(臨終)을 지키는 자식(子息)의 〈띠〉이고, 식구중(食口中)에 생활(生活)을 유지(維持)하는 〈띠〉이며,
- 육해살월(六害殺月)에 돌아가신 조상(祖上)이 있으면 그 조상(祖上)의 제사(祭祀)를 지내주면 집안이 안정(安定)이 되고 막힌 일들이 순조(順調)롭게 해결(解決)이 된다.

▶ 부자(富者)로 살려면 육해살방향(六害殺方向)을 깨끗이 청소(淸掃)하고 잘 섬겨라, 육해살(六害殺)〈띠〉와 원한(怨恨)을 사면 반드시 해(害)를 입고 몰락(沒落)을 하니 조심(操心)하고, 집을 사거나 세(貰)를 얻는 방향(方向) 이며, 친척(親戚)이 나를 도와주는 〈띠〉이며, 외상(外上)을 얻는 방향(方向)이고, 육해살방향(六害殺方向)으로 소원(所願)을 빌면 작은 소원(所願)은 반드시 이루어 진다. 육해살(六害殺)은 〈귀신(鬼神)〉이요, 년살(年殺)은 〈술〉이니 서로 상충(相沖)이 되지만 그리 나쁜 것은 아니다, 육해살월일(六害殺月日)에 빚을 얻으면 반드시 갚게 된다.

▶ [육해살(六害殺)의 운(運)을 만나면] ➡ 실직(失職)을 하고, 득병(得病)을 하고, 수술(手術)도 하고, 몸도 허약(虛弱)하고, 문서계약(文書契約)에 사기(詐欺)를 당(當)하고, 인격(人格)도 무시당(無視當)하고 구설(口舌)이 따른다.

▶ 여명(女命)은 백의종군(白衣從軍)하는 희생정신(犧牲精神)으로 노력(努力)해야 한다, 노력(努力)한 공로(功勞)를 인정(認定)을 못받고, 심신(心身)이 괴롭고 복잡(複雜)하며, 건강(健康)도 불쾌(不快)하다.

(3) 육해살대운(六害殺大運).

▶ 병고(病苦)로 신음(呻吟)을 하고, 난사(難事)에 부딛치고, 저당(抵當)으로 설정(設定)을 당(當)하고, 차압(差押)이 발생(發生)하고, 장기복무자(長期服

務者)는 근무이탈(勤務離脫)로 곤욕(困辱)을 치르고, 육해살충(六害殺冲)하는 운(運)이 오면 해외여행(海外旅行)이나 난사(難事)가 해결(解決)이 되고, 사업인(事業人)은 털어 먹고, 직장인(職場人)은 좌천(左遷)이 되고, 인격적(人格的)으로 천(賤)한 몸이 된다. 허리가 아프면 사망(死亡)한다.

▶ [여명(女命)에 육해살운(六害殺運)이 오면] ➡ 부부불화(夫婦不和)하고, 소박(素朴)을 당(當)하고, 신경질(神經質)이 나고, 가정(家庭)이 불안(不安)한 상태(狀態)가 된다.

(4) 육해살세운(六害殺歲運).

▶ 세운(歲運)에 육해살(六害殺)이 임(臨)하면 무직대우(無職待遇)를 받고, 허리가 아프고, 백의종군(白衣從軍)과 희생정신(犧牲精神)으로 노력(努力)을 하나 심신(心身)이 고달프다, 의무(義務)만 강요(强要)가 되어 책임(責任)이 무겁다, 지름길을 갈려고 한다. 쉽게 돈버나 하고 꾀를 많이 쓴다.

▶ 다성다패(多成多敗)하고, 일생(一生) 분주다사(奔走多事)하고, 석양(夕陽)길의 나그네이다.

> ## 12. 화개살(華蓋殺)〈=종교(宗敎)를 의미(意味)함〉.
> [참모(參謀)=고문관(顧問官)=자문관(諮問官)].

(1) 창고(倉庫)나 고장(庫藏)에 해당(該當)한다.

▶ 창고물건(倉庫物件)을 욕심(慾心)을 내다가 수모(受侮)를 당(當)한다. 신앙(信仰)을 나타내니 종교(宗敎)와 관련(關聯)된 일이 발생(發生)한다. 수족(手足)이 결린다. 상해(傷害)를 당(當)하거나 복부수술(腹部手術)을 하거나

동사(凍死) 等이 따른다.

▶ [이 살(殺)이 있으면 직업(職業)으로는] ➡ 성직자(聖職者) · 법조계(法曹界) · 교도관(矯導官) · 경찰(警察) · 승려(僧侶) · 군인(軍人) · 점성가(占星家) · 역술인(易術人) · 부동산(不動産) · 건축(建築) · 건설(建設) 等은 길(吉)하다.

▶ 일확천금(一攫千金)의 히트(hit)를 노리다가 수렁에 빠진다.
문화(文化) · 예술(藝術) · 신앙(信仰) · 학원(學院) · 사찰(寺刹) · 교회(教會) · 미술(美術) · 수도장(修道場) · 기원(棋院) 等 부동산(不動産)에 관(關)한 일이 발 생(發生)한다.

(2) 화개살종합(華蓋殺綜合).

▶ 화개살(華蓋殺)은 종교(宗敎) · 신앙(信仰) · 화려(華麗) · 예술(藝術) · 학문(學文) · 근면(勤勉) · 운동(運動) · 후덕(厚德) 等에 해당(該當)한다.

• [화개살(華蓋殺)이 주중(柱中)에 있으면] ➡ 성품(性品)이 총명(聰明)하고, 지혜(智慧)가 뛰어나고, 문장(文章)에 능(能)하고, 풍류(風流)와 낭만(浪漫)을 좋아하고, 특(特)히 예능방면(藝能方面)에 재능(才能)과 소질(素質)이 뛰어나다.

▶ [운로(運路)〈=대운(大運) · 세운(歲運)〉에서 이 살(殺)을 만나면] ➡ 진실(眞實), 정의(正義), 명예(名譽), 승진(昇進), 발전시기(發展時期) 等으로 존경(尊敬)을 받으나, 그러나 때로는 불로소득(不勞所得)으로 일확천금(一攫千金)을 노리는 경우(境遇)가 있음.

▶ [년주(年柱)에 식상(食傷)이 화개살(華蓋殺)과 동주(同柱)하면] ➡ 조모(祖母)가 불교신자(佛敎信者)이고.

• [생월(生月)에 인성(印星)과 화개(華蓋)가 동주(同柱)하면] ➡ 모(母)가 불

교 신자(佛敎信者)이고.

- [화개공망(華蓋空亡)] ➡ 정통신앙(正統信仰)에 심취(心醉)하고.
- [화개살(華蓋殺)이 재성(財星)과 동주(同柱)하면] ➡ 종교상대(宗敎相對)로 재물(財物)을 구(求)하고.
- [관성(官星)에 임(臨)하면] ➡ 종교계통(宗敎系統)의 직업(職業)을 갖거나 종교생활(宗敎生活)하게 된다.

▶ [이 살(殺)이 형(刑)·충(沖)에 임(臨)하면] ➡ 종교(宗敎)를 바꾸거나 도중하차(途中下車)한다.

▶ [여명(女命)에 관성(官星)이 심(甚)히 약(弱)한데 화개(華蓋)가 관성(官星)에 임(臨)하면] ➡ 남편(男便)과 사별(死別)한다.

- [화개(華蓋)가 있고 역마(驛馬)와 동주(同柱)하면서 사주(四柱)가 혼탁(混濁)하면] ➡ 화류계팔자(花柳界八字)가 된다. 애교살(愛嬌殺)도 된다. 음란(淫亂)하다.

▶ 선대몰락(先代沒落)과 좌절(挫折)된 가문(家門)을 복구(復舊)를 시킬 임무(任務)와 책임(責任)을 갖고 출생(出生)하고, 부모조업(父母祖業)의 상속재산(相續財産)을 실패(失敗)한 후(後)에 다시 재생(再生)시키는 반복적업무(反復的業務)를 하는 재생살(再生殺)이다.

- 차남(次男)이 장남(長男)노릇을 하게 되고, 끝마무리를 잘못해 재차(再次) 발생(發生)하며, 휴학후(休學後)에 재복학(再復學)하고, 이혼후(離婚後)에 재결합(再結合)하고, 모든 일이 재반복(再反復)되니 업무(業務)에 세련미(洗煉味)가 부족(不足)하고, 원수(怨讐)가 되었다가 화해(和解)하고, 반성(反省)과 이해(理解)를 반복(反復)한다.

▶ 화개살(華蓋殺)의 사람끼리는 첫 사업(事業)은 실패(失敗)하고 두번(番)째 사업(事業)은 성공(成功)하고, 연애(戀愛)도 동일(同一)하고, 헤어졌던 부모

(父母)가 화개살(華蓋殺)의 자녀(子女)가 출생(出生)하면 재결합(再結合)을 한다.

▶ 접객업소(接客業所)의 단골집이 있는 방향(方向)이며, 사업실패후(事業失敗後)에 복구목적(復舊目的)의 이사(移徙)는 화개살방향(華蓋殺方向)으로 가라.

(3) 화개살대운(華蓋殺大運).

▶ 대운(大運)에 화개살(華蓋殺)이 임(臨)하면 비범(非凡)한 발전(發展)과 피나는 노력(努力)으로 탁월(卓越)한 재능(才能)을 발휘(發揮)하고, 초년(初年)에 길(吉)하고 중년이후(中年以後)는 흉(凶)하고, 사고(四庫)이니 괴강(魁罡)과 백호살(白虎殺)에 해당(該當)하니 교접운(交接運)이라 하여 의외(意外)의 일들이 많이 발생(發生)한다.

(4) 화개살세운(華蓋殺歲運).

▶ 세운(歲運)에 화개살(華蓋殺)이 임(臨)하면 일확천금히트(一攫千金hit)를 노리다가 함정(陷穽)에 빠진다.

　• [여명(女命)] ➡ 애교(愛嬌)는 있으나 음란(淫亂)하고 방탕(放蕩)한 생활(生活)을 하게 된다.

▶ 남녀(男女) 모두 방탕기(放蕩氣)가 있어 춤바람이나 꽃바람이 난다. 부부지간(夫婦之間)에 생리사별수(生離死別數)가 있다.

▶ 남명(男命)은 사업실패수(事業失敗數)가 있고, 직업(職業)은 유흥업(遊興業)이나 천(賤)한 직업(職業)을 하게 된다.

第7篇

육신론(六神論)

第1章. 육친론(六親論)

		甲	乙	丙	丁	戊	己	庚	辛	壬	癸
比肩 비견	主演 주연	甲·寅	乙·卯	丙·巳	丁·午	戊辰·戌	己丑·未	庚·申	辛·酉	壬·亥	癸·子
劫財 겁재	失手 실수	乙·卯	甲·寅	丁·午	丙·巳	己丑·未	戊辰·戌	辛·酉	庚·申	癸·子	壬·亥
食神 식신	活動 활동	丙·巳	丁·午	戊辰·戌	己丑·未	庚·申	辛·酉	壬·亥	癸·子	甲·寅	乙·卯
傷官 상관	私財 사재	丁·午	丙·巳	己丑·未	戊辰·戌	辛·酉	庚·申	癸·子	壬·亥	乙·卯	甲·寅
偏財 편재	債務 채무	戊辰·戌	己丑·未	庚·申	辛·酉	壬·亥	癸·子	甲·寅	乙·卯	丙·巳	丁·午
正財 정재	現金 현금	己丑·未	戊辰·戌	辛·酉	庚·申	癸·子	壬·亥	乙·卯	甲·寅	丁·午	丙·巳
偏官 편관	治業 치업	庚·申	辛·酉	壬·亥	癸·子	甲·寅	乙·卯	丙·巳	丁·午	戊辰·戌	己丑·未
正官 정관	職責 직책	辛·酉	庚·申	癸·子	壬·亥	乙·卯	甲·寅	丁·午	丙·巳	己丑·未	戊辰·戌
偏印 편인	不安 불안	壬·亥	癸·子	甲·寅	乙·卯	丙·巳	丁·午	戊辰·戌	己丑·未	庚·申	辛·酉
正印 정인	文書 문서	癸·子	壬·亥	乙·卯	甲·寅	丁·午	丙·巳	己丑·未	戊辰·戌	辛·酉	庚·申

- ▶ [비아자(非我者)] ➡ 형제(兄弟)・비견(比肩)・겁재(劫財)・비겁(比劫).
- ▶ [아생자(我生者)] ➡ 자손(子孫)・식신(食神)・상관(傷官)・식상(食傷).
- ▶ [아극자(我剋者)] ➡ 처재(妻財)・정재(正財)・편재(偏財)・재성(財星).
- ▶ [극아자(剋我者)] ➡ 부군(夫君)・정관(正官)・편관(偏官)・관성(官星).
- ▶ [생아자(生我者)] ➡ 부모(父母)・정인(正印)・편인(偏印)・인성(印星).

◐ [비겁생(比劫生)] ➡ [식상생(食傷生)] ➡ [재성생(財星生)] ➡ [관성생(官星生)] ➡ [인성생(印星生)] ➡ [비겁생(比劫生)].

◐ [비겁극(比劫剋)] ➡ [재성극(財星剋)] ➡ [인성극(印星剋)] ➡ [식상극(食傷剋)] ➡ [관성극(官星剋)] ➡ [비겁극(比劫剋)].

1. 비견(比肩).

(1) 비견(比肩)의 특성(特性).

- ▶ 일간(日干)과 같은 오행(五行)인데 음양(陰陽)이 같은 것.
- ▶ 비견(比肩)은 독립(獨立)・이별(離別)・분리(分離)・투쟁(鬪爭)・자존심(自尊心) 等의 의미(意味)이니 유아독존식(唯我獨尊式)으로 자기본위(自己本位)의 성질(性質)이 강(强)하므로 재성(財星)과 관성(官星)을 탈취(奪取)하는 성질(性質)이 있다.
  - • 양일간(陽日干)은 정재(正財)와 합(合)을 하고, 음일간(陰日干)은 정관(正官)과 합(合)을 하여 관성(官星)을 탈취(奪取)하는 상(像)이다.

► 비겁(比劫)이 많은 사주(四柱)는 미비(未備)한 일점(一點)의 재성(財星)이 나타나면 여러 형제(兄弟)가 서로 다투어 먹는 식(式)이라 해서 군겁쟁재사주(群劫爭財四柱)라고 한다.

(2) 비견(比肩)의 육친길흉(六親吉凶).

► 비견(比肩)은 형제(兄弟) · 친구(親舊) · 조카 · 남편(男便)의 첩(妾)과 애인(愛人) · 동업자(同業者) · 동료(同僚) 等을 의미(意味)한다.

► [특징(特徵)] ➡ 고집(固執)이 세고, 타인(他人)과 불화(不和)와 논쟁(論爭)을 초래(招來)한다. 고독(孤獨)하고 이기적(利己的)이다.

► [사주(四柱)에 비견(比肩)이 많으면] ➡ 형제간(兄弟間)에도 불화(不和)가 많고, 친구간(親舊間)에도 분리(分離)가 되고, 재성(財星)을 극(剋)하니 평생(平生)에 노고(勞苦)가 많다.

　　• [직업(職業)] ➡ 변호사(辯護士) · 의사(醫師) · 기사(技士) · 자유업(自由業) 等 독립적(獨立的)인 사업(事業)에 적당(適當)하다.

► [월주(月柱)가 모두 비견(比肩)이면] ➡ 양자(養子)가 많다.

► [일지(日支)가 비겁(比劫)으로 기신(忌神)이면] ➡ 부부불화(夫婦不和)하고, 타인(他人)으로부터 손해(損害)보기 쉽다. 부친(父親)과 별리(別離)하며, 결혼(結婚)이 늦어진다.

► [월지(月支)가 비견(比肩)이고 관살(官殺)이 없으면] ➡ 성질(性質)이 거칠고 못됐다.

► [여명(女命)에 비겁(比劫)이 많으면] ➡ 색정(色情)으로 가정불화(家庭不和)하고, 독신(獨身)이나 첩(妾)이 많다. 쟁재(爭財)하여 생관(生官)을 못하니 남편덕(男便德)이 적다.

　　• [여명(女命)에 식상(食傷)이 많으면] ➡ 관성(官星)을 상극(相剋)을 하니

남자덕(男子德)과 부모덕(父母德)이 적다.

- • [여명(女命)에 재성(財星)이 많으면] ➡ 인성(印星)을 극(剋)하니 형제간 (兄弟間)에 돈문제(問題)로 다툼이 많다.
- • [관성(官星)이 많으면] ➡ 나를 극(剋)하니 자식애로(子息隘路)가 있다.
- • [비견(比肩)이 천간(天干)에 있으면] ➡ 다정(多情)하여 실정(失貞)한다.
- • [여명(女命)에 비견(比肩)이 많은데 관살(官殺)이 약(弱)하면] ➡ 부부간 (夫婦間)에 애정(愛情)이 적다.

(3) 비견(比肩)의 변화통변(變化通辯)〈=2개(個)이상(以上)있을 때〉.

1) [남녀공통(男女共通)].

- ▶ 형제다형(兄弟多形)이니 가난과 이별(離別)이 있고, 평생노고(平生勞苦)가 많다. 자수성가(自手成家)하고, 고집(固執)이 있고, 고생(苦生)과 고통(苦痛)이 따른다.
- ▶ [비겁(比劫)이 태왕(太旺)하면] ➡ 부(父)와 생리사별(生離死別)하고, 여명(女命)은 시모(媤母)와 인연(因緣)이 없다.
- ▶ [년주(年柱)와 일주(日柱)가 같고〈=전치살(轉輜殺)=수레치〉] ➡ 또 대(大)·세운(歲運)에서 입(入)하면 사망(死亡)하거나 재난(災難)이 많다.
- ▶ [비겁(比劫)이 많으면] ➡ 부모덕(父母德), 처덕(妻德), 형제덕(兄弟德)이 없다. 돈과 무연(無緣)하다. 자존심(自尊心)이 강(强)하고, 고집(固執)과 자기주장(自己主張)이 강(强)하다. 인덕(人德)이 없다. 세인(世人)과 불목(不睦)한다. 동업(同業)은 실패(失敗)하고, 자유업(自由業)과 기능직(技能職)은 가능(可能)하다. 식상(食傷)이 있으면 중화(中和)를 이룬다.
- ▶ [군비쟁재사주(群比爭財四柱)에서 다시 재운봉(財運逢)하면] ➡ 인패(人敗), 재패(財敗)하고, 생명(生命)까지 위험(危險)하고, 자살(自殺)하는 경우

(境遇)도 가끔 있다.

> ⊙ [비겁(比劫)] ➡ 활동(活動) · 사교(社交) · 노력(努力) · 역마(驛馬) · 우유부단(優柔不斷)의 뜻을 內包(내포)하고 있다.

2) [남명(男命)].

▶ 부부화목(夫婦和睦)이 힘들다. 상처(喪妻)한다.

▶ 사업(事業)은 여러번 반복(反復)해서 실패(失敗)한다.

3) [여명(女命)].

▶ 결혼운(結婚運)이 불길(不吉)하다. 남편(男便)이 바람을 피운다. 남편복(男便福)이 없다. 색정(色情)으로 고민(苦悶)을 자초(自招)한다.

▶ 독신주의(獨身主義)가 많다. 소실(小室)이나 첩(妾)의 팔자(八字)이다. 너무 다정(多情)해서 실정(失貞)한다. 상부(喪夫)한다.

▶ [비겁(比劫)이 많으면] ➡ 남편(男便)이 첩(妾)을 본다. 공방생활(空房生活)을 한다. 호색(好色)하고 화류계(花柳界)와 내통(內通)한다. 집에서는 냉혹(冷酷)하고 밖에서는 기분파(氣分派)이다. 가끔 신(神)을 모시는 사람도 있다.

(4) [대운(大運)과 세운(歲運)의 비견(比肩)] ➡ 부조(扶助)를 하거나 부의(賻儀)를 할 일이 발생(發生)한다.

1) 비견태세(比肩太歲)의 간지(干支).

▶ [간(干)] ➡ 큰 집을 지닌다. 행운도래(幸運到來)한다. 기반(基盤)을 조성(造成)한다.

► [지(支)] ➡ 직업(職業)을 잊고 중개업자(仲介業者)의 행세(行勢)를 한다. 낭비(浪費)가 심(甚)해진다.

2) 비견태세(比肩太歲)의 길흉(吉凶).

► [길사(吉事)] ➡ 선물포장(膳物包裝)한다. 추대(推戴)된다. 장자행위(長子行爲)를 한다. 인기(人氣)를 획득(獲得)한다.

► [흉사(凶事)] ➡ 분실사고(紛失事故)가 생긴다. 인기하락(人氣下落)한다. 친인(親人)의 피해(被害)를 본다.

► [목적(目的)] ➡ 휴업(休業)이나 전업(轉業)을 한다. 새직장(職場)과 직업문제(職業問題)가 생긴다. 가출(家出)과 애정문제(愛情問題)가 생긴다.

3) 비견대운(比肩大運)의 길흉(吉凶).

► [사건(事件)] ➡ 별방고독(別房孤獨)하다. 애정모순(愛情矛盾)이 있다. 중계투기(中繼投機)를 한다. 부채막심(負債莫甚)하다. 구설수(口舌數)가 다발(多發)한다.

► [길사(吉事)] ➡ 추대(推戴)나 추첨(抽籤)의 행운(幸運)이 있다. 문화시설(文化施設)을 확보(確保)하고, 인기(人氣)를 독점(獨占)한다.

► [흉사(凶事)] ➡ 부부별실(夫婦別室)한다. 권리(權利)를 상실(喪失)한다. 지체(遲滯)가 된다. 인기(人氣)가 하락(下落)한다.

4) 비견운시(比肩運始)의 길흉(吉凶).

► 출생(出生)과 동시(同時)에 부모(父母)를 잃는다. 편벽(偏僻)〈=한쪽으로 치우치다〉하다. 만혼(晩婚)한다. 고독(孤獨)하다. 부부별거(夫婦別居)하여 무정(無情)하다. 장남(長男)과 장녀(長女)의 역할(役割)을 한다.

2. 겁재(劫財)〈=모살(耗殺)〉.

(1) 겁재(劫財)의 특성(特性).

▶ 일간(日干)과 같은 오행(五行)인데 음양(陰陽)이 다른 것.

▶ 겁재(劫財)는 재성(財星)을 파극(破剋)하는 힘이 비견(比肩)보다 강(强)하다. 동일오행(同一五行)은 서로 시기(猜忌)·모략(謀略)·질투(嫉妬)하는 힘이 강(强)하다.

　　• 재성(財星)을 파극(破剋)하는 힘이 강(强)하니 재물(財物)을 겁탈(劫奪)해 간다는 의미(意味)에서 겁재(劫財)라 한다.

▶ [특성(特性)] ➡ 안하무인(眼下無人)이다. 오만불손(傲慢不遜)하다. 폭력(暴力)과 투쟁(鬪爭)의 뜻이다. 자기주장(自己主張)이 강(强)하다. 타인(他人)을 멸시(蔑視)한다. 투기(投機)와 요행(僥倖)을 좋아한다. 손재(損財)와 파산(破産)으로 고생(苦生)한다.

▶ 겁재(劫財)는 비견(比肩)과 마찬가지로 내격(內格)에 해당(該當)하는 격국(格局)을 이루지 못한다.

(2) 겁재(劫財)의 육친길흉(六親吉凶).

▶ 형제자매(兄弟姉妹)나 이복형제(異腹兄弟)를 뜻한다. 친구(親舊)와 동업자(同業者)와 동료(同僚) 等을 뜻한다. 남편(男便)의 첩(妾)을 의미(意味)한다. 재물탈취(財物奪取)를 당(當)하거나 손해(損害) 等의 의미(意味)를 내포(內包)하고 있다.

▶ [특징(特徵)] ➡ 교만(驕慢)하고 불손(不遜)하다. 투쟁심(鬪爭心)이 강(强)하다. 투기(投機)와 요행(僥倖)을 좋아한다. 재물(財物)에 손재수(損財數)가 많다.

► [정관(正官)이 있으면] ➡ 난폭(亂暴)한 성질(性質)이 억제(抑制)되고 고귀 (高貴)한 인품(人品)으로 바뀐다.

► [비겁(比劫)이 많으면] ➡ 공동사업(共同事業)이 불리(不利)하고, 부부간(夫 婦間)을 극(剋)한다.

► [남명(男命)에 비겁(比劫)이 많으면] ➡ 연애결혼(戀愛結婚)을 하든지 아니 면 년상(年上)의 여인(女人)이나 과부(寡婦)를 정처(正妻)로 한다.

► [겁재(劫財)와 양인(羊刃)이 동주(同柱)하면] ➡ 혼담(婚談)이 깨어지기 쉽 고, 재물(財物)로 인(因)해 화액(禍厄)을 당(當)한다.

► [겁재(劫財)와 상관(傷官)이 동주(同柱)하면] ➡ 무뢰한(無賴漢)이 된다.

► [겁재(劫財), 상관(傷官), 양인(羊刃)이 같이 있으면] ➡ 횡액(橫厄)을 당(當) 하거나, 조상(祖上)의 이름을 더럽힌다.

(3) 겁재(劫財)의 변화통변(變化通辯).

1) [남녀공통(男女共通)].

► 겁재신왕(劫財身旺)은 공동사업(共同事業)이나 동업(同業)은 절대(絕對) 피 (避)하라. 부부상극(夫婦相剋)으로 싸움이 많다.

► [겁재(劫財)가 간여지동(干如支同)〈=병오(丙午) · 정사(丁巳) · 임자(壬子) · 계해(癸亥)〉이면] ➡ 부선망(父先亡)한다. 부부이별(夫婦離別)이 많다.

► [비겁(比劫), 양인(羊刃), 상관(傷官)이 있으면] ➡ 흉터가 있다. 흉조(凶兆) 가 내습(來襲)한다.

2) [남명(男命)].

► 품질불량(品質不良)한 여자(女子)를 정처(正妻)로 삼는다.

3) [여명(女命)].

▶ 시모(媤母)와 인연(因緣)이 없다.

(4) [대운(大運)과 세운(歲運)의 겁재(劫財)] ➡ 친척(親戚)이나 친인(親人)을 구제(救濟)를 한다.

1) 겁재태세(劫財太歲)의 간지(干支).

▶ [간(干)] ➡ 제사(諸事)에 돈이 안드는 방식(方式)으로 간첩행위(間諜行爲)를 한다. 친구(親舊)나 친인(親人)이나 인척(姻戚)을 이용(利用)해 경쟁(競爭) 을 극복(克服)한다.

▶ [지(支)] ➡ 법망(法網)에 단속(團束)이 되는 위험행위(危險行爲)를 한다. 제사(諸事)를 처리(處理)하는데 비용(費用)이 안드는 공짜의 고용자(雇傭者)를 활용(活用)한다.

2) 겁재태세(劫財太歲)의 길흉(吉凶).

▶ [길사(吉事)] ➡ 유력인사(有力人士)나 힘과 실력(實力)이 있는 사람들과 친교(親交)를 넓힌다. 능력자(能力者)를 채용(採用)한다. 경쟁(競爭)에서 승리(勝利)한다.

▶ [흉사(凶事)] ➡ 재산(財産)이나 문서(文書) 等을 강제탈취(強制奪取)를 당(當)한다. 담보문제(擔保問題)로 농락(籠絡)을 당(當)한다. 경쟁(競爭)에서 패배(敗北)한다.

▶ [목적(目的)] ➡ 경쟁상태(競爭狀態)가 된다. 전업(轉業)이나 전직(轉職)할까 고민(苦悶)한다. 매입인수건(買入引受件)이나 동업건(同業件)이 생긴다.

3) 겁재대운(劫財大運)의 길흉(吉凶).

► [사건(事件)] ➡ 경쟁생계(競爭生計)이다. 경쟁자(競爭者)의 출현(出現)한다. 질투사건(嫉妬事件)이 생긴다. 이용자(利用者)에게 모순(矛盾)이 생긴다. 분배(分配)로 인(因)해 시비(是非)가 생긴다.

► [길사(吉事)] ➡ 행사(行使)할 수 있는 권리(權利)를 획득(獲得)한다. 사업(事業)을 확장(擴張)한다. 좋은 친구(親舊)나 친인(親人)이 생긴다. 물건(物件)이나 문서(文書)의 위탁건(委託件)이 생긴다.

► [흉사(凶事)] ➡ 행사(行使)할 수 있는 이권(利權)을 뺏긴다. 인신공격(人身攻擊)을 당(當)한다. 명예훼손(名譽毀損)을 당(當)한다. 경쟁(競爭)에서 패배(敗北)한다.

4) 겁재운시(劫財運始)의 길흉(吉凶).

► 동기간(同氣間)으로 인(因)해 속을 썩는다. 이복형제(異腹兄弟)가 있다. 수술(手術)하는 일이 생긴다. 신체(身體)의 불구(不具)가 염려(念慮)된다. 불쌍한 외방인간(外方人間)을 구제(救濟)한다.

3. 식신(食神).

(1) 식신(食神)의 특성(特性).

► 일간(日干)을 설(洩)하는 오행(五行)으로 음양(陰陽)이 같은 것.

► 의식주(衣食住)의 의미(意味)이고, 특성(特性)은 명랑(明朗)하고, 오래 살고, 재산(財産)과 가택(家宅)이 윤택(潤澤)하고, 신체(身體)가 풍미(豊美)하고, 만사(萬事)에 원만(圓滿)한 성질(性質)이다.

► [편인(偏印)을 만나면] ➡ 극(剋)을 당(當)하니 위의 특성(特性)이 변화(變

化)되어 흉조(凶兆)로 변(變)한다.

▶ [식신(食神)] ➡ 일간(日干)의 내 기운(氣運)을 설(洩)하여 생(生)하는 것이
니 여명(女命)은 자식(子息)이니 자식(子息)의 공양(供養)을 받는 격(格)이
니 적극적(積極的)으로 대사업(大事業)을 경영(經營)하기에는 힘이 모자
란다.

▶ [특성(特性)] ➡ 인자(仁慈)하고, 도덕적이념(道德的理念)이며, 자녀(子女)
와 인연(因緣)이 있어서 자식덕(子息德)이 있고.

• 여명(女命)에게는 이러한 성질(性質)이 더욱 강(强)하며, 예술적(藝術的)
인 기질(氣質)이 강(强)하고, 춤과 여흥(餘興)을 즐기니 주색(酒色)에 빠
지기 쉽다.

(2) 식신(食神)의 육친길흉(六親吉凶).

▶ 남명(男命)은 장모(丈母). 손자(孫子)이다. 여명(女命)은 딸자식(子息)과 손
자(孫子)이다. 직장(職場) · 자궁(子宮) · 유방(乳房) · 언어(言語) · 가재(家
財) · 신체(身體) · 신규사업(新規事業) · 의식풍족(衣食豊足). 식신(食神)이
많으면 두부(豆腐)와 생선(生鮮)을 좋아한다.

▶ [식신(食神)이 많으면] ➡ 성격(性格)이 우유부단(優柔不斷)하여 대사업(大
事業)을 이루기가 어렵다. 심미안(審美眼)이 있어 예술(藝術)을 좋아하는
반면(反面)에 색정(色情)이 강(强)하다.

• 여명(女命)은 호색(好色)으로 과부(寡婦)가 되거나 첩(妾)노릇을 한다. 비
견(比肩)을 만나면 이 특성(特性)이 심화(深化)되고, 편인(偏印)을 만나면
약화(弱化)된다.

▶ [식신(食神)이 많고 상관(傷官)이 암장(暗藏)되어 있으면] ➡ 신체허약(身體
虛弱)하고,

- [식신(食神)이 월주(月柱)에 있고 신강(身强)하면] ➡ 비대(肥大)하고 명랑(明朗)하며, 식성(食性)이 좋다.
- [식신(食神)이 편인(偏印)에 의(依)해 파극(破剋)되면] ➡ 신체(身體)가 작고, 추(醜)하며, 평생(平生) 곤고(困苦)가 많고, 단명(短命)하다. 어릴 때는 젖이 부족(不足)하다.
- 여명(女命)은 산액(産厄)을 당(當)하고, 독수공방(獨守空房)한다.
- [식신(食神)이 편인(偏印)을 만나면] ➡ 위(胃)가 약(弱)해 음식(飮食)을 잘 못먹는다.
▶ [사주(四柱)에 식신(食神)과 재성(財星)이 있으면] ➡ 중인(衆人)의 도움을 받아 일을 성공(成功)을 시킨다.
- 여명(女命)에는 효자(孝子)도 있다.
▶ [용신(用神)이 식신(食神)인데 유기(有氣)하면] ➡ 승재관(勝財官)한다. 음식사업(飮食事業)이 좋다.

(3) 식신(食神)의 변화통변(變化通辯).

1) [남녀공통(男女共通)].

▶ [식상(食傷)이 많으면] ➡ 설기(洩氣)되어 오히려 천박(淺薄)하다. 자식복(子息福)이 없다.
▶ [일지식상(日支食傷)〈=갑오(甲午) · 을사(乙巳) · 병진(丙辰) · 정축(丁丑) · 정미(丁未) · 무신(戊申) · 기유(己酉) · 경자(庚子) · 신해(辛亥) · 임인(壬寅) · 계묘(癸卯)〉이면] ➡ 정력(精力)이 좋고, 요식업(料食業)이 길(吉)하다.
▶ [신약(身弱)에 식상(食傷)이 많은데 대운(大運) · 세운(歲運)에서 관운(官運)이 입(入)하면] ➡ 횡사(橫死), 자살(自殺), 부부이별(夫婦離別), 파재(破財),

송사(訟事), 실자(失子)하는 일 等이 많이 발생(發生)한다.

▶ [식신(食神)만 많으면] ➡ 내심(內心)이 약(弱)해 비위(脾胃)를 맞춰주면 약자(弱者)에게 잘한다. 사기(詐欺)와 실패(失敗)가 많다. 남에게 이용(利用)을 잘 당(當)한다.

▶ [식신(食神)이 많으면] ➡ 설기(洩氣)하니 정기(精氣)가 손상(損傷)하여 허약(虛弱)하여 중병(重病)에 걸린다. 관성(官星)을 극상(剋傷)하니 관록(官祿)과는 인연(因緣)이 없다. 남의 말을 듣지 않고 혼자서 잘난 체를 한다.

▶ [식상(食傷)이 많은데 대운(大運)·세운(歲運)에서 인성운(印星運)이 입(入)하면] ➡ 불구자(不具者)가 되기 쉽다.

  • 또 [운로(運路)〈=대운(大運)과 세운(歲運)〉에서 식상운(食傷運)이나 관운(官運)을 봉(逢)하면] ➡ 반드시 연속(連續)해서 재앙(災殃)이 발생(發生)하고, 자살(自殺), 파산(破産), 파멸(破滅), 관송(官訟) 等이 발생(發生)하고, 자식(子息)을 실(失)한다.

> ○ [식상(食傷)] ➡ 투쟁(鬪爭)·노력(努力)·행동(行動)·눈물·정(情)·헌신(獻身)·봉사(奉仕) 等의 뜻이 있다.

2) [남명(男命)].

▶ 식상(食傷)은 관성(官星)을 극(剋)하니 관운(官運)이 없다. 직업운(職業運)이 없다. 자식발달(子息發達)에 애로(隘路)가 있다.

3) [여명(女命)].

▶ 호색(好色)하고, 온전(溫全)한 가정(家庭)이 힘들고, 첩(妾), 창녀(娼女), 여급(女給) 等이 된다.

• [편인(偏印)에 파극(破剋)되면] ➡ 독수공방(獨守空房)을 하고, 인생(人生)이 험난(險難)해진다.

▶ [식상(食傷)이 많으면] ➡ 남편(男便)을 버리고 재가(再嫁)한다. 자녀(子女)가 불구(不具)되고, 일찍 자녀(子女)가 사망(死亡)한다. 불효자(不孝子)가 되고, 유산(流産)이나 낙태(落胎)를 한다. 자녀(子女)가 극(剋)해 남편(男便)을 죽이니 독수공방(獨守空房)을 한다.

(4) [대운(大運)과 세운(歲運)의 식신(食神)] ➡ 후배(後輩)나 부하(部下)를 상봉(相逢)한다.

1) 식신태세(食神太歲)의 간지(干支).

▶ [간(干)] ➡ 부양식구(扶養食口)가 방문(訪問)한다. 문명(文明)을 등진다. 실력향상(實力向上)을 위(爲)해 진력(盡力)한다. 생활(生活)하는데 지출(支出)을 삭감(削減)하라.

▶ [지(支)] ➡ 후사(後嗣)를 두지 못할 고독(孤獨)한 행려(行旅)〈=이리저리 돌아 다닌다〉를 한다. 주먹구구식(式)의 생활(生活)을 한다. 애정(愛情)에 갈등(葛藤)이 생긴다.

2) 식신태세(食神太歲)의 길흉(吉凶).

▶ [길사(吉事)] ➡ 부업(副業)의 행운(幸運)이 있다. 매매인수(賣買引受)한다. 지식(知識)과 서류(書類)는 길(吉)하다.

▶ [흉사(凶事)] ➡ 증서(證書) 및 구비서류(具備書類)에 실수(失手)가 있다. 궂은 일이 생긴다.

▶ [목적(目的)] ➡ 자식문제(子息問題)의 걱정이 생긴다. 인계(引繼)하여 처분(處分)할 건(件)이 생긴다. 이사(移徙)가 부진(不振)하다. 자금난(資金難)을

겪는다.

3) 식신대운(食神大運)의 길흉(吉凶).

▶ [사건(事件)] ➡ 무골호인(無骨好人)처럼 행동(行動)한다. 맹물인생(人生)이
다. 양보(讓步)의 미덕(美德)을 갖는다. 공부(工夫)에 일념(一念)하고 싶다.
애정(愛情)은 분산(分散)된다.

▶ [길사(吉事)] ➡ 자식경사(子息慶事)가 있다. 주택(住宅)을 확장(擴張)한다.
전공(專攻)의 혜택(惠澤)을 받는다. 포상(褒賞)을 받는다.

▶ [흉사(凶事)] ➡ 전공(專攻)을 포기(抛棄)한다. 다른 계통(系統)의 공부(工
夫)를 한다. 기반(基盤)이 붕괴(崩壞)된다. 측근(側近)이 교활(狡猾)하다.

4) 식신운시(食神運始)의 길흉(吉凶).

▶ 자식(子息)과 문창성(文昌星)도 된다. 자식문제(子息問題)와 학업(學業)의
관계(關係)에 고민(苦悶)이 있다. 속을 썩이는 자식(子息)이 있다. 공부(工
夫)를 해도 퇴보(退步)하는 상태(狀態)이다.

4. 상관(傷官)〈=도살(盜殺)〉.

(1) 상관(傷官)의 특성(特性).

▶ 일간(日干)을 설기(洩氣)하는 오행(五行)으로 음양(陰陽)이 다른 것.

▶ 관성(官星)을 파극(破剋)하니 특성(特性)은 교만(驕慢)하고 반항적(反抗的)
이고 남을 멸시(蔑視)하는 경향(傾向)이 있다. 내심(內心)은 온정(溫情)을
품고 있어도 거만(倨慢)한 성질(性質)때문에 타인(他人)의 오해(誤解)와 비

방(誹謗)을 받기 쉬우며, 세인(世人)으로부터 반대(反對), 방해(妨害), 경쟁(競爭), 소송(訴訟) 等을 자주 당(當)하기도 한다.

▶ 예술적(藝術的)인 소질(素質)이 있으나, 자신(自身)의 권위(權威)와 의식적(意識的)인 태도(態度)와 자세(姿勢) 때문에 타인(他人)의 존경(尊敬)을 받지 못한다.

　• 인성(印星)이 있어서 제어(制御)를 해주면 상관(傷官)의 나쁜 특성(特性)은 사라진다.

　• 비겁(比劫)이 많으면 생(生)을 하니 상관특성(傷官特性)이 더욱 강(强)해진다.

▶ 상관(傷官)은 총명(聰明)하여 인재(人才)의 기운상(氣運上)이 있어 잘 배합(配合)이 되면 대학자(大學者)나 정치가(政治家)가 된다.

(2) 상관(傷官)의 육친길흉(六親吉凶).

▶ [상관(傷官)이 왕(旺)하면] ➡ 자식(子息)을 극(剋)하나, 신왕(身旺)하면 종교인(宗敎人) · 예술가(藝術家) · 문학가(文學家) 等이 많다.

　• [상관(傷官)] ➡ 자식(子息) · 직업(職業) · 자궁(子宮) · 유방(乳房) · 언어(言語) · 구설수(口舌數) · 관재수(官災數) 等을 나타낸다.

▶ [상관(傷官)만 있고 인성(印星)이 없으면] ➡ 욕심(慾心)이 많다.

　• [상관(傷官)만 있고 재성(財星)이 없으면] ➡ 빈천(貧賤)하다.

　• [월주(月柱)의 간지(干支)가 모두 상관(傷官)이면] ➡ 부모형제(父母兄弟)의 도움을 못받는다.

　• [상관(傷官)과 양인(羊刃)이 같이 있으면] ➡ 남의 집에 하인(下人)의 노릇을 한다.

▶ [여명(女命)에 상관(傷官)이 많고 재성(財星)이 없으면] ➡ 부부(夫婦)가 해

로(偕老)하기가 힘들다.

- [상관(傷官)과 편인(偏印)이 동재(同在)하면] ➡ 남편복(男便福)과 자식복(子息福)이 없다.
- [일지(日支)에 상관(傷官)이나 양인(羊刃)이 있으면] ➡ 남편(男便)이 횡사(橫死)한다.
- [상관(傷官)만 있고 무관(無官)의 여명(女命)이면] ➡ 정조관념(貞操觀念)이 강(强)해 남편(男便)이 사망(死亡)해도 수절(守節)한다.

▶ [사주(四柱)에 상관(傷官)이 용신(用神)이 되면] ➡ 좋은 자식(子息)이 있고, 언론(言論), 화술(話術), 교육계통(敎育系統) 等이 길(吉)하다.

(3) 상관(傷官)의 변화통변(變化通辯).

1) [남녀공통(男女共通)].

▶ 기술업(技術業), 군인(軍人), 형사(刑事), 감독관(監督官), 역술업(易術業) 等이 길(吉)하다.

▶ [일지(日支) 상관(傷官)〈=갑오(甲午)・을사(乙巳)・경자(庚子)・신해(辛亥)〉이 있으면] ➡ 배우자(配偶者)와 인연(因緣)이 희박(稀薄)하다. 단(但) 총명(聰明)하고 모사(謀事)에 탁월(卓越)하다.

▶ [상관(傷官)만 많으면] ➡ 간사(奸邪)・교만(驕慢)・포악(暴惡)・횡사(橫死) 等이 따르니 정신수양(精神修養)이 필요(必要)하다.

2) [남명(男命)].

▶ 관성(官星)을 극(剋)하니 자녀(子女)를 극(剋)한다. 신왕(身旺)은 종교(宗敎)나 예술가(藝術家)로 득명(得名)한다.

▶ [시주(時柱)에 상관(傷官)이 있으면, 자식(子息)인 관성(官星)을 극(剋)하니]

➡ 자녀(子女)에게 해(害)롭다.

3) [여명(女命)].

▶ 일찍 상부(喪夫)해 과부(寡婦)가 된다. 딸이 많다. 결혼운(結婚運)이 나쁘고, 상관운(傷官運)에 생리사별(生離死別)한다.

▶ [상관(傷官)만 있고 재성(財星)이 없으면] ➡ 부부해로(夫婦偕老)가 힘듦.

▶ [일지상관(日支傷官)이면] ➡ 남편(男便)의 횡사(橫死)가 두렵다.

▶ [상관(傷官)만 있고 관성(官星)이 없으면] ➡ 정조관념(貞操觀念)이 강(强)하다. 열녀(烈女)와 상관(相關)이 있다.

▶ [여명(女命)에 식상(食傷)이 많으면] ➡ 자녀(子女)가 많다는 것이고, 관성(官星)을 극(剋)하니 부부금슬(夫婦琴瑟)은 별로이다.

(4) [대운(大運)과 세운(歲運)의 상관(傷官)] ➡ 이사(移徙)·돈·경사(慶事)가 발생(發生)한다.

1) 상관태세(傷官太歲)의 간지(干支).

▶ [간(干)] ➡ 형편(形便)없는 실력(實力)으로 생활(生活)을 위장(僞裝)한다. 술수(術數)를 써서 호구지책(糊口之策)을 만드는 악착(齷齪)같은 인생(人生)을 영위(營爲)한다.

▶ [지(支)] ➡ 안식처(安息處)를 제(第)2의 인생관계(人生關係)에서 기도(企圖)할려고 한다. 사상적(思想的)으로 위험(危險)해서 지름길이나 샛길을 이용(利用)할려고 한다.

2) 상관태세(傷官太歲)의 길흉(吉凶).

▶ [길사(吉事)] ➡ 비밀소득(秘密所得)이 생긴다. 수리(修理)하여 행운(幸運)

이 생긴다. 이사(移徙)나 이동(移動)을 해서 행운(幸運)이 생긴다. 경쟁(競爭)에서 승리(勝利)한다.

▶ [흉사(凶事)] ➡ 계획(計劃)이 좌절(挫折)된다. 휴업(休業)한다. 좌천(左遷)된다. 송사(訟事)나 형사사건(刑事事件)이 발생(發生)한다.

▶ [목적(目的)] ➡ 관재위험(官災危險)이 생긴다. 금전(金錢)의 돈줄이 무산(霧散)된다. 이사(移徙)나 도피(逃避)할 일이 생긴다.

3) 상관대운(傷官大運)의 길흉(吉凶).

▶ [사건(事件)] ➡ 시비(是非)가 발생(發生)한다. 관재위험(官災危險)이 생긴다. 이사(移徙)하면 결실(結實)된다. 타인(他人)을 악이용(惡利用)한다. 암수익(暗收益)이 증가(增加)한다.

▶ [길사(吉事)] ➡ 기회(機會)에 편승(便乘)해서 횡재(橫財)한다. 직장(職場)에서 승급(昇級)이나 승진(昇進)을 한다. 년하(年下)의 귀인(貴人)과 친교(親交)를 넓힌다.

▶ [흉사(凶事)] ➡ 이사(移徙)나 전업(轉業)에 실패(失敗)한다. 신용(信用)이 타락(墮落)한다. 상복수(喪服數)가 있다. 옥고(獄苦)를 조심하라.

4) 상관운시(傷官運始)의 길흉(吉凶).

▶ 평생(平生) 딸로 고민(苦悶)한다. 탈세(脫稅)나 위법행위(違法行爲)를 하게 된다. 이사(移徙)도 많이 한다. 매사(每事)에 빠른 길을 선택(選擇)한다. 재물(財物)에 대(對)한 궁(窮)함은 없다.

(5) 변화(變化)가 많은 상관격(傷官格)의 요점정리(要點整理).

1) 진(辰)·술(戌)·축(丑)·미(未)를 다루는 법(法)과 상관격(傷官格)의 사주(四柱)

가 변격(變格)이 잘되어 둘다 판독(判讀)이 어렵다.

2) 진상관격(眞傷官格).

▶ 월지(月支)에 상관(傷官)을 놓아 신약사주(身弱四柱)가 된 것.

▶ [甲·乙日生 ➡ 巳·午月生]·[丙·丁日生 ➡ 辰·戌·丑·未月生].
　[戊·己日生 ➡ 申·酉月生]·[庚·辛日生 ➡ 亥·子月生].
　[壬·癸日生 ➡ 寅·卯月生].

▶ 이 격(格)은 상관(傷官)이 많고 왕(旺)하여 설기(洩氣)가 심(甚)할 때 만들어
　진다. 이 때 인성운(印星運)을 만나 상관(傷官)을 상진(傷盡)시키면 호운(好
　運)으로 발전(發展)하여 대발(大發)한다. 만약(萬若)에 또 상관운(傷官運)을
　봉(逢)하면 필사(必死)나 필멸(必滅)한다.

3) 가상관격(假傷官格).

▶ 가상관격(假傷官格)은 월지(月支)에 인성(印星)을 놓고 사주내(四柱內)에서
　상관(傷官)을 용신(用神)을 삼을 때 만들어 진다.

▶ 일단(一但) 사주(四柱)가 신강(身强)해야 만들어 진다. 단(但) 월지(月支)가
　인성(印星)이 아니고 비겁(比劫)이든지 합(合)을 해서 상관작용(傷官作用)
　으로 변(變)해도 가능(可能)하다.

▶ 타오행(他五行)이야 어찌 되었던 신강(身强)한데 상관(傷官)이 약(弱)할 때
　가상관격(假傷官格)이 성립(成立)한다.

▶ [이 때 상관운(傷官運)을 봉(逢)하면] ➡ 호운(好運)을 발복(發福)은 하지만,
　• [만일(萬一) 인성운(印星運)을 봉(逢)하면] ➡ 파료상관(破了傷官)이 되어
　　필사(必死)나 필멸(必滅)을 한다.

4) 파료상관격(破了傷官格).

▶ 신강사주(身强四柱)가 상관(傷官)을 설기구(洩氣口)로 삼고 이를 용신(用神)으로 삼았는데 상관용신(傷官用神)을 극(剋)하는 인성(印星)이 운로(運路)에서 입(入)하면 상관(傷官)이 파손상(破損傷)되니 파료상관(破了傷官)이라 한다.

▶ 이렇게 되면 반드시 패운(敗運)이니 사망(死亡)이 많고, 만권(萬權)이 정지(停止)가 된다.

5) 상관상진격(傷官傷盡格).

▶ 사주내(四柱內)에 상관(傷官)이 많아 신약사주(身弱四柱)가 되었을 때 인성운(印星運)이 입(入)하면 상관(傷官)의 설기운(洩氣運)을 인성(印星)이 제극(制剋)해주니 일주(日柱)를 보신(補身)해서 설기구(洩氣口)를 막아주니 좋다는 뜻이다.

▶ [상관상진(傷官傷盡)] ➡ 상관(傷官)이 일주(日柱)가 설기(洩氣)되든지 도기(盜氣)가 심(甚)하면 막아 주는 것

▶ [파료상관(破了傷官)] ➡ 신강사주(身强四柱)가 상관(傷官)을 용신(用神)할 때 인성(印星) 등이 방해(妨害)하는 것.

6) 진상관격(眞傷官格)이 변(變)한 가상관격(假傷官格).

▶ 월지(月支)에 진상관(眞傷官)을 놓아 신약(身弱)이나, 타주(他柱)에서 인성(印星)이나 비겁(比劫)이 다(多)해 신강(身强)이 되었으면 가상관격(假傷官格)으로 변(變)한 것이니 변격(變格)된 가상관격(假傷官格)으로 감명(鑑命)한다.

7) 가상관격(假傷官格)이 변(變)한 진상관격(眞傷官格).

▶ 월지(月支)에 인성(印星)이나 비겁(比劫)을 놓아 신강(身强)이나, 타주(他柱)에 상관(傷官)이 다(多)해 신약(身弱)으로 되었으면 진상관격(眞傷官格)으로 변(變)한 것이니 변격(變格)된 진상관격(眞傷官格)으로 감명(鑑命)한다.

8) 기명종아격(棄命從兒格).

▶ 일주(日柱)를 제외(除外)하고 전국(全局)이 식상(食傷)으로 구성(構成)되어 설기(洩氣)를 감당(堪當)하지 못해서 나를 버리고 식상(食傷)으로 종(從)하는 것이다.

  • 종아격(從兒格)과 진상관격(眞傷官格)의 구분(區分)이 어렵다.

❶ 일간(日干)이 양간(陽干)이면서도 쉽게 따르는 것이 있고, 음간(陰干)이면서도 끝까지 불복(不伏)하는 사주(四柱)가 있으니 세밀(細密)하게 관찰(觀察)할 필요(必要)가 있다.

❷ 기타(其他)의 종격사주(從格四柱)도 순종(順從)이나 부종(不從)이냐를 잘 보고 감명(鑑命)하라.

❸ 순종(順從)과 부종(不從)이 명확(明確)하지 않으면 대운(大運)을 보고 물어보고 감명(鑑命)하라.

---

5. 편재(偏財)〈=편재(片財)〉.

(1) 편재(偏財)의 특성(特性).

▶ 일간(日干)이 극(剋)하는 오행(五行)으로 음양(陰陽)이 같은 것.

▶ 편재(偏財)는 인성(印星)을 극(剋)하니 정당(正當)치 못한 강경(強硬)한 고집(固執)이 있으며, 내심(內心)은 음흉(陰凶)하다.

- [5대흉신(大凶神)] ➡ 〈겁재(劫財) · 상관(傷官) · 편재(偏財) · 편관(偏官) · 편인(偏印)〉.
- [길신(吉神)] ➡ 식신(食神) · 정재(正財) · 정관(正官) · 정인(正印) · 비견(比肩).

▶ 돈복(福)과 여자복(女子福)이 있는 듯하나, 그로 인(因)해 재화(災禍)를 당(當)하고, 남명(男命)은 첩(妾)을 두거나, 타향(他鄉)에서 성공(成功)하며, 낭비벽(浪費癖)이 심(甚)해 쉽게 벌고 쉽게 소비(消費)한다.

▶ 정당(正當)한 재물(財物)이 아니고 편업(偏業)된 재물(財物)이니 투기(投機), 도박(賭博), 요행(僥倖)을 좋아하며, 금방(今方) 벌었다가 금방(今方) 잃어 버린다. 여난(女難)이 있고, 성질(性質)이 편굴(偏屈)하다.

(2) 편재(偏財)의 육친길흉(六親吉凶).

▶ [편재(偏財)가 천간(天干)에 투출(透出)하면] ➡ 부재(浮財)로서 의(義)로운 일에 희사(喜捨)하라. 거부(巨富), 남자(男子)의 애인(愛人), 부친(父親), 횡재(橫財), 사업가(事業家) 等의 뜻이 내포(內包)되어 있다.

- [편재(偏財)가 많으면] ➡ 다욕(多慾)하고 다정(多情)하다.
  [여명(女命)에 편재(偏財)가 많으면] ➡ 빈천(貧賤)하다.

▶ 신왕(身旺)에 편재(偏財)가 용신(用神)이면 갑부(甲富)이다. 편재(偏財)는 월주(月柱)에 있는 것이 가장 좋고, 편재(偏財)가 많으면 가난하다.

- [사주(四柱)에 편재(偏財)가 많으면] ➡ 풍류(風流)와 주색(酒色)을 좋아하며, 처(妻)보다 첩(妾)을 더 좋아한다.

(3) 편재(偏財)의 변화통변(變化通辯).

1) [남녀공통(男女共通)].

► [천간(天干)에 편재(偏財)가 있고, 지지(地支)에 정재(正財)가 있으면] ➡ 재복(財福)은 물거품이 된다.

• [천간(天干)의 재성(財星)이 무근(無根)이면] ➡ 평생(平生)동안 돈과는 인연(因緣)이 없다.

► [편재(偏財)가 많으면] ➡ 처궁(妻宮)과 재물(財物)이 부실(不實)하다.

► 남녀공(男女共)히 재성(財星)은 지지(地支)에 있고 극충(剋沖)을 받지 않아야 안을 복(福)이 있다.

► [남녀공(男女共)히 재다신약(財多身弱)이면] ➡ 공부(工夫)에는 취미(趣味)가 없고, 돈버는 궁리(窮理)만 한다.

► [일주(日柱)가 왕(旺)하고 재약(財弱)에 대세운(大歲運)에서 재성(財星)이 입(入)하면] ➡ 극처(剋妻)를 하거나, 자살(自殺)이나 피살(被殺)의 염려(念慮)가 있다.

► [재성(財星)이 많으면] ➡ 인성(印星)을 극(剋)하니 조실부모(早失父母)하고, 관성(官星)을 생(生)하여 나를 극(剋)하니 결혼(結婚)한 후(後)에 재패(財敗)를 한다.

► [재성(財星)이 많으면] ➡ 인성(印星)을 손상(損傷)하니 조실부모(早失父母)하고, 모친(母親)은 병약(病弱)하고, 학업(學業)은 일찍 중단(中斷)하고, 호색(好色)하고, 남자(男子)는 여자(女子)로 망(亡)하고, 여자(女子)는 무조건(無條件) 돈을 보고 남자(男子)를 쫓아 다닌다. 항상(恒常) 남녀공(男女共)히 병(病)치레를 한다.

• [비겁운봉(比劫運逢)] ➡ 득남(得男)을 하거나, 득재(得財)를 하고 명예(名譽)가 오른다.

- [식상운봉(食傷運逢)] ➡ 재산(財産)을 탕진(蕩盡)한다.
- [재성운봉(財星運逢)] ➡ 사망(死亡)하거나, 파산(破産)한다.
- [인성운봉(印星運逢)] ➡ 보증(保證)이나 뇌물(賂物)로 패가망신(敗家亡身)을 한다.

> ○ [재성(財星)] ➡ 돈·과욕(過慾)·욕심(慾心)·청결(淸潔)·실속이 있음·유행(流行)·현실(現實)의 뜻이 있다.

2) [남명(男命)].
▶ 풍류심(風流心)이 있다. 여자(女子)로 인(因)해 재산(財産)이 손실(損失)되고, 부친(父親)과 인연(因緣)이 별로 없다.
▶ [신약(身弱)에 편재(偏財)가 많으면] ➡ 공처가(恐妻家)가 아니면 첩(妾)하고 생활(生活)을 한다.
▶ [재성(財星)이 무근(無根)하면] ➡ 여자(女子)와 인연(因緣)이 없다.

3) [여명(女命)].
▶ 재성(財星)위에 관성(官星)이 1개(個)가 있어야 남편덕(男便德)도 있고 출세(出世)도 한다.
▶ 시모(媤母)와 불화(不和)로 고부간(姑婦間)에 공생(共生)이 불가(不可)하다.
▶ [편재(偏財)가 많으면] ➡ 여러 시모(媤母)를 본다는 뜻이다.

(4) [대운(大運)과 세운(歲運)의 편재(偏財)] ➡ 새로운 부채(負債)가 발생(發生)하여 불편(不便)하다.

1) 편재태세(偏財太歲)의 간지(干支).

▶ [간(干)] ➡ 무리(無理)인 줄 알면서도 요행심사(僥倖心思)로 잘 되겠지 하는 행동(行動)을 한다. 입도선매식(立稻先賣式)으로 활약(活躍)한다. 기만요소(欺瞞要素)가 있다.

▶ [지(支)] ➡ 히트(hit)칠 목적(目的)으로 빚을 얻어 자금(資金)을 지원(支援)한다. 주업(主業)을 팽개치고 부업개설(副業開設)하려고 진통(鎭痛)한다.

2) 편재태세(偏財太歲)의 길흉(吉凶).

▶ [길사(吉事)] ➡ 거금(巨金)이 융통(融通)된다. 애정경사(愛情慶事)가 있다. 투기(投機)하여 입재(入財)한다. 수금(收金)이 된다.

▶ [흉사(凶事)] ➡ 거금변제(巨金辨濟)의 독촉(督促)을 받게 된다. 부도(不渡)와 사기(詐欺)가 발생(發生)한다.

▶ [목적(目的)] ➡ 금전융통(金錢融通), 투자문제(投資問題), 애정문제(愛情問題), 매매문제(賣買問題) 等이 발생(發生)한다.

3) 편재대운(偏財大運)의 길흉(吉凶).

▶ [사건(事件)] ➡ 도범(盜犯)이 난무(亂舞)한다. 채무(債務)가 과다(過多)하다. 허욕부심(虛慾浮心)을 한다. 애정실수(愛情失手)를 한다. 악인대우(惡人待遇)를 받게 된다.

▶ [길사(吉事)] ➡ 동업(同業)으로 횡재(橫財)한다. 투기성사(投機成事)된다. 애정경사(愛情慶事)가 있다. 재산(財産)을 증식(增殖)한다.

▶ [흉사(凶事)] ➡ 가정(家庭)이 불편(不便)하다. 반환소송(返還訴訟)이 있다. 난치병(難治病)〈=암(癌)·중풍(中風)〉을 득병(得病)한다.

4) 편재운시(偏財運始)의 길흉(吉凶).

▶ 자유혼(自由婚)을 한다. 사업(事業)에 조기진출(早期進出)해서 여러번 패망(敗亡)을 한다. 부모(父母)로 인(因)해 재산(財産)의 피해(被害)가 많다. 전공(專攻)을 불수(不守)한다. 늦바람을 피운다.

6. 정재(正財).

(1) 정재(正財)의 특성(特性).

▶ 일간(日干)이 극(剋)하는 오행(五行)으로 음양(陰陽)이 다른 것.

▶ 정재(正財)는 인자(仁慈)하고, 의협심(義俠心)이 강(強)하며, 공론(公論)을 존중(尊重)하며, 시비(是非)를 분명(分明)히 하는 특성(特性)이 있다.

• 명예(名譽) · 번영(繁榮) · 재산(財産) · 신용(信用) · 복록(福祿) · 길상(吉相) 等을 나타낸다.

• 정당(正當)한 재물(財物)이며, 노력(努力)해서 얻은 대가(代價)이며, 훌륭한 처(妻)를 얻어 복록(福祿)을 누리며, 성격(性格)은 명랑(明朗)하고, 주색(酒色)을 좋아하고, 결혼운(結婚運)이 좋고, 그러나 색정(色情)에 빠질 염려(念慮)가 있다.

▶ [정재(正財)가 많으면] ➡ 여색(女色)으로 인(因)해 파재(破財)하며, 인성(印星)을 상극(相剋)하니 생모(生母)를 극(剋)하며, 조업(祖業)을 계승(繼承)하지 못한다.

▶ [여명(女命)에 정재(正財)가 많으면] ➡ 색정(色情)에 치우쳐 결혼(結婚)에 실패(失敗)하는 수(數)가 있다.

(2) 정재(正財)의 육친길흉(六親吉凶).

▶ 남명(男命)은 처(妻)가 정재(正財)이다.

- 남명(男命)에 정재(正財)가 많으면 다정(多情)해서 손재(損財)하기 쉬우며, 엄처시하(嚴妻侍下)에 있게 된다.

- [정재(正財)] ➡ 자산(資産)과 신용(信用)을 말하며, 명랑(明朗)하고, 저축형(貯蓄形)이고, 검소(儉素)하고, 봉급생활자(俸給生活者)이고, 노력(勞力)의 대가(代價)이다. 고장(庫藏)과 같이 있으면 수전노(守錢奴)〈=구두쇠〉이다.

▶ [정재(正財)와 식신(食神)이 있거나, 정재(正財)와 정관(正官)이 있으면] ➡ 처덕(妻德)이 있다.

- [정재(正財)와 겁재(劫財)가 있고, 도화(桃花)가 같이 있으면] ➡ 처(妻)가 부정(不貞)하다.

▶ [여명(女命)에 정재(正財)와 인성(印星)이 많으면] ➡ 고부간(姑婦間)에 불화(不和)한다.

(3) 정재(正財)의 변화통변(變化通辯).

1) [남녀공통(男女共通)].

▶ [신강(身强)에 정재(正財)가 많으면] ➡ 재산(財産)은 있으나, 남명(男命)은 첩(妾)이나 애인(愛人)을 둔다.

▶ [재성(財星)이 강(强)하면] ➡ 모친(母親)과 일찍 생리사별(生離死別)한다.

▶ [재다신약(財多身弱)이면] ➡ 식상대운(食傷大運)에 입(入)하면 파산(破産)을 하고, 비겁대운(比劫大運)에 입(入)하면 발전(發展)한다.

2) [남명(男命)].

► [정재(正財)가 많으면] ➡ 처복(妻福)이 없다. 여자(女子)가 큰소리를 친다. 첩(妾)하고 생활(生活)한다. 이별(離別)도 많다.

► [재성(財星)이 년간(年干)에 있으면] ➡ 결혼전(結婚前)에 이별(離別)을 경험(經驗)한다.

3) [여명(女命)].

► [재(財), 관(官), 인(印)이 있으면] ➡ 재주와 색(色)을 겸비(兼備)한다. 색정(色情)에 번뇌(煩惱)가 많음.

► [재(財), 인(印)이 너무 많으면] ➡ 음란(淫亂)하고 천(賤)하다. 시모(媤母)와 살기 힘든다. 신약(身弱)이면 두 번 결혼(結婚)한다.

(4) [대운(大運)과 세운(歲運)의 정재(正財)] ➡ 집이나 재산(財産)을 늘린다.

1) 정재태세(正財太歲)의 간지(干支).

► [간(干)] ➡ 남을 돕지 않고 자기식구(自己食口)의 안락(安樂)을 추구(追求)한다. 안식처(安息處)의 불만(不滿)을 무리(無理)하게 해결(解決)하려고 시도(試圖)한다.

► [지(支)] ➡ 허영심(虛榮心)이 생긴다. 추종자(追從者)가 늘어난다. 순진(純眞)한 자본주(資本主)를 허술하게 다룬다.

2) 정재태세(正財太歲)의 길흉(吉凶).

► [길사(吉事)] ➡ 주택(住宅)을 마련한다. 자본주(資本主)와 밀착(密着)하게 된다. 부업(副業)으로 횡재(橫財)한다.

► [흉사(凶事)] ➡ 부채상환(負債償還)을 독촉(督促)을 받는다. 측근(側近)이 보조(補助)하는 일에 차질(蹉跌)이 생긴다. 경제실수(經濟失手)한다.

· [여명(女命)] ➡ 우환(憂患)으로 근심이 있다.

▶ [목적(目的)] ➡ 주택(住宅)을 증가(增加)할려고 한다. 개업(開業)이나 투기
부진(投機不振)에 대(對)하여 고민(苦悶)한다.

3) 정재대운(正財大運)의 길흉(吉凶).

▶ [사건(事件)] ➡ 재산(財産)을 증식(增殖)한다. 주택(住宅)이 증가(增加)된
다. 가기(家器)나 집기(什器)를 마련한다. 현찰애로(現札隘路)가 있다. 부부
애로(夫婦隘路)도 있다.

▶ [길사(吉事)] ➡ 부부합가(夫婦合家)한다. 부업(副業)으로 횡재(橫財)한다.
물적풍요(物的豊饒)를 이룬다. 수금(收金)이 된다.

▶ [흉사(凶事)] ➡ 사기(詐欺)를 당(當)한다. 가정파탄(家庭破綻)이 있게 된다.
형사입건(刑事立件)이 된다. 득병(得病)하니 조심(操心)하라.

4) 정재운시(正財運始)의 길흉(吉凶).

▶ 항상(恒常) 재물(財物)로 고충(苦衷)을 받는다. 빈한(貧寒)한 가정(家庭)의
출신(出身)이다. 본인(本人)이 출생(出生)한 후(後)부터는 부친(父親)이 잘
안되어 매사미성(每事未成)한다. 부모(父母)를 모신다.

· 부친(父親)으로 인(因)해 동기간(同氣間)에 서로 불신(不信)한다.

7. 편관(偏官)〈=칠살(七殺)·귀살(鬼殺)〉.

(1) 편관(偏官)의 특성(特性).

▶ 일간(日干)을 극(剋)하는 오행(五行)으로 음양(陰陽)이 같은 것.

► 편관(偏官)을 7번(番)째 오는 것으로 칠살(七殺)〈=귀살(鬼殺)〉이라고도 하는데, 강렬(强烈)·성급(性急)·투쟁(鬪爭)·흉악(凶惡)·고독(孤獨) 等의 뜻이 있으며, 권력(權力)을 믿고 횡포(橫暴)를 부린다. 여러사람의 두목(頭目)·협객(俠客)·군인(軍人) 等이 되는 가능성(可能性)이 많다. 특수관직(特殊官職)이나 명예직(名譽職)에 종사(從事)하가도 한다.

► 편관(偏官)은 나쁜 횡포(橫暴)의 특성(特性)이 강(强)하나 식상(食傷)이 제어(制御)하면 그 특성(特性)이 아주 유(柔)하게 변화(變化)한다. 고(故)로 편관(偏官)은 식상(食傷)으로 제압(制壓)하고, 정인(正印)으로 통관(通關)하여 나를 돕고, 비겁(比劫)으로 간합(干合)하여 그 기운(氣運)을 소모(消耗)시킨다.

► [편관(偏官)을 생(生)하는 편재(偏財)가 있으면] ➡ 강렬(强烈)한 특성(特性)은 더욱 증가(增加)한다. 이러한 강렬(强烈)한 특성(特性)을 잘 눌러 쓰면 대권(大權)을 잡는다고 한다,

(2) 편관(偏官)의 육친길흉(六親吉凶).

► 명예직(名譽職)·진급(進級)·도적(盜賊)·관재(官災) 等을 나타내며, 남명(男命)은 자식(子息), 여명(女命)은 애인(愛人)으로 본다.

► [편관(偏官)의 특성(特性)] ➡ 완강(頑强)·투쟁(鬪爭)·고독(孤獨) 等을 의미(意味)하며,

  • [편관(偏官)이 왕(旺)하면] ➡ 군인(軍人)·협객(俠客)이 많다.

  • [편관(偏官)이 왕(旺)한데 식신(食神)이 있으면] ➡ 길상(吉相)이다.

► [월(月)에 편관(偏官)과 양인(羊刃)이 있으면] ➡ 모친조별(母親早別)한다.

  • [월지(月支)가 편관(偏官)이면] ➡ 성질(性質)은 조급(躁急)하지만 머리는 영리(怜悧)하다.

- [시(時)에 편관(偏官)이 있으면] ➡ 불굴(不屈)의 기상(氣象)이 있으며, 자식(子息)을 늦게 둔다.

▶ [편관(偏官)이 왕(旺)하면] ➡ 무관(武官)으로 출세(出世)한다.

- [인성(印星)이 왕(旺)하면] ➡ 학자(學者)가 많다.

- [편관(偏官)·편인(偏印)·역마(驛馬)가 있으면] ➡ 외국(外國)에 나가거나, 행상(行商)을 한다.

- [정관(正官)과 편관(偏官)이 혼잡(混雜)하면] ➡ 잔꾀에 능(能)하고, 호색(好色)하고 다음(多淫)한다.

▶ [여명(女命)에 편관(偏官)·정관(正官)·정재(正財)와 같이 있으면] ➡ 정부(情夫)를 두게 된다.

- [임자(壬子)·병오(丙午)·무오일생(戊午日生)에 편관(偏官)이 있으면] ➡ 남편(男便)이나 애인(愛人)과 이별(離別)하기 쉽다.

(3) 편관(偏官)의 변화통변(變化通辯).

1) [남녀공통(男女共通)].

▶ [편관(偏官)의 옆이나, 하(下)에 식상(食傷)이 있으면] ➡ 흉조(凶兆)가 감소(減少)된다.

▶ [일지편관(日支偏官)[=갑신(甲申)·을유(乙酉)·무인(戊寅)·기묘(己卯)·임진(壬辰)·임술(壬戌)·계축(癸丑)·계미(癸未)] ➡ 성급(性急)하고, 정력(精力)이 약(弱)하고, 비상(非常)한 아이디어(idea)를 가진다.

▶ [관성(官星)이 많으면] ➡ 신체불구(身體不具)가 되거나, 사망(死亡)하는 경우(境遇)도 있다. 본신(本身)이 손상(損傷)되고 신약(身弱)에 살왕(殺旺)하니 상신(傷身), 불구(不具), 중병(重病)에 정신이상(精神異常)하고, 관직(官職)에는 대성불가(大成不可)하다. 맹꽁이의 노릇을 한다.

- 상인(上人)의 보좌역(補佐役) · 봉사직(奉仕職) · 술객(術客) · 성직자(聖職者) 等의 운명(運命)이다.

▶ 항상(恒常) 귀신(鬼神)에 시달리니 신장기도(神將祈禱)를 자주 하고, 항마진언(降魔眞言)을 지주 암송(暗誦)할 것이다.

▶ [본명(本命)에 관성(官星)이 많은데 대세운(大歲運)에서 식상운(食傷運)을 봉(逢)하면] ➡ 송사(訟事) · 처재(妻財) · 실직(失職) · 흉사(凶死) 等이 발생(發生)한다.

▶ [관성(官星)이 많은데 또 관성(官星)을 봉(逢)하면] ➡ 재화(災禍)가 많이 발생(發生)하고, 중병(重病)이나 관송(官訟)을 겪는다.

▶ [관성(官星)이 약(弱)하고 공망(空亡)이면] ➡ 교만(驕慢)하고, 무례(無禮)하고, 책임(責任)을 완수(完遂)를 못하니 공공단체(公共團體)의 직무(職務)에 종사(從事)하는 것이 좋다.

▶ [원국(元局)의 관성(官星)과 합(合)이 되는 운(運)이면] ➡ 외과수술(外科手術)이나 관송사건(官訟事件) 等이 발생(發生)한다.

> ◐ [관성(官星)] ➡ 조상(祖上), 명예(名譽), 영광(榮光), 빛, 자존심(自尊心), 사치(奢侈) 等이 있다.

2) [남명(男命)].

▶ [편관(偏官)에 양인(羊刃)이나 괴강(魁罡)이 동주(同柱)하면] ➡ 남녀공(男女共)히 군인(軍人), 경찰(警察) 等이 길(吉)하다.

▶ [사주(四柱)에 관성(官星)이 많고 식상(食傷)이 있으면] ➡ 일주(日柱)가 약(弱)해지니 직장(職場)을 실(失)하거나, 처(妻)를 극(剋)한다.

▶ [사주(四柱)에 관성(官星)이 많고 대세운(大歲運)에서 식상운(食傷運)이 입

(入)하면] ➡ 송사(訟事)·쟁투(爭鬪)·실직(失職)하거나·첩(妾)을 거느리는 경우(境遇)가 많다.

3) [여명(女命)].

► [여명(女命)에 관성(官星)이 많으면] ➡ 남편이별(男便離別)하고, 화류계(花柳界)에 있거나, 반드시 정부(情夫)를 두고 사통(私通)을 한다.

► [편관(偏官)이 2개이상(個以上)있고 또 신약(身弱)하면] ➡ 일부종사(一夫從事)를 못한다.

　• [신강(身强)이면] ➡ 만혼(晚婚)이나 나이가 많은 백두낭군(白頭郎君)과 결혼(結婚)을 하라.

► [일지(日支)가 편관(偏官)이고, 타주(他柱)에 또 관성(官星)이 있으면] ➡ 일부종사(一夫從事)를 못하고, 남자관계(男子關係)가 복잡(複雜)하다.

► [관살혼잡(官殺混雜)에다 삼합(三合)이 있으면] ➡ 음란(淫亂)하고, 애정번뇌(愛情煩惱)가 있고, 일부종사(一夫從事)를 못한다.

► [관성왕(官星旺)에 신약(身弱)이면] ➡ 고독(孤獨)하고, 일부종사(一夫從事)하려면 만혼(晚婚)이나 백두낭군(白頭郎君)을 택(擇)하라.

(4) [대운(大運)과 세운(歲運)의 편관(偏官)] ➡ 이사(移徙)·이동(移動)·변동(變動)을 한다.

1) 편관태세(偏官太歲)의 간지(干支).

► [간(干)] ➡ 사과(謝過)해야 하나 묵묵부답(黙黙不答)한다. 임시방편(臨時方便)으로 처리(處理)한다. 먼저 먹고 뒤에서 힘으로 때운다.

► [지(支)] ➡ 대중(大衆)과 친교(親交)를 넓혀 취약점(脆弱點)을 보완(補完)한다. 죽을 각오(覺悟)로 복수심(復讐心)으로 생활(生活)을 한다.

2) 편관태세(偏官太歲)의 길흉(吉凶).

▶ [길사(吉事)] ➡ 새롭게 복직(復職)이나 복구(復舊)가 되는 경사(慶事)가 있다. 분쟁(分爭)이 해결(解決)된다. 새로운 친우(親友)와 교제(交際)한다.

▶ [흉사(凶事)] ➡ 허세(虛勢)로 인(因)하여 인기(人氣)가 하락(下落)한다. 변상(辨償)할 일이 생기고, 부상(負傷)을 당(當)한다.

▶ [목적(目的)] ➡ 관재구설(官災口舌)의 근심이나 휴업(休業)근심 等이 있다. 직업(職業)이나 이사(移徙) 等의 변동(變動)근심이 있다.

3) 편관대운(偏官大運)의 길흉(吉凶).

▶ [사건(事件)] ➡ 투기발생(投機發生)한다. 쟁투발생(爭鬪發生)한다. 저임금문제(低賃金問題)가 발생(發生)하다. 의무(義務)의 불이행여하(不履行如何)에 고민(苦悶)한다. 주택환경(住宅環境)을 축소(縮小)하는 문제(問題)가 생긴다. 투기망발(投機妄發)하는 문제(問題)가 발생(發生)한다.

▶ [길사(吉事)] ➡ 투기적(投機的)인 사업(事業)은 성공(成功)한다. 경쟁(競爭)에서 승리(勝利)한다. 새로운 아이디어(idea)를 발탁(拔擢)한다.

▶ [흉사(凶事)] ➡ 투기실수(投機失手)를 한다. 한번 했던 실수(失手)를 재연(再演)한다. 이사(移徙)나 여행(旅行) 等에 파탄(破綻)이 생긴다.

4) 편관운시(偏官運始)의 길흉(吉凶).

▶ 변덕(變德)을 자주 한다. 모험심(冒險心)이 많다. 야당정신(野黨精神)을 가진다. 대중(大衆)과 불교(不交)하여 불통(不通)한다. 법적문제(法的問題)를 야기(惹起)한다. 전공(專攻)을 불수(不守)한다. 임기응변(臨機應變)에 능(能)하다. 고립(孤立)을 당(當)한다.

(1) 정관(正官)의 특성(特性).

▶ 일간(日干)을 극(剋)하는 오행(五行)으로 음양(陰陽)이 다른 것.

▶ 정관(正官)은 법(法)을 다스리는 국사(國事)의 도(道)이다. 중용(中庸)의 도(道)를 지키는 특성(特性)이 있다. 용모단정(容貌端正)하고, 인품(人品)이 순정(純正)하며, 명예(名譽)를 중(重)히 여기며, 신용(信用)과 자비심(慈悲心)을 가지고 있다.

　• 공무원(公務員)이나 행정관료(行政官僚)가 좋다.

▶ 정관(正官)은 하나만 있고 강약관계(强弱關係)가 없어야 길(吉)하다.

　• [정관(正官)이 너무 많으면] ➡ 일생(一生)이 곤고(困苦)하다.

　• [여명(女命)에 정관(正官)이 너무 많으면] ➡ 일부종사(一夫從事)가 힘듬.

▶ [정관(正官)이 약(弱)하면] ➡ 재성(財星)이 있어서 생(生)해 주면 길(吉)하여 성인군자(聖人君子)가 된다.

　• [정관(正官)이 약(弱)한데 식상(食傷)이 왕(旺)하여 극(剋)을 하면] ➡ 길조(吉兆)가 사라지고, 명예손상(名譽損傷)이 되고, 子息(子息)에게 해(害)로운 일이 발생(發生)한다.

(2) 정관(正官)의 육친길흉(六親吉凶).

▶ [정관(正官)이 많으면] ➡ 곤궁(困窮)하다.

　• [여명(女命)에 정관(正官)이 많으면] ➡ 일부종사(一夫從事)를 못한다.

　• [정관일위(正官一位)에 편관(偏官)이나 상관(傷官)이 없으면] ➡ 강직(剛直)한 군자(君子)이다.

　• [시지(時支)에 정관(正官)이 있으면] ➡ 말년(末年)이 길(吉)하다.

► [정관(正官)은 많은데 상관(傷官)이 없으면] ➡ 성인군자(聖人君子)이다.
  • [정관(正官)은 많은데 인성(印星)이 없으면] ➡ 명리(名利)를 얻기 힘듦.

(3) 정관(正官)의 변화통변(變化通辯).

1) [남녀공통(男女共通)].

► 정관(正官)은 신약(身弱)일 때는 관귀(官鬼)〈=편관(偏官)〉로 변(變)함.
  • [정관(正官)이 1개(個)라도 재성(財星)이 멀리 있고, 식상(食傷)이 많아 신약(身弱)이면] ➡ 만사(萬事)가 불여의(不如意)하다.

2) [남명(男命)].

► [정관(正官)이 많으면] ➡ 자식(子息)이 많다는 뜻이니 매우 불길(不吉)하고 불리(不利)하다.

3) [여명(女命)].

► [정관(正官)이 많으면] ➡ 남편(男便)이나 남자(男子)가 많다는 뜻이니 불길(不吉)하다.

► [정관(正官)이 2개(個)이상(以上)있고 신약(身弱)이면] ➡ 일부종사(一夫從事)를 못하니 만혼(晩婚)을 하거나 나이가 많은 백두낭군(白頭郎君)을 택(擇)하라.

► [정관(正官)이 천간(天干)에 뜨면] ➡ 남편(男便)이 공중(空中)에 뜬 것인데 지지(地支)에 극(剋)이 되는 오행(五行)이 있으면 남편(男便)에게 거는 희망(希望)과 기대(期待)는 물거품이 된다.

► [정관(正官)이 도화살(挑花殺)나 홍염살(紅艶殺)과 동주(同柱)하면] ➡ 남편(男便)이 바람둥이이고 호색(好色)한다.

(4) [대운(大運)과 세운(歲運)의 의 정관(正官)] ➡ 적자생활(赤字生活)한다.

1) 정관태세(正官太歲)의 간지(干支).

▶ [간(干)] ➡ 법(法)을 위반(違反)하는지를 인지(認知)하지 못해서 잘못 처신 (處身)하고 있다. 정도(正道)를 벗어난 위장전술(僞裝戰術)을 기획(企劃)하 는 간부(幹部)이다.

▶ [지(支)] ➡ 체면유지(體面維持)에 구멍이 생긴다. 법적문제(法的問題)로 인 척(姻戚)과 대치상태(對峙狀態)가 된다. 소자본(小資本)으로 위장(僞裝)해 서 거금(巨金)을 노린다.

2) 정관태세(正官太歲)의 길흉(吉凶).

▶ [길사(吉事)] ➡ 타협(妥協)과 보증(保證)으로 행운(幸運)이 생긴다. 칭찬(稱 讚)을 듣는다. 여명(女命)은 애정경사(愛情慶事)가 있다.

▶ [흉사(凶事)] ➡ 벌금(罰金)과 관재(官災)가 생긴다. 업무실수(業務失手)로 부진(不振)한 상태(狀態)에 빠진다. 봉변(逢變)을 당(當)한다.

▶ [목적(目的)] ➡ 채무관계(債務關係)의 상환문제(償還問題)로 근심이 생긴 다. 직업(職業)이나 진급(進級)에 대(對)한 걱정이 생긴다. 친인(親人)과 의 절교상태(絕交狀態)에 빠진다.

3) 정관대운(正官大運)의 길흉(吉凶).

▶ [사건(事件)] ➡ 명예시비(名譽是非)가 생긴다. 가정적(家庭的)으로 불충(不 忠)하게 된다. 외교(外交)로 분주(奔走)하다. 제사(諸事)에 외화내허격(外華 內虛格)이다. 명예욕망(名譽慾望)에 빠진다.

▶ [길사(吉事)] ➡ 갈등해소(葛藤解消)가 된다. 감투를 쓰게 되고 입지(立志) 할 수 있는 상태(狀態)가 된다. 집안종가(宗家)의 공적(功績)이 있음. 승급

문제(昇級問題)가 생긴다.

▶ [흉사(凶事)] ➡ 휴업(休業)하는 상태(狀態)가 된다. 민사소송(民事訴訟)에 휘말리는 송사(訟事)가 발생(發生)한다. 계획(計劃)하는 모사(謀事)에 실패수(失敗數)가 있다.

　• 여명(女命)은 남편(男便)이나 애인(愛人)과 이별수발생(離別數發生)한다.

4) 정관운시(正官運始)의 길흉(吉凶).

▶ 정직(正直)하다. 살림을 소홀(疏忽)히 한다. 안되는 일에 재물(財物)을 탕진(蕩盡)한다. 배경(背景)을 저버린다.

　• 여명(女命)은 악질남편(惡質男便)을 만나서 평생(平生) 눈물을 흘린다.

9. 편인(偏印)〈=효살(梟殺)·도식(倒食)〉.

(1) 편인(偏印)의 특성(特性).

▶ 일간(日干)을 생(生)하는 오행(五行)으로 음양(陰陽)이 같은 것.

▶ 의식주(衣食住)를 관장(管掌)하는 식신(食神)을 파극(破剋)하니 도식(倒食)〈=밥그릇을 엎는다는 뜻〉이라 한다.

　• [편인(偏印)] ➡ 파재(破財)·실권(失權)·병재(病災)·이별(離別)·고독(孤獨)·박명(薄命)·색난(色難) 等을 의미(意味)한다.

　• [편인(偏印)이 많으면] ➡ 어떤 형태(形態)로든 불행(不幸)해지고, 처음에는 열성(熱誠)을 내다가도 곧 나태(懶怠)를 느끼며 나중에는 태만(怠慢)해져서 매사(每事)에 용두사미(龍頭蛇尾)로 끝나기가 쉽다.

▶ 마음은 넓으나 변덕(變德)이 심(甚)하고, 재살(財殺)를 만나면 억제(抑制)가

된다.

- [편인(偏印)의 직업(職業)] ➡ 학자(學者)·예술가(藝術家)·의사(醫師)·승려(僧侶)·기사(技士)·변호사(辯護士)·중개사(仲介士)·목사(牧師)·운명가(運命家) 等의 편업(偏業)에 종사(從事)한다.

(2) 편인(偏印)의 육친길흉(六親吉凶).

▶ 편인(偏印)은 도식(倒食)인데 밥그릇을 엎는다는 뜻이다.

▶ [편인(偏印)이 많으면] ➡ 파재(破財)하고, 이별(離別)하며, 단명(短命)하고, 부모(父母)와 처(妻)하고도 인연(因緣)이 적다.

▶ [월지(月支)가 편인(偏印)이면] ➡ 인기직업(人氣職業)·배우(俳優)·의사(醫師)·운명가(運命家)·이발사(理髮師) 等이 많다.

▶ [일지(日支)가 편인(偏印)이면] ➡ 결혼(結婚)이 늦고, 자식(子息)도 늦다.

▶ [편인(偏印)과 식신(食神)이 많으면] ➡ 자식(子息)에 유해(有害)하거나, 산액(産厄)이 있다.

▶ [편인(偏印)] ➡ 계모(繼母)·이모(姨母)·학문(學文)·보증(保證)·서류(書類)·사기(詐欺)·도둑 等을 나타낸다.

(3) 편인(偏印)의 변화통변(變化通辯).

1) [남녀공통(男女共通)].

▶ 파재(破財), 이별(離別), 수명파괴(壽命破壞), 〈도식(倒食)〉 等의 뜻.

▶ [편인(偏印)] ➡ 신강(身强)이 되니 인생(人生)살이를 망(亡)친다. 돈과 명예(名譽)가 떠나간다. 득소실다(得小失多)한다. 권태(倦怠)를 잘 느끼고 변덕(變德)이 많다. 학자(學者), 예술가(藝術家), 승려(僧侶), 배우(俳優) 等을 다출(多出)한다. 제사(諸事)에 용두사미격(龍頭蛇尾格)이다. 부모조별(父母早

別)한다. 부부불길(夫婦不吉)하고 반드시 도실(盜失)을 당(當)한다. 배신(背信)과 사기(詐欺)를 당(當)한다.

▶ [월지편인(月支偏印)에 재(財)·관(官)이 근재(近在)하면] ➡ 부귀(富貴)한 가문(家門)의 출신(出身)이다.

　· [월지편인(月支偏印)에 재(財)·관(官)이 없거나 원재(遠在)하면] ➡ 가난한 집안의 출신(出身)이다.

▶ [인성(印星)이 많으면] ➡ 무자식(無子息)의 팔자(八字)이다. 식상(食傷)을 극상(剋傷)하니 자녀(子女)를 극(剋)한다. 우매(愚昧)한 행동(行動)을 한다. 단명(短命)하고 호색(好色)하며 어리석은 판단(判斷)을 잘한다. 서모(庶母)나 계모(繼母)나 이복형제(異腹兄弟)가 있다. 편업(偏業)에 종사(從事)하라. 운명가(運命家), 종교가(宗敎家), 구류잡가(口類雜家) 等이 좋고, 기타직업(其他職業)은 불길(不吉)하다.

▶ 인성(印星)은 재성(財星)을 만나야 되고 인성(印星)이 약(弱)하면 관성(官星)을 만나야 중화(中和)되어 명진사해(名振四海)한다.

▶ [인성(印星)이 많고 식상(食傷)이나 재성(財星)이 있으면] ➡ 횡액(橫厄)이나 사고(事故)를 불면(不免)한다.

▶ [인성(印星)이 많고 재성(財星)이 없는데 대세운(大歲運)에서 재운(財運)이 입(入)하면] ➡ 재화(災禍)가 크고 대액난(大厄難)도 당(當)하고, 자식(子息)도 화액(禍厄)을 당(當)한다.

▶ [인성(印星)이 왕(旺)하면] ➡ 늙어서도 돈을 가지고 살아야 한다. 인성(印星)이 식상(食傷)을 극(剋)하니 자식(子息)의 도움이 없고 자기본인(自己本人)의 돈이 없으면 자식(子息)이 찾아오지도 않는다.

◉ [인성(印星)] ➡ 꾸준성(性)·성실성(誠實性)·끈끈한 인내(忍耐)·문서(文書)·집 等의 의미(意味)가 내포(內包)되어 있다.

2) [남명(男命)].

▶ 부부(夫婦)의 인연(因緣)이 불길(不吉)하다.

3) [여명(女命)].

▶ [인성(印星)이 많으면] ➡ 자식(子息)이 불구(不具)이거나, 무자식팔자(無子息八字)이며, 있어도 속을 썩히는 자식(子息)이 있다. 부부(夫婦)의 인연(因緣)도 불길(不吉)하다.

▶ [편인(偏印)이 2개이상(個以上)이 식상(食傷)옆에 근재(近在)하면] ➡ 자녀(子女)가 불길(不吉)하고, 유산(流産)하거나 산액(産厄)이 있다.

• 남편(男便)의 기(氣)를 설기(洩氣)하니 남편(男便)이 힘이 없다.

(4) [대운(大運)과 세운(歲運)의 편인(偏印)] ➡ 사기(詐欺)꾼이 접근(接近)함.

1) 편인태세(偏印太歲)의 간지(干支).

▶ [간(干)] ➡ 종교(宗敎)의 관련자(宗敎關聯者)에게 기만(欺瞞)을 당(當)한다. 브로커(broker)의 생활(生活)로 허심노사(虛心勞使)한다.

▶ [지(支)] ➡ 매사(每事)에 시기(時期)가 지연(遲延)된다. 아이디어(idea)가 불발(不發)한다. 주종관계(主從關係)의 인간형성(人間形成)으로 인(因)하여 누명(陋名)을 쓰게 된다.

2) 편인태세(偏印太歲)의 길흉(吉凶).

▶ [길사(吉事)] ➡ 주인(主人)과 의견(意見)을 조정(調整)한다. 건강(健康)이 호전(好轉)된다. 동정(同情)과 협조(協助)를 받게 된다.

▶ [흉사(凶事)] ➡ 쪼들린다. 신병(身病)을 걱정한다. 사기(詐欺)꾼으로 몰리는 경우(境遇)가 있다. 소개건(紹介件)이 발생(發生)한다.

► [목적(目的)] ➡ 중개(仲介)와 사기문제(詐欺問題)에 고민(苦悶)이 있다. 종교(宗敎)와 도피방법(逃避方法)과 신병(身病) 等에 근심이 있다.

3) 편인대운(偏印大運)의 길흉(吉凶).

► [사건(事件)] ➡ 사기(詐欺)가 난무(亂舞)한다. 생활(生活)이 조급(躁急)하다. 건강(健康)이 불쾌(不快)하다. 은인(恩人)이 외면(外面)한다. 불효(不孝)하는 자식(子息)으로 고민(苦悶)한다.

► [길사(吉事)] ➡ 대리경영(代理經營)하는 행운(幸運)이 있다. 인기(人氣)를 독점(獨占)한다. 지식(知識)의 중계(中繼)로 행운(幸運)이 생긴다.

► [흉사(凶事)] ➡ 경제문제(經濟問題)와 자식(子息)과 부모문제(父母問題)에 파탄(破綻)이 생긴다.

4) 편인운시(偏印運始)의 길흉(吉凶).

► 성질(性質)이 화급(火急)하다. 자식(子息)이 늦고 못 거느린다. 평생(平生)이 고립(孤立)이 되고 헛일을 많이 한다. 남에게 이용(利用)을 잘 당(當)한다. 술을 좋아한다. 가난한 생활(生活)을 한다.

10. 정인(正印).

(1) 정인(正印)의 특성(特性).

► 일간(日干)을 생(生)하는 오행(五行)으로 음양(陰陽)이 다른 것.

► 정인(正印)은 자애(慈愛)와 인정(人情)의 신(神)이다. 자비심(慈悲心)이 있고, 종교(宗敎)에 정진(精進)하고, 군자대인(君子大人)의 품격(品格)이 있으

며, 온후(溫厚)하고 단정(端正)하며, 신망(信望)을 얻어 부귀(富貴)를 누린다. 또 학문(學文)의 신(神)이니 총명(聰明)하고, 지혜(智慧)가 뛰어나고, 문장(文章)이 능(能)하며, 학자(學者)의 품위(品位)가 있다.

▶ [월주(月柱)에 정인(正印)이 있으면] ➡ 학교선생(學校先生), 교수(敎授), 종교가(宗敎家) 等이 많다.

　• [정인(正印)이 많으면] ➡ 자기(自己)멋대로 행동(行動)하는 결점(缺點) 있다.

(2) 정인(正印)의 육친길흉(六親吉凶).

▶ [정인(正印)이 많으면] ➡ 일을 처리(處理)함에 지혜(智慧)롭고, 어학(語學)을 잘하며, 중인(衆人)의 신임(信任)을 받으며, 성질(性質)이 온후(溫厚)하고 단정(端正)하다.

▶ [정인(正印)과 관성(官星)이 있으면] ➡ 유복(有福)하다.

　• [정인(正印)과 편인(偏印)이 같이 있으면] ➡ 결단성(決斷性)이 없다.

　• [정인(正印)과 양인(羊刃)과 같이 있으면] ➡ 주변(周邊)으로 심신(心身)에 괴로운 일이 많다.

▶ [여명(女命)에 관성(官星)이 없고, 인성(印星)이 많으면] ➡ 여자(女子)가 돈을 벌어서 살림을 한다.

　• [여명(女命)에 정인(正印)이 많고, 정재(正財)가 있으면] ➡ 음천(淫賤)하고 문란(紊亂)하다.

▶ [인성(印星)이 많으면] ➡ 부모덕(父母德)이 없고, 또 상관(傷官)을 극(剋)하니 자식덕(子息德)도 없다.

　• [인성(印星)이 많고, 겁재(劫財)나 상관운(傷官運)이 오면] ➡ 나쁜 뜻이니 이동(移動)과 변동(變動)이 있다.

► [인성(印星)] ➡ 정모(正母) · 학문(學文) · 문서(文書) · 서류(書類) · 자격증(資格證) 等을 나타낸다.

(3) 정인(正印)의 변화통변(變化通辯).

1) [남녀공통(男女共通)].

► [인성(印星)이 왕(旺)해 신강(身强)하면] ➡ 부선망(父先亡)한다. 주색(酒色)을 좋아한다.

• [인성(印星)이 많아서 불운(不運)이면] ➡ 돈은 아침이슬같이 사라지니 사업(事業)을 중단(中斷)하기도 한다.

► [명(命)에 인성(印星)이 많고, 대세운(大歲運)에서 재운(財運)을 봉(逢)하면] ➡ 비명횡사(非命橫死)하는 경우(境遇)가 있다.

2) [남명(男命)].

► [인성(印星)과 재성(財星)이 동주(同柱)하면] ➡ 여자(女子)가 불길(不吉)하며, 돈도 지출(支出)이 많고, 모(母)와 처(妻)사이가 불화(不和)하여서 별로이다.

► [인성(印星)이 있고 재성(財星)이 많으면] ➡ 모선망(母先亡)한다.

3) [여명(女命)].

► [인성(印星)이 많으면] ➡ 남편(男便)과 이별(離別)한다. 자식(子息)과도 인연(因緣)이 없다. 고부간(姑婦間)에 갈등(葛藤)이 있다.

• [시모(媤母)는 며느리 사주(四柱)때문에 동거(同居)하면] ➡ 수명(壽命)을 단축(短縮)시킨다.

► [인성(印星)이 있고, 재성(財星)이 많으면] ➡ 음란(淫亂)스러운 행동(行動)

을 하는 賤婦(천부)이다.

▶ [인성(印星)이 강(强)하고, 관성(官星)이 약(弱)하면] ➡ 직장생활(職場生活)
을 하는 것이 좋다.

(4) [대운(大運)과 세운(歲運)의 정인(正印)] ➡ 부모(父母)나 은인(恩人)을 상봉 (相逢)한다.

1) 정인태세(正印太歲)의 간지(干支).

▶ [간(干)] ➡ 신분(身分)을 감춘채 직무(職務)를 대리(代理)한다. 허가증(許可
證)이 없이 위선적(僞善的)인 생활(生活)을 한다.

▶ [지(支)] ➡ 너무 믿는 사람이 나의 방심(放心)을 이용(利用)하여 악용(惡用)
한다. 은인(恩人)이나 부모(父母)를 상봉(相逢)한다.

2) 정인태세(正印太歲)의 길흉(吉凶).

▶ [길사(吉事)] ➡ 허가(許可)를 획득(獲得)한다. 지위(地位)를 공고(鞏固)히
한다. 숨겨져 있는 것을 양성화(陽性化)한다. 은혜(恩惠)를 입는다.

▶ [흉사(凶事)] ➡ 조직적(組織的)인 활동(活動)이 깨어진다. 취소(取消)할 일
이 생긴다. 신병(身病)이 침입(侵入)한다.

▶ [목적(目的)] ➡ 문서(文書)나 주택문제(住宅問題)에 허가관계(許可關係)가
생긴다. 다른 일을 할까, 공부(工夫)할까 택일(擇一)하라.

3) 정인대운(正印大運)의 길흉(吉凶).

▶ [사건(事件)] ➡ 참는 생활(生活)을 한다. 대리행위(代理行爲)를 한다. 별방
생활(別房生活)을 한다. 주택(住宅)을 떠날 일이 생긴다. 부모(父母)에게 봉
사(奉仕)한다.

► [길사(吉事)] ➡ 장자(長子)의 노릇을 한다. 실권(實權)을 장악(掌握)한다. 영전(榮轉)하거나 진급(進級)이 된다. 장기적(長期的)인 투자(投資)를 한다.

► [흉사(凶事)] ➡ 재정적(財政的)인 권리(權利)를 상실(喪失)한다. 경쟁(競爭)에 탈락(脫落)하거나 휴직(休職)을 하게 된다. 부모(父母)에게 불효(不孝)를 하게 된다.

4) 정인운시(正印運始)의 길흉(吉凶).

► 신체(身體)가 허약(虛弱)하게 성장(成長)한다. 모친(母親)과 외척(外戚)으로 인(因)해 평생(平生) 고통(苦痛)을 받는다. 주색(酒色)으로 패가망신(敗家亡身)을 한다. 자식(子息)을 늦게 두지 않으면 핍사(乏嗣)한다. 총명(聰明) 하여 공부(工夫)는 많이 한다.

第2章. 육친다봉통변활용(六親多逢通辯活用)

1. 비겁다봉(比劫多逢).

(1) 조별부친(早別父親)한다. 육친무덕(肉親無德)하다. 모외유모(母外有母)하다. 이복형제(異腹兄弟)가 있다. 형제(兄弟)가 실패(失敗)한다. 친우(親友)도 실패(失敗)한다. 매사(每事)를 자기위주(自己爲主)로 처리(處理)한다.

▶ 독주(獨走)와 강압(强壓)에 친우(親友)를 배신(背信)한다. 사교(社交)도 불능(不能)이다. 매사(每事)를 의심(疑心)한다. 사업(事業)은 항상(恒常) 실패(失敗)한다. 자손궁(子孫宮)도 부실(不實)하다. 쟁투(爭鬪)와 도실(盜失)이 빈번(頻繁)하다. 도처(到處)에서 배신(背信)을 당(當)한다. 매사(每事)에 방해(妨害)를 받고 탈취(奪取)를 당(當)해 속성속패(速成速敗)한다. 사업(事業)은 회사(會社)나 기업(企業)의 경영(經營)은 불가(不可)하다. 건강(健康)이 부진(不振)하다.

▶ 동서(東西)에 작첩(作妾)을 한다. 모처(母妻)가 불화(不和)한다. 상처(傷處)와 탈처(奪妻)의 지명(之命)이다. 의처증(疑妻症)의 환자(患者)이다. 처(妻)의 질병(疾病)이 오랫동안 계속(繼續)된다.

(2) 여명(女命)의 경우(境遇).

▶ 상부(喪夫)와 탈부(脫夫)하는 지명(之命)이다. 소실지명(小室之命)이다. 옹고(翁姑)를 봉양(奉養)할 수 없다. 남편(男便)마저 받들지 못하는 운명(運

命)이다.

2. 식상다봉(食傷多逢).

(1) 조부(祖父)가 풍류객(風流客)이다. 조모(祖母)가 2분이다. 장모(丈母)를 모실 팔자(八字)이다. 남의 자손(子孫)을 양육(養育)하는 팔자(八字)이다. 본인(本人)도 양자지명(養子之命)이다. 자식(子息)보다 손자(孫子)가 대발(大發)한다.

▶ 인정(人情)은 많으나 타인(他人)을 무시(無視)한다. 백(百)가지 기교(技巧)를 가지고 있으나 허리허명(虛利虛名)뿐이다. 사회사업(社會事業)을 하게 되나 사업(事業)은 패망(敗亡)한다. 관재구설(官災口舌)이 빈번(頻繁)하다. 처(妻)가 가권(家權)을 가진다.

▶ 재물(財物)을 탐(貪)하나 탐재(貪財)가 반화(反禍)되어 도리어 화(禍)가 된다. 이중성격자(二重性格者)이다. 처세(處世)에도 사기성(詐欺性)이 농후(濃厚)해서 끝내는 배신(背信)을 한다. 본인(本人) 또한 빈천지명(貧賤之命)이다.

(2) 여명(女命)의 경우(境遇).

▶ 시모(媤母)가 2분이다. 남편궁(男便宮)이 불미(不美)하다. 각성득자(各姓得子)한다. 극부지명(剋夫之命)이다. 독수공방(獨守空房)을 한다. 상부(喪夫) 아니면 재가(再嫁)를 한다. 소실(小室)이나 기생팔자(妓生八字)이다. 연하남자(年下男子)를 좋아한다. 득자(得子)하면 극부(剋父)한다. 자식궁(子息宮)이 불미(不美)하고 자궁외(子宮外)의 임신(姙娠)을 한다.

3. 재성다봉(財星多逢).

(1) 조실부모(早失父母)한다. 서출자식(庶出子息)이다. 빈천지명(貧賤之命)이다. 이복(異腹)의 숙부(叔父)와 고모(姑母)가 있다. 형제불발(兄弟不發)이니 형제무덕(兄弟無德)하다. 악처지인(惡妻之人)이다. 상처지인(喪妻之人)이다. 동서(東西)에 작첩(作妾)을 한다. 도처(到處)에 여자(女子)가 있다. 여자(女子)에게 의지(依支)해서 살 팔자(八字)이다. 여자(女子)가 가권(家權)을 가진다.

▶ 모처(母妻)의 불화(不和)를 불면(不免)한다. 출생(出生)부터 가산(家産)이 파산(破産)한다. 결혼후(結婚後)에 잔질(殘疾)이 많다. 동가숙서가식(東家宿西家食)한다. 초가단간(草家單間)의 생활(生活)을 한다. 매사(每事)에 몽중득금(夢中得金)한다. 재물(財物)로 항상(恒常) 관재(官災)가 발생(發生)한다. 노력(努力) 많이 하나 실속이 없다.

▶ 재물(財物)이 빈한(貧寒)하다. 뇌물(賂物)로 인(因)하여 화(禍)를 입는다. 매사(每事)에 욕심(慾心)이 실패(失敗)의 원인(原因)이다. 사기성(詐欺性) 이 있다. 혼탁지인(混濁之人)이다. 우둔지명(愚鈍之命)이다. 건강부진(健康不振)하다. 학업부진(學業不進)으로 학업(學業)을 중단(中斷)한다.

(2) 여명(女命)의 경우(境遇).

▶ 시모(媤母)가 2분이다. 시댁(媤宅)과 시모(媤母)가 패망(敗亡)한다. 남편궁(男便宮)이 불미(不美)하다. 재가(再嫁)아니면 소실지명(小室之命)이다.

4. 관성다봉(官星多逢).

(1) 자손궁(子孫宮)이 불미(不美)하다. 동서(東西)에 득자(得子)한다. 불효자손 (不孝子孫)을 둔다. 남의 자식(子息)을 양육(養育)한다. 자식(子息)을 얻으면 패망(敗亡)한다. 딸을 다산(多産)한다. 처궁(妻宮)이 불미(不美)하다. 모처 (母妻)가 불화(不和)한다. 악처(惡妻)로 고민(苦悶)한다. 처(妻)로 인(因)해 파재(破財)를 한다.

▶ 항상(恒常) 관재구설(官災口舌)과 송사(訟事)가 따른다. 의타심(依他心)이 많아 사업(事業)은 절대불가(絕對不可)하다.

▶ 학업(學業)을 중도(中途)에서 탈락(脫落)한다. 매사(每事)에 중도하차(中途 下車)한다. 재물(財物)이 없어 빈한(貧寒)하다. 탐재반화(貪財反禍)한다. 재 물(財物)이 들어오면 득병(得病)한다. 일마다 사고(事故)가 연발(連發)한다. 정신질환(精神疾患)이 생긴다. 초조불안(焦燥不安)이 계속(繼續)된다. 건강 (健康)이 부실(不實)하다.

▶ 납치(拉致)를 당(當)하거나 감금(監禁)도 자주 발생(發生)한다. 소심지명(小 心之命)이다. 약비(若非)하면 무속지인(巫俗之人)이나 빈천지인(貧賤之人) 이 된다.

(2) 여명(女命)의 경우(境遇).

▶ 남편궁(男便宮)이 불미(不美)하다. 재가사가(再嫁四嫁)한다. 이혼(離婚)이 아니면 상부(喪夫)한다. 부군(夫君)으로부터 배신(背信)을 당(當)한다. 강제 결혼(强制結婚)을 한다. 결혼후(結婚後)에 득병(得病)한다. 시모(媤母)와 불 화(不和)한다. 시가(媤家)가 패망(敗亡)한다. 소실지명(小室之命)이다. 기생 팔자(妓生八字)이다.

5. 인성다봉(印星多逢).

(1) 모외유정(母外有情)하다. 또 다른 모(母)가 있음. 부선망지명(父先亡之命)으로 편모슬하(偏母膝下)에서 양육(養育)된다. 모(母)가 가권(家權)을 잡으니 부모불화(父母不和)한다. 이복조부(異腹祖父)가 있다. 이복형제(異腹兄弟)도 있음.

▶ 모처(母妻)가 불화(不和)한다. 처궁(妻宮)이 불미(不美)하다. 자손궁(子孫宮)도 불미(不美)하다. 친모(親母)를 봉양(奉養)한다. 성격(性格)은 고집(固執)이 태강(太强)하다. 매사(每事)를 자기위주(自己爲主)로 처리(處理)한다. 타인(他人)을 무시(無視)한다. 매사(每事)에 용두사미격(龍頭蛇尾格)된다.

▶ 안일무사(安逸無事)에 화려지상(華麗之象)이니 외화내곤(外華內困)하다. 다변지명(多辯之命)이다. 기예다능(技藝多能)하다. 건강(健康)이 부조(不調)하다. 종교(宗敎)를 맹종(盲從)한다. 직업(職業)은 교육계통(敎育系統)이 제일(第一) 아름답다.

(2) 여명(女命)의 경우(境遇).

▶ 부궁(夫宮)이 부실(不實)하다. 남편(男便)을 받들지도 못하고, 섬기지도 못하는 팔자(八字)이다.

第8篇

용신(用神)과 격국(格局)

○ 용신(用神)의 의의(意義).

■ **사주운명(四柱運命)을 판단(判斷)하는 데는 간지오행(干支五行)에 육신(六神)을 표출(表出)해서 상생상극(相生相剋)의 유무(有無)와 명리감정(命理鑑定)에 가장 중요(重要)한 것이 〈용신(用神)〉이다.**

▶ 용신(用神)은 팔자(八字)의 간지오행(干支五行)을 조화(調和)와 균형(均衡)을 바로 잡아 조절(調節)하는 기능(機能)을 다해주는 중요(重要)한 운명(運命)의 열쇠이다. 이 용신(用神)은 극(剋)을 당(當)하면 죽음, 실패(失敗), 질병(疾病), 사고(事故) 等 불우(不遇)한 삶을 살아가게 되고, 용신(用神)이 생(生)을 받아 왕성(旺盛)하면 매사순성(每事順成)되고 부귀(富貴)를 함께 받으며 행복(幸福)한 삶을 영위(營爲)하게 된다.

▶ 용신(用神)을 정(定)하려면 먼저 일간(日干)을 중심(中心)으로 신강(身强)과 신약(身弱)을 알아야 한다. 여기서 신(身)이란 일간(日干)을 말하며, 신강(身强)이란 일간(日干)이 왕성(旺盛)한 것이고, 신약(身弱)이란 일간(日干)이 약(弱)한 것을 말하니, 신강(身强)과 신약(身弱)을 정확(正確)히 가려야 용신(用神)을 찾을 수 있다.

▶ 용신(用神)은 사주(四柱)를 해석(解釋)함에 있어 사주(四柱)의 길흉(吉凶)을 결정(決定)짓는 가장 핵심적(核心的)인 요소(要素)로서 신약사주(身弱四柱)는 일주중심(日主中心)으로 용신(用神)을 정(定)하고, 신강사주(身强四柱)는 격(格)을 중심(中心)으로 용신(用神)을 정(定)한다. 합(合) · 충(沖) · 공망

(空亡)이 중요(重要)한 역할(役割)을 한다.

- 용신(用神)을 중심(中心)으로 용신(用神)을 생(生)하는 것을 희신(喜神)·용신(用神)을 극(剋)하는 것을 기신(忌神)·용신(用神)이 극(剋)하는 것을 구신(仇神)·용신(用神)을 설기(洩氣)하는 것을 한신(閑神)이라 한다.

1. 신강신약론(身强身弱論).

> ○ 우선(于先) 출생월(出生月)이 일주(日柱)의 강약(强弱)과 일주(日柱)의 생조(生助)와 극해(剋害)의 여하(如何), 일주(日柱)의 12운성(運星)의 상태(狀態), 일주(日柱)가 지장간(地藏干)에 통근여하(通根如何)를 살핀다. 대체(大體)로 사주팔자중(四柱八字中)에서 일주(日柱)를 생조(生助)하는 오행(五行)의 수(數)와 일주(日柱)를 극설(剋洩)시키는 오행(五行)의 수(數)를 비교(比較)해서 그 다과(多過)에 의(依)해 구분(區分)하되 출생월령(出生月令)의 왕쇠(旺衰)에 중점(重點)을 두어라.

- 천간(天干)보다 지지(地支)의 육친(六親)이 3배정도(倍程度)로 강(强)하다.
  - ▶ 삼합(三合)·육합(六合)·간합(干合)이 되어 타오행(他五行)으로 화(化)하는 것도 고려(考慮)하라.
  - ▶ 일간중심(日干中心)으로 합충변화(合沖變化)를 잘 살펴라.

▶ 월지오행(月支五行)이 타간지오행(他干支五行)이 2.5배(倍) 이상(以上)으로 강(强)하다고 간주(看做)하라.

▶ 월지(月支)는 항상(恒常) 체(體), 타7간지(他7干支)는 용(用)이 된다.

▶ 신강(身强), 신약(身弱)의 구분(區分)이 애매(曖昧)할 때는 절후(節後)의 심천(深淺)을 파악(把握)하라.

◯ 신강(身强)·신약(身弱)에 사용(使用)하는 공식(公式).

9	日干일간	9	4
15	20	30	13

(1) 신강신왕사주(身强身旺四柱).

1) 비겁(比劫)과 인성(印星)이 많을 때.

- [득세(得勢)] ➡ 세력(勢力)이 인성(印星), 비겁중(比劫中)에서 4자(字)이상(以上)일 때.
- [득령(得令)] ➡ 월지(月支)가 비겁(比劫)이나 인성(印星)일 때.
- [득지(得地)] ➡ 일지(日支)가 비겁(比劫)이나 인성(印星)일 때.

▶ 삼합(三合) 또는 방합(方合)으로 국(局)이 인성(印星)과 비겁(比劫)으로 이루어 졌을 때.

▶ 지장간(地藏干)에서 인성(印星)과 비겁(比劫)이 많을 때.

▶ 12운성(運星)에서 양일주(陽日柱)가 장생(長生), 건록(建祿), 제왕(帝旺), 양(養), 관대(冠帶)가 많을 때.

▶ 비겁(比劫)이 많으면 신왕(身旺)으로, 인성(印星)이 많으면 신강(身强)으로 정(定)하자.

2) 신강(身强)·신왕(身旺)의 성격(性格).

▶ 남성성질(男性性質)이다. 양성적(陽性的)이다. 급변(急變)한다. 급사(急死)한다. 외부활동(外部活動)과 장사하기를 좋아한다. 분가(分家)·분리(分離)·독립(獨立)·이별(離別)·과단(果斷)·독행(獨行) 等을 하는 수(數)가 많음. 자기(自己)의 주장(主張)과 고집(固執)이 강(强)하다. 꼭 이겨야 한다. 부부 의견(夫婦意見)은 불일치(不一致)한다. 자기(自己)의 재물(財物)을 따로 취급(取扱)한다. 인간관계(人間關係)가 별로이다. 인덕(人德)이 없음. 재물(財物)로 형제불화(兄弟不和)한다. 남의 미움과 비방(誹謗)을 자초(自招)한다.

▶ [태왕(太旺)하면] ➡ 파산(破産)을 한다. 투쟁(鬪爭)한다. 배우자(配偶者)와 자녀(子女)를 극(剋)하고, 불구(不具)나 단명(短命)하다.

(2) 신약사주(身弱四柱).

1) 관성(官星), 재성(財星), 식상(食傷)이 많을 때.

▶ 일간(日干)을 극해(剋害)하는 오행(五行)이 많거나, 일간(日干)의 기운(氣運)을 소모(消耗)시키는 육신(六神)이 많으면 신약(身弱)이다.

2) 신약(身弱)의 성격(性格).

▶ 여성성질(女性性質)이다. 음성적(陰性的)이다. 몸이 약(弱)해 장병(長病)으로 고생(苦生)한다. 한적(閑寂)한 곳에서 집안살림이나 돌보는 내조(內助)의 성격(性格)이다. 분가(分家), 독립(獨立), 이별(離別) 等을 싫어한다. 의지(依支)하고 도움받기를 좋아한다. 타협(妥協)하여 여러 의견(意見)을 존중(尊重)한다. 남과 융화(融化)가 잘된다. 쌈지돈, 주머니 돈을 구분(區分)하지 않는다. 재물(財物)의 다툼이 없이 부부해로(夫婦偕老)한다. 형제간

(兄弟間)에 재물(財物)을 잘 분배(分配)하고 사이가 좋다. 남에게는 좋은 비평(批評)을 들음. 마음이 약(弱)해 양심(良心)이 바르다고 칭찬(稱讚)을 들음.

▶ [극신약(極身弱)하면] ➡ 단명(短命)하고, 빈천(貧賤)하고, 병고(病苦)에 고통(苦痛)을 받고 시달린다.

(3) 신강신약(身强身弱)의 용신(用神).

比劫 多旺 비겁 다왕	1. 관성(官星). 2. [지장간관성(地藏干官星)] ➡ 극충(剋沖)되면 사용불가(使用不可). 3. [식상설(食傷洩)] ➡ 관살(官殺)이 없거나 관살(官殺)이 무력(無力) 할 때. 4. [재성(財星)] ➡ 군겁쟁재(群劫爭財)나 관성(官星)이나 식상(食傷)을 못쓸 때. 5. [종왕격(從旺格)] ➡ 비겁(比劫)만 있을 때.
食傷 多弱 식상 다약	1. 인성(印星). 2. 지장간(地藏干)의 인성(印星). 3. 비겁(比劫). 4. [종격(從格)] ➡ 가종격(假從格). 종아격(從兒格).
財星 多弱 재성 다약	1. 비겁(比劫). 2. 지장간(地藏干)의 비겁(比劫). 3. 인성(印星). 4. [종격(從格)] ➡ 가종격(假從格). 종재격(從財格).
官星 多弱 관성 다약	1. [인성(印星)] ➡ 설작용(洩作用). 책이나 학문(學文)속에 길이 있다. 2. 지장간(地藏干)의 인성(印星). 3. 비겁(比劫). 4. [종격(從格)] ➡ 가종격(假從格). 종살격(從殺格). 5. [식상(食傷)] ➡ 비겁(比劫)이나 인성(印星)이 없고 식상(食傷)만 있으면.

印星 多强 인성 다강	1. 재성(財星). 2. 지장간(地藏干)의 재성(財星). 3. 식상(食傷). 4. [관성(官星)] ➡ 인성(印星)이 더 강(强)해져 사불가용(使用不可)이나 마지못해 사용(使用)할 때. 5. [종강격(從强格)] ➡ 식(食)·재(財)·관(官)이 없고 인성(印星)만 있을 때.

複合
境遇
복합
경우
	1. 신강신약(身强身弱)의 구분(區分)힘들 때는 조후(調候)를 생각(生覺)하라.
	2. 식(食)·재(財)·관(官)이 섞여있는 경우(境遇)는 신약용인격(身弱用印格)을
	    사용(使用)하라. 가장 많은 사주(四柱)이다.
	3. 식(食)·재(財)·관(官)이 섞여 있고 인성(印星)이 없으면 부득이(不得已)
	    신약용비격(身弱用比格)을 사용(使用)하라.
	4. [종세격(從勢格)] ➡ 인성(印星)이나 비겁(比劫)이 없거나, 있어도 무근(無根)할 때.
	    • 왕오행(旺五行), 유통통관(流通通關), 순행오행(順行五行) 等.
	5. [화격(化格)] ➡ 갑기합토(甲己合土)·을경합금(乙庚合金)·병신합수(丙辛合水)·정
	    임합목(丁壬合木)·무계합화(戊癸合火)의 합화(合化)일 때.

2. 신강(身强)과 신왕사주(身旺四柱)의 예제(例題).

◉ 신강사주(身强四柱).

가. 인성(印星)이 많아 신강(身强)인 경우(境遇).

1) [인중용재격(印重用財格)] or [기인취재격(棄印就財格)].

○ [인성(印星)이 많아 중첩(重疊)일 때] ➡ 재성(財星)을 용신(用神)으로 한다. 비겁(比劫)이 불현(不現)해야 성립(成立)한다.

▶ 비겁(比劫)이 있어 재극(財剋)하면 파격(破格)이다, 즉(卽) 기신(忌神)의 존

재(存在)로 용신기능(用神機能)이 미약(微弱)하다.

※ 예제(例題) 1.

丁	戊	壬	庚	正印	▲	偏財	食神
巳孤	空午羊	午羊	寅	偏印	正印	正印	偏官

▶ 화기운강(火氣運強)해 불꽃이 이글이글하니 왕(旺)한 불을 꺼야 한다.

▶ 월간임수용신(月干壬水用神)이다. 수극(水剋)하는 토(土)도 없어 좋다.

▶ 불의 세력(勢力)이 너무 강(強)해 임수(壬水)를 돕는 식신(食神)인 경금(庚金)이 희신(喜神)이다. 용(用)·희(喜)가 붙어 있어 유정(有情)하다.

▶ 수(水)를 극(剋)하는 토(土)가 기신(忌神)이며, 구신(仇神)은 금(金)을 극(剋)하는 화(火)이다. 목(木)은 한신(閑神)이다.

※ 예제(例題) 2.

丙	戊	丙	丁	偏印	▲	偏印	正印
辰	寅	午羊	丑白	比肩	偏官	正印	劫財

▶ 용재암장격(用財暗藏格) or 상관생재격(傷官生財格)으로 볼 수 있다.

▶ 화(火)가 4자(字), 인목(寅木)도 오화(午火)와 합화(合火)한다. 수재성(水財星)이 없어 축(丑)과 진(辰)에 암장(暗藏)된 계수(癸水)가 있다.

▶ 천간(天干)에 없으니 격(格)이 낮고 지장간(地藏干)에 있으니 사용불편(使用不便)하다. 인목(寅木)은 오월(午月)에 쓰면 목생화(木生火)해 화(火)가 더욱 강(強)해지니 용신(用神)으로 사용불가(使用不可)하다.

▶ 사주상황(四柱狀況)에는 반드시 거기에 필요(必要)한 오행(五行)이 있다.

수(水)를 용신(用神)하니 원국(元局)에서는 물이 멀고 약(弱)하니 수운(水運)을 기다려야 한다.

▶ 기인취재격(棄印就財格)은 인성(印星)을 버리고 재성(財星)으로 따라간다는 뜻이다. 인중용재격(印重用財格)과 비슷하다.

▶ 무조건(無條件) 신강사주(身强四柱)에는 극(剋)하는 오행(五行)이나 설(洩)하는 오행(五行)에 너무 연연(連延)하지 마라.

2) [식신생재격(食神生財格)] or [상관생재격(傷官生財格)].

> ⟳ 재성(財星)이 용신(用神)일 때 그 재성(財星)이 약(弱)할 때 식상(食傷)이 재성(財星)을 생조(生助)하면 길(吉)하다는 뜻이다.

▶ 식상생재(食傷生財)는 흐름을 타는 것이고, 인중용재(印重用財)는 극(剋)하는 관계(關係)를 말한다.

※ 예제(例題) 1.

己	丁	甲	戊	食神	▲	正印	傷官
酉	卯	寅孤	辰白	偏財	偏印	正印	傷官

▶ 목인성(木印星)이 태왕(太旺)하다. 인묘진방합(寅卯辰方合)으로 토무진(土戊辰)은 무력(無力)해진다. 시지(時支)인 유금편재(酉金偏財)가 용신(用神)이다.

 • 목극(木剋)하는 맛도 있고 지지(地支)에 있으니 제격(諸格)이다. 묘유충(卯酉沖)이 흠(欠)이다.

▶ 시간기토(時干己土)가 생(生)해 주어 무력(無力)하지 않으니 식신생재격(食

神生財格)이 성립(成立)한다.

▶ 식신생재격(食神生財格)의 용신(用神)은 식신(食神)에 있는 것도 있고 재성(財星)에 있는 것도 있다.

※ 예제(例題) 2 ➡ 용신(用神)이 식신(食神)에 있는 경우(境遇).

己	丁	甲	癸	食神	▲	正印	偏官
酉	空巳孤	寅孤	卯	偏財	劫財	正印	偏印

▶ 목왕(木旺)하다. 시지유금(時支酉金)은 거리가 있어 목극(木剋)할 필요(必要)가 없는 편안(便安)한 입장(立場)이다.

▶ 시간기토(時干己土)가 생(生)해주니 식신생재(食神生財)가 된다. 기토용신(己土用神)이고, 유금희신(酉金喜神)이다.

▶ 만약(萬若) 식신(食神)이 월간(月干)에 있고 재성(財星)이 시지(時支)에 있어 떨어져 있으면 생재(生財)가 힘들다.

▶ 식신(食神)은 밥그릇이고, 편인(偏印)은 도식(倒食)이라 밥그릇을 엎는 것이다.

3) [인중용관격(印重用官格)] or [인중용살격(印重用殺格)].

◐ [원칙(原則)] ➡ 인성다사주(印星多四柱)는 관성(官星)을 용신(用神)하지 않는다. 인성(印星)이 많은 사주(四柱)에서 관성(官星)을 쓰면 관성(官星)이 무슨 힘이 있겠는가. 더욱 신강(身强)되니까. 그래도 써야하면 하격(下格)이다.

▶ 사주(四柱)에 재성(財星)이나 식상(食傷)이 없을 때 할 수 없이 관살(官殺)〈=편관(偏官)과 칠살(七殺)〉을 용신(用神)으로 하는 경우(境遇)가 있다.

※ 예제(例題) 1.

甲	丁	乙	癸	正印	▲	偏印	偏官
辰白	巳孤	卯	未	傷官	劫財	偏印	食神

► 목왕절생(木旺節生)이다. 년지(年支)에 있는 미토식신(未土食神)은 묘미합(卯未)으로 반합(半合)으로 묶이고, 진토상관(辰土傷官)은 갑목(甲木)의 뿌리가 되어 유근(有根)하여 정화기운(丁火氣運)을 생(生)할 처지(處地)가 못되니 식상(食傷)이 없는 것과 같다.

► 운세(運勢)의 흐름으로 보아 금수운(金水運)으로 가야 용신계수(用神癸水)의 힘이 발휘(發揮)된다.

► 대운(大運)이 북방(北方)과 서방(西方)의 금수운(金水運)일 때 용신운(用神運)으로 군수(郡守)를 지냈다.

4) [재자약살격(財滋弱殺格)] or [재관격(財官格)].

❍ 관성(官星)을 용신(用神)을 삼는데 관살(官殺)이 약(弱)할 경우(境遇)에는 재성(財星)이 옆에 있어 관살(官殺)을 생조(生助)해 주면 길격(吉格)이다.

► 단(但) 이 격(格)은 신왕(身旺)이나 신강(身强)으로 관살(官殺)이 약(弱)할 때 사용(使用)한다.

※ 예제(例題) 1.

庚	庚	丙	己	比肩	▲	偏官	正印
辰魁	申	寅	酉	偏印	比肩	偏財	劫財

▶ 4금(金)2토(土)로 태강(太强)하다. 왕(旺)한 토금(土金)을 수무(水無)하니 쓸 수가 없다, 즉(卽) 금생수(金生水)로 설기작용(洩氣作用)을 말한다.

▶ 인월(寅月)의 찬 기운(氣運)을 몰아내야 하니 수용(水用)은 안되고, 용신 병화(用神丙火)는 양(兩)쪽의 신유금(申酉金)이 공격(攻擊)하므로 다소(多少) 약(弱)하니 인목(寅木)에 모든 것을 의지(依支)하고 있다. 편관병화(偏官丙火)는 편재인목(偏財寅木)에 의지(依支)하고 서로 생조(生助)해주니 용(用)·희(喜)가 유정(有情)하다.

▶ 희용신(喜用神)은 일간(日干)에 근재(近在)해야 좋고, 기구신(忌仇神)은 일간(日干)과는 원재(遠在)해야 좋다.

※ 예제(例題) 2.

辛	庚	丙	庚	劫財	▲	偏官	比肩
巳	戌魁	戌白	寅空	偏官	偏印	偏印	偏財

▶ 3금(金)과 2토(土)로 신강(身强)하다. 수기운(水氣運)이 없고 추워지는 술월(戌月)이라 일단(一但) 월간병화(月干丙火)가 용신(用神)이다.

▶ 병화(丙火)는 술토(戌土)에 유근(有根)했지만 약(弱)하다. 늦은 계절(季節)의 술토(戌土)는 화(火)의 뿌리보다는 토기운(土氣運)이 강(强)하다. 년지 인재성(年支寅財星)은 원재(遠在)하고 홀로 떨어져 있고 경금(庚金) 때문에 힘을 못쓴다.

▶ 재성(財星)과 편관위치(偏官位置)가 불리(不利)하다. 용살무력격(用殺無力格)이다.

5) [종강격(從强格)].

> ● 식(食)·재(財)·관(官)은 전혀 없고 인성(印星)만 가득이면 인성(印星)의 흐름에
> 따라야 한다.

※ 예제(例題) 1.

庚	庚	己	戊	比肩	▲	正印	偏印
辰_魁	戌_魁	未	辰_白	偏印	偏印	正印	偏印

> ▶ 6토(土)2금(金)으로 토(土)가 가득하다. 다른 성분(成分)들은 지장간(地藏
> 干)에 숨어 표출(表出)이 안되니 사용불가(使用不可)하다.
> ▶ 토금외(土金外)에 어떤 성분(成分)을 대입(代入)해도 안되니 토금(土金)의
> 세력(勢力)에 종(從)하자.
> ▶ 인성다(印星多)를 강(强)·비겁다(比劫多)를 왕(旺)이라 하자.

나. 비겁(比劫)이 많아 신왕(身旺)인 경우(境遇).

1) 인성(印星)과 비겁(比劫)이 반반(半半)일 경우(境遇). 비겁(比劫)이 많은 경우
   (境遇)로 보라. 인성(印星)은 비겁(比劫)으로 흐른다.〈=印生比〉
> ▶ 식(食)·재(財)·관(官) 중(中)에서 적절(適切)히 찾는다. 즉(即) 비겁(比劫)
> 은 인성(印星)을 흡수(吸收)하므로 비겁(比劫)이 왕(旺)해 진다.
> ▶ 식신생재격(食神生財格)이나 재자약살격(財滋弱殺格) 等은 비겁(比劫)이 다
> (多)해도 그대로 적용(適用)된다.

2) [정관격(正官格)] or [편관격(偏官格)].

• [유형(類形)] ➡ 〈재관격(財官格)〉. 〈재자약살격(財滋弱殺格)〉.

> ○ 비겁(比劫)이 많아 신왕(身旺)하면 극제(剋制)하는 성분(成分)인 관성(官星)을 용신(用神)하는 것이 원칙(原則)이다.

▶ 용신(用神)은 사회성(社會性)이니 쓰는 곳도 사회(社會)이니 개인적(個人的)인 용도(用度)는 쓸모가 별로이다.

▶ 일단(一但) 사주(四柱)에서 가장 강(强)한 글자를 극(剋)하는 것이 용신(用神)으로 확률(確率)이 높다.

※ 예제(例題) 1.

丁	庚	戊	壬	正官	▲	偏印	食神
丑白	空戌魁	申孤	申	正印	偏印	比肩	比肩

▶ 3금(金)3토(土)로 인(印)·비(比)가 왕(旺)하다. 다만 월지(月支)가 비견(比肩)이고 토생금(土生金)이니 금(金)이 강(强)하다.

▶ 금(金)을 극(剋)하는 정관(正官)을 용신(用神)하면 근재(近在)하니 유정(有情)하여 쓸 수 있다. 다만 희신목(喜神木)이 없어 불을 살려주지 못한다. 지장간(地藏干)에도 없으니 고독(孤獨)하다.

▶ 멀리 있는 임수(壬水)를 버리고 근재(近在)한 정화(丁火)를 용신(用神)하니 정관격(正官格)이 성립(成立)하여 일생(一生)동안 명예(名譽)는 어느 정도(程度) 충족(充足)되지만 재물(財物)이 따르지 않는다.

▶ 임수(壬水)는 무토(戊土)가 가로 막고 있으니 용신(用神)을 잡는데 문제(問題)가 있다.

壬	戊	戊	丙	偏財	▲	比肩	偏印
子	寅	戌魁	戌白	正財	偏官	比肩	比肩

▶ 4토(土)1화(火)로 왕(旺)하다. 토다(土多)하니 일지인편관(日支寅偏官)을 용신(用神)하니 편관격(偏官格)이다.

▶ 시지자수(時支子水)가 근재(近在)하여 인목(寅木)을 생(生)하니 재자약살격(財滋弱殺格)이 되어 재성(財星)이 약(弱)한 살(殺)을 생(生)하니 정관격(正官格)보다는 훨씬 유리(有利)하다.

3) [식신격(食神格)] or [상관격(傷官格)] ⇒ 재성(財星)이 없는 것.
  · [유형(類形)] ⇒ 〈식신생재격(食神生財格)〉·〈재관생재격(傷官生財格)〉.

○ 식상격(食傷格)은 사주(四柱)에 비겁(比劫)이 다(多)한 상황(狀況)에서 관살(官殺)이 없거나 또는 멀리 있으면서 무력(無力)하고 식상(食傷)이 유력(有力)하게 짜여져 있는 경우(境遇).

▶ 식상격(食傷格)은 재성(財星)이 없는 경우(境遇)이고, 있으면 식신생재격(食神生財格)이나 상관생재격(傷官生財格)이다.

▶ 재성(財星)이 있는 경우(境遇)가 훨씬 유리(有利)하다.

⇒ 예제(例題) 1.

庚	庚	庚	癸	比肩	▲	比肩	傷官
空辰魁	子	申	卯	偏印	傷官	比肩	正財

▶ 4금(金)1토(土)로 태왕(太旺)하다. 화(火)가 있으면 길(吉)한데 전혀 보이지 않는다. 다행(多幸)히 일지자수(日支子水)를 용신(用神)삼아 상관격(傷官格)이 되었다. 월지(月支)에 없으니 가상관격(假傷官格)이다.

▶ 년지묘목재(年支卯木財)는 무력(無力)하여 도움이 안된다. 원재(遠在)하고 경신금(庚申金)이 가로 막고 있다.

▶ 운로(運路)에서 입(入)하면 도움되지만 원국(元局)에 있어도 원재(遠在)하거나 극오행(剋五行)이 가로 막으면 도움 안되고 무력(無力)하다.

※ 예제(例題) 2.

辛	庚	壬	己	劫財	▲	食神	正印
巳	申	申	未	偏官	比肩	比肩	正印

▶ 4금(金)2토(土)로 경금(庚金)이 태왕(太旺)하다. 시지사화용신(時支巳用火神)하면 사신합수(巳申合水)되어 무력(無力)하여 강(强)한 화(火)를 다스릴 수가 없으니 포기(抛棄)하자.

▶ 차선책(次善策)으로 월간임수(月干壬水)를 용신(用神)을 삼으니 식신격(食神格)이다. 년간기토(年干己土)가 극(剋)하니 득(得)이 안된다.

▶ 재성목(財星木)이 없으니 식신생재격(食神生財格)이 되지 못하고 그냥 식신격(食神格)이 되었다.

  • 재성(財星)이 없으면 식신(食神)에 모든 기운(氣運)이 뭉쳐지니 열(熱)이 발생(發生)하여 득(得)이 안된다.

4) [군겁쟁재격(群劫爭財格)] ➡ 가장 불리(不利)한 상황(狀況)이다.

> ◐ 실제(實際)로 군겁쟁재격(群劫爭財格)은 식신격(食神格)이나 상관격(傷官格)보
> 다는 훨씬 불리(不利)한 입장(立場)이다.

※ 예제(例題) 1.

癸	癸	丙	壬	比肩	▲	正財	劫財
空丑白	亥	午羊	空子羊	偏官	劫財	偏財	比肩

▶ 5수(水)에다 시지축(時支丑)도 거의 수(水)로 동화(同化)된 상황(狀況)이다.
  해자축방합(亥子丑方合)이 성립(成立)하니 온통 물의 천지(天池)이다.

▶ 목식신(木食神)이나 토관성(土官星)을 용신(用神)으로 쓸 수가 없다. 시지
  (時支)의 축토(丑土)는 젖어 있고, 해중갑목(亥中甲木)은 둥둥 떠내려 갈 지
  경(之境)이다.

▶ 도리(道理)없이 재성(財星)을 용신(用神)으로 삼아야 하는데 주변(周邊)에
  비겁다(比劫多)해 이미 파괴(破壞)된 상황(狀況)이다. 월령재성(月令財星)
  으로 약간(若干)의 재물유지(財物維持)하나 운(運)에서 배반(背反)하니 일
  생(一生)동안 빈민생활(貧民生活)한다.

※ 예제(例題) 2.

庚	癸	壬	庚	正印	▲	劫財	正印
申	丑白	午	子	正印	偏官	偏財	比肩

▶ 3금(金)3수(水)로 태왕(太旺)하다. 득령(得令)·득지(得地)를 못해도 세력

(勢力)으로 신강(身强)이다. 월지오화(月支午火)가 년지자수(年支子水)의 극(剋)을 받아 깨졌으나 오화편재(午火偏財)가 용신(用神)이다.

▶ 오화(午火)가 축토(丑土)를 화생토(火生土)하니 재생관(財生官)되어 군겁쟁재격(群劫爭財格)에서 재자약살격(財滋弱殺格)으로 된다.

※ 예제(例題) 3.

庚	丙	戊	癸	偏財	▲	食神	正官
寅空	羊午空	午羊	巳	偏印	劫財	劫財	比肩

▶ 군겁쟁재격(群劫爭財格)이다. 4화(火)1목(木)이지만 인오합화(寅午合火)과 무계합화(戊癸合火)가 되어 7화(火)1금(金)이 되었다.

▶ 결국(結局) 7화(火)가 1금(金)을 먹으려고 덤벼드는 형상(形狀)이니 경재성(庚財星)은 없는 것만 못하다. 실제(實際)로 형제(兄弟)가 6명(名)으로 유산(遺産)을 차지(此地)하려고 아귀다툼을 했다고 한다.

※ 예제(例題) 4.

丙	壬	壬	壬	偏財	▲	比肩	比肩
午羊	子羊	子羊	子羊	正財	劫財	劫財	劫財

▶ 군겁쟁재격(群劫爭財格)이다. 많은 수(水)가 서로 화(火)를 차지(此地)하려고 달려드는 사주(四柱)이다. 걸인사주(乞人四柱)이다.

5) [종왕격(從旺格)] or [일행득기격(一行得氣格)].

> ○ 비겁(比劫)으로 된 사주(四柱)이다. 타오행(他五行)이 섞여 있어도 무력(無力)하거나 합(合)으로 인(因)해 비겁오행(比劫五行)으로 화(化)가 될 때.

▶ 토종격사주(土從格四柱)는 좀 있으나 그 나머지는 희귀(稀貴)하다.
　• 김영삼대통령(金泳三大統領)의 사주(四柱)는 토종격(土從格)이다.

① [곡직인수격(曲直印綬格) ➡ 곡직격(曲直格)]. 금(金)이 없어야 한다.

戊	乙	乙	癸	偏財	▲	比肩	偏印
寅	卯	卯	亥	劫財	比肩	比肩	正印

▶ 목(木)이 태왕(太旺)하다. 수목토(水木土)가 섞여 있다. 해묘합목(亥卯合木) · 계수(癸水)도 목(木)으로 흡수(吸收)된다. 무토(戊土)는 극(剋)을 받아서 힘이 없다. 이 사주(四柱)가 군겁쟁재격(群劫爭財格)과 다른 것은 재성(財星)이 무력(無力)하여서 포기(抛棄)하는 상황(狀況)이다.

② [염상격(炎上格)] ➡ 수(水)가 없어야 한다.

甲	丙	甲	丙	偏印	▲	偏印	比肩
午	午羊	午	午羊	劫財	劫財	劫財	劫財

▶ 불이 이글이글한다. 갑목(甲木)은 불에 타서 숯으로 변(變)한다.

③ [가색격(家穡格)] ➡ 목(木)이 없어야 한다.

丙	戊	己	戊	偏印	▲	劫財	比肩
辰空	戌魁	未	戌魁	比肩	比肩	劫財	比肩

▶ 극(剋)하는 목재성(木財星)도 없고 설(洩)하는 금(金)도 없으니 군겁쟁재격(群劫爭財格)이 아니다.

  • 땅에 농사(農事)를 짓는다는 뜻이다.

▶ 토(土)에 종격(從格)하니 부동산투기격(不動産投機格)이다.

▶ 일행득기격중(一行得氣格中)에서 가색격(家穡格)이 가장 좋다.
  토(土)속에 오행(五行)이 많이 들어있기 때문이다.

  • 김영삼(金泳三) 전대통령(前大統領)의 사주(四柱)이다.

甲	己	乙	戊	正官	▲	偏官	劫財
戌	未	丑空	戌魁	劫財	比肩	比肩	劫財

▶ 62세(歲) 미대운(未大運)에 대통령(大統領)에 당선(當選)되었다.

④ [종혁격(從革格)] ➡ 화(火)가 없어야 한다.

庚	庚	乙	庚	比肩	▲	正財	比肩
辰魁	戌魁	酉	申	偏印	偏印	劫財	比肩

▶ 극(剋)하는 화(火)도 없고 설(洩)하는 수(水)도 없다. 금용신(金用神)한다.

▶ 을목(乙木)이 있어 군겁쟁재격(群劫爭財格)으로 보면 안된다. 을경합금(乙庚合金)으로 금(金)으로 화(化)하기 때문이다.

  • 을목(乙木)이 합(合)이 안되고 그대로 있으면 군겁쟁재격(群劫爭財格)으

로 볼 수 있다.

⑤ [윤하격(潤下格)] ➡ 토(土)가 없어야 한다.

庚	壬	壬	壬	偏印	▲	比肩	比肩
子	申	子羊	子羊	劫財	偏印	劫財	劫財

▶ 물의 특성(特性)은 아래로 흐른다. 금수용신(金水用神)이다.
  • 토(土)가 있으면 사주(四柱)가 탁(濁)해진다.

▣ 신약사주(身弱四柱).

가. 식상(食傷)이 많은 경우(境遇).

1) 상관용인격(傷官用印格) or 상관패인격(傷官佩印格).

> ❂ 상관(傷官)이 많아 인성(印星)이 필요(必要)하다는 뜻이다. 상관(傷官) 바로 위에
> 인성(印星)있어야 패인(佩印)이다. 상관(傷官)이 많으면 천방지축(天方地軸)으로
> 날뛴다. 제어(制御)는 인성(印星)뿐이다.

▶ 나 자신(自身)의 기운(氣運)을 설(洩)하는 상관(傷官)이 있으면 생기(生氣)
를 넣어 주는데 설기운(洩氣運)의 차단(遮斷)은 인성(印星)이다.

▶ 재성(財星)은 인성(印星)을 깨니 꺼린다. 이 때는 비겁(比劫)으로 방어벽(防
禦壁)을 쳐놓아야 한다. 용신(用神)은 내가 정(定)하는 것이 아니고 사주(四
柱)에 절대(絕對) 필요(必要)한 글자를 찾는 것이다.

辛	戊	丁	辛	傷官	▲	正印	傷官
酉	午羊	酉	酉	傷官	正印	傷官	傷官

▶ 5금(金)으로 상관다(傷官多)하니 정화인성(丁火印星)이 용신(用神)이다. 용신화(用神火)를 생조(生助)하는 목(木)의 유무(有無)는 길흉(吉凶)의 양면(兩面)이 있다. 있으면 일간(日干)을 극(剋)한다.

※ 예제(例題) 2.

癸	癸	癸	丁	比肩	▲	比肩	偏財
丑白	卯	卯	亥	偏官	食神	食神	劫財

▶ 해(亥) · 묘합(卯合)을 이루니 목(木)의 세력(勢力)이 왕(旺)하고 계수(癸水)는 껍데기 뿐이니 신약(身弱)이다.

▶ 비견(比肩)을 용신(用神)으로 삼으면 상관용겁격(傷官用劫格)이 되어 안되고 축중신금(丑中辛金)이 용신(用神)이다.

▶ 상관용인격(傷官用印格)이다. 용신(用神)이 멀리 있거나 암장(暗藏)되어 있으면 격(格)이 다소(多少) 떨어진다.

2) [상관용겁격(傷官用劫格)] or [상관용비격(傷官用比格)].

⊙ 사주(四柱)에 식상다(食傷多)해 인성(印星)이 필요(必要)한데 비겁(比劫)만 있어서 그것을 용신(用神)으로 삼는 것이다.

▶ 어떤 상황(狀況)이든 간에 꼭 필요(必要)한 글자가 있다. 가령(假令) 상다

(傷多)면 인성(印星)이 필요(必要)하고 인다(印多)면 재성(財星)이 필요(必要)하다. 그런데 그 글자가 없어서 차선책(次善策)을 취(取)하면 격(格)이 낮아진다.

※ 예제(例題) 1.

癸	己	庚	戊	偏財	▲	傷官	劫財
酉	酉	申	辰白	食神	食神	傷官	劫財

► 금다(金多)로 신약(身弱)한데 한 점(點)의 화(火)도 없는 상황(狀況)이다. 지장간(地藏干)에도 없어 도리(道理)없이 토(土)에 의지(依支)한다.

► 용신(用神)은 겁재(劫財)이지만 인성(印星)이 있으면 더욱 좋다. 인비운(印比運)이 오면 발복(發福)한다. 수일주(水日柱)나 목일주(木日柱)는 서로 흡수(吸收)가 되니 해당(該當)이 안될 수도 있다.

► 상관용겁격(傷官用劫格)은 용신(用神)이 힘이 없는 사주(四柱)이니 무력(無力)하다. 용신무력증(用神無力症)에 빠진다.

► 용신(用神)은 사회성(社會性)이니 세상적응(世上適應)에 무력(無力)하니 재주는 많지만 쓸 것이 없는 상황(狀況)이 발생(發生)한다.

3) [종아격(從兒格)] or [생아격(生兒格)].

○ 월지(月支)에 식상(食傷)이 있고, 인성(印星)과 관성(官星)이 없어야 한다. 합국(合局)이나 방합(方合)도 고려(考慮)하라.

► 식상(食傷)이 너무 많아 의지(依支)할 것이 없어서 그대로 세력(勢力)을 따라간다는 뜻.

► 종강격(從强格)과 종왕격(從旺格)도 외격사주(外格四柱)이다.

► [외격(外格)] ➡ 정격(正格)은 약(弱)하면 부조(扶助)를 해야 하는데 부조(扶助)하는 것이 없어서 부득이 세력(勢力)을 따라서 흐르게 되므로 격외(格外)가 된다는 뜻이다.

※ 예제(例題) 1.

乙	癸	丁	甲	食神	▲	偏財	傷官
卯	卯	卯	寅孤	食神	食神	食神	傷官

► 여명사주(女命四柱)이다. 수목일주(水木日柱)인 즉(卽) 〈갑(甲), 을(乙), 임(壬), 계(癸)〉들이 종아격(從兒格)을 좋아한다.

► 목(木)은 월간정화(月干丁火)를 만나서 기쁘다. 그냥 목(木)만 가득한 것보다 훨씬 유리(有利)하다. 사주(四柱)에서는 방향유무(方向有無)가 큰 차이(差異)가 난다. 종아생재격(從兒生財格)이 종아격(從兒格)보다 높다.

► 화(火)는 목(木)의 흘러가는 방향(方向)이다. 〈=목생화(木生火)〉

나. 재성(財星)이 많은 경우(境遇).

1) [재중용겁격(財重用劫格)] or [득비리재격(得比利財格)].

◐ 재성다(財星多)해 비겁(比劫)을 용신(用神)으로 삼는 경우(境遇).

※ 예제(例題) 1.

丙	壬	丁	癸	偏財	▲	正財	劫財
午羊	午	巳孤	酉空	正財	正財	偏財	正印

▶ 전형적(典型的)인 득비리재격(得比利財格)의 형상(形狀)이다. 사월(巳月)의 임수일간(壬水日干)이 5개(個)의 화(火)이니 물이 증발(蒸發)할 지경(之境)이다.

▶ 위급(危急)한 상황(狀況)에서 인성(印星)은 안되고 시급(時急)한 것은 계수겁재(癸水劫財)가 용신(用神)이다. 유금(酉金)이 생조(生助)한다.

※ 예제(例題) 2.

戊	甲	己	戊	偏財	▲	正財	偏財
辰白	寅孤	未	戌魁	偏財	比肩	正財	偏財

▶ 갑기합토(甲己合土)는 합이불화(合而不化)한다. 인목(寅木)이 용신(用神)이다. 인목(寅木)이 없으면 종재격(從財格)이다.

2) [재중용인격(財重用印格)].

❏ 재성(財星)이 너무 많은데 비겁(比劫)이 없으면 인성(印星)을 용신(用神)으로 취용(取用)한다.

※ 예제(例題) 1.

癸	乙	癸	庚	偏印	▲	偏印	正官
未	未	未	空辰魁	偏財	偏財	偏財	正財

▶ 미토(未土)가 목(木)의 고장(庫藏)이지만 뿌리가 되기 보다는 조토(燥土)로서 갈증역할(渴症役割)만 한다. 지장간(地藏干)에 을목(乙木)이 있으나 미약(微弱)한 목(木)을 의지(依支)하기에는 토성분(土成分)이 너무 강(强)하다.

► 그래서 인성계수(印星癸水)를 용신(用神)을 삼는다. 을목(乙木)은 목마른 상황(狀況)이니 비겁(比劫)인 을목(乙木)보다는 인성(印星)인 수(水)가 더욱 유리(有利)한 입장(立場)이다. 조후(調候)로 보아서도 인성(印星)의 가치(價値)가 더욱 상승(上昇)한다.

► 화왕절(火旺節)인 미월(未月)의 계수(癸水)는 무력(無力)한데 다행(多幸)이도 년간경금(年干庚金)이 수원지(水源池)가 되어 마르지 않는 역할(役割)을 해주고 있다. 필요(必要)한 것을 갖춘 사주(四柱)이다.

※ 예제(例題) 2.

甲	丙	甲	庚	偏印	▲	偏印	偏財
午	辰	申	申	劫財	食神	偏財	偏財

► 재중용겁격(財重用劫格)도 되고 재중용인격(財重用印格)도 된다.

► 금기운(金氣運)이 왕(旺)하다. 시지오화(時支午火)는 진토(辰土)를 생조(生助)하는 현상(現象)에서 금(金)을 극(剋)하기 어려우니 용신(用神)을 잡기가 아쉬운 면(面)이 있다.

  • 그래서 시간(時干)의 갑목(甲木)을 용신(用神)삼아 재중용인격(財重用格)이 된다.

► 월간갑목(月干甲木)은 경금재성(庚金財星)에 극(剋)을 받아 무용지물(無用之物)되어 시간갑목(時干甲木)을 용신(用神)으로 삼았다.

3) [탐재괴인격(貪財壞印格)].

◆ 재물(財物)을 탐(貪)하다가 체면(體面)이 깨지는 격(格)이다. 재중용인격(財重用印格)보다 한 단계(段階)가 떨어진다.

辛	丙	庚	戊	正財	▲	偏財	食神
卯	辰	申	午羊	正印	食神	偏財	劫財

▶ 가을 병진일주(丙辰日柱)에 신약(身弱)이니 인성(印星)이 필요(必要)한 상황(狀況)이다. 오화(午火)는 무토(戊土)를 생(生)하고, 또 경신금(庚申金)에 막혀 있고, 멀리 떨어져 있다. 그래서 시지묘목(時支卯木)을 용신(用神)삼아 보자. 그런데 일간병화(日干丙火)는 인성(印星)이 와서 생(生)해 주기를 바라야 하는데 신금(辛金)과 병신합(丙辛合)되어 정신(精神)이 없다. 그리고 신금재성(辛金財星)은 인성(印星)을 깨고 있다. 이를 〈탐재괴인격(貪財壞印格)〉이라 한다.

• 탐재괴인격(貪財壞印格)은 일간용신(日干用神)인 인성(印星)에 의지(依支) 않고 재성(財星)과 합(合)을 해 정신(精神)을 못차리는 형상(形狀)이다.

▶ 이 사주(四柱)는 모(母)의 말을 듣지 않고 주색(酒色)에 빠져 신세(身勢)를 망(亡)친 경우(境遇)이다.

4) [종재격(從財格)].

❶ 재성(財星)이 다(多)해서 인성(印星)이나 비겁(比劫)을 찾아야 하는데 인비(印比)가 없으면 그냥 재성(財星)의 세력(勢力)에 종(從)하며 따르는 경우(境遇)이다.

※ 예제(例題) 1.

辛	丁	辛	癸	偏財	▲	偏財	偏官
丑	丑白	酉空	丑白	食神	食神	偏財	食神

▶ 정축일생(丁丑日生)이 유월생(酉月生)으로 의지(依支)할 곳이 없다. 재성강(財星强)하고 인비(印比)인 목화(木火)가 없다.

▶ 할 수 없이 종재(從財)를 하는데 식상(食傷)이 흐름을 부채질하니 좋은 편(便)이다. 식신생재격(食神生財格)이다.

다. 관살(官殺)이 많은 경우(境遇) ➡ 설(洩)하는 것이 유리(有利).

1) 살중용인격(殺重用印格) or 관인상생격(官印相生格).

> ◑ 사주(四柱)에 관성다(官星多)를 제일(第一) 꺼린다. 감당(堪當)하기에 벅찬 강적(强敵)이다. 그 비중(比重)이 편관(偏官)〈=칠살(七殺)〉에 있으면 최악상황(最惡狀況)이다. 가장 급(急)한 것은 인성(印星)이다.

▶ 그 인성(印星)이 위치(位置)에 따라서 살인상생격(殺印相生格)이 되기도 하고 살중용인격(殺重用印格)이 되기도 한다.

▶ 살인상생격(殺印相生格)이 상격(上格)이다. 그 속에는 〈살생인(殺生印) ➡ 인생아(印生我)〉로 흐르는 과정(過程)이 포함(包含)되니 인성(印星)이 멀리 떨어져 있는 경우(境遇)보다 유리(有利)하다.

※ 예제(例題) 1.

甲	戊	甲	戊	偏官	▲	偏官	比肩
寅孤	午羊	寅孤	子	偏官	正印	偏官	正財

▶ 좌우(左右)의 갑인(甲寅)이 너무 웅장(雄壯)해 무토(戊土)가 찌그러질 지경(之境)이다. 급(急)히 인성(印星)을 찾으니 바로 좌하(坐下)에 오화(午火)가 있어 다행(多幸)이다. 살중용인격(殺重用印格)도 되고 살인상생(殺印相

生格)도 된다. 또한 좌우인목(左右寅木)이 오화(午火)를 끼고 결합(結合)되
어 불의 기운(氣運)으로 화(化)하니 일품(一品)이다.

▶ 이 사주(四柱)는 가는 곳마다 귀인(貴人)을 만나고 매사(每事) 행운(幸運)이
따르니 절묘(絶妙)한 위치배합(位置配合)이다.

※ 예제(例題) 2.

甲	戊	丙	己	偏官	▲	偏印	劫財
寅孤	子	寅	亥	偏官	正財	偏官	偏財

▶ 앞 사주(四柱)는 용신(用神)이 지지(地支)에 있고, 이 사주(四柱)는 천간(天
干)에 있다. 앞 사주(四柱)는 인성(印星)이 자오충(子午沖)을 만나고 이 사
주(四柱)는 인성(印星)이 생지(生地)에 있다.

▶ 앞 사주(四柱)는 좌하인성(坐下印星)에 양인칠살(兩寅七殺)이 모두 와서 인
성(印星)을 생조(生助)하고 있다. 이 사주(四柱)는 좌하(坐下)가 재성(財星)
인데 도리어 재성(財星)이 사나운 칠살(七殺)<=편관(偏官)>의 난폭(亂暴)함
을 도와주고 있다.

2) [살중용겁격(殺重用劫格)] or [살인상정격(殺刃相停格)].

> ◯ 관살(官殺)이 많은데 인성(印星)없어 부득이(不得已) 비겁(比劫)을 용신(用神)을
> 삼는 것이다. 차선책(次善策)이니 격하(格下)된다. 이런 사주(四柱)는 관살(官殺)
> 을 감당(堪當)해야 하는 부담(負擔)안고 비겁(比劫)힘으로 버티면서 인성(印星)
> 이 오기만을 기다리는 형편(形便)이다.

▶ 옛날에는 살(殺)과 양인(羊刃)이 서로 합(合)을 하면 유정(有情)하여 정(停)

하니 〈살인상정격(殺刃相停格)〉이라 했다.

※ 예제(例題) 1.

庚	庚	丙	丁	比肩	▲	偏官	正官
辰魁	午	午羊	酉	偏印	正官	正官	劫財

▶ 화세력대단(火勢力大端)하고 관살(官殺)이니 신약(身弱)이다. 시지진토인
성(時支辰土印星)은 시간경금(時干庚金)을 생(生)하는 것이 우선(于先)이니
일간경금(日干庚金)에 연결(連結)이 되기 힘들다. 경금(庚金)의 뿌리로서
후원(後援)해 주는 정도(程度)이다. 그래서 시간경금(時干庚金)에 의지(依
支)하니 살중용겁격(殺重用劫格)이다. 토운(土運)오면 속발(速發)한다.

3) [식신제살격(食神制殺格)] or [상관제살격(傷官制殺格)].

◐ 인성(印星)이 없고 비겁(比劫)이 있거나 미약(微弱)하고 관성다(官星多)에 식상
(食傷)만 있는 경우(境遇)이다. 더욱 기운(氣運)이 약(弱)해진다.

※ 예제(例題) 1.

丙	庚	丙	壬	偏官	▲	偏官	食神
空戌白	午	午羊	申	偏印	正官	正官	比肩

▶ 화관성(火官星)이 대단(大端)하여 신약(身弱)하다. 술토인성(戌土印星)은 오
(午)와 합(合)해 인성(印星)의 기능(機能)을 상실(喪失)한다. 급(急)하게 비
겁(比劫)을 찾으니 년지신금(年支申金)이 있으나 멀고 화극금(火克金)을 당
(當)해 별다른 힘이 되지 못한다.

▶ 사태(事態)가 심각(深刻)하나 년간임수(年干壬水)가 좌하신금(坐下申金)의 생(生)을 받아 능(能)히 화(火)의 세력(勢力)을 제어(制御)할 수 있는 힘이 있어 용신(用神)한다. 신약(身弱)따지기 전에 왕(旺)한 화(火)를 제극(制剋)하는 것이 우선(于先)이다.

※ 예제(例題) 2.

乙	乙	丁	辛	比肩	▲	食神	偏官
酉	卯	酉	酉	偏官	比肩	偏官	偏官

▶ 한(漢)나라를 세운 한신(韓信)의 사주(四柱)이다.
▶ 왕금신약(旺金身弱)에 인성수(印星水)가 없다. 오직 정화(丁火)가 홀로 금(金)을 다스리고 있다. 식신제살격(食神制殺格)이다.

4) [종살격(從殺格)].

◐ 식상(食傷)이 없어 관살(官殺)에 종(從)하는 것이다. 신약(身弱)에서는 관살다(官殺多)한 것이 가장 불리(不利)하다.

※ 예제(例題) 1.

甲	辛	丙	丁	正財	▲	正官	偏官
午空	卯空	空午羊	空未羊	偏官	偏財	偏官	偏印

▶ 도움이 하나도 없으니 살(殺)을 따라가는 종격(從格)이다. 년지미편인(年支未偏印)은 오미합화(午未合火)로 자격(資格)을 상실(喪失)한다.
▶ 이런 사주(四柱)는 인(印)·겁(劫)의 운봉(運逢)을 크게 꺼린다.

辛	甲	甲	乙	正官	▲	比肩	劫財
未空	申	申	丑	正財	偏官	偏官	正財

▶ 천간(天干)에 갑을목(甲乙木)이 있는 데도 종살격(從殺格)으로 본다. 목(木)
이 시들어 도움 안된다. 관살(官殺)이 지지(地支)에 왕성(旺盛)하게 깔려 있
으면 약간(若干)의 비겁(比劫)이 있어도 도움이 안된다.

▶ 인성(印星)이나 식상(食傷)이 있으면 버텨 보지만 비겁(比劫)만 있으면 못버
틴다고 본다.

라. 복합적(複合的)으로 나타나는 경우(境遇).

(1) 식상(食傷), 재성(財星), 관성(官星)이 섞여 있으면서 신약(身弱)일 때.

1) [신약용인격(身弱用印格)] 또는 [신약용겁격(身弱用劫格)].

○ 실제(實際)로 가장 많은 사주형태(四柱形態)이다. 이런 사주(四柱)들은 무력(無
力)하고, 기신(忌神)이 많고, 특별(特別)하게 뛰어난 점(点)도 없고, 어찌보면 종
(從)할 것 같고, 어찌면 인성(印星)에 의지(依支)하기도 한다.

▶ 식(食)·재(財)·관중(官中)에서 특정오행(特定五行)이 많은 것도 아니면서
신약(身弱)일 때는 일단(一但) 인성용신(印星用神)잡는 것이 가장 유력(有
力)하다.

• 인성용신(印星用神)하면 관살(官殺)은 인성(印星)을 생조(生助)해주고 식
상제극(食傷制剋)하니 2가지는 해결(解決)이 된다.

▶ 인성(印星)이 없으면 비겁(比劫)을 용신(用神)으로 잡는 것이 신약용겁격(身
弱用劫格)이다.

戊	癸	甲	癸	正官	▲	傷官	比肩
午_羊	未	子	丑_白	偏財	偏官	比肩	偏官

▶ 여명사주(女命四柱)이다. 월령(月令)에 자수(子水)있어도, 관살(官殺)도 있고, 재성(財星)도 세력(勢力)을 가지고 있고, 토관(土官)은 화(火)가 생(生)하고, 목상(木傷)은 옆 수(水)가 생(生)하고, 화재(火財)는 목(木)이 생(生)하고, 특별(特別)히 강(强)한 오행(五行)이 없으면서 신약(身弱)하니 신약용인격(身弱用印格)이 된다.

▶ 인성(印星)은 년지축중신금(年支丑中辛金)이나 너무 멀다, 가까운 수(水)를 용신(用神)으로 잡아 놓고 인성운(印星運)을 기다리자.

▶ 용신(用神)이 무력(無力)하니 사회(社會)에서 당당(堂堂)하게 할 일이 없다. 술집에 종사(從事)하고 있다.

  • [계일주(癸日柱)에 수다(水多)하고 금(金)이 약(弱)하면] ➡ 남편(男便)에 수액(水厄)이 있고 본인(本人)은 이름이 있는 기생(妓生)이다.

戊	辛	乙	壬	正印	▲	偏財	傷官
子_空	酉	巳	_空子_羊	食神	比肩	正官	食神

▶ 여명사주(女命四柱)이다. 신약용인격(身弱用印格)이다. 관살(官殺) 은(弱)하나 점점(漸漸) 강(强)해 지고 있고, 식상(食傷)도 많고, 재성(財星)도 수(水)의 생조(生助)를 받고 있으니 강(强)하다. 〈시간인성무토(時干印星戊土)를 용신(用神)〉한다.

▶ 용신무토(用神戊土)가 너무 허약(虛弱)해 용신무력증(用神無力症)이니 하격(下格)이다. 자수(子水)를 극(剋)하고 금생(金生)하니 본인(本人)은 힘이 없다. 몸을 팔고있는 여명(女命)이다.

　• 〈신약용인격(身弱用印格)이나 신약용겁격(身弱用劫格)의 여명(女命)은 몸을 파는 것과 관계(關係)〉가 있다.

※ 예제(例題) 3.

乙	戊	己	丙	正官	▲	劫財	偏印
卯	子	亥	申	正官	正財	偏財	食神

▶ 직장인(職場人)의 남명사주(男命四柱)이다. 신금(申金)의 생조(生助)가 있어 재성강(財星强)하고, 수(水)가 생조(生助)하니 관성(官星)도 강(强)하고, 食傷(식상)도 있어서 신약(身弱)하다.

▶ 인성(印星)이 필요(必要)하니 년간병화용신(年干丙火用神)하나 너무 무력(無力)하다. 모(母)의 도움을 많이 받고 있다.

▶ 신약용인격(身弱用印格)되면 사주(四柱)가 무력(無力)한 현상(現狀)을 띤다. 평생(平生) 월급생활불면(月給生活不免)하고 항상(恒常) 자신(自身)의 운(運)이 오면 뭔가 해보겠다고 벼르기만 한다.

(2) [종세격(從勢格)].

❍ 특별(特別)하게 강(强)한 오행(五行)도 있는 것도 아니고 일주(日柱)가 무근(無根)해 버티지 못하고 종(從)하는 것이다.

　• 적천수(滴天髓)에 수록(收錄)된 사주(四柱)이다.

丙	庚	丁	己	偏官	▲	正官	正印
子	寅	卯	亥	傷官	偏財	正財	食神

▶ 종세격(從勢格)도 되고 년간기토인성(年干己土印星)을 용신(用神)하는 신약 용인격(身弱用印格)으로 볼 수도 있다.

▶ 을축대운(乙丑大運)에 재산(財産)을 모두 탕진(蕩盡)을 했고, 갑자대운(甲子 大運)은 좋았다, 임술대운(壬戌大運)에 불귀(不歸)의 객(客)이 되었다.

▶ 종세격(從勢格)은 식(食)·재(財)·관(官)에서 기운(氣運)이 모이는 곳이 관 살(官殺)이니 종살격(從殺格)과 비슷하다.

(3) [화기격(化氣格)]과 [가화격(假化格)].

> ◗ 일간(日干)이 옆에 있는 천간(天干)과 합(合)을 한 후(後)에 화(化)하는 성분(成分) 이 주변(周邊)에 많을 때이다.

1) [갑기합토격(甲己合土格)⟨=토용화희(土用火喜)⟩].

※ 예제(例題) 1.

己	甲	丁	丁	正財	▲	傷官	傷官
巳	辰白	未羊	亥	食神	偏財	正財	偏印

▶ 갑목(甲木)이 미월(未月)에 태어나서 화토기운(火土氣運)이 강(強)하다. 해 편인(亥偏印)은 무시(無視)하고 토(土)로 따라서 화(化)한다.

▶ 갑목(甲木)은 기토(己土)를 보면 쉽게 화(化)한다. 10간중(干中)에 가장 화 (化)를 잘한다. 월지(月支)가 진(辰)·술(戌)·축(丑)·미월(未月)이어야 하

고 을(乙) · 인(寅) · 묘(卯)가 없어야 한다. 토(土)로 화(化)하게 되면 화기운(火氣運)의 강약(强弱)에 따라 희신(喜神)이 달라진다.

▶ 화기운(火氣運)이 부족(不足)이면 화(化)하는 오행(五行)의 인성(印星)이 희신(喜神)이 되고, 넘치면 화(化)하는 오행(五行)의 식상(食傷)이 희신(喜神)이 된다. 물론 화(化)하는 오행(五行)이 용신(用神)되니 좋은 운(運)이다. 이 사주(四柱)는 화기운(火氣運)이 넉넉하다.

2) [을경합금격(乙庚合金格)〈=금용토희(金用土喜)〉].

○ 월지(月支)가 사(巳) · 유(酉) · 축월(丑月)이나 신(申) · 유(酉) · 술월(戌月)이고, 병(丙) · 정(丁) · 사(巳) · 오(午)가 없어야 한다.

※ 예제(例題) 1.

庚	乙	己	庚	正官	▲	偏財	正官
辰魁	空巳孤	丑	子	正財	傷官	偏財	偏印

▶ 을경합금(乙庚合金)에 금기운(金氣運)이 왕(旺)하여 화금격(化金格)이 되었다. 년지(年支)에 인성자수(印星子水)가 있지만 축월(丑月)의 을목(乙木)이 생조(生助)를 받는 것보다 금(金)으로 화(化)하는 것이 좋다고 본 것이다.

3) [병신합수격(丙辛合水格)〈=수용금희(水用金喜)〉].

○ 월지(月支)가 신(申) · 자(子) · 진월(辰月)이나 해(亥) · 자(子) · 축월(丑月)이고, 무(戊) · 기(己) · 미(未) · 술(戌)이 없어야 한다.

己	丙	辛	辛	傷官	▲	正財	正財
亥	子	丑	亥孤	偏官	正官	傷官	偏官

▶ 병신합수(丙辛合水)하고 수기운(水氣運)이 왕(旺)하니 화수격(化水格)이다. 토(土)가 있어 기신(忌神)이 되는데 목(木)이 없어 무력(無力)하다. 또 병화(丙火)로서는 전혀 의지(依支)할 곳이 없으니 수(水)로 화(化)하는 것이 낫다고 본다.

4) [정임합목격(丁壬合木格)〈=목용화희(木用火喜)〉].

❍ 월지(月支)가 해(亥) · 묘(卯) · 미월(未月)이나 인(寅) · 묘(卯) · 진월(辰月)이고, 경(庚) · 신(申) · 신(申) · 유(酉)가 없어야 한다.

※ 예제(例題) 1.

甲	壬	丁	己	食神	▲	正財	正官
辰白	午	卯	卯	偏官	正財	傷官	傷官

▶ 주변(周邊)에 목기운(木氣運)이 왕(旺)하니 화목격(化木格)이다. 임수(壬水)가 무근(無根)하니 정화(丁火)보면 목(木)으로 화(火)한다.

5) [무계합화격(戊癸合火格)〈=화용목희(火用木喜)〉].

❍ 월지(月支)가 인(寅) · 오(午) · 술월(戌月)이나 사(巳) · 오(午) · 미월(未月)이고, 임(壬) · 계(癸) · 해(亥) · 자(子)가 없어야 한다.

丁	戊	癸	丙	正印	▲	正財	偏印
巳孤	午羊	巳	戌白	偏印	正印	偏印	比肩

► 무토입장(戊土立場)에서는 종강격(從强格)됨. 습기(濕氣)가 전혀 없다.

6) [가화격(假化格)].

⊙ 화(化)한 오행(五行)을 극(剋)하는 오행(五行)이 있을 때이다. 특징(特徵)은 부모(父母)를 일찍 사별(死別)하고, 고향(故鄕)을 떠난다.

► 유년시절(幼年時節)은 고독(孤獨)하고, 고난다(苦難多)하고, 성격거만(性格倨慢)하고, 의심(疑心)많고, 평생(平生) 일사불성(一事不成)한다.

※ 예제(例題) 1.

庚	乙	己	丙	正官	▲	偏財	傷官
戌魁	巳孤	酉	寅空	正財	傷官	偏官	劫財

► 을경합금(乙庚合金)하고 월지유금(月支酉金)으로 화격(化格)이나 년간병화(年干丙火)로 가화격(假化格)이 되었다.

► 년간병화(年干丙火)는 월간기토(月干己土)를 생설(生洩)하고, 일지사(日支巳)는 사유반합(巳酉半合)으로 합금(合金)이 된다. 설기(洩氣)하는 수운(水運)에 대성(大成)한다.

(4) 겹치는 성분(成分)의 변화(變化).

比肩 비견	劫財 겁재	食神 식신	傷官 상관	偏財 편재	正財 정재	偏官 편관	正官 정관	偏印 편인	正印 정인
偏官 편관	正官 정관	偏印 편인	正印 정인	比肩 비견	劫財 겁재	食神 식신	傷官 상관	偏財 편재	正財 정재

> ● 동일성분(同一成分)이 3개이상(個以上)으로 겹치면 그 성분(成分)을 부정(否定)
> 하는 것으로 나타난다.

▶ 정관(正官)이 겹치면 상관(傷官)의 성분(成分)이 발생(發生)한다. 상관(傷官)은 법(法)을 무시(無視)하려고 하는 심리적작용(心理的作用)이 발생(發生)한다. 상관다(傷官多)면 법조계(法曹界)로 가는 것이 좋다.

▶ 상관(傷官)은 이기적(利己的)인 성분(成分)인데, 겹치면 정인기운(正印氣運)이 발생(發生)해서 인정(仁情)이 많아 진다.

[1] 신강신약요약(身强身弱要約)

(1) 구별기준(區別基準).

1) 신강(身强)·신약(身弱).

◑ [득세(得勢)] ➡ 세력(勢力)이 인성(印星)과 비겁중(比劫中)에서 4자이상(字以上)
이 있는 것.

◑ [득령(得令)] ➡ 월지(月支)에 인성(印星) 또는 비겁(比劫)이 있는 것.

◑ [득지(得地)] ➡ 일지(日支)에 인성(印星) 또는 비겁(比劫)이 있는 것.

► [삼합(三合) or 방합(方合)이 인성(印星)과 비겁(比劫)]으로 될 때.
► [지장간(地藏干)에서 인성(印星)과 비겁(比劫)]이 많을 때.

2) 구별(區別)의 근거(根據).

◑ [12운성(運星)에서 양일주(陽日柱)일 때 장생(長生), 건록(建祿), 제왕(帝旺), 양
(養), 관대(冠帶) 等이 많으면] ➡ 신왕(身旺)이고, 나머지는 신약(身弱)이다.

► [설작용정도(洩作用程度)] ➡ 관성(官星)과 식상(食傷)은 극(剋)을 하고 설
(洩)하니 많이 약(弱)해진다. 재성(財星)은 치니 덜 약(弱)해진다.
► [우선(于先) 출생월(出生月)이 일주(日柱)가 왕(旺)한가 쇠(衰)한가를 살핀
다] ➡ 간(干)보다 지(支)에 중점(重點)을 두라.
► 일주(日柱)의 생조(生助), 극해(剋害), 설기여하(洩氣如何)에서 육친(六親

數)를 비교(比較)해서 그 과다(過多)에 의(依)해 구분(區分)한다. 〈월령(月令)〉에 중점(重點)을 두라.

▶ [일주(日柱)가 지지(地支)의 지장간(地藏干)속에 오행상(五行上)의 동기(同氣)를 만나면] ➡ 강(强)해진다. 이를 통근(通根)이라 한다.

▶ 천간(天干)보다 지지(地支)의 힘이 3배(倍)정도(程度) 강(强)하다.
　　• [월지오행(月支五行)] ➡ 타간지오행(他干支五行)보다 2.5배(倍)정도(程度)나 강(强)하다.

▶ 삼합(三合)·방합(方合)·육합(六合)〈=지합(支合)〉·간합(干合) 等이 되어 타 오행(他五行)으로 화(化)하는 것도 고려(考慮)하라.

▶ 절후(節後)의 심천(深淺)을 파악(把握)하고 출생월(出生月)에 비중(比重)을 두고, 〈득령(得令)과 실령(失令)〉, 〈득지(得地)와 실지(失地)〉, 〈득세(得勢)와 실세(失勢)〉를 잘 살펴라.

▶ 생월(生月)의 월지(月支)는 항상(恒常) 체(體)가 되고 타7간지(他7干支)는 용(用)이 된다.

▶ 巳·午·未月生〈=여름생〉과 亥·子·丑月生〈=겨울생〉은 먼저 조후법(調候法)에 중점(重點)을 두고,
　　• 寅·卯·辰月生〈=봄생〉과 申·酉·戌月生〈=가을생〉은 먼저 억부법(抑扶法)에 중점(重點)두어라.

▶ [신강(身强)] ➡ 월지인성(月支印星)에 인성다(印星多)이고.
　[신왕(身旺)] ➡ 월지비겁(月支比劫)에 비겁다(比劫多)일 때.

▶ 신약(身弱)은 일주중심(日柱中心)으로, 신강(身强)은 격(格)을 중심(中心)으로 용신(用神)을 정(定)한다. 합(合)·충(沖)·공망(空亡)이 중요(重要)한 역할(役割)을 한다.

(2) 성격(性格).

1) 신강성격(身强性格).

○ 남성성질(男性性質), 양성적(陽性的), 급변(急變), 악사(惡死), 외부활동(外部活動)과 장사하는 것을 좋아한다.

▶ 분가(分家) · 독립(獨立) · 분리(分離) · 과단(果斷) · 독행(獨行)하는 경우(境遇)가 많음, 주장(主張) · 고집(固執)이 쎄고 · 꼭 이겨야 한다.

▶ 부부의견불일치(夫婦意見不一致)하고, 자기재물(自己財物)은 각각(各各) 따로 취급(取扱)하고, 인간관계(人間關係)는 별로 이고, 인덕(人德)이 없고, 재물(財物)로 인(因)해 형제불화발생(兄弟不和發生)하고, 남의 이웃과 비방(誹謗)을 자초(自招)한다.

▶ [태강(太强)하면] ➡ 파산(破産), 투쟁(鬪爭), 배우자(配偶者)와 자녀(子女)를 극(剋)하고, 불구(不具)가 되거나, 단명(短命)하다.

[2] 신약성격(身弱性格).

○ 여성질성(女性性質)이고, 음성적(陰性的)이고, 몸이 약(弱)하고, 구병(久病) 으로 사망(死亡)하고, 살림이나 돌보는 내조성격(內助性格)이며, 분가(分家), 독립(獨立), 이별(離別) 等을 싫어하고, 의지(依支)를 하고, 도움받기를 좋아하고, 타협(妥協)도 하고, 여러 의견(意見)을 존중(尊重)하고, 남과 융화(融和)가 잘 된다.

▶ 쌈지돈이나 주머니돈을 구분(區分)안하고, 재물(財物)과 다툼이 없고, 부부해로(夫婦偕老)하고, 형제간(兄弟間)에 재산분배(財産分配)를 잘하고 사이가 좋고, 남에게 마음이 좋다는 평(評)을 듣고, 마음이 약(弱)해 양심적(良心的)이라고 칭찬(稱讚)을 듣는다.

► [극신약(極身弱)하면] ➡ 단명(短命)·빈천(貧賤)·병고(病苦)로 고생(苦生)을 한다.

(3) 예사주(例四柱).

※ 예제(例題) 1〈=케네디대통령(kennedy大統領)〉.

己	辛	乙	丁	偏印	▲	偏財	偏官
丑	未	巳孤	巳孤	偏印	偏印	正官	正官

► 화왕(火旺)한데 월간을목(月干乙木)이 화(火)를 생(生)하니 신금(辛金)이 태약(太弱)하다. 관성다(官星多)한 신약사주(身弱四柱)는 관설(官洩)하는 인성(印星)이 용신(用神)이다. 살인상생격(殺印相生格)이다. 화토용신(火土用神)이니 토금용신(土金用神)으로 보지 말라.

► 화희신(火喜神)은 용기(勇氣)가 있고 웅변(雄辯)에 능(能)하다. 인성용신(印星用神)은 부모덕(父母德)이 좋다.

※ 예제(例題) 2.

戊	戊	甲	丁	比肩	▲	偏官	正印
午羊	戌魁	辰白	酉	正印	比肩	比肩	傷官

► 갑목관성(甲木官星)이 유근(有根)하니 용신(用神)일 것 같으나 진술충(辰戌沖)과 진유합금(辰酉合金)으로 자격상실(資格喪失)한다.

► 설작용(洩作用)하는 유금상관(酉金傷官)이 용신(用神)이다.

戊	己	壬	甲	劫財	▲	正財	正官
辰白	未空	申	申	劫財	比肩	傷官	傷官

▶ 생조세력(生助勢力)과 극루세력(剋淚勢力)이 비슷하나 실령(失令)했으니 신약(身弱)이다. 화토용신(火土用神)이다.

[2] 용신종류(用神種類).

○ 巳·午·未月〈=여름〉과 亥·子·丑月生〈=겨울〉은 먼저 조후(調候)를 생각(生覺)하고, 寅·卯·辰月生〈=봄〉과 申·酉·戌月生〈=가을〉은 먼저 억부법(抑扶法)에 중점(重點)을 두어라.

(1) [억부용신(抑扶用神)]

㉠ 일간(日干)을 생조(生助)하는 육신(六神)이 많으면 신왕(身旺), 신강(身强)이고, 일간(日干)을 극설(剋洩)하는 육신(六神)이 많으면 신약(身弱)이다. 신강(身强)과 신약사주(身弱四柱)를 구분(區分)해서 강사주(强四柱)는 식신(食神)·재성(財星)·관성(官星)을 용신(用神)으로 하고, 약사주(弱四柱)는 인성(印星)·비겁(比劫)을 용신(用神)하는 것.

※ 예제(例題) 1.

丁	甲	丁	辛	傷官	▲	傷官	正官
卯空	空寅孤	酉	亥孤	劫財	比肩	正官	偏印

▶ 유월(酉月)은 갑목(甲木)이 쇠약(衰弱)하다. 신(辛)·유(酉)가 일주(日柱)를 극(剋)한다. 정화(丁火)2개(個)는 일간(日干)을 설(洩)해 신약(身弱)같으나 인(寅)·묘(卯)·해(亥)가 생조(生助)하고 극설(剋洩)은 천간(天干)에 있고, 생조(生助)는 지지(地支)에 있어 신강사주(身强四柱)이다. 〈유금용신(酉金用神)〉이다.

丁	癸	丙	癸	偏財	▲	正財	比肩
巳孤	亥空	辰	酉	正財	劫財	正官	偏印

▶ 극해(剋害)하는 화토(火土)가 4개(個)이고, 생조(生助)하는 금수(金水)가 3개(個)이고, 진유합금(辰酉合金)이 1개(個)로 생조(生助)와 극해(剋害)의 세력(勢力)이 비슷하나, 월령(月令)이 일간(日干)에 약(弱)하니 신약(身弱)이다. 〈금수용신(金水用神)〉이다.

(2) [병약용신(病藥用神)]

　㉠ 오행(五行)이 한 쪽으로 기울어지는 것을 병(病)이라 하고, 이것을 기울지 않게 바로 잡아 주는 것이 약용신(藥用神)이다. 억부법(抑扶法)에 포함(包含)시켜도 된다.

　▶ [인성(印星)많으면] ➡ 재성(財星), [재성(財星)많으면] ➡ 비겁(比劫),
　　[비겁(比劫)많으면] ➡ 관성(官星), [관성(官星)많으면] ➡ 식상(食傷),
　　[식상(食傷)많으면] ➡ 인성(印星)이다.

　㉡ 신약사주(身弱四柱)에서 일주(日柱)를 생조(生助)하는 육신(六神)이 있으나, 이를 파극(破剋)하는 육신(六神)이 있으면 이를 사주(四柱)의 병(病)이라 하고, 파극(破剋)하는 육신(六神)을 억제(抑制)하는 육신(六神)을 약(藥)이라 한다.

　　• 생조(生助)하는 육신(六神)이 인성(印星)이라면 이를 파극(破剋)하는 육신(六神)의 병(病)은 재성(財星)이므로 재성(財星)을 억제(抑制)하는 육신(六神)은 약(藥)인 비겁(比劫)이다.

　㉢ [병약용신(病弱用神)이란] ➡ 상관(傷官)·겁재(劫財)·편관(偏官)·편인(偏印) 等이 제화(制化)되지 않고 악신(惡神)으로 작용(作用)할 때 병(病)이

되니 제(制)하고 화(化)하는 용신법(用神法)과 사주(四柱)에 맞는 오행(五行)이 있어 중화(中和)를 해(害)롭게 한다 하여 이 병(病)을 제거(除去)하는 것을 약(藥)이라 하는 용신법(用神法)이다.

※ 예제(例題) 1.

丁	乙	甲	戊	食神	▲	劫財	正財
丑白	未	子	戌魁	偏財	偏財	偏印	正財

► 을목(乙木)이 자수인성월(子水印星月)을 만나 힘을 얻었으나 토다(土多)해 신약(身弱)이 되었다. 수(水)는 토다(土多)해 용신(用神)을 못하고, 갑목(甲木)을 용신(用神)한다. 목약(木弱)이 되어야 한다.

※ 예제(例題) 2.

庚	癸	甲	丙	正印	▲	傷官	正財
申	亥	午	申	正印	劫財	偏財	正印

► 계일간(癸日干)이 오월생(午月生)으로 실기(失氣)했으나 금수(金水)가 많아 신왕(身旺)이다. 월지오화용신(月支午火用神)이다. 병(病)은 해수(亥水)이고 약(藥)은 토(土)이다.

(3) [통관용신(通關用神)]

㉠ 기운(氣運)이 비슷한 오행(五行)이 서로 다르면 사주(四柱)가 대단(大端)히 불안(不安)하다. 또 왕성(旺盛)한 두 오행(五行)이 비슷해 어느 것이나 억제(抑制)하기 힘든 경우(境遇)에 육신간(六神間)에 오행(五行)의 상생원리(相生原理)에 의(依)해 소통(疏通)시키는 육신(六神)이 〈통관용신(通關用神)〉이다.

- [금(金) · 목(木) ➡ 수용(水用)], [목(木) · 토(土) ➡ 화용(火用)],

  [토(土) · 수(水) ➡ 금용(金用)], [수(水) · 화(火) ➡ 목용(木用)],

  [화(火) · 금(金) ➡ 토용(土用)].

ⓛ [통관용신(通關用神)은] ➡ 합(合)을 하면 통관(通關)을 못하나 합(合)한 육신(六神)을 충(沖)할 때 발복(發福)한다. 즉(即) 통관용신(通關用神)을 다른 육신(六神)이 형(刑) · 충(沖) · 파(破) · 해(害)할 때는 통관(通關)하지 못하며, 행운(幸運)에서 형(刑) · 충(沖) · 파(破) · 해(害)를 하면 합(合)이 올 때 발복(發福)한다.

- 통관용신(通關用神)이 멀어서 통관(通關)의 힘이 약(弱)할 때는 행운(行運)에서 통관(通關)해 주면 길(吉)하다.

ⓒ [억부용신(抑扶用神) + 병약용신(病藥用神) + 통관용신(通關用神)을 합(合)해서 억부용신(抑扶用神)으로 통합(統合)]해도 된다.

※ 예제(例題) 1.

戊	壬	壬	丁	偏官	▲	比肩	正財
申孤	子羊	子羊	巳孤	偏印	劫財	劫財	偏財

▶ 동절수왕절(冬節水旺節)이라 화용신(火用神)인데 수극화(水剋火)되어 화용신(火用神)이 병(病)이 너무 많다. 년간(年干)과 월간(月干)이 정임합목(丁壬合木)하여 통관(通關)을 만드니 기적(奇籍)을 이루었다.

※ 예제(例題) 2.

庚	壬	庚	丙	偏印	▲	偏印	偏財
子	午	子	午羊	劫財	正財	劫財	正財

▶ 재성(財星)과 일간(日干)이 모두 강(强)하여 대립(對立)되어 있어 통관목(通關木)인 식상(食傷)이 용신(用神)이다. 원국(元局)에는 없으나 대운(大運)에서 목운(木運)을 만나 도지사(道知事)까지 올랐다.

(4) [전왕용신(專旺用神)]

㉠ 사주(四柱)의 오행(五行)이 한 두개(個)의 오행(五行)으로 편중(偏重)되어 그 세력(勢力)이 극(極)히 왕성(旺盛)하여 억제(抑制)하기 곤난(困難)할 때는 그 세력(勢力)에 순응(順應)하는 것이 〈전왕용신(專旺用神)〉이다.

• 왕(旺)한 오행(五行)의 대세(大勢)를 거스르면 사주(四柱)가 대단(大端)히 혼탁(混濁)해진다. 즉(卽) 설기(洩氣)를 만나든지 극운(剋運)이 오면 크게 흉(凶)해 진다. 종격(從格), 일행득기격(一行得氣格), 양신성상격(兩神成象格), 화격(化格), 외격(外格) 等이 이에 속(屬)한다.

㉡ 토월(土月)인 진(辰)·술(戌)·축(丑)·미월(未月)에 태어난 경우(境遇)에는 항상(恒常) 무슨 간(干)이 당령(當令)했을 때 출생(出生)했는지 확인(確認)할 필요(必要)가 있다.

※ 예제(例題) 1.

乙	己	辛	丁	偏官	▲	食神	偏印
亥	卯空	亥孤	未羊	正財	偏官	正財	比肩

▶ 사주(四柱)에 목기(木氣)가 강(强)한 반면(反面) 일간(日干)인 기토(己土)를 생(生)하는 화토기운(火土氣運)이 약(弱)하다. 따라서 강력(强力)한 목기(木氣)인 관성(官星)을 종(從)하는 종살격(從殺格)의 용신(用神)이다.

※ 예제(例題) 2.

丙	乙	丙	戊	傷官	▲	傷官	正財
戌白	未白	辰空	戌魁	正財	偏財	正財	正財

▶ 을미일주(乙未日柱)가 화토(火土)에 둘러 쌓여 있다. 급(急)히 수(水)가 필
요(必要)한데 수(水)가 없다. 이런 경우(境遇)에는 토(土)를 따라 종(從)하는
데 토(土)가 재성(財星)이니 종재격(從財格)이다.

(5) [조후용신(調候用神)] ➡ 한(寒)·난(暖)·조(燥)·습(濕)의 원리(原理).

　　㉠ 하절출생(夏節出生)은 수(水)가, 동절출생(冬節出生)은 화(火)가 필요(必要)
　　　하다.

　　㉡ 사주(四柱)가 한냉(寒冷)하면 화(火)로 온난(溫暖)하게 하고, 염열(炎熱)하
　　　면 수(水)로 한냉(寒冷)하게 하고, 습냉(濕冷)하면 건조(乾燥)로, 건조(乾
　　　燥)하면 윤습(潤濕)으로 중화(中和)를 시켜야 하는데 이때 중화작용(中和作
　　　用)을 하는 오행(五行)이 조후용신(調候用神)이다.

　　　즉(卽) 계절기후(季節氣候)를 조절(調節)하는 용신(用神)이다.

※ 예제(例題) 1.

壬	己	甲	丙	正財	▲	正官	正印
申	巳	午	寅	傷官	正印	偏印	正官

▶ 오월(午月)의 기사일생(己巳日生)으로 조열(燥熱)한 현상(現象)이니 조후용
신(調候用神)이 필요(必要)하다. 시간(時干)인 〈임수(壬水)를 용신(用神)〉으
로 정(定)하니 인중용재격(印重用財格)이다.

　•억부용신(抑扶用神)과 조후용신(調候用神)이 동일(同一)하다.

※ 예제(例題) 2.

辛	壬	辛	辛	正印	▲	正印	正印
丑	寅	丑	丑	正官	食神	正官	正官

▶ 임수(壬水)가 12월(月)에 태어나 물이 꽁꽁 얼어 쓸모없는 물이 되었다. 일지인중병화(日支寅中丙火)가 있으나 겨울나무라 열기(熱氣)가 약(弱)해 얼은 물을 녹일 능력(能力)이 없는 중(中)에 운로(運路)〈=대세운(大歲運)〉에서 화봉(火逢)하면 발복(發福)한다. 〈인중병화용신(寅中丙火用神)〉이다.

※ 예제(例題) 3 ➡ 이기붕씨(李起鵬氏)의 사주(四柱).

庚	庚	辛	丙	比肩	▲	劫財	偏官
辰魁	空辰魁	丑	申空	偏印	偏印	正印	比肩

▶ 토금(土金)인 비겁(比劫)과 인성(印星)이 태강(太强)하고 한습(寒濕)한 사주(四柱)이다. 1960년(年) 경자년(庚子年)에 신자진수국(申子辰水局)이 되어 용신(用神)을 공격(攻擊)하니 사망(死亡)했다.

• 〈년간병화용신(年干丙火用神)〉이다.

(6) 용신(用神)을 잘 잡고도 틀리는 이유(理由).

1) 사주(四柱)위에 조상(祖上)이 있다.

▶ 묘문제(墓問題), 영적문제(靈的問題), 영혼(靈魂)들의 파장효과(波長效果)等에서 영향(影響)을 끼친다.

▶ 길운(吉運)인데도 본인(本人)이나 형제(兄弟)가 모두 별로일 때는 묘탈(墓頉)이나 조상탈(祖上頉)로 적용(適用)하라.

► 신약사주(身弱四柱)가 영파장애(靈派障碍)가 많을 때.

2) 〈제사(祭祀)를 두 곳에서 지내든지〉·〈제사(祭祀)날짜가 틀리든지〉·〈묘(墓)가 없든지〉·〈제사(祭祀)가 없든지〉·〈유골화장(遺骨火葬)해서 산골(散骨)을 했든지〉 等에도 적용(適用)하라.

(7) 귀신(鬼神)의 종류(種類).

木	산신(山神)·당산신(堂山神).
火	신장(神將)·명부전(冥府殿).
土	지신(地神)·지장보살(地藏菩薩).
金	약사여래불(藥師如來佛)·미륵불(彌勒佛).
水	해신(海神)·용왕신(龍王神).

第2章. 격국(格局)

> **[격국(格局)이란]** ➡ 용신(用神)을 찾는데 도움을 주는 격식(格式)을 말하며, 사주(四柱)의 구조(構造)를 세분화(細分化)하여 용신(用神)을 잡는 작업(作業)을 말한다. 많은 격국(格局)이 있으나 크게 나누어 내격(內格)과 외격(外格)으로 구분(區分)한다.

- **[내격(內格)]** ➡ 억부(抑扶), 조후(調候)에 많이 치우치며 육신(六神)의 명칭(名稱)에 따라 10개(個)의 격(格)으로 구분(區分)된다.

- **[외격(外格)]** ➡ 병약(病弱), 통관(通關), 전왕(專旺)에 많이 해당(該當)되며 그 대부분(大部分)이 격국자체(格局自體)가 용신(用神)이 된다. 고(故)로 격국(格局)만 외격(外格)인 것을 알면 용신(用神)을 빨리 찾을 수 있다.

> **격국론(格局論).**

- 격(格)은 체(體)와 용(用)으로 구성(構成)된다. 일간(日干)을 〈체(體)〉라 하고, 생월지장간(生月地藏干)의 통변(通辯)을 〈용(用)〉이라 한다.

- **[격(格)은]** ➡ 직업(職業) · 성격(性格) · 가정환경(家庭環境) · 인품(人品) · 가업(家業) · 학업(學業) · 건강상태(健康狀態) · 욕망(慾望) · 부귀수요(富貴壽夭) 等을 표시(表示)한다.

- 격(格)을 정(定)하되 신강(身强) · 신약(身弱)에 따라 용신(用神)이 달라지며 신약경우(身弱境遇)는 일간(日干)이 약(弱)하니 체(體)를 보강(補强)하

는 것이 용신(用神)이 되고, 신강(身强)은 일간(日干)이 강(强)하니 힘이 필요(必要)없어 격(格)을 중심(中心)으로 용신(用神)을 잡는다.

- 용신(用神)은 월령(月令)에서 구(求)하고 희신(喜神)은 사주형국(四柱形局)의 〈한(寒)·서(暑)·조(燥)·습(濕)·온(溫)〉에 의(依)해서 달라진다. 혹(或)은 신(身)의 강약(强弱)에 따라 결정(決定)된다.

- 격(格)은 월령(月令)에서 투간(透干)이 있으면 투간(透干)을 먼저 잡고, 투간(透干)하지 않으면 정기(正氣)를 잡는다.

- 격(格)은 월령(月令)에서 구(救)하되 천간(天干)에 투간시(透干時)에는 월(月)·시(時)·년(年)의 순(順)으로 정(定)한다.

- 격(格)은 정기(正氣)가 제일(第一)좋고, 중기(中氣), 여기(餘氣)의 순(順)이다. 월(月)에서 구(救)함이 최상급(最上級)이다. 월령(月令)에서 일주왕쇠(日柱旺衰)와 용신강약(用神强弱)을 좌우(左右)한다.

- 격국(格局)은 일주천간(日柱天干)을 기준(基準)하여 주중(柱中)의 년(年)·월(月)·시(時)를 대비(對備)하여 오행(五行)의 과다(過多)와 부족(不足) 等 먼저 일주(日柱)의 강약(强弱)을 살피고, 주중(柱中)의 합(合)·충(沖)·파(破)·공망(空亡) 等을 살피면서 길신(吉神)과 흉신(凶神)은 물론(勿論) 주 내(柱內)에서 원류(源流)·통근(通根)·통관(通關)·통변(通辯)·조후(調候)·청탁(請託)·병약(病弱)·진가(眞假)·허실(虛實)·희기(喜忌)·은원(恩怨)·종격(從格)·변격(變格)·기반(羈絆)·화기(化氣) 等을 판단(判斷)하여 최종적(最終 的)으로 결론(結論)을 내린다.

○ 격국(格局)을 판단(判斷)하는 과정(過程).

1) [원류(源流)] ➡ 일주(日柱)를 기준(基準)으로 하여서 나머지의 사주오행(四

柱五行)이 상생상극(相生相剋)하면서 생화불식(生化不息)하여 막힘이 없이 흘러가는 가를 살피는 것.

2) [통근(通根)] ➡ 천간(天干)이 지지(地支)의 동류(同類)에서 기(氣)를 얻어서 뿌리를 통(通)하고 있는 것. 천간(天干)이 갑을목(甲乙木)이면 지지(地支)에 인묘목(寅卯木)이라든가, 지장간(地藏干)에 목기(木氣)가 있어 뿌리를 박고 있는 것.

3) [통관(通關)] ➡ 주중(柱中)에 오행(五行)이 서로 상충(相沖)·상극(相剋)이 되어 막혀 있을때 중간(中間)에서 상호(相互) 막힌 것을 통(通)하게 해주는 것.

4) [통변(通辯)] ➡ 일주기준(日柱基準)하여 나머지의 주중(柱中)에 전체적국면(全體的局面)을 살펴서 사주(四柱)의 흐름에 따라 통(通)하고 변화(變化)하는 것.

5) [조후(調候)] ➡ 사주(四柱)에 〈한(寒)·난(暖)·조(燥)·습(濕)〉의 원리(原理)를 적용(適用)하는 것.

6) [청탁(淸濁)].

• [청(淸)] ➡ 용신(用神)이 일간(日干)가까이 있으면서 파극당(破剋當)하지 않고, 천지유정(天地有情)하고, 기반(羈絆)되지 않고, 정신기균등(精神氣均等)하고, 강약(强弱), 조후(調候)가 일치(一致)하고, 진가(眞假)가 분명(分明)하고, 운로(運路)에서 길신(吉神)을 돕는 경우(境遇).

• [탁(濁)] ➡ 혼합(混合)되고, 조화(調和)가 안되고, 용신(用神)과 희신(喜神)이 실세(失勢)하고, 월지(月支)가 파손(破損)되어 타간지(他干支)에서 용신(用神)을 구(救)하는 것 等이다.

7) [병약(病藥)] ➡ 주중(柱中)에 오행(五行)이 많아 해(害)가 되는 것과, 길신(吉神)과 희신(喜神)을 극제(剋制)하는 것이 병(病)이고, 그 병(病)을 극제

(剋制), 중화(中和)시켜주는 오행(五行)이 약(藥)이 된다.

8) [진가(眞假)] ➡ 진상관(眞傷官)이나 가상관(假傷官)을 구분(區分)하고, 진종격(眞從格)이냐, 가종격(假從格)이냐를 구분(區分)하는 것.

9) [허실(虛實)] ➡ 주중(柱中)에서 오행(五行)이 지나치게 약(弱)한 것을 허(虛)라 하고, 강(强)하고 왕(旺)한 것을 실(實)이라 한다.

10) [희기(喜忌)] ➡ 좋은 역할(役割)하는 희신(喜神)과 나쁜 역할(役割)하는 기신(忌神)을 구별(區別)할 것.

11) [은원(恩怨)] ➡ 은(恩)〈=희신(喜神)〉과 원(怨)〈=기신(忌神)〉은 유정무정(有情無情)을 의미(意味)하는데 일간(日干)과 용신(用神)이 가까이 있거나, 멀리 있는 것으로, 일간(日干)에 가까울수록 그 작용(作用)이 강(强)하게 나타난다.

12) [종격(從格)] ➡ 일간(日干)이 심(甚)히 허약(虛弱)하여 의지(依支)할 곳이 없으면 주중(柱中)에서 가장 강왕(强旺)한 세력(勢力)의 오행(五行)에 따라가는 것.

13) [변격(變格)] ➡ 주중(柱中)에서 합(合)·충(沖) 等으로 변(變)하는 것.

14) [기반(羈絆)] ➡ 주중(柱中)에서 천간오행(天干五行)에서만 작용(作用)이 되는 것으로 합(合)이 되어 자기(自己) 본래(本來)의 임무(任務)를 상실(喪失)하는 것으로 즉(卽) 묶여서 억압(抑壓)을 받는 것.

15) [화기(化氣)] ➡ 일간(日干)이 천간합화법(天干合化法)에 의(依)하여 순수(純粹)하게 합화(合化)한 것.

16) [내격(內格)과 원국격(元局格)] ➡ 월지비교(月支比較)의 차이(差異).

　▶ [내격(內格)] ➡ 성질(性質)과 직업(職業)에 참고(參考).

　▶ [원국격(元局格)] ➡ 사주(四柱)의 전체파악(全體把握)에 참고(參考).

[1] 내격(內格)

日干 일간	甲	乙	丙	丁	戊	己	庚	辛	壬	癸
建祿 건록	寅	卯	巳	午	巳	午	申	酉	亥	子
羊刃 양인	卯	寅	午	巳	午	巳	酉	申	子	亥
食神 식신	巳	午	辰·戌	丑·未	申	酉	亥	子	寅	卯
傷官 상관	午	巳	丑·未	辰·戌	酉	申	子	亥	卯	寅
偏財 편재	辰·戌	丑·未	申	酉	亥	子	寅	卯	巳	午
正財 정재	丑·未	辰·戌	酉	申	子	亥	卯	寅	午	巳
偏官 편관	申	酉	亥	子	寅	卯	巳	午	辰·戌	丑·未
正官 정관	酉	申	子	亥	卯	寅	午	巳	丑·未	辰·戌
偏印 편인	亥	子	寅	卯	巳	午	辰·戌	丑·未	申	酉
正印 정인	子	亥	卯	寅	午	巳	丑·未	辰·戌	酉	申

▶ 내격(內格)은 일정(一定)하게 공식(公式)을 만들어 용신(用神)을 찾아 판독(判讀)하는 것.

▶ 내격(內格)의 종류(種類). (10種)

・〈건록격(建祿格)〉, 〈양인격(羊刃格)〉, 〈식신격(食神格)〉, 〈상관격(傷官格)〉, 〈편재격(偏財格)〉, 〈정재격(正財格)〉, 〈편관격(偏官格)〉, 〈정관격(正官格)〉, 〈편인격(偏印格)〉, 〈정인격(正印格)〉 等이 있다.

▶ 월지(月支)의 정기(正氣)・중기(中氣)・여기(餘氣)의 순(順)으로 지장간(地藏干)에 투간(透干)된 육신(六神)이 있어 이것을 가려 격(格)을 정(定)한다.

▶ 무기일생(戊己日生)의 진(辰)・술(戌)・축(丑)・미월(未月) 等의 출생(出生)은 월지(月支)의 지장간(地藏干)이 투간(透干)되지 않았을 때는 내격(內格)에 해당(該當)되지 않고 외격(外格)에 속(屬)한다고 볼 수 있다.

第1節. 내격종류(內格種類).

1. 건록격(建祿格) ➡ 월지(月支)가 일간(日干)의 정록(正祿).

(1) 직업(職業)과 성격(性格).

▶ 공무원(公務員)・행정직(行政職)・자유업(自由業)〈=독립적사업(獨立的業)〉・분점(分店)・대리점(代理店)・납품업(納品業) 等의 봉사직(奉仕職)에 종사(從事)한다.

▶ 강건(剛健)하다. 정직(正直)하다. 정당분배(正當分配)한다. 추진력(推進力)이 있다. 기억력(記憶力)이 좋다. 전록격(專祿格)에 무관(無官)일때 고집(固執)이 강(強)하다. 부모무덕(父母無德)하다. 유산(遺産)이 없다. 형제무덕(兄

弟無德)하다. 무병(無病)하고 건강(健康)하다. 의식주(衣食住)의 걱정이 없다. 배우자궁(配偶者宮)이 불리(不利)해서 이혼(離婚)과 재혼(再婚)이 많다.

▶ 건록격(建祿格)은 재성(財星)과 관성(官星)이 지위(地位)를 얻어야 발복(發福)을 하는데 재(財)·관(官)이 없으면 신왕사주(身旺四柱)가 의지처(依支處)를 잃어 신왕무의(身旺無依)로 평생곤고(平生困苦)하고, 배우자(配偶者)와 인연(因緣)이 없고, 고향조별(故鄕早別)하고, 부모(父母)와 인연(因緣)이 없다.

▶ [건록격(建祿格)은 운로(運路)인 대운(大運)에서 인성운(印星運)을 만나면] ➡ 평생(平生)동안 성공(成功)을 못하고, 객사(客死)를 하거나, 아사(餓死)를 하는데.

 • [피흉(避凶)을 할려면] ➡ 승도(僧道)의 길을 걷거나, 천(賤)한 기술직(技術職)이나, 점장이, 술객(術客)이 되어야 한다.

(2) 여명(女命)의 건록(建祿).

▶ 남편(男便)이 첩(妾)을 두고, 형제간(兄弟間)에 금전문제(金錢問題)로 쟁투(爭鬪)가 있으며, 남편(男便)을 일찍 사별(死別)하고, 고독(孤獨)한 여생(餘生)이 되어 혼자 산다. 간혹(間或) 귀자(貴子)가 있음.

(3) 비견위치(比肩位置)에 따른 분류(分類).

 • 건록격(建祿格), 귀록격(歸祿格), 전록격(專祿格).

1) [건록격(建祿格)] ➡ 월지(月支)가 비견(比肩)이고, 12운성(運星)의 건록(建祿)인 경우(境遇).

 • 신강(身强)하면 충극(沖剋)이 유리(有利)하고, 신약(身弱)하면 충극(沖剋)은 불리(不利)하다.

※ 예제(例題) 1. (1930年生)

壬	丙	辛	庚	偏官	▲	正財	偏財
空辰魁	申	巳空	午	食神	偏財	比肩	劫財

▶ 건록월(建祿月)에 생(生)하였으나 재관(財官)이 강(强)하니 신약사주(身弱四柱)이다. 따라서 목화기운(木火氣運)으로 일간생조(日干生助)할 때 발전 발복(發展發福)한다.

2) [귀록격(歸祿格)] ➡ 시지(時支)가 비견(比肩)이고, 12운성(運星)의 건록(建祿)인 경우(境遇).
　• 관성(官星)·형(刑)·충(沖)·파(破)를 싫어하고, 신왕운(身旺運), 식상(食傷), 재성(財星)을 좋아한다.

※ 예제(例題) 1. (1965年生)

丙	甲	庚	乙	食神	▲	偏官	劫財
寅	空寅孤	辰魁	巳孤	比肩	比肩	偏財	食神

▶ 시지(時支)에서 비견(比肩)을 보았으나 월간(月干)에 관성경금(官星庚金)이 있으니 귀록격(歸祿格)이 아니라 강(强)한 목(木)을 조절(調節)하는 편관경금(偏官庚金)이 용신(用神)이다.
　• 이처럼 비견(比肩)을 시지(時支)에서 보았을 때 귀록(歸祿)의 원리(原理)에 맞지 않으면 일반적(一般的)인 비견(比肩)으로 간주(看做)하라.

3) [전록격(專祿格)] ➡ 일지비견(日支比肩)으로 갑인(甲寅)·을묘(乙卯)·경신(庚

申)·신유(辛酉) 4개(個)이다.

- 관성(官星)·형(刑)·충(沖)·파(破)로 손상당(損傷當)함을 싫어하고, 신왕(身旺)·식상(食傷)·재성(財星)을 좋아한다.

※ 예제(例題) 1. (1927年生)

乙	甲	乙	丁	劫財	▲	劫財	傷官
亥	寅孤	巳孤	卯	偏印	比肩	食神	劫財

▶ 갑목(甲木)이 일지인(日支寅)에 전록(專祿)하고 시지해편인(時支亥偏印)이 있으니 신왕(身旺)하다.

▶ 목(木)이 수(水)를 얻어 건조(乾燥)하지 않은 중(中)에 식상화(食傷火)를 보니 자연(自然)히 발전(發展)한다.

▶ 신왕(身旺)에 관성불투(官星不透)하니 전록격(專祿格)이며, 인사형(寅巳刑)을 인해합(寅亥合)으로 막는다.

(4-1) 예제(例題) ⇒ 곤명사주(坤命四柱). (1972年生)

癸	壬	辛	壬	劫財	×	正印	比肩
卯	申	亥空	子羊	傷官	偏印	比肩	劫財

▶ 임일(壬日)에서 해(亥)가 건록(建祿)인데 공망(空亡)되어 흉(凶)이 되고, 지장간(地藏干)에 갑목(甲木)이 자손(子孫)인데 공망(空亡)되어 자손(子孫)이 없고, 겨울의 임수일간(壬水日干)은 얼어 있고 대운(大運)도 북방운(北方運)이라 비운(悲運)에 있지만 화운(火運)을 만나면 발복(發福)한다.

(4-2) 예제(例題) ➡ 건명사주(乾命四柱). (1947年生)

庚	辛	己	丁	劫財	▲	偏印	偏官
寅	丑	酉	亥	正財	偏印	比肩	傷官

78	68	58	48	38	28	18	8
辛	壬	癸	甲	乙	丙	丁	戊
丑	寅	卯	辰	巳	午	未	申

▶ 월지유중신금(月支酉中辛金)이 일간신금(日干辛金)과 통근(通根)하여 건록(建祿)이 된다. 년(年)·시지(時支)가 인해합(寅亥合)되어 년간정화편관(年干丁火偏官)을 생(生)하니 〈정화편관용신(丁火偏官用神)〉이다.

▶ 일주왕(日柱旺)하고, 정화용신(丁火用神)이 인목(寅木)에 통근(通根)하니 재관운(財官運)에 발달발복(發達發福)한다.

▶ 건록격(建祿格)은 충(沖)이나 형(刑)을 꺼리고 재관(財官)이 원국(元局)에 있어야 진격(眞格)이 된다.

▶ 18세(歲) 전(前)에 무신대운(戊申大運)에는 화약(火弱)하니 빈한(貧寒)한 가정(家庭)에 출생(出生)하여 학문(學文)은 부족(不足)했으나 귀격(貴格)이 분명(分明)하여 20세(歲) 병오년(丙午年)부터 외국인사관(外國人士官)의 부름을 받아 독학(獨學)을 하였고, 경술년(庚戌年)부터 발복(發福)해 권리직(權利職)에 몸을 담고, 재물(財物)도 취득(取得)하니, 약(弱)한 정화용신(丁火用神)이 남방화운관성(南方火運官星)을 만난 연고(緣故)이다.

▶ [갑진대운(甲辰大運)] ➡ 외국(外國)에서 재물(財物)을 얻어 명진사해(名振四海)한다.

▶ [계묘대운(癸卯大運)] ➡ 계수(癸水)가 정화(丁火)의 약(弱)한 용신(用神)을

상(傷)하니 을유세운(乙酉歲運)에 사망(死亡)했다.

▶ 12운성(運星)의 제왕(帝旺)에 해당(該當)된다.

▶ 양일주(陽日柱)만 적용(適用)된다.

(1) 직업(職業)과 성격(性格).

▶ 군인(軍人) · 경찰(警察) · 사법관(司法官) · 기술계통(技術系統) · 의사(醫師) · 동업불가(同業不可) · 무관(武官) · 수사기관(搜查機關) · 신문기자(新聞記者) · 특파원(特派員) · 운동선수(運動選手) · 체육인(體育人) · 고기장사 · 이발사(理髮師) · 재단사(裁斷師) · 철공소(鐵工所) · 전기계통기술자(電氣系統技術者) · 투기증권업(投機證券業) · 미싱사〈=sewing-machine〉 · 유흥업(遊興業) · 요식업(料食業) 等에 성공(成功)한다.

• 양인격(羊刃格)은 총(銃) · 칼 · 흉터 等을 나타내며 성격(性格)은 거칠며, 급(急)하고, 사납고, 강(强)하며 신체(身體)에 흉터가 있으며 군인(軍人), 경찰(警察), 폭력(暴力) 等에 많이 종사(從事)한다.

▶ 성급(性急)하다. 고집(固執)이 강(强)하다. 질투심(嫉妬心)이 강(强)하다. 자기위주(自己爲主)이다. 신용(信用)을 상실(喪失)한다. 신체(身體)에 흉터가 있다. 성질(性質)이 거칠고 사납다.

• 양인격(羊刃格)은 살벌직업(殺伐職業) · 권리직(權利職) · 법관(法官) · 무관(武官) · 의사(醫師) · 운동가(運動家) · 군인(軍人) 等에 많다.

(2) 양인격(羊刃格)의 특성(特性).

▶ 부친인연(父親因緣)이 희박(稀薄)하다. 과욕(過慾)하면 실패(失敗)한다. 사업부침(事業浮沈)이 심(甚)하고, 인덕(人德)이 없고, 고독(孤獨)한 인생행로(人生行路)이고, 고집(固執)이 강(強)해 신용상실(信用喪失)하고, 질투(嫉妬)와 시기(猜忌)를 유발(誘發)한다.

- [관성(官星)이 없고, 극제(剋制)를 못하면] ➡ 극처(剋妻)·극자(剋子)·극부(剋夫)·파재(破財)·수술(手術)·질병(疾病)·뇌신경마비(腦神經麻痺)·정신질환(精神疾患)·중풍(中風)·신체불구(身體不具)·수족이상(手足異狀) 等이 많이 발생(發生)한다.

- 형제(兄弟)와 친구(親舊)와의 인간사(人間事)가 인덕(人德)이 없어 주는 것만 많고 받는 것은 적으며, 유산쟁탈(遺産爭奪)하고, 외롭고 쓸쓸한 인생행로(人生行路)를 걷게 된다.

- 자아심(自我心)과 고집(固執)이 세고, 패망(敗亡)해도 꼭 하는 성격(性格)으로 사회(社會)에 신용(信用)을 상실(喪失)한다. 매사(每事)를 자기위주(自己爲主)로 처리(處理)하니 경쟁자(競爭者)와 시비자(是非者)가 생기고, 질투(嫉妬)와 시기(猜忌)하는 무리들이 생긴다.

- 양인(羊刃)이 년(年)·일(日)·시(時) 等에 여러 개(個) 있으면 파격(破格)이라 흉(凶)한 사주(四柱)가 된다. 양인(羊刃)은 국권(國權)·형격(刑格)·형벌(刑罰)·강렬(剛烈)·횡포(橫暴)·성급(性急) 等 횡액(橫厄)을 암시(暗示)하는 강살성(强殺星)이다.

- 양인(羊刃)이 월지(月支)에 있으면 〈월인격(月刃格)〉이고, 일지(日支)인 병오(丙午)·무오(戊午)·임자일주(壬子日柱)에 있으면〈일인격(日刃格)〉이다.

- [양인(羊刃)과 건록(建祿)이 사주(四柱)에 많으면] ➡ 재성(財星)인 처위

(妻位)와 부위(父位)을 공격(攻擊)하게 되는데 처(妻)가 산액(産厄)으로 고생(苦生)하거나, 중혼(重婚)을 하거나, 부친(父親)이 타향(他鄕)에서 객사(客死)할 수 있다. 양인(羊刃)을 다스리는 관성(官星)이 적절(適切)하면 재성(財星)은 무사(無事)하다.

• 지지(地支)뿐만 아니라 천간(天干)에도 겁재(劫財)가 투출(透出)해도 양인(羊刃)의 작용(作用)한다.

• 양인살(羊刃殺)은 남녀(男女) 모두 신상(身上)에 흠(欠)이 있으며 남녀(男女)모두 배우자궁(配偶者宮)이 아주 나쁘다. 양인격(羊刃格)은 형(刑)·충(沖)·공망(空亡)을 최고(最高)로 꺼리며 합(合)과 재운(財運)만나면 화액(禍厄)을 불면(不免)한다. 양인격(羊刃格)은 재물(財物)을 파손(破損)한다.

• 양인살(羊刃殺)은 관살(官殺)의 제복(制伏)이 없거나, 식상(食傷)의 설기(洩氣)함이 없으면 양인(羊刃)이 왕생운(旺生運)이나 묘고운(墓庫運)에 들면 흉사(凶死)가 생기고, 대운(大運)·세운(歲運)에서 다시 양인(羊刃)을 중봉(重逢)하면 큰 재화(災禍)가 발생(發生)한다.

(3) 양인격(羊刃格)의 배우자궁(配偶者宮).

▶ [남명(男命)] ➡ 처궁(妻宮)이 불미(不美)하여 반목(反目)을 하고, 이별(離別)을 하고 극처(剋妻)한다. 여자(女子)를 무시(無視)하고, 첩(妾)을 두며, 재혼(再婚)을 하며, 자손궁(子孫宮)도 해(害)롭다.

▶ [여명(女命)] ➡ 홀로 되고, 남편(男便)을 빼앗기고, 극부(剋夫)를 하고, 집 안에 있는 것은 싫어하고, 사회활동(社會活動)해서 돈을 벌고, 가정(家庭)을 부양(扶養)하고, 남자(男子)와 같은 성격(性格)으로 시시(柴市)한 것은 눈에 들지 않고, 투기(投機)와 요행(僥倖)을 즐기고, 가정주도권(家庭主導權)을 잡는다.

甲	甲	乙	癸	比肩	▲	劫財	正印
戌空	子	卯羊	未	偏財	正印	劫財	正財

▶ 월주간지(月柱干支)가 양인(羊刃)이고, 신왕사주(身旺四柱)이고, 관용신(官用神)으로 시지술중(時支戌中)에 〈신금용신(辛金用神)〉이다.

▶ 양인격(羊刃格)인 신강사주(身强四柱)는 충(沖)할 때 길운(吉運)이니 유대운(酉大運)에 발복(發福)한다.

(4-2) 예제(例題) 2. (1945年生)

丙	庚	辛	乙	偏官	▲	劫財	正財
子	子	巳空	酉	傷官	傷官	偏官	劫財

▶ 월간(月干)에 신양인(辛羊刃)이 있으니 양인격(羊刃格)이다. 사유반합(巳酉半合)이 되어 신강(身强)같으나 4월(月)20일(日)이 넘어서 병화(丙火)가 강(强)하여 신약사주(身弱四柱)이다.

▶ 기묘세운(己卯歲運)이 년지유양인(年支酉羊刃)을 충(沖)하니 쌍방상해죄(雙方傷害罪)로 1년(年)을 고생(苦生)했다.

▶ 양인(羊刃)있으나 신약사주(身弱四柱)는 형(刑)·충(沖)되면 불운(不運)이다.

(4-3) 예제(例題) 3. (乾命. 1966年.4月.18日.巳時生.)

癸	丙	甲	丙	正官	▲	偏印	比肩
巳空	申	午羊	午羊	比肩	偏財	劫財	劫財

▶ 육군장교사주(陸軍將校四柱)이다. 월지(月支) 오(午)가 양인(羊刃)이다. 양인격(羊刃格)은 관성(官星)을 만나야 진격(眞格)이 된다.

　• 오중정화양인(午中丁火羊刃)과 일지신중임수(日支申中壬水)가 암합(暗合)이 되어 양인합살격(羊刃合殺格)이다.

戊	戊	壬	己	比肩	▲	偏財	劫財
空午羊	子	申	卯	正印	正財	食神	正官

(4-4) 예제(例題) 4. 〈안중근의사사주(安重根義士四柱)〉

73	63	53	43	33	23	13	3
甲	乙	丙	丁	戊	己	庚	辛
子	丑	寅	卯	辰	巳	午	未

▶ 금수다(金水多)해 신약(身弱)이며, 〈화토(火土)가 용신(用神)〉이다. 시지오화양인(時支午火羊刃)이 용신(用神)인데 신자합수(申子合水)하여 일지자(日支子)가 시지오(時支午)를 공격(攻擊)하는 의미(意味)가 약화(弱化)되었다. 오화(午火)를 생(生)하는 관성묘목(官星卯木)이 양인오(羊刃午)에 원재(遠在)하여 아쉽다.

▶ 양인(羊刃)은 강렬(剛烈)·횡포(橫暴)·성급(性急)하여 일생(日生)에 파란(波瀾)이 많지만 그런 성질(性質)때문에 불세출(不世出)의 열사(烈士)·괴걸(怪傑)·군인(軍人)으로 출세(出世)하기도 한다.

▶ 신약(身弱)한 중(中)에 양인(羊刃)이 용신(用神)이면 특별(特別)한 운명(運命)의 소유자(所有者)로 대운(大運)의 생조(生助)를 받는다면 크게 발전(發展)하는데 대운(大運)이 화토운(火土運)으로 흐르니 대발(大發)할 운명(運

命)이다.

▶ 1909年 기유년(己酉年)에 이등박문(伊藤博文)을 처단(處斷)했다.

유금(酉金)은 금생수(金生水)하고 중요(重要)한 묘목정관(卯木正官)을 충(沖)한다. 양인용신(羊刃用神)이 극상(剋傷)을 당(當)하면 전공(戰功)을 세우고 전사(戰死)했다.

3. 식신격(食神格).

(1) 직업(職業)과 성격(性格).

▶ 교육(教育) · 언론(言論) · 방송(放送) · 요식업(料食業) · 식품업(食品業) · 문화사업(文化事業) · 기술업(技術業) · 생산가공업(生産加工業) · 도매상(都賣商) · 은행(銀行) · 주식증권(株式證券) · 서비스업(service業) · 미술(美術) · 농업(農業) 等에 성공(成功)한다.

  • 동업(同業)은 무관(無關)하다.

▶ 풍체(豊體)가 당당(當當)하다. 정신(精神)이 총명(聰明)하다. 마음이 넓다. 제사(諸事)에 희생(犧牲)을 한다. 노력(努力)을 많이 한다. 남의 마음을 잘 파악(把握)한다.

(2) 식신격(食神格)의 특성(特性).

▶ 도량(度量)이 넓다. 비밀(秘密)이 없고 상냥하다. 의식주(衣食住)가 풍부(豊富)하다.

  • [편인(偏印)이 있어 파극(破剋)이 되면] ➡ 도식(倒食)이나 효신(梟神)이 되어 의식주(衣食住)에 빈천(貧賤)을 불면(不免)한다.

- 식성(食性)이 좋고, 부자(富者)같이 보이고, 남을 위(爲)해 노력(努力)하여 희생(犧牲)하고, 영감(靈感)이 빠르고, 재주가 많으며, 서비스정신(service 精神)이 풍부(豊富)하고, 남의 마음을 잘 파악(把握)하는 능력(能力)이 있으며, 제사(諸事)를 정직(正直)하게 처리(處理)하고, 간혹(間或) 의식주(衣食住)에 말못할 사정(事情)과 자식(子息)의 허망(虛妄)함이 있다.
- 식신격(食神格)을 극파(剋破)하는 타육신(他六神)이 많으면 일생(一生)동안 신고(辛苦)하고, 공연(空然)히 세상(世上)을 도피(逃避)하고, 재난(災難)과 우환(憂患)이 많다.
- 식신격(食神格)은 인성(印星)을 만나면 흉재(凶災)가 있고, 재성운(財星運)을 만나면 항상(恒常) 발전(發展)한다. 자연(自然)스럽게 일간(日干)을 설기(洩氣)하니 신강(身强)이 요구(要求)된다.

(3) 여명(女命)의 식신격(食神格).

▶ 심성(心性)은 착하나 남편덕(男便德)이 부족(不足)하다. 남의 일에 적극적(積極的)이고, 음식(飮食)솜씨가 아주 좋음. 자녀운(子女運)은 길(吉)하다.

(4-1) 예제(例題)1. (1949年生)

庚	戊	壬	己	食神	▲	偏財	劫財
申	辰白	申	丑	食神	比肩	食神	劫財

▶ 시간(時干)에 투출(透出)된 식신격(食神格)이다.
▶ 운로(運路)인 세운(歲運)이나 대운(大運)에서 자수(子水)가 입(入)하면 신자진수국(申子辰水局)과 자축토(子丑土)가 생겨서 많은 변화(變化)가 발생(發生)한다.

(1) 직업(職業)과 성격(性格).

▶ 교육(教育) · 언론(言論) · 특수관직(特殊官職) · 사업(事業) · 감사(監査) · 예능(藝能) · 기술직(技術職) · 수리업(修理業) · 경쟁적사업(競爭的事業) · 변호사(辯護士) · 대변인(代辯人) · 골동품(骨董品) · 고물상(古物商) 等에 성공(成功)한다. 동업(同業)은 길(吉)하다.

▶ 비평(批評)을 잘한다. 상대방(相對方)을 무시(無視)한다. 눈치가 빠르다. 잘난체를 한다. 허세(虛勢)를 부린다. 불평(不評)을 한다. 일을 꾸미기를 잘한다. 불법행위(不法行爲)를 한다. 법(法)을 무시(無視)하는 경향(傾向)이 있음. 관성(官星)을 상살(傷殺)하니 거만(倨慢)하다. 자신(自身)의 뛰어난 기운(氣運)을 외부(外部)에 표출(表出)한다. 천변만화(千變萬化)의 재주가 있어 상황변동(狀況變動)에 따른 처세(處世)가 능란(能爛)하다.

(2) 상관격(傷官格)의 특성(特性).

▶ 얌전하고 도량(度量)이 넓은 것 같으나 속으로는 속이 좁고, 타(他)의 비평(批評)을 하며, 희생(犧牲)하는 것 같으면서도 계산(計算)과 눈치가 빨라 자기(自己) 몫은 절대(絕對)로 놓치지 않는다.

▶ 말이 많고, 자기(自己)의 본성(本性)과 주장(主張)을 드러내고, 잘난 체 하고, 허세(虛勢)를 부리며, 손재주가 좋고, 사기성(詐欺性)의 기만(欺瞞)이 따르고, 자만심(自慢心)이 강(强)해 남의 비평(批評)을 받고, 남에게 복종(服從)을 하지 않고, 비꼬는 냉소형(冷笑形)이고, 불리(不利)하면 안면(顏面)을 바꾸고, 반항심(反抗心)이 강(强)하고, 남의 잘못하는 것 보면 못참는 성격(性格)이며, 예의(禮儀)에 벗어난 행동(行動)을 하고, 직업(職業)에 변

화(變化)가 많으며, 지배(支配)를 받기를 싫어하며, 이탈(離脫)하며, 번번(翻翻)이 종사(從事)하는 직업(職業)이 옳지 못하다.

(3) 여명(女命)의 상관격(傷官格).

▶ 고집불통(固執不通)이다, 남편덕(男便德)이 없으며, 운명(運命)이 험(險)하며, 의협심(義俠心)이 강(强)하고, 재복(財福)은 있다.

• [도화(桃花)⟨=년살(年殺)⟩ · 함지(咸池) · 역마(驛馬) · 고과(孤寡) 等을 만나면] ➡ 천출(賤出)이며, 음란(淫亂)함이 많고, 고독(孤獨)하며, 자식(子息)을 낳고 남편(男便)과 생리사별(生離死別)하며, 남편(男便)은 직업(職業)도 없이 무위도식(無爲徒食)하고, 아무리 똑똑한 남자(男子)라도 여자상관격(女子傷官格)과 살면 매사미성(每事未成)한다.

(4) 상관격요점정리(傷官格要點整理) ➡ 식상혼합격(食傷混合格).

㉠ [진상관격(眞傷官格)].

▶ 식상(食傷)이 많아서 신약(身弱)한 사주(四柱)를 말하며, 일간(日干)을 생조(生助)하고 식상(食傷)을 통제(統制)하는 인성(印星)이 용신(用神)이다. 충극(沖剋)을 당(當)하면 대단(大端)히 위험(危險)하다. 식상(食傷)이 많아 신약(身弱)한데 다시 관성(官星)의 공격(攻擊)을 받는 것을 극루교가(剋漏交加)라 한다.

• 월지(月支)에 상관(傷官)놓아 신약사주(身弱四柱)가 된 것이다. 상관(傷官) 많고 왕(旺)하여 설기(洩氣)가 심(甚)할 때 만들어진다. 이때 인성운(印星運)만나 상관(傷官)을 상진(傷盡)시키면 호운발운(好運發運)하며 만약(萬若) 상관운(傷官運)을 만나면 필사필멸(必死必滅)한다.

※ 예제(例題) 1. (1966年生)

丙	甲	己	丙	食神	▲	正財	食神
寅	午	亥	午羊	比肩	傷官	偏印	傷官

► 갑목(甲木)이 인성월(印星月)에 생(生)했으나 식상화다(食傷火多)하여 신약(身弱)이다. 진상관격(眞傷官格)으로 인성수(印星水)를 용신(用神)한다.

◆ [극루교가(剋漏交加)].

- 식상(食傷)이 많아 신약(身弱)한데 다시 관성(官星)의 공격(攻擊)을 받는 것을 말한다. 즉(卽) 극(剋)함과 설기(洩氣)함이 겹쳤다는 뜻이다.
- 특(特)히 불리(不利)하고, 운로(運路)에서 관성(官星)을 보면 불측(不測)의 화(禍)가 발생(發生)한다.

ⓛ [가상관격(假傷官格)].

► 신강(身强)한 사주(四柱)에서 용신(用神)이 식상(食傷)이 될 때를 말하며, 예(例)컨대 원래(元來) 목(木)이 인월(寅月)이나 묘월(卯月)에 생(生)하여 목기(木氣)가 강(强)한 중(中)에 허약(虛弱)한 화(火)를 보아 화(火)를 용신(用神)으로 하는 경우(境遇)이다. 단순(單純)히 월지(月支)만을 중심(中心)으로 판단(判斷)하는 것이 아니라 사주전체구성(四柱全體構成)을 중심(中心)으로 하여 신강(身强)한 사주(四柱)의 용신(用神)이 식상(食傷)으로 되는 경우(境遇)를 가상관격(假傷官格)이라고 규정(規定)을 하고 있다.

- 월지(月支)에 인성(印星)을 놓고 사주내(四柱內)에 상관(傷官)으로 용신(用神)을 삼을 때 만들어진다. 신강(身强), 신왕(身旺)해야 성립(成立)되며, 만약(萬若) 운로(運路)에서 인성운(印星運)을 만나면 파료상관(破了

傷官)이 되어 필사필멸(必死必滅)한다.

※ 예제(例題) 1. (1957年生)

戊	戊	甲	丁	比肩	▲	偏官	正印
午羊	戌魁	空辰白	酉	正印	比肩	比肩	傷官

▶ 월상갑목(月上甲木)은 진토(辰土)에 유근(有根)하여 용신(用神)될 것 같으나 진술충(辰戌沖)하고 진유합금(辰酉合金)되니 근거(根據)를 실(失)했다. 따라서 갑목(甲木)으로 강(强)한 무토(戊土)를 조절(調節)하기에는 역부족(力不足)하니 〈유금(酉金)이 용신(用神)〉이 된다.

※ 예제(例題) 2. (1972年生)

丁	乙	丙	壬	食神	▲	傷官	正印
亥	亥	午羊	子羊	正印	正印	食神	偏印

▶ 수인성다(水印星多)해서 가상관격(假傷官格)이다. 수화상전(水火相戰)을 막기 위(爲)해서는 목비겁(木比劫)이 도움이 중요(重要)하지만 천간(天干)에 투출(透出)된 목(木)이 없으므로 운로(運路)에서 그러한 역할(役割)을 기대(期待)할 수 밖에 없다.

▶ 해중갑목(亥中甲木)은 투출(透出)되지 않아서 수화상극(水火相剋)을 해소(解消)시키는 힘이 약(弱)하다. 단(但) 오해암합특합(午亥暗合特合)으로 상전(相戰)을 암적(暗的)으로 없애는 작용(作用)이 있음.

ⓒ [파료상관격(破了傷官格)].

• 신강(身强)한 사주(四柱)가 상관(傷官)을 설기구(洩氣口)로 삼고 이를 용

신(用神)으로 삼았는데 상관용신(傷官用神)을 극(剋)하는 인성(印星)이 들어오면 상관(傷官)이 파(破)하고 손상(損傷)되는 것이다. 이러면 반드시 패운(敗運)이므로 사망(死亡)하거나 만권정지(萬權停止)된다.

② [상관상진격(傷官傷盡格)].
- 사주내(四柱內)에 상관(傷官)이 많아 신약(身弱)일 때 인성운(印星運)이 들어와 상관(傷官)으로 설기(洩氣)되는 기운(氣運)을 인성(印星)이 제극(制剋)해주므로 일주(日柱)를 보신(保身)해서 설기구(洩氣口)를 막아주어 길(吉)하다는 말이다.
- [상관상진(傷官傷盡)] ➡ 상관(傷官)으로 인(因)하여 일주(日柱)의 설기(洩氣)가 도기(盜氣)되어 심(甚)하면 이를 막아주는 것이다.
- [파료상관(破了傷官)] ➡ 사주(四柱)가 신강(身强)해 상관(傷官)으로 용신(用神)을 삼을 때 용신상관(用神傷官)을 오히려 방해(妨害)하는 것이다.

⑩ [진상관격(眞傷官格)이 변(變)한 가상관격(假傷官格)].
- 월지(月支)에 진상관(眞傷官)놓아 신약(身弱)하나, 타주(他柱)에 인성(印星), 비겁(比劫)이 많아 신강(身强)되었으면 가상관격(假傷官格)으로 변(變)한 것이고, 변격(變格)된 가상관격(假傷官格)으로 감명(鑑命)한다.

⑪ [가상관격(假傷官格)이 변(變)한 진상관격(眞傷官格)].
- 월지(月支)에 인성(印星)이나 비겁(比劫)을 놓아 신강(身强)하지만 타주(他柱)에 상관(傷官)많아 신약(身弱)되면 진상관격(眞傷官格)으로 변(變)한 것이니 변격(變格)된 진상관격(眞傷官格)으로 감명(鑑命)한다.

㉧ [기명종아격(棄命從兒格)].

- 일주(日柱)를 제외(除外)하고 원국(元局)이 식상(食傷)으로 구성(構成)되어 대세(大勢)를 이룰 때 설기(洩氣)를 감당(堪當)을 못해 나를 버리고 식상(食傷)으로 따라 가는 것을 말한다.

⊙ 때로는 종아격(從兒格)과 진상관격(眞傷官格)이 비슷해 감명(鑑命)하기 쉽 지 않다. 일간(日干)이 양간(陽干)이면서도 쉽게 종(從)하는 사주(四柱)가 있는가 하면 음간(陰干)이면서도 끝까지 불복(不服)하는 사주(四柱)가 있으니 세밀관찰요망(細密觀察要望)한다.

▶ 기타(其他) 종격사주(從格四柱)도 순종(順從)이냐 부종(不從)이냐를 잘보고 감명(鑑命)하라. 순종(順從)이냐 부종(不從)이냐 명확(明確)하지 않을 때는 지난 대운(大運)을 물어보라.

◎ [식상용인격(食傷用印格)].

- 사주(四柱)에 식상(食傷)이 많아 신약(身弱)이면 인성(印星)이 있거나 인성운(印星運)을 만나야 부귀(富貴)하고, 반대(反對)로 재성(財星)이나 식상운(食傷運)을 만나면 더욱 신약(身弱)해져서 빈한(貧寒)하고 천명(賤命)이 된다.
- 식상다(食傷多)해 신약(身弱)일때 비겁생조(比劫生助)보다 인성생조(印星生助)가 유리(有利)하다. 비겁(比劫)은 일주생조(日柱生助)해도 궁극(窮極)에는 식상(食傷)을 왕성(旺盛)하게 하고, 인성(印星)은 일주생조(日柱生助)해도 왕성(旺盛)한 식상(食傷)을 억제(抑制)하기 때문이다.

辛	戊	丁	辛	傷官	▲	正印	傷官
酉	午羊	酉	酉	傷官	正印	傷官	傷官

▶ 토금상관격(土金傷官格)으로 금상관중첩(金傷官重疊)하여 과도(過度)하게 토기(土氣)가 누설(漏泄)된다. 월간인성(月干印星)이 금(金)을 누르고 생(生)하여 부귀사주(富貴四柱)가 되었다.

▶ 초년목화대운(初年木火大運)만나 용신정화(用神丁火)를 왕성(旺盛)하게 하니 장원급제(壯元及第)하여 소년(少年)에 중직(重職)에 올랐다.

▶ 계사(癸巳)·임진대운(壬辰大運)에는 수(水)가 정화(丁火)를 극(剋)하고 진토(辰土)가 생금(生金)하여 관직(官職)에서 파면(罷免)되어 실망자련(失望自憐)속에 보냈다.

㉠ [식상생재격(食傷生財格)].

• 일주강(日柱强)하고 재성(財星)이 약(弱)하고 식상(食傷)이 있는 사주(四柱)로 식상대운(食傷大運)을 만나면 부귀(富貴)하고, 인성(印星)이나 비겁운(比劫運)을 만나면 빈천(貧賤)하다.

※ 예제(例題) 1. (1944年生)

辛	壬	丙	甲	正印	▲	偏財	食神
亥	寅	子	申	比肩	食神	劫財	偏印

▶ 임일(壬日)과 자월수왕지절(子月水旺之節)에 출생(出生)했다. 신금(辛金)이 금생수(金生水)해 신강(身强)하다. 월간병화재성(月干丙火財星)은 약(弱)하다. 갑목(甲木)·인목(寅木)이 수기(水氣)를 목(木)으로 돌리고 다시 목생화

(木生火)하니 재성왕성(財星旺盛)해 수백억갑부(數百億甲富)가 된다.

㊈ [식상용식상격(食傷用食傷格)].

▶ 인성(印星)과 비겁(比劫)이 중첩(重疊)되어 있는 사주(四柱)는 식상(食傷)이 원국(元局)에 있거나 식상운(食傷運)을 만나야 부귀(富貴)한다. 재관운(財官運)은 태왕(太旺)한 인성(印星)과 비겁(比劫)을 충격(衝擊)하는 결과(結果)를 주니 불길(不吉)하다.

▶ 식상용식상격(食傷用食傷格)은 식상(食傷)으로 그 왕성(旺盛)한 기운(氣運)을 누출(漏出)시켜야 한다. 특(特)히 사주대부분(四柱大部分)이 비겁(比劫)으로 되어 있고 식상(食傷)이 없으면 재운(財運)은 크게 불리(不利)하여 군비쟁재(群比爭財)가 되어 구사일생(九死一生)도 힘들다.

※ 예제(例題) 1. (1972年生)

癸	壬	辛	壬	劫財	▲	正印	比肩
卯空	子羊	亥狐	子羊	傷官	劫財	比肩	劫財

73	63	53	43	33	23	13	3
己	戊	丁	丙	乙	甲	癸	壬
未	午	巳	辰	卯	寅	丑	子

▶ 수기태과(水氣太過)하여 범람(氾濫)할 지경(之境)임. 오로지 왕(旺)한 수기(水氣)를 목(木)으로 누출(漏出)시켜야 한다. 임자(壬子), 계축대운(癸丑大運)에는 평범(平凡)하게 지내드니 갑인(甲寅)·을묘대운(乙卯大運)에는 용신운(用神運)만나 시험급제(試驗及第)하고 증재(增財)한다.

▶ 병진대운(丙辰大運)〈=丙辛合水(병신합수)·子辰合水(자진합수)〉에는 군비

쟁재(群比爭財)되어 왕성(旺盛)한 비겁(比劫)이 서로 병화(丙火)를 극(剋)해 삼남중(三男中)에 이남(二男)을 잃고 부부(夫婦)도 다 사망(死亡)하였다.

㉢ [식상오행격(食傷五行格)]. 참고사항(參考事項)이다.

1) [목화식상격(木火食傷格)].
- 갑(甲)·을일생(乙日生)이 사(巳)·오(午)·미(未)의 월령(月令)에 해당(該當)하 는 사주(四柱)이다.
- 과(過)하게 건조(乾燥)하니 조후용신(調候用神)으로 수인성(水印星)을 만 나야 길(吉)하다.

2) [화토식상격(火土食傷格)].
- 병(丙)·정(丁)일생(日生)이 미(未)·술(戌) 월령(月令)에 해당(該當)하는 사주(四柱)이다.
- 화토(火土)가 왕성(旺盛)한 사주(四柱)에 관살수(官殺水)가 끼면 쇠신충 왕(衰神沖旺)되니 상진(傷盡)되어 화토기운(火土氣運)을 설기(洩氣)하는 습토축진(濕土丑辰)으로 용신(用神)한다.
- [상진(傷盡)] ➡ 관살(官殺)이 사주(四柱)에 없거나 있더라도 극(極)히 미 약(微弱)한 것이다.

3) [토금식상격(土金食傷格)].
- 무(戊)·기(己)일생(日生)이 신(申)·유(酉)·술(丑) 월령(月令)에 해당(該 當)하는 사주(四柱).
- 과습(過濕)하니 화인성(火印星)을 만나야 조후(調候)가 된다.

4) [금수식상격(金水食傷格)].

- ·경(庚)·신(辛)일생(日生)이 해(亥)·자(子)·축(丑) 월령(月令)에 해당(該當)하는 사주(四柱).

- ·화토식상격(火土食傷格)과 달리 과(過)하게 한냉(寒冷)하므로 병(丙)·정(丁)·사(巳)·오(午)의 관살(官殺)이 있어야 조후(調候)가 된다.

5) [수목식상격(水木食傷格)].

- ·임(壬)·계(癸)일생(日生)이 인(寅)·묘(卯)·진(辰) 월령(月令)에 해당(該當)하는 사주(四柱).

- ·수(水)가 왕성(旺盛)하면 관살(官殺)을 만나도 신약(身弱)이 안되니 재성(財星)이나 관성(官星)을 만나야 사주(四柱)가 길(吉)해 진다.

(5-1) 예제(例題) 1. (1966年生)

丁	庚	壬	丙	正官	▲	食神	偏官
丑白	子	空辰魁	午羊	正印	傷官	偏印	正官

▶ 자진합수(子辰合數)한 중(中)에 월간(月干)에 임수(壬水)가 투출(透出)하니 식신격(食神格)을 형성(形成)하였다.

▶ 이 때 양(兩)쪽의 병정화(丙丁火)가 일간경금(日干庚金)을 공격(攻擊)하니 극루교가(剋漏交加)이다. 다행(多幸)히 시지(時支)에 축(丑)이 있어 경금(庚金)의 의뢰처(依賴處)가 된다.

(5-2) 예제(例題) 2. (1963年生)

戊	丙	甲	癸	食神	▲	偏印	正官
戌魁	午羊	空寅孤	卯空	食神	劫財	偏印	正印

▶ 병화(丙火)가 인오술화국(寅午戌火局)을 형성(形成)하여 신강(身强)이다. 가상관격(假傷官格)이다.

▶ 년간(年干)의 계수(癸水)는 갑목(甲木)에 기운(氣運)이 다 흡수(吸收)되어 무력(無力)하므로 용신(用神)이 안되고, 시간무토(時干戊土)가 용신(用神) 이다. 무토극(戊土剋)하는 갑목(甲木)은 병(病)이다. 갑목제거(甲木除去)하 는 재성금(財星金)을 운로(運路)에서 만나면 좋다.

(5-3) 예제(例題) 3. (1953年生)

丙	乙	丁	癸	傷官	▲	食神	偏印
子	巳孤	巳孤	巳	偏印	傷官	傷官	傷官

▶ 을목(乙木)이 상관월(傷官月)에 생(生)하여 화(火)가 많아서 신약(身弱)해 진상관격(眞傷官格)이다. 용신(用神)은 수인성(水印星)이다.

(5-4) 예제(例題) 4. 1875年 3月 26日 寅時生. (李承晩 前大統領)

甲	癸	庚	乙	傷官	▲	正印	食神
寅孤	亥	辰魁	亥	傷官	劫財	正官	劫財

80	70	60	50	40	30	20	10
壬	癸	甲	乙	丙	丁	戊	己
申	酉	戌	亥	子	丑	寅	卯

▶ 동방목기계절생(東方木氣季節生)이다. 해중갑목(亥中甲木)이 투간(透干)하여 건록(建祿)을 득(得)한다. 계수일간(癸水日干)이 설기(洩氣)가 심(甚)하

다. 부득이(不得已) 목기(木氣)〈=식상(食傷)〉를 제극(制剋)하고 일간생(日干生)하는 금기(金氣)를 선택(選擇)한다.

▶ 목기강왕(木氣强旺)하니 상관격(傷官格)으로 취용(取用)한다. 신왕길(身旺吉)하고, 신약(身弱)은 주색(酒色)하고 법(法)을 무시(無視)한다.

▶ 교도소출입(矯導所出入)이 많음. 건명(乾命)에 식상다(食傷多)하면 무(無子), 곤명(坤命)에 식상다(食傷多)면 입태(入胎)·유산(流産)한다.

(5-5) 예제(例題) 5. 1946年 8月 6日 辰時生.(盧武鉉 前大統領)

丙	戊	丙	丙	偏印	▲	偏印	偏印
辰	寅	申空	戌白	比肩	偏官	食神	比肩

73	63	53	43	33	23	13	3
甲	癸	壬	辛	庚	己	戊	丁
辰	卯	寅58	丑	子	亥	戌	酉

▶ 화토다(火土多)한 신강사주(身强四柱)이다. 인성(印星)과 비겁혼잡사주(比劫混雜四柱)이고 수무사주(水無四柱)이다.

• 삼붕격(三朋格)이다.

▶ 임인대운(壬寅大運)에 대통령(大統領)에 당선(當選)되었다.

◐ 대통령선거일(大統領選擧日) ➡ 2002年 12月 19日.(木曜日)

○	辛	壬	壬	○	▲	傷官	傷官
○	酉空	子羊	午	○	比肩	食神	偏官

► [年;인오술삼합(寅午戌三合)] ➡ 大運=寅(인) · 歲運=午(오) · 年支=戌(술).

　· [月;신자진삼합(申子辰三合)] ➡ 생월(生月) · 선거월(選擧月) · 시지(時支).

　· [日;신유술방합(申酉戌方合)] ➡ 생월(生月) · 선거일(選擧日) · 년지(年支).

　· 고(故)로 삼합(三合)2개(個), 방합(方合)1개(個)로 이루어졌다.

⊙ 사망시간(死亡時間) ➡ 2009年 4月 29日 午前 9時 35分境(巳時).

丁	戊	己	己	正印	▲	劫財	劫財
巳孤	辰白	巳	丑	偏印	比肩	偏印	劫財

► 화토신강사주(火土身强四柱)에 사고(事故)가 발생(發生)한 년(年) · 월(月) · 일(日) · 시(時)가 화토만국(火土滿局)으로 되니 어찌 견딜 것인가.

---

5. 편재격(偏財格).

(1) 직업(職業)과 성격(性格).

► 제조업(製造業) · 상업(商業) · 청부사업(請負事業) · 생산업(生産業) · 약업(藥業) · 의업(醫業) · 장사계통(系統) · 금융(金融) · 재정(財政) · 세무관리직(稅務管理職) · 무역업(貿易業) · 건축업(建築業) · 역술인(易術人) 等에 성공(成功)한다.

► 성격(性格)은 명쾌(明快)하다. 호걸(豪傑)이다. 시원하게 처세(處世)한다. 일의 처리(處理)가 능숙(能熟)하다. 농담(弄談)을 좋아한다.

(2) 편재격(偏財格)의 특성(特性).

▶ 팔방미인(八方美人)이고, 영웅호걸(英雄豪傑)같고, 성격(性格)이 명랑(明朗)하고, 매사(每事) 일의 처리(處理)를 잘하고, 농담(弄談)도 잘하고, 계산(計算)도 잘하고, 인심(人心)도 후(厚)하고, 대중(大衆)의 기분(氣分)을 잘 맞추어 준다.

▶ [신약(身弱)이면] ➡ 주색(酒色)을 탐(貪)하고, 낭비(浪費)가 심(甚)하고, 공금(公金)이라도 수중(手中)에 들어가면 다 낭비(浪費)하고, 이성(異性)을 좋아하고, 술과 도박(賭博)과 여자(女子)로 패가망신(敗家亡身)하고, 조상묘(祖上墓)까지 팔아 먹고, 타향(他鄉)에서 객사(客死)를 불면(不免)한다.

▶ [신왕(身旺)이면] ➡ 길(吉)하다. 절도(節度)가 있고, 통솔력(統率力)이 있고, 많은 사람을 부하(部下)로 만들고, 구속(拘束)을 싫어하고, 교제능력풍부(交際能力豊富)하고, 인기(人氣)가 있고, 사람을 잘 다룬다.

(3) 여명(女命)의 편재격(偏財格).

▶ 외모(外貌)가 좋고, 여장부(女丈夫)와 같고, 유명(有名)한 여성(女性)이 많고, 돈을 잘 벌고 잘 쓰며, 자랑이 심(甚)하고, 가정(家庭)이나 사소(些少)한 일에는 관심(關心)이 없고, 남자(男子)처럼 활발(活潑)하고, 큰 사업(事業)을 즐기며, 빚을 지더라도 남편(男便)의 뒷바라지를 잘한다.

(4) 재성위치(財星位置)에 따른 분류(分類).

1) [세덕부재격(歲德扶財格)] ➡ 년주(年柱)에 재성(財星)이 있으면 성립(成立)한다. 길성(吉星)과 조화(調和)돼야 길(吉)하고, 아주 드문 사주(四柱)이다.

2) [월상재성격(月上財星格)] ➡ 월상재성(月上財星)이 있고, 신강(身强)하면 희사(喜捨)하고, 포시(布施)도 하고, 인색(吝嗇)하지 않고, 친절(親切)하고,

활동적(活動的)이다.

예제(例題) 1. (1969年生)

乙	壬	丙	己	傷官	▲	偏財	正官
空巳孤	寅空	子	酉	偏財	食神	劫財	正印

▶ 임수(壬水)가 양인자월출생(羊刃子月出生)이다. 월상편재(月上偏財)이다.
   신강(身强)이다. 화토재관(火土財官)이 용신(用神)이다.

3) [시상편재격(時上偏財格)] ➡ 시상일위편재(時上一位偏財)가 있는 것이다.
   충파(沖破)가 없고 신왕(身旺)해야 영화(榮華)를 누린다.

4) [전재격(專財格)] ➡ 시상편재격(時上偏財格)과 비슷하다. 일간(日干)과 시
   지관계(時支關係)에서 성립(成立)된다.

5) [재살용비겁격(財殺用比劫格)] ➡ 신약(身弱)에 재성(財星)이 많으면 비겁
   (比劫)으로 용신(用神)한다.

6) [재살용식상격(財殺用食傷格)] ➡ 비겁다(比劫多)해 신왕(身旺)이면 식상(食
   傷)으로 용신(用神)할 때도 있다.

7) [재살용재격(財殺用財格)] ➡ 신왕(身旺)에 인성다(印星多)면 재성(財星)으
   로 용신(用神)하는 격(格)이다.

➡ 예제(例題) 1. (1966年生)

辛	丁	丙	丙	偏財	▲	劫財	劫財
丑	卯	戌白	午羊	食神	偏印	傷官	比肩

▶ 정일(丁日)이 술월출생(戌月出生)해 약(弱)한 중(中)에 오술지지반합(午戌地
   支半合), 지지묘술합화(地支卯戌合火)로 되어 신강사주(身强四柱)로 됨.

• 술지장간(戌地藏干)에 신금편재(辛金偏財)가 시간(時干)에 투간(透干)되어 편재격(偏財格)이니 편재용신(偏財用神)이다.

▶ 축(丑)의 극(剋)인 묘편인(卯偏印)은 신금(辛金)이 막아주고, 신금(辛金)의 극화(剋火)는 축토(丑土)가 생(生)으로 막아 주니 귀격사주(貴格四柱)가 되었다.

8) [재살용관살격(財殺用官殺格)] ➡ 비겁다(比劫多)해 신왕(身旺)이면 관살(官殺)로 용신(用神)한다.

9) [재살용인격(財殺用印格)] ➡ 신약(身弱)에 관성(官星)이나 식상다(食傷多)하면 인성(印星)으로 용신(用神)한다.

> ❏ 일주(日柱)가 강성(强盛)할 때는 인성(印星)이 불필요(不必要)하다. 사주(四柱)에 불필요(不必要)한 인성(印星)이 있을 때 이 인성(印星)을 억제(抑制)하는 것은 재성(財星)의 역할(役割)이다. 재성(財星)이 인성(印星)을 제거(除去)함으로써 사주(四柱)가 맑아지며 팔자(八字)가 길(吉)해진다.

(5-1) 예제(例題) 1. (1968年生)

甲	戊	壬	戊	偏官	▲	偏財	比肩
寅孤	午羊	戌白	申孤	偏官	正印	比肩	食神

▶ 인오술삼합화국(寅午戌三合火局)되어 화인성(火印星)이 강(强)하다.
　 인성강(印星强)하면 재성용신(財星用神)한다.

▶ 월간임수(月干壬水)를 용신(用神)하니 약(弱)하다. 년지신금(年支申金)에 유근(有根)하나 좌지(坐支)가 극(剋)을 하니 힘이 약(弱)하다. 고(故)로 인생(人生)살이가 고달프다. 부인사별(婦人死別)하고, 고난고통(苦難苦痛)이 많다. 월급생활(月給生活)한다.

壬	戊	戊	庚	偏財	▲	比肩	食神
戌白	申孤	寅空	戌魁	比肩	食神	偏官	比肩

78	68	58	48	38	28	18	8
丙	乙	甲	癸	壬	辛	庚	己
戌	酉	申	未	午	巳	辰	卯

▶ 무토인월생(戊土寅月生)으로 금수다(金水多)해 신약(身弱)같지만 월지인(月支寅)에서 투출(透出)한 무토(戊土)와 년지(年支)·시지(時支)에 술(戌)이 있어 일간(日干)은 유기(有氣)하다.

▶ 시간일위(時干一位)에 임수편재(壬水偏財)가 있고, 일지신금(日支申金)에 유근(有根)하니 시상편재격(時上偏財格)이다. 식신경금(食神庚金)이 일지(日支)에 있어 비견토(比肩土)와 편재임수(偏財壬水)를 연결(連結)하니 전형적(典型的)인 식신생재격(食神生財格)이다.

▶ 인신상충(寅申相沖)은 인술반합(寅戌半合)으로 해소(解消)가 되고, 대운오운(大運午運)에 인오술화국(寅午戌火局)이 완전성립(完全成立)해 일간(日干)을 도우니 크게 발전(發展)한다. 〈목화용신(木火用神)〉이다. 용신(用神)과 희신(喜神)의 길신(吉神)이 암장(暗藏)이 되어 있으니 천복(天福)이 있다.

◉ [시상편재격(時上偏財格)] ➡ 시상(時上)에 일위(一位)일 경우(境遇)에 성립(成立)한다. 시상편재(時上偏財)는 특별(特別)히 횡재수(橫財數)가 있고, 편재(偏財)가 형(刑)·충(沖)이 되지 않고 유기(有氣)하여 타주(他柱)에서 편재(偏財)를 거듭 만나면 기운(氣運)이 집중(集中)되어 길(吉)하고, 편재(偏財)의 근원(根源)인

식상(食傷)이 있으면 좋지만, 천간(天干)에 비겁(比劫)이 투출(透出)하여 쟁재(爭財)하면 불길(不吉)하다. 즉(卽) 비겁(比劫)이 〈형(刑)·충(沖)·파(破)·해(害)〉하면 전답(田畓)을 파손(破損)하고, 빈한(貧寒)하고, 처첩(妻妾)을 생이별(生離別)하고, 의식주(衣食住)가 불편(不便) 하다.

6. 정재격(正財格).

(1) 직업(職業)과 성격(性格).

▶ 가격(價格)이 정(定)해 있는 사업(事業)〈=정찰제(正札制)〉·금융계통(金融系統)·재정공무원(財政公務員)·경리(經理)·은행원(銀行員)·세무사(稅務士)·회계사(會計士)·변리사(辨理士)·물품자재관리(物品資材管理)·창고관리직(倉庫管理職)·공업(工業)·건축자재업(建築資材業)·운수업(運輸業)·각종도매업(各種都賣業)·상업(商業) 等에 종사(從事)하면 성공(成功)한다.

▶ 성실(誠實)하다. 금전관리(金錢管理)를 잘한다. 수전노(守錢奴)〈=구두쇠〉이다. 사채(私債)놀이를 한다. 고리대금업(高利貸金業)한다. 경제(經濟)를 잘 다스린다. 근면(勤勉)하다. 선대부유(先代富裕)했다.

(2) 정재격(正財格)의 특성(特性).a

▶ 경제관리(經濟管理)는 너무 아껴서 구두쇠소리를 듣고, 타산적성품(打算的性品)이고, 세심(細心)하고, 모든 일을 잘 처리(處理)한다. 자기직업(自己職業)을 천직(天職)으로 여기고, 식구(食口)를 소중(所重)히 여김. 항상(恒常)돈이 떨어지지 않는다.

(3) 여명(女命)의 정재격(正財格).

▶ 남편덕(男便德)이 좋고, 살림을 잘하고, 경제(經濟)에 집착력(執着力)이 강(强)하여 저축(貯蓄)과 살림에 수완(手腕)은 좋으나 시모(媤母)와 불화(不和)하며, 시댁(媤宅)과 쟁론(爭論)이 많은 사람이 있다.

(4-1) 예제(例題)1. (1984年生)

辛	己	壬	甲	食神	▲	正財	正官
未	亥空	申	子	比肩	正財	傷官	偏財

▶ 월지신중(月支申中)의 임수중기(壬水中氣)가 월천간(月天干)에 투간(透干)되어 정재격(正財格)으로 한다.

(4-2) 예제(例題)2. (1955年生)

甲	庚	己	乙	偏財	▲	正印	正財
申	子	卯	未白	比肩	傷官	正財	正印

▶ 신금제외(申金除外)하고 수목(水木)으로 되어 있으니 신약(身弱)이다. 신자수국(申子水局)과 묘미목국(卯未木局)한다. 월간기토정인(月干己土正印) 있으나 군재성(群財星)에 의(依)해 파극(破剋)되어 생금(生金)못하고 있다. 고(故)로 일사불성(一事不成)으로 한 평생(平生)을 보냈다.

7. 편관격(偏官格).

(1) 직업(職業)과 성격(性格).

▶ 군인(軍人) · 경찰(警察) · 사법관(司法官) · 의사(醫師) · 기술방면(技術

方面)·명예직(名譽職)·특수관직(特殊官職)·청부사업(請負事業)·변호사
(辯護士)·건축업(建築業)·선박업(船舶業)·수금업(收金業) 等. 평생관직
(平生官職)이나 군인(軍人)이 제일(第一)좋고, 학업(學業)은 도중하차(途中
下車)가 아니면 고학(苦學)으로 공부(工夫)를 해서 일신(一身)이 고달프다.

▶ 자존심(自尊心)이 강(强)하다. 반발심(反撥心)과 시비(是非)가 많음. 매사
(每事)에 적개심(敵愾心)이 많음. 우두머리이다.

(2) 편관격(偏官格)의 특성(特性).

▶ 조출타향생활(早出他鄕生活)을 하고, 형제무덕(兄弟無德)하고, 친척외면
(親戚外面)하고 살아가고, 죽마고우(竹馬故友)도 멀리하며 살아가고, 주거
불안(住居不安)하고, 불구(不具)가 되거나, 신병(身病)으로 고생(苦生)하며,
만성피로(慢性疲勞)가 겹치고, 재물손실(財物損失)이 많고, 항상(恒常) 벌
어도 지출(支出)이 많고, 재화(災禍)가 따른다.

▶ 사방(四方)에 나를 싫어하는 사람이고, 반발심(反撥心)과 적개심(敵愾心)이
불타고, 성격(性格)이 조급(躁急)하며, 쟁투(爭鬪)와 시비(是非)가 따르고,
항시(恒時) 관재수(官災數)가 있고, 몸에 흉터가 있고, 자식(子息)을 많이
두나 불효자식(不孝子息)들 뿐이다.

· [일주편관(日柱偏官)] ➡ 〈甲申·乙酉·戊寅·己卯·壬辰·壬戌·癸
丑·癸未.〉

(3) 여명(女命)의 편관격(偏官格).

▶ 운명(運命)의 굴곡(屈曲)이 많아서 재가(再嫁)할 팔자(八字)이며, 때때로 구
박(毆縛)을 당(當)하고 살아가고, 결혼후(結婚後)에 득병(得病)하고, 소실생
활(小室生活)〈=첩(妾)〉을 해보거나 정부(情夫)를 두기도 하며, 의사(醫師)

나 여군(女軍)에 종사(從事)하며, 기생(妓生)이나 여승(女僧)인 비구니(比丘尼)가 되기도 한다.

(4) 편관격(偏官格)의 신약(身弱), 신강(身强)인 경우(境遇).

> ➡ [편관다(偏官多)해 신약(身弱)인 경우(境遇)] ➡ 인성(印星)으로 화살(化殺)하는 방법(方法) · 식상(食傷)으로 제살(制殺)하는 방법(方法) · 비겁(比劫)으로 통살(通殺)하는 방법(方法) 等이 있다.

1) [화살(化殺)] ➡ 인성(印星)을 이용(利用)하여 편관(偏官)과 일간(日干)사이를 연결(連結)시키는 작용(作用)을 한다. 살인상생(殺印相生)이나, 관인상생(官印相生)이라 한다.

   • 사주(四柱)에서 화살력(化殺力)이 제살력(制殺力)보다 강(强)하면 자제력(自制力)이 부족(不足)한 사람이다.

※ 예제(例題)1. (1938年生)

癸	戊	甲	戊	正財	▲	偏官	比肩
亥	午羊	寅孤	寅	偏財	正印	偏官	偏官

▶ 편관갑목(偏官甲木)이 득세(得勢)하여 강(强)하지만 인중병화(寅中丙火)가 있고, 일지오화(日支午火)가 인오합(寅午合)이 되어 일간무토(日干戊土)에 굴복(屈伏)하는 모습이다. 〈화용신(火用神)〉이다.

▶ 살인상생(殺印相生)의 덕(德)을 실현(實現)한 사주(四柱)로써 화운(火運)에 대단(大端)한 공훈(功勳)을 세운다.

2) [제살(制殺)] ➡ 편관관성(偏官官星)을 다스리기 위(爲)해 식상(食傷)으로 제
살(制殺)하는 경우(境遇)이다. 이때 일간(日干)의 힘이 너무 약(弱)하면 식상
생조(食傷生助)를 할 수 없으니 편관(偏官)을 다스리기가 어렵다.

- 사주(四柱)에서 제살력(制殺力)이 화살력(化殺力)보다 강(强)하면 타인
  (他人)을 위(爲)하여 은덕(恩德)을 베풀지만 부족(不足)한 점(点)이 있어
  원한(怨恨)을 사게 된다.

※ 예제(例題)1. (1930年生)

壬	甲	辛	庚	偏印	▲	正官	偏官
申	申	巳	午空	偏官	偏官	食神	傷官

▶ 관성금다(官星金多)해 일간갑목(日干甲木)이 아주 약(弱)하다. 이때 지지
(地支)에는 오화(午火)와 천간(天干)에는 임수(壬水)가 있어 각각(各各) 제
화(制化)를 한다. 식상(食傷), 인성(印星) 모두 이용(利用)하는 경우(境遇)
이다. 사화(巳火)는 사신합수(巳申合水)되어 극금(剋金)을 하기에는 역부족
(力不足)이다.

3) [전식거후살거(前食居後殺居)] ➡ 년(年)·월주(月柱)에 식상(食傷)이 있고 시
주(時柱)에 편관관성(偏官官星)이 있는 것으로 년(年)·월주(月柱)의 식상(食
傷)이 시주(時柱)의 강력(强力)한 칠살(七殺)을 제복(制服)하면서 〈식상거선
(食傷居先)과 칠살거후(七殺居後)〉의 적절(適切)한 구조(構造)가 갖추어 진
다. 이 때 일간(日干)이 왕성(旺盛)하면 좋다.

乙	己	辛	辛	偏官	▲	食神	食神
亥	卯	丑	巳	正財	偏官	比肩	正印

▶ 편관(偏官)인 을(乙)·묘목(卯木)이 일간기토(日干己土)를 강극(强剋)한다. 반면(反面)에 축월(丑月)에 생(生)해서 사축금국형성(巳丑金局形成)하니 식신(食神)의 힘도 막강(莫强)하다. 금목상전(金木相戰)하는 모습이지만 일주(日柱)·시주(時柱)의 편관(偏官)의 극(剋)이 심(甚)하니 전식거후살거(前食居後殺居)의 식신제살격(食神制殺格)이다.

(5) 편관격(偏官格)이 신강(身强)인 경우(境遇).

1) 비겁다(比劫多)해 신왕(身旺)하면 관성(官星)이 용신(用神)이 될 수 있다. 이때 재성(財星)은 관성(官星)을 생조(生助)하는 희신역할(喜神役割)한다. 이를 재자약살격(財滋弱殺格)이라 한다.

※ 예제(例題)1. (1932年生)

丙	庚	戊	壬	偏官	▲	偏印	食神
子	空戌魁	申孤	申	傷官	偏印	比肩	比肩

▶ 경금(庚金)이 건록월(建祿月)에 생(生)해 아주 강(强)하다. 경금(庚金)이 강(强)하면 화(火)로 단련(團練)해야 하는데 마침 시간편관병화(時干偏官丙火)가 술중(戌中)에 유근(有根)하니 용신(用神)이 된다. 목화운(木火運)에 대발(大發)한다.

2) 편관(偏官)이 많아 관성(官星)이 태강(太强)하고 일간(日干)도 강(强)하면 편관(偏官)으로 용신(用神)하면 안되고 식상(食傷)으로 제살(制殺)을 해야 한다.

- 일간(日干)이 아무리 강(强)해도 편관(偏官)의 태강(太强)함은 두렵다. 따라서 신강(身强)해도 편관(偏官)이나 관성(官星)이 너무 강(强)하면 용신(用神)으로 불가(不可)하다. 이때는 식상(食傷)으로 적절(適切)히 제복(制伏)하면 자손(子孫)이 많고 노년(老年)이 길(吉)하다.

※ 예제(例題)1. (1935年生)

丁	乙	乙	乙	食神	▲	比肩	比肩
空丑白	卯	酉	亥	偏財	比肩	偏官	正印

▶ 신강(身强)하나 유축합금(酉丑合金)되어 편관(偏官)이 태강(太强)하다. 정화식신(丁火食神)으로 월지편관(月支偏官)을 제복(制伏)시킨다. 고(故)로 〈정화용신(丁火用神)〉이다.

(5-1) 예제(例題)1. (1980年生)

丙	甲	庚	庚	食神	▲	偏官	偏官
寅	戌	辰魁	申空	比肩	偏財	偏財	偏官

▶ 편관경금(偏官庚金)이 태강(太强)하니 일간갑목(日干甲木)이 위태(危殆)롭다. 시간병화식신(時干丙火食神)이 용신(用神)이다. 월간(月干)에 경금(庚金)이 투출(透出)하여 갑목(甲木)을 다듬고, 병화(丙火)로 왕금(旺金)을 극제(剋制)하니 배합(配合)이 적절(適切)하다.

▶ 진습토(辰濕土)기 있어 건조(乾燥)하지 않고, 천간(天干)에 수기(水氣)가 없

어 병화건전(丙火健全)하고, 대운(大運)이나 세운(歲運)에서 화운(火運)이
입(入)하면 더욱 발복(發福)한다.

(5-2) 예제(例題)2. (1932年生)

丙	庚	丙	壬	偏官	▲	偏官	食神
空戌白	午	午羊	申	偏印	正官	正官	比肩

▶ 화관성다(火官星多)해 경금(庚金)이 녹을 지경(地境)이나, 년간임수식식(年
干壬水食神)이 신(申)에서 장생(長生)하며, 투출(透出)하니 화관성(火官性)
을 다스릴 수 있다. 임수식신용신(壬水食神用神)한다.

(5-3) 예제(例題) 3. 관살혼잡격(官殺混雜格) (1947年生)

丁	辛	壬	丁	偏官	▲	傷官	偏官
酉空	巳	子羊	亥	比肩	正官	食神	傷官

▶ 동절생(冬節生)에 수다(水多)하여 한습(寒濕)하다. 신일간금(辛日干金)이
시지유(時支酉)가 있어 힘을 얻고, 조후(調候)가 필요(必要)한데 년간정화
(年干丁火)는 정임합목(丁壬合木)되어 상실(喪失)하고, 일지사화(日支巳火)
는 시지유(時支酉)와 합금(合金)할려 하나 사해충(巳亥沖)으로 손상(損傷)
되어 합(合)이 잘 안된다.

▶ 따라서 시간정화용신(時干丁火用神)하면 토운(土運)에 수(水)를 조절(調節)
하고 화(火)를 보존(保存)한다.

(6) 관살격(官殺格)의 종류(種類).

㉠ [제살태과격(制殺太過格)].

▶ 식상(食傷)이 관성(官星)을 지나치게 극(剋)하는 경우(境遇)이다. 이때는 식상(食傷)을 억제(抑制)하고 관성(官星)을 보호(保護)하는 인성(印星) 또는 재성(財星)이나 관성(官星)이 용신(用神)이다.

※ 예제(例題)1. (1945年生)

戊	丙	丁	乙	食神	▲	劫財	正印
戌魁	空午羊	亥	酉	食神	劫財	偏官	正財

▶ 병화(丙火)가 동절생(冬節生)이나 을목(乙木)과 정화양인(丁火羊刃)의 도움으로 강(强)하다. 그런 중(中)에 해중편관임수(亥中偏官壬水)가 식상토(食傷土)에 의(依)해 강(强)하게 공격당(攻擊當)한다.

▶ 금수운(金水運)에 편관(偏官)을 생조(生助)하니 좋고, 목운(木運)에 토(土)를 극(剋)하여 편관(偏官)을 보호(保護)하니 역시(亦是) 좋다.

© [관살혼잡격(官殺混雜格)]〈=명암부집격(明暗夫集格)〉.

▶ 편관(偏官)과 정관(正官)이 혼잡(混雜)되어 있는 것이다. 격(格)이 낮은 사주(四柱)이다. 신약사주(身弱四柱)에 적용(適用)한다. 관살혼잡(官殺混雜)되면 사주(四柱)가 탁(濁)해 진다.

◑ 관살혼잡(官殺混雜)의 구분(區分).

1) 관살(官殺)이 년주(年柱)·월주(月柱)에 연달아 있으면 편관(偏官)으로 본다.

2) 관살(官殺)이 년주(年柱)·시주(時柱)에 있으면 관살혼잡(官殺混雜)으로 본다.

3) 정관(正官)이 많으면 편관(偏官)으로 본다.

4) 정관(正官)이 지지(地支)에 있고 편관(偏官)이 투출(透出)하면 편관(偏官)으로 본다.

5) 편관(偏官)이 지지(地支)에 있고 정관(正官)이 투출(透出)하면 정관(正官)으로 본다.

6) 거관(去官)〈=정관(正官)을 없애고〉하고 유살(留殺)〈=편관(偏官)이 남으면〉하면 편관(偏官)이다.

7) 거살(去殺)〈=편관(偏官)을 없애고〉하고 유관(留官〈=정관(正官)이 남으면〉하면 정관격(正官格)이다.

8) 종합(綜合)하면 재성(財星)·관성(官星)·인성(印星)이 원국(元局)에서 2개(個) 이상(以上)이나, 대운(大運)이나 세운(歲運)에서 2개(個)이상(以上)으로 생기면 편(偏)으로 간주(看做)하라.

※ 예제(例題)1. (1983年生)

壬	丙	癸	癸	偏官	▲	正官	正官
辰魁	午羊	亥	亥	食神	劫財	偏官	偏官

▶ 관살혼잡(官殺混雜)하여 일간(日干)을 공격(攻擊)하고 있다. 다행(多幸)히 해중갑목(亥中甲木)있고 일지(日支)에 양인오화(羊刃午火)가 있어 의지처(依支處)가 있다. 오(午)와 해(亥)는 정임암합(丁壬暗合)을 하는데 양인정화(羊刃丁火)가 편관임수(偏官壬水)와 합(合)하니 일종(一種)의 권위(權威)가 있다. 수살(水殺)이 강(强)하므로 식상토(食傷土)로 제살(制殺)해도 좋고, 목(木)으로 화살(化殺)해도 좋다.

庚	壬	己	甲	偏印	▲	正官	食神
戌魁	戌白	巳	午	偏官	偏官	偏財	正財

▶ 외형상(外形上) 토다(土多)하여 관살혼잡(官殺混雜)으로 보인다. 그러나 갑
기합토(甲己合土)하고 오술반합(午戌半合)으로 관살(官殺)이 제거(制去)되
고 원류사주(源流四柱)로 길(吉)하다.

ⓒ [세덕부살격(歲德扶殺格)].

▶ 년간(年干)에 편관(偏官)이 투출(透出)하면 성립(成立)한다.
　• 년주(年柱)는 군위(君位)이기에 적용(適用)한 것.

▶ 신약살강(身弱殺强)하면 제살(制殺)하고, 화살(化殺)하고, 신강살약(身强殺
弱)하면 재성(財星)으로 생조(生助)한다.

ⓔ [월상편관격(月上偏官格)]·[시상편관격(時上偏官格)].

1) [월상편관격(月上偏官格)] ➡ 월주편관(月柱偏官)이 있을 때이다. 보통(普
通) 인성(印星)·비겁(比劫)·양인(羊刃)으로 일간(日干)을 생조(生助)를 하
거나 식상(食傷)으로 제살(制殺)한다. 편관(偏官)이 약(弱)하면 재성(財星)
으로 도와야 한다.

※ 예제(例題)1. (1986年生)

辛	壬	戊	丙	正印	▲	偏官	偏財
丑空	空戌白	戌魁	寅	正官	偏官	偏官	食神

▶ 화토재관강(火土財官强)하다. 화살(化殺)하는 시간신금용신(時干辛金用神)

이다. 강(强)한 무토편관(戊土偏官)을 제복(制伏)하는 수목(水木)이 길(吉)하다.

2) [시상편관격(時上偏官格)] ➡ 시간(時干)에 편관(偏官)이 하나 있으면서 지지(地支)에 유근(有根)하고 타주(他柱)에 다시 관성(官星)을 만나지 않으면 성립(成立)한다. 일명(一名) 시상위귀격(時上位貴格)이다. 신강(身强)과 신약(身弱)의 경우(境遇)에 차이(差異)가 있다.

▶ 성질(性質)이 강직(剛直)하고, 금력(金力)에 굽히지 않고, 의리(義理)를 중(重)히 여긴다. 시상편관(時上偏官)은 형(刑)·충(沖)·파(破)·해(害)·양인(羊刃)을 꺼리지 않는다.

※ 예제(例題)2. (1929年生)

壬	丙	丁	己	偏官	▲	劫財	傷官
辰魁	午羊	卯空	巳	食神	劫財	正印	比肩

- 병화(丙火)가 묘월(卯月)에 생(生)하고 양인(羊刃)이 있어 강(强)하다. 따라서 시간(時干)의 임수편관(壬水偏官)을 용신(用神)한다. 임수(壬水)가 시간(時干)에 투출(透出)하였고 일위(一位)만 있어 천약(淺弱)하므로 시상편관 일위귀격(時上偏官一位貴格)의 진격(眞格)이다.

◎ [관살용비겁격(官殺用比劫格)].

▶ [관살(官殺)보다 재성(財星)이 많아 신약(身弱)일 때] ➡ 비겁(比劫)으로 용신(用神)한다. 만약(萬若) 인성(印星)으로 용신(用神)하면 돈과 사람이 상쟁(相爭)하는 형상(形狀)이라 안된다.

ⓑ [관살용식상격(官殺用食傷格)].

▶ 신왕사주(身旺四柱)에 관살격(官殺格)의 명칭(名稱)만 붙이고 일간(日干)의 기운(氣運)을 설기(洩氣)하는 식상(食傷)이 용신(用神)이 된다.

ⓐ [관살용재격(官殺用財格)].

▶ [인성태과(印星太過)해 신강(身强)이면] ➡ 재살(財殺)로 용신(用神)한다. 관살(官殺)이 없을 때는 관살(官殺)로 용신(用神)한다.

◎ [관살용살격(官殺用殺格)].

▶ [비겁(比劫)이 많아 신왕(身旺)하면] ➡ 관살(官殺)이나 재살(財殺)로 용신(用神)한다. 태왕(太旺)하며 식상용신(食傷用神)한다.

※ 예제(例題)1. (1970年生)

庚	庚	丙	庚	比肩	▲	偏官	比肩
辰魁	申	午羊	戌魁	偏印	比肩	正官	偏印

▶ 경일간(庚日干)이 오월(午月)이라 약(弱)하지만 비겁다(比劫多)해 신왕사주(身旺四柱)가 되었다. 오월(午月)의 병화(丙火)가 지지(地支)에 유근(有根)하니 편관격(偏官格)이다.

▶ 병화(丙火)가 오(午)에 유근(有根)하여 병화용신(丙火用神)하니 신왕(身旺)에 관용신(官用神)도 온전(溫全)하다. 그러나 대운(大運)이 북방수(北方水), 서방금(西方金)으로 흐르니 뜻을 펴지 못하고 감금생활(監禁生活)하다 나와서 술로 득병(得病)하여 신유세운(辛酉歲運)에 끝났다.

ⓩ [관살용인격(官殺用印格)].

▶ [관살(官殺)이나 식상다(食傷多)해서 신약(身弱)일 때] ➡ 인성(印星)으로

용신(用神)한다. 인성대운(印星大運)에 대발(大發)하고 비겁대운(比劫大運)은 약(弱)하다.

㊃ [재자약살격(財滋弱殺格)].

▶ [팔자중(八字中)에 관살(官殺)이 약(弱)하면] ➡ 재성(財星)으로 생조(生助)하여 길(吉)해지는 것이다.

※ 예제(例題)1. (1956年生)

辛	庚	庚	丙	劫財	▲	比肩	偏官
巳	申	寅	申	偏官	比肩	偏財	比肩

▶ 인월생경금(寅月生庚金)이나 건록(建祿)이 년(年)·일(日)의 양지(兩支)에 있고 천간(天干)에 경신금(庚辛金)이 투출(透出)하니 신왕(身旺)이다. 고(故)로 재자약살격(財滋弱殺格)이다.

▶ 사대운(巳大運)은 용신병화(用神丙火)가 왕성(旺盛)하므로 과거급제(科擧及第)하고, 갑오(甲午), 을미대운(乙未大運)에는 목화(木火)가 왕성(旺盛)하여 관찰사(觀察使)까지 올랐다.

㉠ [살중용인격(殺重用印格)].

▶ [신약(身弱)에 관살(官殺)이 많으면] ➡ 설기(洩氣)를 시키는 인성(印星)을 용신(用神)으로 한다.

• 관살(官殺)이 심(甚)히 많을 때는 일간(日干)을 누설(漏泄)하는 식상(食傷)을 용신(用神)하면 더욱 신약(身弱)되니 안된다. 고(故)로 인성(印星)으로써 왕성(旺盛)한 관살(官殺)의 기운(氣運)을 관살생인(官殺生印)하여

인생 일주생조(印生日柱生助)하는 것이 중요(重要)하다.

※ 예제(例題)1. (1948年生)

甲	戊	甲	戊	偏官	▲	偏官	比肩
寅孤	空午羊	寅孤	子空	偏官	正印	偏官	正財

▶ 무토(戊土)가 갑인월(甲寅月)과 시(時)에서 출생(出生)하니 4개(個)의 칠살(七殺)에 극해(剋害)되어 신약(身弱)이다. 그러나 일지(日支)에 정인(正印)이 있어 왕성(旺盛)한 목기(木氣)를 화(火)로 화(化)하여 무토(戊土)를 생조(生助)하고 있다. 즉(卽) 오화(午火)가 일주(日柱)에 적대(敵對)하는 군살(群殺)을 제압동화(制壓同化)시켜 일주(日柱)를 부조(扶助)하도록 만들었다.

▶ 년지자수(年支子水)가 오화(午火)를 충(沖)하려 하나 인목(寅木)이 가로막아 이를 목(木)으로 화(化)하게 하고 있고〈=수생목(水生木)〉, 더욱 길(吉)한 것은 대운(大運)이 화토(火土)으로 흘러 일찍 과거급제(科擧及第)하여 관계(官界)에 이름 떨쳤다.

ⓔ [식상제살격(食傷制殺格)].

▶ [신약(身弱)이 아니고 관살(官殺)이 많으면] ➡ 식상(食傷)으로 용신(用神)하여 억제(抑制)해야 한다.

※ 예제(例題)1. (1932年生)

丙	庚	丙	壬	偏官	▲	偏官	食神
空戌白	午	午羊	申	偏印	正官	正官	比肩

▶ 병오월(丙午月), 병술시(丙戌時)에 출생(出生)하고, 일지오화(日支午火)라

편관(偏官)이 극성(極盛)하다. 그러나 년간임수(年干壬水)가 신금생조(申金生助)되어 제살(制殺)할 만하다. 묘(妙)한 것은 임수(壬水)를 설(洩)하는 목기(木氣)가 없다. 목기무(木氣無)하니 화기(火氣)는 더 성(盛)해지지 않는다. 〈임수용신(壬水用神)〉한다.

▶ 신운(申運)에는 경금(庚金), 임수(壬水)가 공(共)히 성(盛)하니 관직조출(官職早出)하고 유대운(酉大運)에 승진(昇進)하고 신해대운(辛亥大運)에는 고위관직(高位官職)까지 올랐다.

ⓘ [제살태과격(制殺太過格)].

▶ [관살(官殺)을 지나치게 식상(食傷)이 억제(抑制)하여 그 기운(氣運)을 펴지 못하면] ➡ 인성(印星)으로 관성(官星)을 제극(制剋)하는 식상(食傷)을 제거(除去)해야 한다.

※ 예제(例題)1. (1951年生)

己	丙	戊	辛	傷官	▲	食神	正財
亥	辰	戌魁	卯	偏官	食神	食神	正印

庚72	辛62	壬52	癸42	甲32	乙22	丙12	丁2
寅77	卯67	辰57	巳47	午37	未27	申17	酉7

▶ 시지해관(時支亥官)을 4개(個)의 식상(食傷)이 억제(抑制)하고 있다. 많은 식상(食傷)을 견제(牽制)할 묘목(卯木)이 년지(年支)에 있으나 9월(月)의 절기(節氣)라 기운(氣運)을 펴지 못하고 년간(年干)의 신금(辛金)에 억압(抑壓)되어 있다.

▶ 그러나 을미대운(乙未大運)에서 해묘미삼합(亥卯未三合)하여 식상(食傷)을

억제(抑制)하니 과거급제(科擧及第)하였다. 갑오대운(甲午大運)에는 갑(甲)이 시간기토(時干己土)와 간합(干合)하여 화토(化土)하고 오화(午火)가 토(土)를 생(生)하니 편관해수(偏官亥水)를 더욱 억제(抑制)하게 되어 여러 번(番) 상복(喪服)을 입더니 기사년(己巳年)에는 해수(亥水)를 충거(沖去)하여 졸망(卒亡)하였다.

※ 예제(例題)2. (1920年生)

庚	戊	戊	庚	食神	▲	比肩	食神
申空	寅	寅	申空	食神	偏官	偏官	食神

丙75	乙65	甲55	癸45	壬35	辛25	庚15	己5
戌82	酉72	申62	未52	午42	巳32	辰22	卯12

▶ 월(月)·일지(日支)의 양살(兩殺)은 목왕지절(木旺之節)을 만나 왕성(旺盛)하나 경(庚)·신금(申金)에 억제(抑制)되어 있다.

▶ 오운(午運)에 이르러 오화(午火)가 금극(金剋)하고, 인목(寅木)을 보호(保護)하여 과거등과(過擧登科)하여 현령(縣令)에 올랐으나 갑신대운(甲申大運)에 신금(申金)이 인목(寅木)을 충거(沖去)하여 군중(軍中)에서 전사(戰死)하였다. 〈화인성용신(火印星用神)〉한다.

8. 정관격(正官格).

(1) 직업(職業)과 성격(性格).

▶ 공무원(公務員)·샐러리맨(salaryman)·회사원(會社員)·군인(軍人)·경찰(警察)·법조계(法曹界)·지배인(支配人)·모든입찰업(入札業)·목재상

(木材商) · 주단포목업(綢緞布木業) · 양품점(洋品店) · 잡화점(雜貨店) · 위탁업(委託業) · 도매업(都賣業) 等에 성공(成功)한다.

► 인품(人品)이 준수(俊秀)하고 단정(端正)하다. 순종적(順從的)으로 처신(處身)을 한다. 생활(生活)이 규칙적(規則的)이다. 명분(名分)을 중요시(重要視)하고, 한눈을 팔지 않는다.

(2) 정관격(正官格)의 특성(特性).

► 좋은 가문출신(家門出身)이고, 부모(父母)에게 순종(順從)하고, 신중(愼重)히 처신(處身)하고, 거취(去就)를 분명(分明)히 하고, 행동(行動)이 바르고, 인내심(忍耐心)이 있고, 생활(生活)이 규칙적(規則的)이고, 책임감(責任感)도 강(强)하고, 상사(上司)에게서 인정(認定)을 받고, 너무 고지식(固知識)하고 행동(行動)에 소극적(消極的)이고, 처덕(妻德)과 자식덕(子息德)이 좋고, 학업(學業)도 평탄(平坦)하며, 결혼후(結婚後)에도 건강(健康)이 좋다.

• 인품(人品)이 준수(俊秀)하고, 순종적(順從的)인 처신(處身)을 하고, 생활(生活)이 규칙적(規則的)이고, 명분(名分)을 중요시(重要視)하고, 용모(容貌)가 단정(端正)하다.

• 정관격(正官格)은 형(刑) · 충(沖) · 상관(傷官) · 편관(偏官)을 꺼린다. 이 것이 있으면 만사불통(萬事不通)하고, 재화(災禍)가 많고, 관형(官刑)을 당(當) 하는 예(例)가 많다.

(3) 여명(女命)의 정관격(正官格).

► 남편덕(男便德)이 있고, 내조(內助)를 잘하고, 정숙(靜淑)하고, 살림과 가정(家庭)의 처리(處理)를 잘하고, 얌전하고, 정직(正直)하고, 좋은 가문(家門)에 시집을 가고, 학업(學業)도 평탄(平坦)하다.

• 정관(正官)은 관직(官職)이지 상업(商業)이 아니므로 상업면(商業面)에서
는 성공률(成功率)이 적다.

(4-1) 예제(例題)1. (1939年生)

丙	甲	癸	己	食神	▲	正印	正財
寅空	辰白	酉空	卯空	比肩	偏財	正官	劫財

▶ 갑목(甲木)이 정관월(正官月)에 생(生)하였으나 인성(印星)과 비겁(比劫)이
많아 신강(身强)이다.

▶ 유금정관용신(酉金正官用神)이다. 일진(日辰)과 진유합금(辰酉合金)을 하
니 묘유충(卯酉沖)으로 인(因)한 피해(被害)를 줄이고, 시간병화(時干丙火)
는 용신유금(用神酉金)을 극(剋)하는 기신(忌神)이고 천간계수(天干癸水)는
길(吉)하다.

(4-2) 예제(例題)2. (1938年生)

戊	甲	辛	戊	偏財	▲	正官	偏財
辰白	辰白	酉	寅空	偏財	偏財	正官	比肩

▶ 갑목(甲木)이 정관월(正官月)에 생(生)하여 재관(財官)의 세력(勢力)이 아주
강(强)하다. 일간(日干)을 생조(生助)하는 수목운(水木運)과 강(强)한 관성
(官星)을 제거(除去)하는 화운(火運)이 좋다.

9. 편인격(偏印格).

(1) 직업(職業)과 성격(性格).

► 독립적(獨立的)인 자유업(自由業)·교육사업(教育事業)·학원계통(學院系統)·의술(醫術)·약업(藥業)·역술인(易術人)·배우(俳優)·요리업(料理業)·여관업(旅館業)·이발(理髮)·유흥업(遊興業)·유모업(乳母業)·인기사업(人氣事業)·학자(學者) 等에 성공(成功)한다.

► 자유분망(自由奔忙)하다. 용두사미격(龍頭蛇尾格)이다. 행동면(行動面)에 허점(虛點)이 많음. 자존심(自尊心)이 강(强)하다. 거짓과 사기(詐欺)를 친다. 도식역할(倒食役割)을 한다.

(2) 편인격(偏印格)의 특성(特性).

► 실천(實踐)하는 일을 약속(約束)을 어기며, 식신(食神)을 극(剋)하기 때문에 수명(壽命)과 복(福)이 부족(不足)하고, 매사미성(每事未成)하고, 눈치나 임기응변(臨機應變)에는 능(能)하나 행동면(行動面)에서는 허점(虛點)이 많고, 요령(要領)을 잘 부리고, 자존심(自尊心)이 강(强)하며, 자기(自己)를 높여주면 좋아하고, 청결(淸潔)하고, 저주(詛呪)받기를 싫어하기 때문에 자살(自殺)이나 음독사(飮毒死)가 다(多)하다.

  • 자유분망(自由奔忙)하고, 용두사미격(龍頭蛇尾格)이고, 거짓과 사기(詐欺)를 치고, 씩씩하고 군자(君子)처럼 보이나 말 뿐이고, 실천(實踐)해야 하는 것을 약속(約束)을 어기며, 시작(始作)은 잘해 놓고 결과(結果)는 좋지 못하다.

  • 정인(正印)에 비(比)하여 편인(偏印)은 성급(性急)하고, 내심(內心)은 완고(頑固)하고, 창작력(創作力)이 풍부(豊富)하고, 기발(奇拔)하고 특별(特別)한 일을 벌리는 경향(傾向)이 있다.

  • 식상(食傷)이 용신(用神)인 사주(四柱)에서 편인(偏印)이 식상(食傷)〈=음식(飮食)〉을 극(剋)하면 편인(偏印)은 도식(倒食) 즉(卽) 밥그릇을 뒤엎다

의 의미(意味)가 된다.

(3) 여명(女命)의 편인격(偏印格).

▶ 자식(子息)을 늦게 두거나 딸이 많고, 자식복(子息福)이 없으면서 남이 보기에는 자식복(子息福)이 있는 것처럼 기만성(欺瞞性)을 부리고, 모든 행동(行動)은 조급(躁急)하고, 하기 싫은 일은 죽어도 안하는 성질(性質)이 있고, 시부모(媤父母)와 시동기간(媤同氣間)의 의견(意見)이 맞지 않으며, 불효(不孝)는 아니나 불효행동(不孝行動)을 하게 된다.

(4-1) 예제(例題)1. (1966年生)

丙	甲	己	丙	食神	▲	正財	食神
寅	午	亥	午¥	比肩	傷官	偏印	傷官

▶ 인성월생(印星月生)이지만 식상다(食傷多)해 오히려 신약(身弱)이다. 인성해수용신(印星亥水用神)이다.

(4-2) 예제(例題)2. (1943年生)

庚	丙	乙	癸	偏財	▲	正印	偏官
寅	辰	卯	未	偏印	食神	正印	傷官

▶ 인성월생(印星月生)으로 신강(身强)이다. 계수관성(癸水官星)은 월주(月柱)의 강(强)한 목(木)에 흡수(吸收)되므로 용신(用神)이 될 수 없다. 도리어 목(木)을 습(濕)하게 하므로 목다화치(木多火熾)로서 일간화(日干火)의 빛이 흐려진다. 재성경금(財星庚金)을 용신(用神)으로 취용(取用)한다.

(5) 인성격(印星格)의 종류(種類).

㉠ [인수용비겁격(印綬用比劫格)].

▶ [재성다(財星多)해 신약(身弱)일 때] ➡ 비겁(比劫)으로 용신(用神)한다.

▶ [신약(身弱)이고, 재성다(財星多)하고, 인수(印綬)있을 때] ➡ 통관법(通關法)으로 관살용신(官殺用神)이 된다.

※ 예제(例題)1. 곤명(坤命) (1969年生)

己	丙	丁	己	傷官	▲	劫財	傷官
亥	戌白	卯	酉	偏官	食神	正印	正財

乙	甲	癸	壬	辛	庚	己	戊
亥	戌	酉	申	未	午	巳	辰

· 병화(丙火)가 묘월(卯月)·인성월(印星月)이나 월간정화(月干丁火) 외(外)에 모두 토금수(土金水)다.

· 인성(印星)은 약(弱)하니 겁재정화용신(劫財丁火用神)한다. 경대운(庚大運)에서 부도발생(不渡發生)했다. 월급생활(月給生活) 외(外)는 할 일이 없다.

㉡ [인수용식상격(印綬用食傷格)].

▶ [인수격(印綬格)에 비겁다(比劫多)해 신왕(身旺)이면] ➡ 재관(財官)이 있으면 관성용신(官星用神)한다.

▶ [관성(官星)이 없으면] ➡ 식상용신(食傷用神)한다.

己	丙	戊	乙	傷官	▲	食神	正印
丑	午羊	寅空	卯空	傷官	劫財	偏印	正印

丙	乙	甲	癸	壬	辛	庚	己
戌	酉	申	未	午	巳	辰	卯

- 병일(丙日)이 인월출생(寅月出生)해 득기(得氣)한다. 주중(柱中)에 인성다(印星多)해 신강(身强)이다. 관성(官星)이 없으니 식상격(食傷格)으로 식상 용신(食傷用神)한다. 초년고생(初年苦生)하고. 남방운(南方運)에 발흥(發興)한 사주(四柱)이다.

ⓒ [인수용재격(印綬用才格)].

▶ [인성다(印星多)해 신강(身强)이면] ➡ 재성용신(財星用神)한다.

▶ [재성(財星)이 없으면] ➡ 관살용신(官殺用神)한다.

※ 예제(例題)1. (1929年生)

甲	甲	己	己	比肩	▲	正財	正財
子	子	亥	巳	正印	正印	偏印	食神

辛	壬	癸	甲	乙	丙	丁	戊
卯	辰	巳	午	未	申	酉	戌

- 갑목일(甲木日), 해월출생(亥月出生)하고 수목왕(水木旺)해 신강사주(身强四柱)이다. 월지해중갑목(月支亥中甲木)이 시간(時干)에 투간(透干)되어 인성(印星)이 비겁격(比劫格)으로 변(變)하고, 신왕(身旺)에 년간기토

(年干己土)가 사(巳)에 유근(有根)하여 비겁용재격(比劫用財格)이 되었다. 화토 용신(火土用神)한다.

- 초년(初年)인 신(申)·유운(酉運)에 굴곡(屈曲)이 심(甚)하다가 남방운(南方運)에 건축자재상회(建築資材商會)로 부자(富者)가 되었다. 동방운(東方運)에 들면 고난(苦難)이 또 있을 것이다.

㉣ [인수용관살격(印綬用官殺格)].

▶ 인성(印星)이나 비겁(比劫)으로 된 신왕사주(身旺四柱)는 재성(財星)이 있으면 관성용신(官星用神)한다.

▶ 무관(無官)에 식상(食傷)·재성(財星)이 있으면 재성용신(財星用神)한다.

㉤ [인수용인수격(印綬用印綬格)].

▶ 인수격(印綬格)이나 식상다(食傷多)해 신약(身弱)이면 인성용신(印星用神)이다.

※ 예제(例題)1 . (1949年生)

戊	丁	甲	己	傷官	▲	正印	食神
空申孤	丑白	寅孤	丑	正財	食神	正印	食神

丙	丁	戊	己	庚	辛	壬	癸
午	未	申	酉	戌	亥	子	丑

- 정일(丁日)이 인월(寅月)에 생(生)하여 득기(得氣)하였으나 식상토(食傷土)가 많아 신약(身弱)이 된다. 인월(寅月)에 갑(甲)이 투간(透干)되어 인수격(印綬格)에 인수용신(印綬用神)이 되었다.

- 초년대운(初年大運)이 좋아 일찍 관계진출(官界進出)해서 성공(成功)했으나 경술대운(庚戌大運)들어 금극목(金克木)하여 신병(身病)으로 사직(辭職)하고 힘겹게 보내는 데 단명수(短命數)도 보인다.

ⓗ [잡기인수격(雜氣印綬格)].

▶ 진(辰)·술(戌)·축(丑)·미월(未月)에 출생(出生)한 자(者)로서 반드시 월지(月支)의 월장간(月藏干)의 육신(六神)이 천간(天干)에 투간(透干)된 것으로 정(定)한다.

▶ 이 격(格)은 원국(元局)에 형(刑)·충(沖)이 있어서 진(辰)·술(戌)·축(丑)·미(未)를 충(沖)을 해서 열어 주어야 길운명(吉運命)이고, 천간(天干)에 재(財)·관(官)·인(印)이 있으면 대발(大發)한다.

※ 예제(例題)1. (1976年生)

戊	壬	辛	丙	偏官	▲	正印	偏財
申孤	寅	丑	辰空	偏印	食神	正官	偏官

- 축중신금(丑中辛金)의 인성(印星)이 용신(用神)이다.

ⓢ [잡기재관격(雜氣財官格)].

▶ 진(辰)·술(戌)·축(丑)·미(未)의 월생(月生)으로서 진(辰)·술(戌)·축(丑)·미(未)의 지장간중(地藏干中) 日干(일간)의 재(財)·관(官)이 되는 사주(四柱)를 말하고, 재(財)·관(官)이 투간(透干)되어야 입격(入格)한다.

▶ [이 격(格)은 월지(月支)를 형(刑)·충(沖)해주면] ➡ 대발(大發)한다. 항상(恒常) 진(辰)·술(戌)·축(丑)·미(未)는 형(刑)·충(沖)을 좋아한다.

▶ [원국(元局)에 형(刑)·충(沖)이 없으면] ➡ 행운운로(幸運運路)〈=유년(流

年)〉에서 형(刑)·충(沖)되면 부귀쌍전(富貴雙全)한다.

○ 상관격(傷官格), 잡기격(雜氣格), 자시생(子時生)의 사주(四柱)를 용이(容易)하게 감정(鑑定)해야 명사(明師)이다.

○ 인성(印星)의 생조(生助)가 과(過)하면 일간(日干)이 도리어 약(弱)해진다. 일간(日干)이 스스로 힘이 강(强)한 것이 아니기 때문이다. 비겁(比劫)은 더 강(强)해진다.

(6) 인성용신법(印星用神法).

1) 인성월생(印星月生)으로 신약(身弱)인 경우(境遇).

► [재성다(財星多)해 신약(身弱)이면].

➡ 비겁(比劫)이 중요(重要)한 용신(用神)이다.

► [식상다(食傷多)해 신약(身弱)이면].

➡ 인성(印星)이 중요(重要)한 용신(用神)이다.

► [관성다(官星多)해 신약(身弱)이면].

➡ 인성(印星)이 중요(重要)한 용신(用神)이다.

※ 예제(例題)1. (1937年生)

戊	丙	癸	丁	食神	▲	正官	劫財
戊魁	戊白	卯	丑白	食神	食神	正印	傷官

• 식상무기토다(食傷戊己土多)해서 신약(身弱)이다. 인성목(印星木)이 꼭 필요(必要)하다. 월지묘목(月支卯木)이 용신(用神)이다.

2) 印星月生(인성월생)으로 身强(신강)인 境遇(경우).

▶ 관성(官星)은 인성(印星)이 더 강(强)해지니 용신(用神)하기 힘들다.

▶ 재성(財星)은 용신(用神)으로 최적(最適)이다.

▶ 식상(食傷)은 관성(官星)이 강력(强力)하고 인성생조(印星生助)에 의지(依支)하면 가끔 용신(用神)한다.

※ 예제(例題)2. (1958年生)

辛	壬	辛	戊	正印	▲	正印	偏官
丑	寅	酉	戊魁	正官	食神	正印	偏官

• 인성다(印星多)해 신강(身强)이다. 관성강(官星强)하고 재성(財星)〈=인술합화(寅戌合火)〉도 암적(暗的)으로 힘이 있다. 재성(財星)인 화운(火運)이 되면 일간(日干)의 의지처(依支處)인 금(金)을 극(剋)하고 관성토(官星土)를 생(生)하기 때문에 대단(大端)히 불리(不利)하다.

• 일지(日支)의 인목식신(寅木食神)이 용신(用神)이다. 토생금생수생목(土生金生水生木)의 원리(原理)가 적용(適用)된다.

10. 정인격(正印格).

(1) 직업(職業)과 성격(性格).

▶ 교육(敎育) · 샐러리맨(salaryman) · 법인계통(法人系統) · 교육사업(敎育事業) · 종교인(宗敎人) · 언론(言論) · 문화기획(文化企劃) · 의학(醫學) · 정치학(政治學) · 국문학(國文學) · 예술(藝術) · 학원(學院) · 생산학(生産學) · 저술가(著述家) · 미술(美術) 等에 적합(適合)하다.

- 인수정인(印綬正印)은 학문(學文)·도장(圖章)·두뇌(頭腦)이다
▶ 점잖은 성품(性品)이다. 조용하고 온화(溫和)하다. 사심(私心)이 없다. 집착력(執着力)이 적다. 눈빛이 맑고, 부모덕(父母德)이 있다.

(2) 정인격(正印格)의 특성(特性).

▶ 고상(高尙)하고 점잖은 성품(性品)이고, 조용하고 온화(溫和)하고, 사심(私心)이 없고, 집착력(執着力)이 적고, 부모덕(父母德)이 있고, 학술(學術)에 능통(能通)하고, 맑은 눈빛을 가졌다.

▶ 학문(學文), 종교(宗敎), 발명(發明), 예능계통(藝能系統) 等에 뛰어난 소질(素質)이 있으나 재물(財物)에는 집착력(執着力)이 적다. 자존심(自尊心)이 강(强)하고, 의타심(依他心)이 많으며, 건강(健康)하고, 질병(疾病)이 적으며, 갈수록 가정(家庭)이 쇠퇴(衰退)하고, 부친조별(父親早別)하고, 장남(長男)과 장녀(長女)가 많고, 혼인살(婚姻殺)이라 만혼(晩婚)을 한다.

(3) 여명(女命)의 정인격(正印格).

▶ 시부모(媤父母)와 불화(不和)하고, 친정부모(親庭父母)와는 사이가 좋다. 이론(理論)과 토론(討論)이 지나쳐 남편(男便)의 미움을 사고, 시가(媤家)의 말은 듣지 않고, 친정(親庭)의 말은 잘 들어주니 남편(男便)과 사이가 좋지 못하여 불화(不和)한다.

(4-1) 예제(例題)1. (1927年生)

丙	戊	辛	丁	偏印	▲	傷官	正印
辰	子	亥狐	卯	比肩	正財	偏財	正官

- 무토(戊土)가 해월수왕지절(亥月水旺之節)에 생(生)하고, 해(亥)·묘(卯)

가 반합(半合)하여 목국(木局)이 되고, 자(子)·진합(辰合)하여 수국(水局)을 이루어 재(財)·관(官)이 왕(旺)하여 신약(身弱)이다.

- 다행(多幸)히 년간(年干)이나 시간(時干)에 인성병정화용신(印星丙丁火用神)이 무토(戊土)를 생(生)하니 길(吉)한 팔자(八字)이다.

(4-2) 예제(例題)2. (1924年生)

甲	丁	甲	甲	正印	▲	正印	正印
辰白	未羊	戌	子	傷官	食神	傷官	偏官

壬	辛	庚	己	戊	丁	丙	乙
午	巳	辰	卯	寅	丑	子	亥

- 중국부총통(中國副總統) 여원홍사주(黎元洪四柱)이다. 지지(地支)에 식상왕성(食傷旺盛)한데 반(反)하여 일주정화(日主丁火)는 술(戌)과 미중(未中)에 미근(微根)이 있을 뿐이다. 고(故)로 신약(身弱)이나 〈년(年)·월(月)·시(時)에 3개(個)의 갑목(甲木)이 있어 삼붕격(三朋格)〉이 되고 정화(丁火)를 생(生)하고 토(土)를 억제(抑制)하여 신약(身弱)은 면(免)한다.

- 인대운(寅大運)에는 용신(用神)이 왕성(旺盛)하여 일약(一躍) 부총통(副總統)이 되고 정계(政界)의 중진(重鎭)이 되었으나 경진대운후(庚辰大運後)는 경금(庚金)이 갑목(甲木)을 억제(抑制)하고 식상(食傷)이 성(盛)하여 정계(政界)에서 은퇴(隱退)하였다.

◐ [신강사주(身强四柱)와 신왕사주(身旺四柱)] ➡ 용신(用神)에다가 형(刑)·충 (沖)·파(破)·해(害)·병(病)·사(死)·묘(墓)·욕지(浴地) 等을 붙이고 판단(判 斷)한다.

◐ [신약사주(身弱四柱)] ➡ 일주(日柱)에다 극(剋)·병(病)·사(死)·묘(墓)·욕지 (浴地) 等을 붙이고 판단(判斷)할 것이다.

◐ [사주감정해석법(四柱鑑定解釋法)].

- 먼저 일간(日干)에 영향(影響)을 미치는 월령(月令)을 기준(基準)으로 하 는 것이 중요(重要)하다.
- 월지(月支)는 일간(日干)이 출생(出生)한 계절(季節)로써 조후용신(調候 用神)의 적용(適用)에 중요(重要)하다.
- 내격(內格)의 용신(用神)은 강약(强弱)·조후(調候)·통관(通關)·병약 (病弱) 等에 의(依)해서 알 수 있다.
- 용신(用神)에 의(依)해 격국(格局)이 정(定)해지기도 하므로 격국(格局)은 사주구조이해(四柱構造理解)하는데 중요(重要)한 도구(道具)의 역할(役 割)을 한다.

◐ 합(合)의 간명법(看命法).

1) 반합(半合)에서 삼합중심인자(三合中心因字) 즉(卽) 〈자(子)·오(午)·묘 (卯)·유(酉)〉가 빠지면 반합(半合)의 형태(形態)는 취(取)하나 작용(作用) 은 미미(微微)하다. 단(但) 잔여기운(殘餘氣運)은 남아 있다. 합이불화(合而 不化)한다.

▶ 〈해(亥)·미(未)〉, 〈인(寅)·술(戌)〉, 〈사(巳)·축(丑)〉, 〈신(申)·진(辰)〉.

- 그러나 대운(大運)·세운(歲運)의 운로(運路)에서 입(入)하면 완전(完全)한 삼합(三合)이 성립(成立)한다. 방합(方合)도 동일(同一)하다.

2) 삼합(三合)이나 방합(方合)에서 중심인자(中心因字)를 충(沖)을 하거나, 극(剋)을 하거나, 설(洩)하면 합(合)의 기운(氣運)이 빠지거나 성립(成立)을 하기가 힘들다. 대운(大運)·세운(歲運)의 운로(運路)에서 입(入)해도 동일(同一)하다.

▶ 〈寅午(子)戌〉. 〈巳酉(卯)丑〉. 〈亥卯(酉)未〉. 〈申(午)子辰〉. 〈寅卯(酉)辰〉.

3) 삼합(三合)은 부(父)·자(子)·손(孫)의 합(合)으로 끈적끈적하여 잘 안없어지고, 방합(方合)은 붕우(朋友)의 합(合)으로 파우어(power=힘)는 강(强)하나 헤어지기 쉽다.

4) 지합(支合)도 사이에 끼어 있는 지(支)의 오행(五行)이 극(剋)하는 오행(五行)이면 합(合)의 기운(氣運)이 별로이다.

▶ 〈寅(酉)亥〉. 〈巳(亥)申〉. 〈辰(卯)酉〉 等.

5) 삼합중(三合中)에 2개(個)의 지(支)가 지지(地支)에 있고, 없는 지(支)의 본기(本氣)가 천간(天干)에 투출(透出)이 되어 있으면 삼합(三合)으로 취급(取扱)한다.

※ 예제(例題)1.

戊	戊	甲	丁	比肩	▲	偏官	正印
午羊	戌魁	空辰白	酉	正印	比肩	比肩	傷官

▶ 인(寅)이 빠진 오술반합(午戌半合)에서 삼합(三合)에 해당(該當)하는 인(寅)의 정기(正氣)인 갑목(甲木)〈=인(寅)〉이 월간(月干)에 투출(透出)되니 완전(完全)한 삼합(三合)이 성립(成立)한다. 운로(運路)에서도 참고(參考)하라.

1. 일행득기격(一行得氣格).

▶ 한 두가지의 강력(强力)한 오행기운(五行氣運)으로 구성(構成)된 사주(四柱)
는 대체로 인생(人生)이 극단(極端)으로 달린다고 볼 수 있다.

- 대발(大發)하거나 또는 빈천(貧賤)하다. 종강격일종(從强格一種)이다. 방
합(方合), 삼합(三合)의 중심인자(中心因字)가 월지(月支)에 있으면 그 작
용(作用)이 더 강(强)하다. 대운(大運) · 세운(歲運)의 운로(運路)를 잘 만
나야 발복(發福)한다. 〈외격(外格)〉은 그 격(格)에 맞으면 용신(用神)이
일치(一致)하고 용신(用神)은 그 격(格)에 따른다.

▶ 외격(外格)인 특수격(特殊格) 즉(卽) 종격사주(從格四柱)는 양극단(兩極端)
으로 운명(運命)이 흐른다는 것을 명심(銘心)하라.

- 대운(大運)을 잘 만나면 대귀대부(大貴大富)하나, 만약(萬若) 대운(大運)
이 역(逆)으로 흉운(凶運)에 가면 꼭 흉(凶)한 꼴을 당(當)한다.

- 종격(從格)이나 특수격(特殊格)은 한 두가지 오행(五行)으로 치우쳐진 사
주(四柱)이니 오행(五行)이 과(過)해도 병(病)이고, 부족(不足)한 것도 병
(病)이니 좋게 보아서는 문제(問題)가 있다. 반드시 대운(大運) · 세운(歲
運)의 운로(運路)흐름을 참작(參酌)해야 한다.

(1) [곡직격(曲直格)] 〈=목용(木用) · 수희(水喜) · 화한(火閑)〉.

   1) [成立(성립)] ➡ 갑(甲) · 을(乙)일생(日生)이 지지(地支)에서 인(寅) · 묘(卯) · 진
(辰)방합(方合)이나, 해(亥) · 묘(卯) · 미(未)삼합(三合)을 이룰 때.

▶ 기신(忌神)인 금(金)인 경(庚)·신(辛)·신(申)·유(酉)가 없어야 한다.

2) 성격(性格) 및 특징(特徵).

▶ 자비심(慈悲心)이 많고, 학문(學文)이 깊고, 불쌍한 사람을 도와주고, 착실(着實)하고, 바른소리를 잘하고, 자존심(自尊心)이 강(强)하고, 남에게 지기를 싫어하고, 추앙(推仰)을 받음. 정직(正直)하다. 인자(仁慈)하다. 장수(長壽)한다.

(3-1) 예제(例題)1. (1986年生)

丁	甲	辛	丙	傷官	▲	正官	食神
卯空	辰白	卯空	寅空	劫財	偏財	劫財	比肩

• 인(寅)·묘(卯)·진(辰)과 동방목기(東方木氣)를 형성(形成)하였으나, 월상신 금관성(月上辛金官星)이 문제(問題)이다. 다행(多幸)히 병신합수(丙辛合水) 하여 제거(除去)되니 완전곡직격(完全曲直格)이 성립(成立)한다. 대운(大運)이 신(申)·유(酉)·술(戌)에 오면 대단(大端)히 불리(不利)하다.

(2) [염상격(炎上格)] 〈=화용(火用)·목희(木喜)·토한(土閑)〉.

1) [성립(成立)] ➡ 병(丙)·정(丁)일생(日生)이 지지(地支)에서 사(巳)·오(午)·미방합(未方合)이나, 인(寅)·오(午)·술(戌)삼합(三合)있을 때.

▶ 기신수(忌神水) 즉(卽) 임(壬)·계(癸)·해(亥)·자(子)가 없어야 한다.

2) 성격(性格) 및 특징(特徵).

▶ 성품(性品)은 불꽃처럼 위로 피어 오르고, 마음은 약간(若干) 들뜬 마음을

가지며, 마음의 변화(變化)가 심(甚)하며, 성격(性格)은 경망(敬望)스럽고, 급(急)하다.

甲	丙	辛	乙	偏印	▲	正財	正印
午	午羊	巳	未白	劫財	劫財	比肩	傷官

- 병화(丙火)가 사(巳)·오(午)·미(未)남방(南方)을 갖추니 염상격(炎上格) 이다. 월간신금(月干辛金)은 무근(無根)하여 용신(用神)이 될 수 없다.
- 대운(大運)이 해(亥)·자운(子運)에 입(入)하면서 강(強)한 화국(火局)을 자극(刺戟)시켜 사망(사망)했다.

(3) [가색격(家穡格)] 〈=토용(土用)·화희(火喜)·금한(金閑)〉.

1) [성립(成立)] ➡ 무(戊)·기(己)일생(日生)이 지지(地支)가 진(辰)·술(戌)·축 (丑)·미(未)이거나 사지지(四地支)가 모두 순토(純土)일 때.

▶ 기신(忌神)인 목(木)인 갑(甲)·을(乙)·인(寅)·묘(卯)가 없어야 한다.

2) 성격(性格) 및 특징(特徵).

▶ 믿음이 있고, 충효(忠孝)하고, 정직(正直)한 인품(人品)이며, 천부(天賦)의 무상(無常)한 부귀(富貴)를 누리니 수복쌍전(壽福雙全)하고, 침착성(沈着性)이 있고, 또한 엉큼한 일면(一面)도 있고, 남에게 표현(表現)하기를 싫어하며, 자기주장(自己主張)을 내세우며, 조용하다. 농사(農事)가 길(吉)하다.

(3-1) 예제(例題)1. (1958年生)

癸	戊	己	戊	正財	▲	劫財	比肩
丑白	白辰空	未	戌空	劫財	比肩	劫財	比肩

▶ 무계합화(戊癸合火)해 토기(土氣)를 거스르는 잡기제거(雜氣除去)하였다.

▶ 진술축미(辰戌丑未)는 화개(華蓋)로서 깊은 신앙심(信仰心)을 나타낸다. 일지(日支), 년지(年支)의 화개(華蓋)가 둘다 공망(空亡)되고, 과숙살(寡宿殺)이 놓여 속세(俗世)를 떠난 승도인사주(僧道人四柱)이다.

　　• 고과살(孤寡殺)과 화개공망(華蓋空亡)은 수도자운명(修道者運命)이다.

(3-2) 예제(例題)2.(金泳三 前大統領=1928年12月4日 戌時生). 7大運.

甲	己	乙	戊	正官	▲	偏官	劫財
戌	未	丑空	辰白	劫財	比肩	比肩	劫財

癸77	壬67	辛57	庚47	己37	戊27	丁17	丙7
酉82	申72	未62	午52	巳42	辰32	卯22	寅12

▶ 종왕격(從旺格)으로 가색격(家穡格)이다. 화토용신(火土用神)이다. 갑을 목관성(甲乙木官星)으로 병(病)인데 갑목(甲木)은 갑기화토(甲己化土)로 변(變)했으나, 을목편관자식(乙木偏官子息)이 속을 썩인다.

▶ 미대운(未大運)에서 대통령(大統領)에 당선(當選)되었다.

　　• 1987정묘년(丁卯年)의 선거(選擧)에서는 낙선(落選)했다.

(4) [종혁격(從革格)] 〈=금용(金用)·토희(土喜)·수한(水閑)〉.

　　1) [성립(成立)] ➡ 경(庚)·신(辛)일생(日生)이 지지(地支)에서 신(申)·유(酉)·술방합(戌方合)이나, 사(巳)·유(酉)·축(丑)삼합(三合)이 있을 때.

► 기신(忌神)인 남방화운(南方火運)〈=병(丙)·정(丁)·사(巳)·오(午)〉가 없어야 한다.

2) 성격(性格) 및 특징(特徵).

► 성품(性品)은 정의파(正義波)이며, 의리(義理)가 있고, 무관(武官)이나 형(刑)을 집행(執行)하는 사법관(司法官) 等이 되고, 경제적(經濟的)으로 밝으며, 마음이 굳세고, 혁명적(革命的)인 기질(氣質)을 갖고 있으며, 무엇이든 겁(怯)을 내지 않으며, 외유내강(外柔內剛)한 성격(性格)이다.

(3-1) 예제(例題)1. (1921年生)

庚	庚	丙	辛	比肩	▲	偏官	劫財
辰魁	申	申	酉	偏印	比肩	比肩	劫財

甲	癸	壬	辛	庚	己	戊	丁
辰	卯	寅	丑	子	亥	戌	酉

► 여명사주(女命四柱)로 금국(金局)이나 신자진수국(申子辰水局)이 왕(旺)한 금(金)을 설기(洩氣)하고, 월간(月干)에 병화(丙火)가 투출(透出)하여 큰 병(病)이 되었으나 병신합수(丙辛合水)로 기신(忌神)이 길(吉)이 된다.

► 해(亥)·자(子)·축(丑)의 대운(大運)의 30년(年)은 유학(幼學)을 갔다 와서 크게 성공(成功)하고 4명(名)의 아들이 크게 출세(出世)했다.

• 인대운(寅大運)에서 인신충(寅申沖)으로 왕금국(旺金局)을 충거(沖去)해 돌발사고(突發事故)로 사망(死亡)했다.

(5) [윤하격(潤下格)] 〈=수용(水用)·금희(金喜)·목한(木閑)〉.

1) [성립(成立)] ➡ 임(壬)·계(癸)일생(日生)이 지지(地支)에서 해(亥)·자(子)·축
방합(丑方合)이나, 신(申)·자(子)·진(辰)삼합(三合)이 있을 때.

▶ 기신(忌神)인 토(土)인 진(辰)·술(戌)·축(丑)·미(未)가 없어야 한다.

2) 성격(性格) 및 특징(特徵).

▶ 지혜(智慧)가 뛰어나고, 인품(人品)이 단아(單芽)하며, 인의(仁義)를 중(重)
히 여기는 고귀(高貴)한 운명(運命)이고, 차분(差分)하고, 온순(溫順)하고,
의리심(義理心)이 투철(透徹)하고, 용감(勇敢)하며, 단점(短點)으로는 남을
비방(誹謗)하는 일면(一面)도 있고, 순간적(瞬間的)으로 성급(性急)해지는
경향(傾向)이 있다.

(3-1) 예제(例題)1. (1912年生)

壬	癸	辛	壬	劫財	▲	偏印	劫財
子羊	白丑羊	亥孤	子羊	比肩	偏官	劫財	比肩

己	戊	丁	丙	乙	甲	癸	壬
未	午	巳	辰	卯	寅	丑	子

▶ 일지축토(日支丑土)가 있으나 해자축방합(亥子丑方合)되어 토변수(土變水)
가 되니 진윤하격(眞潤下格)이다.

▶ 임자(壬子)·계축대운(癸丑大運)에는 부유(富裕)한 가정(家庭)에서 성장(成
長)하였으며, 갑인(甲寅)·을묘대운(乙卯大運)에는 왕수(旺水)의 설기(洩
氣)가 자연(自然)스러워 부귀(富貴)를 누렸으나, 병진대운(丙辰大運)에는
많은 왕수(王水)가 입묘(入墓)되어 패망(敗亡)했다.

- ○ [왕(旺)한 오행(五行)을 충극(沖剋)하는 운(運)과 입묘(入墓)가 되는 운(運)에는 수명(壽命)이 다한다].

- ○ [사주판독법(四柱判讀法)].

  - ► 사주(四柱)가 너무 왕(旺)하여 만국(滿局)이 되면 세력(勢力)에 종(從)해야 하고, 강(强)하면 설기(洩氣)를 시키고, 약(弱)하면 생조(生助)를 하고, 방해오행(妨害五行)이 있으면 제거(除去)시키고, 너무 차가우면 화(火)가 필요(必要)하고, 열기(熱氣)가 많아 말라 있는 흙이나 나무는 수(水)가 필요(必要)하고, 양쪽 오행(五行)이 싸울 때는 통관오행(通關五行)이 필요(必要)하다.

2. 종격(從格).

- ○ 진종격(眞從格)과 편종격(偏從格)을 구분(區分)하자.

  - ► [진종격(眞從格)] ➡ 만국(滿局)으로 이루어 진 것이다.
  - ► [편종격(偏從格)] ➡ 여러 오행(五行)이 합(合)하여 이루어진 것이다. 즉(卽) 식(食)·상(傷)·재(財)·관(官)이 모여 제일(第一) 강(强)한 오행(五行)을 선택(選擇)하는 것.

(1) [종왕격(從旺格)] 〈=비겁용(比劫用)·인성희(印星喜)〉.

　1) [성립(成立)] ➡ 사주지지(四柱地支)가 전부(全部) 순비겁(純比劫)으로 구성(構成)된 것이다. 천간(天干)에 관살(官殺)이 있으면 안되고, 인성(印星)이

1-2개(個) 섞인 것은 괜찮다.

2) 성격(性格) 및 특징(特徵).

► 비겁성질(比劫性質)과 흡사(恰似)하며, 과단(果斷)하고, 자존심강(自尊心
強)해 지지 않으려는 성격(性格)이 있고, 요행(僥倖)을 바라며, 투기(投機)
를 즐기며, 공평정대(公平正大)함을 기뻐하고, 고집(固執)때문에 불이익(不
利益)을 보는 경우(境遇)가 있다. 재성봉(財星逢)하면 군비겁상쟁(群比劫相
爭)이 되어 구사일생(九死一生)한다.

(3-1) 예제(例題)1. (1963年生)

乙	甲	乙	癸	劫財	▲	劫財	正印
亥	寅孤	卯	卯	偏印	比肩	劫財	劫財

► 대부분(大部分) 비겁(比劫)이고, 년간(年干)과 시지(時支)에 인성(印星)이 있
으나 종왕격(從旺格)이다.

► 초년(初年)과 중년(中年)이 수목운(水木運)으로 벼슬이 연발(連發)하여 연등
(連等)했으나, 경술대운(庚戌大運)에는 금토(金土)가 목(木)과 상극(相剋)이
되어 파직(罷職)되고 사망(死亡)하였다.

(3-2) 예제(例題)2. (1929年生)

甲	丙	庚	己	偏印	▲	偏財	傷官
午	午羊	午	巳	劫財	劫財	劫財	比肩

► 사오비겁다(巳午比劫多)해 종격(從格)으로 보이나, 기토(己土)와 사중(巳
中)에 장생(長生)하는 경금(庚金)이 투출(透出)하여 유근(有根)하니 종격(從
格)이 아니고 토금(土金)이 용신(用神)이다.

▶ 따라서 경금(庚金)을 극(剋)하는 병화(丙火)는 기신(忌神)이다, 비겁(比劫)이 많지만 이처럼 재성유근(財星有根)하면 종격(從格)이 아니다.

(2) [종아격(從兒格)] 〈=식상용(食傷用)·비겁희(比劫喜)〉.

1) [성립(成立)] ➡ 월지(月支)에 식상(食傷)이 있고, 식상(食傷)이 삼합(三合)이 되거나, 방합(方合)이 된 것이다. 인성(印星)과 관성(官星)이 없어야 한다.

2) 성격(性格) 및 특징(特徵).

▶ 특수(特殊)한 기능(機能)의 소질(素質)을 가지고 있어 교만(驕慢)하면서 남에게 지기 싫어하고, 신경질적(神經質的)인 기질(氣質)이 있고, 남에게는 좋으나, 가족(家族)에게는 불평불만(不平不滿)을 하고, 신경예민(神經銳敏)하고, 날카로우며, 예능방면(藝能方面)에 뛰어나고, 사무처리(事務處理)는 잘하나 때로는 거만(倨慢)하다. 총명(聰明)하고 학문(學文)이 있고 인물(人物)이 좋다.

(3-1) 예제(例題)1. (1927年生)

丙	癸	壬	丁	正財	▲	劫財	偏財
辰空	卯	寅	卯	正官	食神	傷官	食神

▶ 지지(地支)에 인(寅)·묘(卯)·진(辰)방합(方合)이 형성(形成)이 되고, 인성(印星)과 비겁(比劫)이 무력(無力)하니 종아격(從兒格)이다.

▶ 강(强)한 식상기운(食傷氣運)을 유행(流行)시키는 병화(丙火)가 시간(時干)에 투출(透出)하니 길(吉)하고, 관성토(官星土)와 인성금(印星金)을 꺼린다. 대운(大運)·세운(歲運)의 운로(運路)를 잘 살펴야 한다.

(3) [종재격(從財格)] ⟨=재성용(財星用)·식상희(食傷喜)⟩.

1) **[성립(成立)]** ➡ 월지(月支)에 재성(財星)이 있고, 지지(地支)에 재성(財星)으로 삼합(三合)이거나, 방합(方合)된 것이다. 비겁(比劫)과 인성(印星)이 없어야 한다.

2) 성격(性格) 및 특징(特徵).

▶ 의리(義理)를 중(重)히 여기며, 남달리 정의파(正義波)이고, 재물(財物)에는 인색(吝嗇)하고, 경제수완(經濟手腕)이 좋고, 처(妻)를 사랑하며, 돈에 욕심(慾心)이 많다. 일반적(一般的)으로 편모슬하(偏母膝下)에서 자라고, 형제(兄弟)가 적다.

▶ 종재격(從財格)은 식상(食傷), 재관운(財官運)에는 발흥(發興)하고, 인성(印星), 비겁운(比劫運)은 불길(不吉)하다. 평생(平生) 내실(內室)⟨=처(妻)⟩을 두려워 하고, 데릴사위나 처가(妻家)살이 하게 된다.

(3-1) 예제(例題)1. 진종재격(眞從財格) (1958年生)

壬	乙	丙	戊	正印	▲	傷官	正財
戌魁	未白	辰空	戌魁	正財	偏財	正財	正財

▶ 을목(乙木)이 진월생(辰月生)하여 진(辰)의 지장간계수(地藏干癸水)가 을목(乙木)을 생(生)했는데 진(辰)의 무토(戊土)가 년간(年干)에 투간(透干)이 되고, 화토만국(火土滿局)이니 토세력(土勢力)에 종(從)한다.

(3-2) 예제(例題)2. 편종재격(偏從財格) (1966年生)

丁	癸	庚	丙	偏財	▲	正印	正財
空巳孤	卯空	午	午羊	正財	食神	偏財	偏財

► 월지오중정화(月支午中丁火)가 시간(時干)에 투간(透干)되고, 일지(日支)에 식신(食神)있어 목화(木火)로 편종재격(偏從財格)으로 이루었다.

  • 월간경금(月干庚金)은 유근(有根)하지 못하도록 년간병화(年干丙火)가 억제(抑制)를 하고 있다. 간호원(看護員)의 경험(經驗)이 있다.

► 해(亥)·자(子)·축(丑)〈=관성(官星)〉의 비운(悲運)에 들어서 남편(男便)이 교통사고(交通事故)로 하반신마비(下半身麻痺)가 되었다.

> ➋ 식신재국(食神財局)은 음식업(飮食業)에 성공(成功)한다.

(4) [종살격(從殺格)] 〈=관성용(官星用)·재성희(財星喜)〉.

1) [성립(成立)] ➡ 월지(月支)에 관성(官星)이 있고, 지지(地支)에 관성(官星)으로 삼합(三合)이거나 방합(方合)이 된 것이다. 식상(食傷)과 비겁(比劫)이 없어야 한다.

2) 성격(性格) 및 특징(特徵).

► 인품(人品)은 온화유순(溫和柔順)하며, 복록(福祿)과 수명(壽命)을 쌍전(雙全)한 운명(運命)이고, 관권(官權)을 좋아하고, 누구든지 자기명령(自己命令)에 복종(服從)해 주기를 좋아하며, 이러한 심리(心理)로 인(因)해 실패수(失敗數)가 많으며, 자존심(自尊心)이 강(强)하다.

(3-1) 예제(例題)1. 진종관살격(眞從官殺格) (1925年生)

甲	乙	甲	乙	劫財	▲	劫財	比肩
申	酉	申	丑	正官	偏官	正官	偏財

► 축(丑)·유금국(酉金局)을 되어 금국(金局)을 이루니 종관살격(從官殺格)이

되고, 비겁(比劫)은 전부(全部) 살지(殺地)에 있고, 남방대운(南方大運)에는 고난고통(苦難苦痛)이 많다가, 신사(辛巳), 경진대운(庚辰大運)에는 발흥(發興)했다. 사대운(巳大運)은 사유축삼합(巳酉丑三合)이 되어 좋고, 묘대운(卯大運)에다가 세운(歲運)마져 목운(木運)이 온다면 파멸(破滅)하게 된다.

(3-2) 예제(例題)2. 편종살격(偏從殺格) (1921年生)

癸	乙	丁	辛	偏印	▲	食神	偏官
未	巳孤	酉	酉	偏財	傷官	偏官	偏官

▶ 시간계수(時干癸水)는 유근(有根)못해 부실(不實)하고, 일지사(日支巳)는 사유합금(巳酉合金)되고, 미토(未土)는 금(金)을 생(生)하니 편종살격(偏從殺格)이 되었다. 을미대운(乙未大運)은 비견운(比肩運)이라 공부(工夫)가 안되고, 신경질(神經質)이며, 여자(女子)한테서 전화(電話)가 많이 와서 걱정이 크다.

(5) [종강격(從强格)] 〈=인성용(印星用)·비겁희(比劫喜)〉.

1) [성립(成立)] ➡ 일간(日干)이 실령(失令)해서 태약(太弱)한데, 모두 지지(地支)가 인성(印星)으로 삼합(三合)이나, 방합(方合)이 된 것이다. 비겁(比劫)이 1-2개(個)가 섞인 것은 괜찮다. 식상(食傷)이나 재성(財星)이 있으면 안된다.

2) 성격(性格) 및 특징(特徵).

▶ 처음 시작(始作)한 일은 잘 처리(處理)하나 갈수록 끝을 못맺는 용두사미격(龍頭蛇尾格)이며, 자아심(自我心)이 강(强)하면서 아부(阿附)를 싫어하고,

청결(淸潔)함을 좋아하며, 예능(藝能)과 학술(學術)을 좋아하고, 게으른 편(便)이나, 철두철미(徹頭徹尾)하고, 고집(固執)때문에 불이익(不利益)을 당(當)한다.

(3-1) 예제(例題)1. (1912年生)

壬	甲	壬	壬	偏印	▲	偏印	偏印
申	子	寅	子¥	偏官	正印	比肩	正印

庚	己	戊	丁	丙	乙	甲	癸
戌	酉	申	未	午	巳	辰	卯

▶ 인성다(印星多)해 종강격(從强格)이다. 시지신편관(時支申偏官)은 신자합수(申子合水)되어 해(害)롭지 않다. 계묘(癸卯)·갑진대운(甲辰大運)은 길(吉)하고, 을사대운(乙巳大運)은 식신운(食神運)이니 상극(相剋)되어 부모사망(父母死亡)하고, 병오대운(丙午大運)에는 수화교전(水火交戰)하여 파산(破産)이 되고 사망(死亡)하였다.

(6) [종세격(從勢格)].

1) [성립(成立)] ➡ 일간(日干)이 아주 약(弱)해 종격(從格)이 되는데 식상(食傷)·재성(財星)·관성(官星)의 3자(者)의 힘이 비슷해 어느 하나를 따르기 힘들 때 식상(食傷)과 관성(官星)을 화해소통(和解疏通)시키는 재성(財星)이 가장 길(吉)하고, 관살(官殺), 식상(食傷)의 순(順)으로 사용(使用)한다. 이때 비겁(比劫), 인성운(印星運)은 흉(凶)하다.

2) 특징(特徵).

▶ 종세격(從勢格)은 운로(運路)인 대운(大運)·세운(歲運)이 받쳐주지 못하면 인생(人生)살이가 매우 고달프다.

(3-1) 예제(例題)1. (1965年生)

庚	甲	癸	乙	偏官	▲	正印	劫財
午	戌	未	巳孤	傷官	偏財	正財	食神

▶ 여명사주(女命四柱)이다. 계수(癸水)와 경금(庚金)은 유근(有根)할 곳이 없고, 지지(地支)가 화토(火土)로 구성(構成)되어 있으니 일간(日干)은 화토(火土)의 기세(氣勢)에 따라야 하는 종세격(從勢格)이다. 식상(食傷), 재격(財格)으로 토용신(土用神)한다.

▶ 술대운(戌大運)은 월지미(月支未)와 미술(未戌)의 형살(刑殺)이 되어 비운(悲運)이었고, 연애실패(戀愛失敗)를 3번(番)하고, 결혼상대(結婚相對)가 나타나지 않고, 돈에 너무 시달린다.

(3-2) 예제(例題)2. (1966年生)

甲	癸	戊	丙	傷官	▲	正官	正財
空寅孤	丑白	戌魁	午羊	傷官	偏官	正官	偏財

▶ 계수(癸水)가 토왕절(土旺節)에 생(生)하였는데, 비겁(比劫)과 인성무력(印星無力)하고 식상(食傷)·재(財)·관(官)이 강(强)하니 종격(從格)인데 특정(特定)한 한가지 기운(氣運)이 강(强)하지 않으니 종세격(從勢格)이다. 용신(用神)은 목화토(木火土)이며 화운(火運)이 가장 좋다.

(7) [가종격(假從格)].

1) [성립(成立)] ➡ 비겁(比劫)이나 인성(印星)이 없거나, 있드라도 천간(天干)에

1·2개(個) 있을 때 사주(四柱)를 지배(支配)하는 강력(強力)한 기운(氣運)과 반대(反對)되는 1·2개(個)의 미약(微弱)한 힘이 있어도 여전히 종격(從格)이 되는 것을 가종격(假從格)이라 한다.

► 일반적(一般的)으로 지지(地支)에 왕(旺)해 지는 비겁(比劫)과 강(強)해지는 인성(印星)이 있으면 종격(從格)으로 보지 않고 일반원칙(一般原則)인 억부법(抑扶法)에 따라서 결정(決定)한다.

2) 특징(特徵).

► 종격(從格)과 내격(內格)의 구별(區別)이 힘들 때는 음양성질차이(陰陽性質差異)를 참작(參酌)하라.

(3-1) 예제(例題)1. (1936年生)

戊	己	庚	丙	劫財	▲	傷官	正印
辰白	丑	子	子	劫財	比肩	偏財	偏財

► 기토(己土)가 동절생(冬節生)으로 힘이 약(弱)한데 진중무토(辰中戊土)가 있어 용신(用神)될 듯하나, 병화(丙火)는 생조(生助)없이 일간(日干)과 떨어져 있고, 축진(丑辰)은 습토(濕土)이며, 진(辰)은 자진합수(子辰合水)하여 수(水)로 변(變)해 일간(日干)의 힘이 매우 약(弱)하다.

► 일간(日干)의 기(氣)가 약(弱)한 중(中)에 주변세력(周邊勢力)이 강(強)하면 음일간(陰日干)은 쉽게 그 세력(勢力)을 따르니 이 사주(四柱)는 수(水)의 세력(勢力)에 따르는 가종재격(假從財格)이다.

► 병(丙)·무(戊)·축(丑)·진(辰)은 결국(結局) 종격(從格)을 방해(妨害)를 하는 반대세력(反對勢力)이므로 이들을 제거(除去)할 때 완전(完全)한 종재격(從財格)이 된다.

癸	癸	丁	甲	比肩	▲	偏財	傷官
酉	亥	空丑白	辰白	偏印	劫財	偏官	正官

▶ 계수(癸水)가 동절(冬節)에 생(生)하였는데 습토축진(濕土丑辰)이 있고, 해 (亥)·유(酉)가 있으니 사주(四柱)가 대단(大端)히 습(濕)하다. 천간(天干)의 갑목(甲木), 정화(丁火)가 사주(四柱)를 따뜻하게 하여 식신생재격(食神生 財格)이 될 듯하지만 진유합금(辰酉合金)·축유합금(丑酉合金)하므로 갑목 (甲木)의 근거(根據)가 없어지고, 습(濕)한 갑목(甲木)이 정화(丁火)를 생조 (生助)할 수 없으니 따라서 이 사주(四柱)는 가종강격(假從强格)이 된 것이 다. 금수용신(金水用神)한다.

(8) 종격(從格)과 비슷한 내격(内格).

1) 가종격(假從格)이 될 듯하지만 미약(微弱)한 기운(氣運)이 오히려 용신(用神) 되는 사주(四柱)이다. 구분(區分)해서 감명(鑑命)하기가 쉽지 않다.

(2-1) 예제(例題)1. (1957年生)

丙	辛	己	丁	正官	▲	偏印	偏官
申	酉	酉	酉	劫財	比肩	比肩	比肩

▶ 년(年)·시(時)에 병(丙)·정(丁)의 화관살(火官殺)이 혼잡(混雜)되어 있으 나 무력(無力)하므로 가종왕격(假從旺格)인 듯하나 화관살(火官殺)이 용신 (用神)이다.

(2-2) 예제(例題)2. (1929年生)

戊	己	己	己	劫財	▲	比肩	比肩
辰白	巳	巳	巳	劫財	正印	正印	正印

▶ 기토(己土)가 사월생(巳月生)하여 비겁다(比劫多)하고 사중경금상관(巳中庚金傷官)과 진중계수편재(辰中癸水偏財)는 지지(地支)에 암장(暗藏)이 되어 있으니 힘을 발휘(發揮)하지 못하고 있다. 따라서 화토(火土)의 강(强)한 기(氣)를 따르는 종격(從格)으로 될 듯하나 〈금수용신(金水用神)〉이다.

▶ 일견(一見) 비겁(比劫)과 인성다(印星多)해 종격(從格)같으나 지장간(地藏干)을 고려(考慮)하면 종격(從格)이 아니다.

(2-3) 예제(例題)3. (1927年生)

己	庚	丙	丁	正印	▲	偏官	正官
卯	午	午羊	卯	正財	正官	正官	正財

▶ 경금(庚金)이 오월(午月)에 생(生)하고 화강(火强)하니 쇠가 녹을 듯하다. 하지만 일지오중기토(日支午中己土)가 시간(時干)에 투출(透出)했으며 양간경금(陽干庚金)이 의지처(依支處)를 찾았고 미약(微弱)하지만 자신(自身)의 기(氣)를 추구(追求)한다.

▶ 토금용신(土金用神)으로 특(特)히 조토(燥土)〈=미(未)·술(戌)〉보다는 습토(濕土)〈=축(丑)·진(辰)〉를 기뻐한다.

(2-4) 예제(例題)4. (1951年生)

己	庚	庚	辛	正印	▲	比肩	劫財
卯	午空	寅	卯	正財	正官	偏財	正財

► 목화다(木火多)해 종재격(從財格)이 될 듯하나 오중기토(午中己土)가 시간(時干)에 투출(透出)하여 양간경금(陽干庚金)의 의지처(依支處)가 되니 종격(從格)이 아니다. 토금용신(土金用神)이다.

(2-5) 예제(例題)5. 고(故) 이기붕사주(李起鵬四柱)

庚	庚	辛	丙	比肩	▲	劫財	偏官
辰魁	空辰魁	丑	申空	偏印	偏印	正印	比肩

己74	戊64	丁54	丙44	乙34	甲24	癸14	壬4
酉79	申69	未59	午49	巳39	辰29	卯19	寅9

► 한습사주(寒濕四柱)이다. 조후(調候)가 필요(必要)하니 병화용신(丙火用神)이다. 하지만 병신합수(丙辛合水)하니 뿌리가 없어 병화용신(丙火用神)을 하기에는 약(弱)하고 부족(不足)한 점(点)이 있다.

► 한습사주(寒濕四柱)는 권모술수(權謀術數)가 능(能)하다.

► 1960년경자년(庚子年), 65세(歲), 무신대운(戊申大運)인 4대운(大運)은 비견운(比肩運)·상관운(傷官運)으로 신자진수국(申子辰水局)을 이루어서 불을 끄므로 상관자식(傷官子息)에게 당(當)했다고 본다.

(2-6) 예제(例題)6. (1953年生)

丙	丁	丁	癸	劫財	▲	比肩	偏官
午羊	卯	巳孤	巳	比肩	偏印	劫財	劫財

► 정화(丁火)가 사월생(巳月生)하니 신강(身强)이다. 반면(反面)에 년간계수(年干癸水)는 사중경금(巳中庚金)이 있지만 불투(不透)로 무력(無力)하다.

► 강(强)한 화(火)를 약(弱)한 수(水)로써 통제(統制)하기 어려우므로 종격(從

格)으로 볼 수 있다. 그러나 계수(癸水)를 극(剋)하는 토(土)가 천간(天干)에
는 없으므로 용신취용(用神取用)이 가능(可能)하다. 간혹(間或) 계수(癸水)
의 유근(有根)함을 인정(認定)하는 사주(四柱)가 있다.

3. 양신성상격(兩神成象格).

(1) [성립(成立)] ➡ 사주팔자(四柱八字)의 오행중(五行中)에서 2개(個)가 양간
    양지(兩干兩支)를 각각(各各) 차지(此地)하고 있는 사주(四柱)이다. 상생(相
    生)하는 간지(干支) 5개(個), 상극(相剋)하는 간지(干支) 5개(個) 等 10개
    (個)의 종류(種類)가 있다.
    ▶ 용신(用神)은 서로 상생(相生)하며 종(從)하는 오행(五行)은 전용신(前用神)
      과 후희신(後喜神)으로 적용(適用)하고, 상극(相剋)은 억부(抑扶) 또는 통관
      오행(通關五行)으로 용신(用神)한다.

(2) 성격(性格)과 직업(職業).
    ▶ 양신성상격(兩神成象格)은 길운(吉運)을 만나면 부귀성공가능(富貴成功可
      能)하나, 흉운(凶運)을 만나면 빈천(貧賤)하게 된다. 또한 이 격(格)은 그 길
      운(吉運)이 제한(制限)되어 있어, 한 평생(平生)을 통(通)해 복록(福祿)을 누
      리기는 곤난(困難)하다.
    ▶ 두뇌명석(頭腦明晳)하고, 직업(職業)은 교육직(敎育職)·언론(言論)·방송
      계통(放送系統)·유통업종(流通業種) 等에 적합(適合)하다.

(3-1) 예제(例題)1. (1926年生)

甲	丙	甲	丙	偏印	▲	偏印	比肩
午	寅	午	寅	劫財	偏印	劫財	偏印

▶ 목화양신성상격(木火兩神成象格)이다. 목화용신(木火用神)이다. 서방금운 (西方金運)에 고전고난(苦戰苦難)을 한다. 세운(歲運)에서도 금수운(金水 運)은 불행(不幸)하다.

(3-2) 예제(例題)2. (1966年生)

癸	丙	癸	丙	正官	▲	正官	比肩
亥	午羊	亥	午羊	偏官	劫財	偏官	劫財

辛	庚	己	戊	丁	丙	乙	甲
未	午	巳	辰	卯	寅	丑	子

▶ 수화양신성상격(水火兩神成象格)이다. 상극격(相剋格)으로 목용신(木用神) 하니 해중갑목(亥中甲木)으로 유통(流通)한다.

▶ 인묘진대운(寅卯辰大運)에 해당(該當)하는 중년(中年)에 성공(成功)할 사주 (四柱)이다.

(4) 종류(種類).

❍ 상생격(相生格) ➡ 용신(用神)은 종격(從格). 〈용전희후(用前喜後)〉한다.

㉠ [목화상생격(木火相生格) ➡ 〈목화통명격(木火通明格)〉].
- 목용(木用)·화희(火喜)·토한(土閑). (1927年生)

甲	丙	乙	丁	偏印	▲	正印	劫財
午	寅	巳孤	卯	劫財	偏印	比肩	正印

ⓛ [화토상생격(火土相生格) ➡ 〈화토상진격(火土傷眞格)〉].
  • 화용(火用)·토희(土喜)·금한(金閑). (1977年生)

己	戊	丙	丁	劫財	▲	偏印	正印
未	辰白	午羊	巳孤	劫財	比肩	正印	偏印

ⓒ [토금상생격(土金相生格).
  • 토용(土用)·금희(金喜). (1958年生)

辛	戊	庚	戊	傷官	▲	食神	比肩
酉	空辰白	申	空戌魁	傷官	比肩	食神	比肩

ⓔ [금수상생격(金水相生格) ➡ 〈금수청명격(金水淸明格)〉].
  • 금용(金用)·수희(水喜)·목한(木閑). (1923年生)

辛	癸	庚	癸	偏印	▲	正印	比肩
酉	亥	申	亥	偏印	劫財	正印	劫財

ⓜ [수목상생격(水木相生格)].
  • 수용(水用)·목희(木喜). (1923年生)

乙	癸	甲	癸	食神	▲	傷官	比肩
卯	亥	寅孤	亥	食神	劫財	傷官	劫財

㉠ [목토상극격(木土相克格)] ➡ 〈화용(火用)〉. (1939年生)

戊	乙	甲	己	正財	▲	劫財	偏財
寅	丑	戌空	卯	劫財	偏財	正財	比肩

㉡ [수화상극격(水火相克格)] ➡ 〈목용(木用)〉. (1972年生)

壬	戊	癸	戊	偏財	▲	正財	比肩
子羊	空戌魁	亥	空辰白	正財	比肩	偏財	比肩

㉢ [수화상극격(水火相克格)] ➡ 〈목용(木用)〉. (1972年生)

丁	癸	丙	壬	偏財	▲	正財	劫財
巳孤	亥	午羊	空子羊	正財	劫財	偏財	比肩

㉣ [화금상극격(火金相克格)] ➡ 〈토용(土用)〉. (1930年生)

丁	丙	辛	庚	劫財	▲	正財	偏財
酉	申	巳空	午	正財	偏財	比肩	劫財

㉤ [금목상극격(金木相克格)] ➡ 〈수용(水用)〉. (1950年生)

甲	乙	辛	庚	劫財	▲	偏官	正官
申	酉	卯	寅	正官	偏官	比肩	劫財

○ [오행구족격(五行具足格)] ➡ 사주중(四柱中)에서 납음오행(納音五行)이 금(金)·목(木)·수(水)·화(火)·토(土)가 되어야 성격(成格)한다. 드물지만 귀명(貴命)에 속(屬)한다.

※ 1924년생(年生).

胎元(胎月)	時	日	月	年
己未	丁未	丁巳	戊辰	甲子
天上火 천상화	天河水 천화수	砂中金 사중금	大林木 대림목	海中金 해중금

※ 1945년생(年生).

胎元(胎月)	時	日	月	年
癸酉	丙申	辛未	壬午	乙酉
劍鋒金 검봉금	山下火 산하화	路傍土 노방토	陽柳木 양류목	井泉水 정천수

▶ 식상다(食傷多)해서 신약(身弱)이다. 상관용인격(傷官用印格)이다. 다만 일간(日干)이 너무 약(弱)해 보이지 않을 경우(境遇)에는 상관(傷官)을 용신(用神)으로 쓸 수도 있다.

4. 화격(化格)〈=화기격(化氣格)〉.

○ 성립(成立)과 특징(特徵).

▶ 일간(日干)이 월간(月干) 또는 시간(時干)과 간합(干合)할 때 합(合)하여 생긴 화기(化氣)가 월지(月支)의 오행(五行)과 일치(一致)하며, 사주(四柱)에 화기(化氣)를 거스르는 기운(氣運)이 없으면 성립(成立)한다. 즉(卽) 화격성립(化格成立)은 월지(月支)가 간합오행(干合五行)과 일치(一致)해야 한다.

년간(年干)은 대개(大概) 화격(化格)의 합(合)에서 제외(除外)된다.

▶ [화기격용신(化氣格用神)] ➡ 화기오행(化氣五行)을 종(從)하는 것과 화기강약(化氣强弱)을 살펴서 화기(化氣)가 강(强)하면 설기오행(洩氣五行)을, 약(弱)하면 생(生)하는 기운(氣運)을 활용(活用)한다.

▶ 화(化)한 오행(五行)을 극(剋)하는 오행(五行)이 사주(四柱)에 있으면 가화격(假化格)이라 하고, 부모(父母)를 일찍 생리사별(生離死別)하고 조출타향생활(早出他鄕生活)한다.

(1) [갑기합화토격(甲己合化土格)] 〈=토용(土用)·화희(火喜)〉.

1) [성립(成立)] ➡ 갑일(甲日)에 출생(出生)하고 기월(己月)이나 기시(己時)에 태어나면 성격(成格)한다.

▶ 기일(己日)에 합갑(合甲)은 해당(該當)안된다. 갑(甲)·을(乙)·인(寅)·묘(卯)가 없어야 한다. 월지(月支)가 진(辰)·술(戌)·축(丑)·미(未)의 월(月)일 때.

2) 성격(性格).

▶ 남과 타협(妥協)을 잘하고, 여러사람의 존경(尊敬)을 받으며, 자기(自己)의 직책(職責)을 잘 지키고, 책임(責任)을 완수(完遂)하고, 남명(男命)은 처(妻)와, 여명(女命)은 남편(男便)과 행복(幸福)하게 일생(一生)을 다정(多情)하게 잘 살게 되는 격(格)이다.

▶ 마음이 넓고, 분수(分守)를 알고, 믿음과 의리(義理)가 있으나 지혜(智慧)는 부족(不足)하다.

▶ 만약(萬若) 기일간(己日干)에 월간갑(月干甲)과 합(合)되면 년상(年上)의 남녀(男女)가 구애(求愛)를 하고, 년살발동(年殺發動)해서 상대(相對)를 속을

썩인다.

(3-1) 예제(例題) 1. (1949年生)

己	甲	戊	己	正財	▲	偏財	正財
巳	戌	辰白	丑	食神	偏財	偏財	正財

▶ 토만국(土滿局)이고, 년간기토(年干己土)는 멀어서 무정(無情)의 합(合)이고, 시간기토(時干己土)는 근재(近在)하니 종화격(從化格)이 분명(分明)하다. 화토운(火土運)이 길(吉)하고, 수목운(水木運)은 불길(不吉)하고, 금운(金運)은 갑목(甲木)을 충(沖)하여 화기(化氣)를 파(破)하니 불길(不吉)함.

(3-2) 예제(例題) 2. 곤명(坤命). (1960年生)

戊	甲	己	庚	偏財	▲	正財	偏官
辰白	空辰白	丑	子	偏財	偏財	正財	正印
辛72	壬62	癸52	甲42	乙32	丙22	丁12	戊2
巳77	午67	未57	申47	酉37	戌27	亥17	子7

▶ 유대운(酉大運)이고, 정축세운(丁丑歲運)에 감정(鑑定)했다. 갑기합(甲己合)이 되고 축월(丑月)이라 화격(化格)으로 판단(判斷)하면 금운(金運)에 있으니 호운(好運)으로 감정(鑑定)할 것이다.

▶ 그러나 불운(不運)이다. 문서(文書)는 있어도 계획(計劃)대로 안되며 돈에 시달리고 있다고 감정(鑑定)된다.

• 그 이유(理由)는 이 사주(四柱)는 화격(化格)도 재다신약(財多身弱)도 아닌 조후법(調候法)에 속(屬)하는 사주(四柱)이다. 얼어 있는 흙과 물을 가지고 있어 나무가 성장(成長)할 수가 없다. 화격(化格)이라면 유대운(酉

大運)에 고난(苦難)을 겪고 있겠는가. 운(運)도 운(運)이지만 사주(四柱)와 운로(運路)에 형(刑)·파(破)가 많아 고생(苦生)하고 조혼(早婚)한 것 〈=사주(四柱)에 합다(合多)하면 조혼(早婚)이 불리(不利)하다〉도 문제(問題)이다.

▶ 이 여인(女人)은 온갖 고생(苦生)을 하고 지내왔으며 32세(歲) 을대운(乙大運)에 남편(男便)과 사별(死別)하고 아들 하나 키우는데 유대운(酉大運)에 남자(男子)를 만나 번뇌(煩惱)가 많다.

(2) [을경합화금격(乙庚合化金格)] 〈=금용(金用)·토희(土喜)〉.

1) [成立(성립)] ➡ 을일(乙日)에 출생(出生)하고 경월(庚月)이나 경시(庚時)에 태어나면 성격(成格)한다.

▶ 경일합을(庚日合乙)은 사월(巳月)에만 해당(該當)된다. 병(丙)·정(丁)·사(巳)·오(午)가 없어야 한다. 월지(月支)가 신(申)·유(酉)의 월(月)일 때.

2) 성격(性格).

▶ 성질(性質)이 용감(勇敢)하고, 남에게 유혹(誘惑)을 당(當)하지 않으며, 옳고 그름을 분별(分別)하고, 처(妻)와 다정다감(多情多感)하며, 남편(男便)을 받들고 존경(尊敬)하면서 선행(善行)을 베풀고, 매사(每事)에 철두철미(徹頭徹尾)하다. 과감(果敢)하고, 강직(剛直)하고, 의리(義理)가 있다.
  · [을합경(乙庚合)이 되면] ➡ 예절(禮節)이 부족(不足)하고, 제사(諸事)를 결정(決定)을 하는데 시간(時間)이 걸린다.

▶ [만약(萬若)에 경을합(庚乙合)이 되면] ➡ 자비심(慈悲心)이 없고, 의리(義理)를 과장(誇張)한다. 을경화격중(乙庚化格中)에서 천간(天干)에 무계합화(戊癸合火)가 있고, 지지(地支)에 수기(水氣)가 감추어졌다면 극자(剋子)가

되고 풍파(風波)를 측량(測量)할 길이 없는 흉조(凶兆)이다.

(3-1) 예제(例題) 1. (1961年生)

庚	乙	丙	辛	正官	▲	傷官	偏官
辰魁	酉	申	丑	正財	偏官	正官	偏財

▶ 화금기격(化金氣格)이 성립(成立)된다. 월간병화(月干丙火)는 병신합수(丙辛合水)되어 무방(無妨)하다.

(3-2) 예제(例題) 2. (1954年生)

庚	乙	癸	甲	正官	▲	偏印	劫財
辰魁	丑	酉	申	正財	偏財	偏官	正官

▶ 화격(化格)을 충족(充足)하는 듯 하지만 을목(乙木)이 진토(辰土)에 유근(有根)하며 월간계수(月干癸水)의 생조(生助)를 받으니 화격(化格)이 아니라 계수용신(癸水用神)하는 내격(內格)이다.

(3) [병신합화수격(丙辛合化水格)] 〈=수용(水用)·금희(金喜)〉.

1) [성립(成立)] ➡ 병일(丙日)에 출생(出生)하고 신월(辛月)이나 신시(辛時)에 태어나면 성격(成格)한다.

▶ 신일합병(辛日合丙)은 해(亥)·자(子)월(月)에만 해당(該當)된다.

▶ 무(戊)·기(己)·축(丑)·미(未)·술(戌)이 없어야 한다.

▶ 월지(月支)가 신(申)·자(子)·진(辰)이거나, 해(亥)·자(子)·축(丑)월(月)일 때.

2) 성격(性格).

▶ 마음은 유달리 위엄성(威嚴性)이 있고, 이기적(利己的)인 마음이 있으며, 뇌물(賂物)을 좋아 하고, 남에게 받기를 좋아하며, 주색(酒色)을 즐기며, 마음은 강인(强忍)한 편(便)이다.

▶ 지혜(智慧)가 있고, 호색가(好色家)이며, 잔인(殘忍)한 면(面)이 있고, 예리(銳利)하고, 모사(謀事)를 잘하고, 예의(禮儀)는 부족(不足)하다.

▶ [만약(萬若) 순서(順序)가 바뀌어 신(辛)·병합(丙合)되면] ➡ 대망(大望)은 없고, 편안(便安)한 것이 좋다.

(3-1) 예제(例題) 1. (1964年生)

壬	辛	丙	甲	傷官	▲	正官	正財
空辰魁	丑	子	空辰白	正印	偏印	食神	正印

▶ 일지축토(日支丑土)는 습토(濕土)이니 수기(水氣)를 심(甚)하게 공격(攻擊)을 못하니 화격(化格)이 성립(成立)한다.

(3-2) 예제(例題) 2. (1984年生)

辛	丙	辛	甲	正財	▲	正財	偏印
亥孤	子	亥孤	子	偏官	正官	偏官	正官

己	戊	丁	丙	乙	甲	癸	壬
未	午	巳	辰	卯	寅	丑	子

▶ 일지(日支)에 비겁(比劫)·인성(印星)이 없고, 신자진해중(申子辰亥中)에 월(月)에 해(亥)가 있으니 병신합수화격(丙辛合水化格)이 성립(成立)한다.

사주(四柱)에 합(合)된 수(水)가 많으니 수(水)를 설기(洩氣)하는 목운(木運)을 만나면 성공(成功)한다.

▶ 월주(月柱)에 천을귀인(天乙貴人)이 동주(同柱)되어 총명(聰明)을 겸비(兼備)하니, 갑인대운(甲寅大運)에 행정고시합격(行政考試合格)하여 앞으로 무궁(無窮)한 발전(發展)이 있을 것이다.

(4) [정임합화목격(丁壬合化木格)] 〈=木用(목용)·水喜(수희)〉.

1) [성립(成立)] ➡ 임일(壬日)에 출생(出生)하고 정월(丁月)이나 정시(丁時)에 태어나면 성격(成格)한다.

▶ 정일합임(丁日合壬)은 해월(亥月)〈=지장간(地藏干)이 무(戊)·갑(甲)·임(壬)〉에만 해당(該當)이 된다. 목(木)을 극(剋)하는 경(庚)·신(辛)·신(申)·유(酉)는 없고.

▶ 월지(月支)가 목(木)에 해당(該當)하는 삼합(三合)인 해(亥)·묘(卯)·미월(未月)이나 방합(方合)인 인(寅)·묘(卯)·진월(辰月)일 때 성격(成格)한다.

2) 성격(性格).

▶ 성격(成格)이 민감(敏感)하고, 깨끗함을 좋아하며, 자신(自身)을 높이 평가(評價)하고, 남을 멸시(蔑視)하는 경향(傾向)이 있고, 총명(聰明)하고, 인품(人品)이 고상(高尙)하고, 남을 잘 도와주고, 사회(社會)에 필요(必要)한 인물(人物)이 될 수 있다.

▶ 순(順)한 반면(反面)에 감정적(感情的)이고 털털한 면(面)이 있고, 일지(日支)에 사(死)·절동주(絶同柱)는 부부운(夫婦運)이 불길(不吉)하고, 남녀(男女) 모두 만혼(晩婚)이 좋고, 부부간(夫婦間)에 나이 차이(差異)가 있으면 좋고〈=백두낭군(白頭郎君)〉, 화(禍)를 잘내고, 믿음과 의리(義理)가 부족

(不足)하다.

▶ 만약(萬若)에 정임합(丁壬合)이 되면 마음이 편협(偏狹)하여 좁고, 질투심(嫉妬心)이 많음.

(3-1) 예제(例題) 1. (1966年生)

癸	壬	丁	丙	劫財	▲	正財	偏財
卯	寅空	未羊	午羊	傷官	食神	正官	正財

▶ 정임합목(丁壬合木)하고, 월지(月支)에 해(亥)·묘(卯)·미(未)·인(寅)중(中)에 미(未)가 있고, 인성금(印星金)이 없으니 정임합목(丁壬合木)의 화격(化格)이 성립(成立)한다.

▶ 목(木)보다 화(火)가 강(强)해 수목운(水木運)을 만나야 대성(大成)하고, 토금운(土金運)을 만나면 불행(不幸)하다. 유년(流年)인 신(申)·유(酉)의 초년 금운(初年金運)은 대단(大端)히 불리(不利)해서 고생(苦生)을 한다.

(3-2) 예제(例題) 2. 곤명(坤命). (1917年生)

壬	壬	丁	丁	比肩	▲	正財	正財
寅	寅	未羊	空巳孤	食神	食神	正官	偏財

乙80	甲70	癸60	壬50	辛40	庚30	己20	戊10
卯85	寅75	丑65	子55	亥45	戌35	酉25	申15

▶ 수목용신(水木用神)이다. 정임합목격(丁壬合木格)이나 화다(火多)해 목기(木氣)를 과(過)하게 누설(漏泄)이 되어 목기상생(木氣相生)하는 수운(水運)을 만나야 길(吉)한 사주(四柱)이다. 초년(初年)에 목기상충(木氣相沖)이 되

는 토금운(土金運)을 만나 30세(歲)미만(未滿)에 청상과부(靑孀寡婦)가 되었다.

▶ 40세후(歲後)인 신해대운(辛亥大運)과 임자대운(壬子大運)에는 수운(水運)을 만나 여자(女子)로써 수억(數億)을 치부(致富)해 부유(富裕)하게 되었다.

(5) [무계합화화격(戊癸合化火格)] ⟨=火用(화용)·木喜(목희)⟩.

1) [성립(成立)] ➡ 계일(癸日)에 출생(出生)하고 무월(戊月)이나 무시(戊時)에 태어나면 성격(成格)한다.

▶ 무일합계(戊日合癸)는 인월(寅月)에만 해당(該當)한다. 주중(柱中)에서 임(壬)·계(癸)·해(亥)·자(子)가 없어야 한다.

▶ 월지(月支)가 인(寅)·오(午)·술(戌)이나, 사(巳)·오(午)·미(未)의 월(月)일 때.

2) 성격(性格).

▶ 마음은 냉정(冷情)하나, 아름다운 것을 좋아하고, 애정결핍(愛情缺乏)되고, 결혼(結婚)하는데 장애물(障碍物) 때문에 지장(支障)이 있다.

▶ 예의(禮儀)가 바르고, 예쁜 편(便)이며, 박정(薄情)하고, 남녀(男女)가 자유결혼(自由結婚)을 하고, 여명(女命)은 미남(美男)을 우선적(優先的)으로 선택(選擇)하고. 수다(水多)하면 천박(淺薄)·고독(孤獨)·장애(障碍)·재앙(災殃) 等이 계속(繼續)된다.

• 무계합(戊癸合)이 되면 총명(聰明)하고 다정(多情)하나 속마음은 무정(無情)하다. 만약(萬若) 계무합(癸戊合)이 되면 질투심(嫉妬心)이 많고, 항상(恒常) 일만 벌려 놓고 수습(收拾)과 끝맺음을 잘하지 못한다.

(3-1) 예제(例題) 1. (1946年生)

甲	癸	戊	丙	傷官	▲	正官	正財
寅孤	巳	戌魁	戌白	傷官	正財	正官	正官

▶ 일지(日支)는 무근(無根)하고, 무계합화(戊癸合火)를 하고, 월지(月支)는 인오술사중(寅午戌巳中)의 술월(戌月)이니 화격(化格)이 성립(成立)되었다. 화(火)가 강(强)하니 화기(火氣)를 설기(洩氣)시키는 토운(土運)을 만나야 대성(大成)을 하는데 금수대운(金水大運)을 지나니 온갖 불행(不幸)을 겪는다.

(3-2) 예제(例題) 2. (1961年生)

甲	癸	戊	辛	傷官	▲	正官	偏印
寅孤	巳空	戌魁	丑	傷官	正財	正官	偏官

▶ 무계합화격(戊癸合火格)은 화다(火多)해야 길명(吉命)이 되고 부귀(富貴)하게 된다. 수기다(水氣多)하면 천박(淺薄), 고독(孤獨)하며, 수운(水運)에는 막히고 재앙(災殃)이 생긴다.

  • 목화운(木火運)에 발복(發福)한다.

(6) [가화격(假化格)].

1) [성립(成立)] ➡ 화격중(化格中)에서 원국(元局)에 화기(化氣)와 상충(相沖)되거나 극(剋)되는 간지(干支)가 있는 것을 말한다.

2) 성격(性格).

▶ 유년시절(幼年時節)에는 고독(孤獨)하고, 고난(苦難)이 많고, 성격(性格)이

거만(倨慢)하고, 의심(疑心)이 많으며.

- 흉운(凶運)이면 평생(平生)을 통(通)해 제사(諸事)에 일사불성(一事不成)하기 쉽다.

▶ 가화격(假化格)을 일반사주(一般四柱)의 원칙(原則)에 의(依)해 신약사주(身弱四柱)로 보고 억부법(抑扶法)으로 인성운(印星運)이나 비겁운(比劫運)이 길(吉)로 보면 큰 차질(蹉跌)이 생긴다.

▶ [가화격(假化格)과 신약사주(身弱四柱)의 구별(區別)하는 법(法)] ➡ 일주(日主)를 생부(生扶)하는 육신(六神)이 무력(無力)한가 아닌가에 의(依)하니 주의요망(注意要望)된다.

(3-1) 예제(例題) 1. (1948年生)

丁	癸	戊	戊	偏財	▲	正官	正官
巳孤	未空	午羊	子	正財	偏官	偏財	比肩

▶ 일간계수(日干癸水)는 년간(年干)보다 가까운 월간무토(月干戊土)와 합(合)이 되기 쉽다. 가화격(假化格)이다.

▶ 자오상충(子午相沖)하여 화기(化氣)가 손상(損傷)을 받았다. 하지만 년간무토(年干戊土)가 년지자중계(年支子中癸)와 무계합(戊癸合)을 하여 자수(子水)를 간접적(間接的)으로 화기(化氣)를 시키고 있다.

(3-2) 예제(例題) 2. (1986年生)

庚	乙	己	丙	正官	▲	偏財	傷官
戌魁	巳孤	酉	寅空	正財	傷官	偏官	劫財

▶ 을경합(乙庚合)을 하고 월지유금(月支酉金)이 있어 화격(化格)을 이루었으

나 년간병화(年干丙火)가 있어 가화격(假化格)이 된다. 년간병화(年干丙火)는 월간기토(月干己土)에 설기(洩氣)가 되고, 일지사(日支巳)는 사유(巳酉)로 합금(合金)하여 강(强)하다. 설기(洩氣)하는 수운(水運)을 만나야 대성(大成)한다.

(3-3) 예제(例題) 3. (1914年生)

戊	癸	辛	甲	正官	▲	偏印	傷官
午羊	亥	未	寅孤	偏財	劫財	偏官	傷官

己71	戊61	丁51	丙41	乙31	甲21	癸11	壬1
卯	寅	丑	子	亥	戌	酉	申

▶ 일지해수(日支亥水)가 있고, 월간신금(月干辛金)이 있어 일주(日主)를 생조(生助)하니 억부법(抑扶法)으로 해결(解決)을 해야 할 사주(四柱)같으나 신금(辛金)은 목화(木火)에 눌려 무력(無力)하고, 해수(亥水)는 미(未)와 반합목국(半合木局)이 되어 무계합화(戊癸合火)의 가화격(假化格)이 되었다. 목화용신(木火用神)이다.

▶ 초년(初年)에는 임신대운(壬申大運)과 계유대운(癸酉大運)은 금수운(金水運)을 만나 화기(火氣)와 상충(相沖)이 되어 고고(孤苦)가 극심(極甚)했으나 갑술대운(甲戌大運)과 을해대운(乙亥大運)에는 부족(不足)한 화기(化氣)를 목(木)이 생(生)하니 공명(功名)과 재백(財帛)을 얻었다. 그러나 병자대운(丙子大運)에는 자수(子水)와 화기(火氣)가 상충(相沖)을 하니 임자년(壬子年)에 사망(死亡)했다.

第9篇

질병론(疾病論)

1. 오기(五氣).

木	온(溫)	辰	신맛	• 간(肝). 담(膽). 정신병(精神病). 수족(手足). 허리. 두면(頭面). 목(目). 신경계통(神經系統).
火	열(熱)	未	쓴맛	• 심장(心臟). 소장(小腸). 안면(顔面). 시력(視力). 고혈압(高血壓). 설(舌).
土	습(濕)	丑辰	단맛	• 위장(胃腸). 비장(脾臟). 피부(皮膚). 복부(腹部). 순(脣).
金	조(燥)	戌	매운맛	• 폐(肺). 대장(大腸). 호흡(呼吸). 비(鼻). 근골사지(筋骨四肢).
水	한(寒)	丑	짠맛	• 신장(腎臟). 방광(膀胱). 당뇨(糖尿). 이(耳). 빈혈(貧血). 혈액순환(血液循環). 저혈압(低血壓).

▶ 사주(四柱)의 오행중(五行中)에 없는 오행(五行)이 바로 병(病)이다.

▶ 오행(五行) 그 자체(自體)의 형(刑)·충(沖)·파(破)·해(害)도 병(病)이다.

2. 조(燥)·열(熱)·한(寒)·습(濕).

(1) [조(燥)·열(熱)].

▶ [甲·乙·丙·丁·戊] ➡ 〈寅·卯·巳·午·未·戌〉.

▶ 상기(上記) 간지오행(干支五行)이 사주(四柱)에 많으면 간(肝)·위(胃)·피부(皮膚)·호흡(呼吸)·수분부족(水分不足)으로 더위 및 추위를 많이 타게 되고 여러 가지의 질병(疾病)이 온다.

(2) [한(寒)・습(濕)].

▶ [己・庚・辛・壬・癸] ➡ 〈申・酉・亥・子・丑・辰〉.

▶ 상기(上記) 간지오행(干支五行)이 사주(四柱)에 많으면 심장(心臟), 시력(視力), 화기부족(火氣不足)으로 인(因)하여 추위를 타고 여러 가지의 질병(疾病)이 온다.

3. 천간질병(天干疾病).

甲	두(頭). 정신(精神). 담(膽).	己	비장(脾臟). 복(腹).
乙	간(肝). 수족(手足).	庚	대장(大腸). 배꼽. 늑막(肋膜).
丙	소장(小腸). 견(肩). 안(眼).	辛	폐(肺). 고(股). 정강이.
丁	심장(心臟).	壬	방광(膀胱). 포락혈(包絡血).
戊	위(胃). 협(脇).	癸	신장(腎臟). 삼초(三焦). 족(足).

4. 천간(天干)과 지지(地支)의 다소질병(多少疾病).

(1) 목다(木多)・목소(木小)・화다목분(火多木焚)・토다목개(土多木蓋)・금다목삭(金多木削)・수다목부(水多木浮).

▶ [甲(갑)] ➡ 乙・庚・己---[巳・午・未]・[申・酉・戌].

▶ [乙(을)] ➡ 庚・辛---[巳・午・未]・[酉・戌・丑].

(2) 화다(火多)·화소(火小)·토다화식(土多火熄)·금다화식(金多火熄)·수다화
식(水多火熄)·목다화식(木多火熄).
- ► [丙(병)] ➡ 壬·癸·庚·辛·丁---[子·丑·申·酉·辰·戌].
- ► [丁(정)] ➡ 癸·丁---[辰·未].

(3) 토다(土多)·토소(土小)·금다토변(金多土變)·목다토경(木多土傾)·화다토초
(火多土焦)·수다토붕(水多土崩).
- ► [戊(무)] ➡ 甲---[申·酉·亥].
- ► [己(기)] ➡ 乙·戊---[亥].

(4) 금다(金多)·금소(金小)·수다금침(水多金沈)·목다금결(木多金缺)·화다금
용(火多金鎔), 토다금매(土多金埋).
- ► [庚(경)] ➡ 丙·壬·癸---[子].
- ► [辛(신)] ➡ 丁·甲---[亥].

(5) 수다(水多)·수소(水小)·목다수축(木多水縮)·화다수갈(火多水渴)·토다수
색(土多水塞)·금다수탁(金多水濁).
- ► [壬(임)] ➡ 丁·戊---[辰·戌].
- ► [癸(계)] ➡ 丙·戊·己---[丑·未·戌·午].

子	丑·未·戌=刑殺(형살). 午=沖(충).	• 신장(腎臟). 방광(膀胱). 혈액순환(血液循環). 빈혈(貧血).
丑	未·戌=刑殺(형살). 卯=剋(극).	• 피부(皮膚). 위장(胃腸). 수술(手術). 예민(銳敏).
寅	午=合(합). 申=沖(충).	• 팔. 다리. 허리. 교통사고(交通事故)<=우측(右側)>.
卯	戌=合(합). 酉(=沖(충)·鬼門(귀문).	• 팔. 다리. 허리. 예민(銳敏). 신경쇠약(神經衰弱).
辰	酉=合(합). 戌=沖(충). 辰=刑殺(형살). 丑=破(파).	• 피부(皮膚). 위장(胃腸). 공포증(恐怖症). 수술(手術).
巳	申=合·刑殺(형살). 亥=沖(충).	• 심장(心臟). 시력(視力). 화상(火傷). 폭발화재(暴發火災).
午	子=沖(충). 午=刑殺(형살).	• 심장(心臟). 시력(視力). 화재(火災). 화상(火傷).
未	丑·戌=刑殺(형살).	• 피부(皮膚). 위장(胃腸). 수술(手術). 복부(腹部). 예민(銳敏).
申	巳=合(합)·刑殺(형살).	• 호흡(呼吸). 폐(肺). 대장(大腸).
酉	午=剋(극). 酉=刑殺(형살).	• 호흡(呼吸). 부상(負傷). 수술(手術).
戌	丑·未=刑殺(형살). 辰=沖(충).	• 위(胃). 예민(銳敏). 피부(皮膚). 공포증(恐怖症).
亥	辰·戌=剋(극). 亥=刑殺(형살).	• 혈액순환(血液循環). 방광(膀胱). 신장(腎臟). 빈혈(貧血).

第10篇

종합판단(綜合判斷)

◐ 곤명(坤命) ➡ 1961年 3月 23日 유시생(酉時生).

乙	庚	癸	辛	正財	▲	傷官	劫財
酉	子	巳空	丑	劫財	傷官	偏官	正印
羊刃	鬼門	學堂	天貴				

80	70	60	50	40	30	20	10
辛	庚	己	戊	丁	丙	乙	甲
丑	子	亥	戌	酉	申	未	午

▶ 이 사주(四柱)는 사월절기(四月節氣)에 태어난 산(山)에 묻힌 금(金)이다. 성격(性格)은 내성적(內省的)이다. 자일(子日)에 태어나 순간순간(瞬間瞬間)에 판단(判斷)이 빠르고, 눈치가 빠르며, 겁(怯)이 많고, 눈물이 많음.

▶ 격국(格局)은 편관격(偏官格)으로 자존심(自尊心)이 강(强)하며, 적개심(敵愾心), 불만(不滿), 반발심(反撥心)이 많고, 매사(每事)에 상대(相對)를 제압(制壓)하는 힘이 강(强)해 수령격(首領格)이다.

▶ 이 사주(四柱)는 4월(月)하절(夏節)에 태어난 경금(庚金)이 토금(土金)과 삼합(三合)인 사유축(巳酉丑)이 있어서 비겁(比劫)이 많아 신왕사주(身旺四柱)이며, 월(月)이 화왕지절(火旺之節)이므로 화(火)가 용신(用神)이고 목(木)이 희신(喜神)으로 목화운(木火運)에 대발(大發)한다.

• [년(年)] ➡ 천을귀인(天乙貴人)이 인성(印星)이므로 학문(學文)과 모친덕(母親德)이 있다.

• [월(月)] ➡ 편관(偏官)이고 공망(空亡)이므로 남편덕(男便德)이 미약(微弱)하고 학당(學堂)이 있어 책(冊)을 좋아하고, 이론(理論)과 논리적(論理的)이며, 문장(文章)이 수려(秀麗)하다.

- [일(日)] ➡ 자유(子酉)가 파살(破殺)과 귀문관살(鬼門官殺)이므로 예민(銳敏)하며, 꿈·예감(豫感)·직관력(直觀力) 等이 뛰어나며, 신경쇠약(神經衰弱)의 질환(疾患)이 있을 수도 있다.

- [시(時)] ➡ 양인살(羊刃殺)이 있으니 성격(性格)이 급(急)하다.

▶ 오행중(五行中)에 을경합(乙庚合)이 되어 금(金)으로 변(變)하니 을목정재(乙木正財)가 없어져 재복(財福)이 약(弱)하다.

▶ 사주중(四柱中)에 사유축잡합(巳酉丑雜合)하여 금국비겁(金局比劫)으로 이루어지니 재관(財官)이 약(弱)해 돈과 남편덕(男便德)이 없다. 또 배우자궁(配偶者宮)자리에 자식(子息)인 상관(傷官)이 들어 있어 상관(傷官)이 관극(官剋)하니 생자별부(生子別夫)하여 남편덕(男便德)이 없다.

▶ 자유파살(子酉破殺)이 있어 자식덕(子息德)과 형제덕(兄弟德)이 없고, 자궁(子宮)이 약(弱)해서 자궁수술(子宮手術)이나 제왕절개수술(帝王切開手術)을 할 수도 있다.

▶ 출생(出生)부터 30초반(初盤)까지는 목화운(木火運)이니 길운세(吉運勢)였고, 신대운(申大運)에는 고전(苦戰)을 하였고, 정대운(丁大運)에는 일시적(一時的)으로 좋다가, 유대운(酉大運)에 사유축금국(巳酉丑金局)으로 변(變)하니 이후(以後)에는 대운(大運)이 없으니 별 진전(進展)이 없다.

▶ 월(月)이 부모(父母)자리이니 상관수(傷官水)가 있어서 공직자부모(公職者父母)의 자식(子息)으로 태어나 부유(富裕)하게 살다가, 미대운(未大運)에 부친사별(父親死別)하고, 인성(印星)인 모친(母親)의 힘으로 예능방면(藝能方面)의 대학(大學)을 졸업(卒業)하고, 23세(歲)부터 학원(學院)을 운영(運營)하여 상당(相當)한 재산(財産)을 벌어서 재반(財盤)을 구축(構築)하였으나 병신대운(丙申大運)에서 남자(男子)를 만난 이후(以後)부터 지금까지 고전(苦戰)을 하고 있다.

▶ 천간(天干)에 을경합(乙庚合)하고 일시(日時)에 귀문관살(鬼門官殺)이 있어 신(神)이 내려 현재(現在) 무속인(巫俗人)으로 살아가고 있다.

▶ 이 사주(四柱)는 45세(歲)이후(以後) 유술대운(酉戌大運)이 가장 나쁜 운세(運勢)이므로 건강(健康)이 악화(惡化)되거나, 사망(死亡)할 수도 있으니 건강(健康)에 유념(留念)해야 한다.

○ 건명(乾命) ➡ 1961年 11月 11日 자시생(子時生).

戊	乙	庚	辛	正財	▲	正官	偏官
子	酉	子	丑	正印	偏官	正印	偏財
鬼門	鬼門						

74	64	54	44	34	24	14	4
壬	癸	甲	乙	丙	丁	戊	己
辰	巳	午	未	申	酉	戌	亥

▶ 이 사주(四柱)는 경찰관(警察官)의 사주(四柱)이다.

▶ 을경합금(乙庚合金)에 유축반합금국(酉丑半合金局)하고, 금수(金水)가 많고, 극(剋)하는 화(火)가 투출(透出)되지 않고, 지장간(地藏干)에도 화(火)가 없으니, 금수종격(金水從格)으로 금수용신(金水用神)하고 종관격(從官格)이 된다. 〈금수용신(金水用神)〉이다.

▶ 자유(子酉)의 귀문관살(鬼門官殺)이 2개(個)가 있으니 정신이상(精神異常)이 있고, 꿈이 적중(適中)하고, 예민(銳敏)하고, 머리가 좋고, 변태(變態)와 의처증(疑妻症)의 증세(症勢)가 있다.

► 월지자수(月支子水)가 인성(印星)이므로 경찰관(警察官), 교육공무원계통(教育公務員系統) 等의 업(業)이 된다.

► 화기식상(火氣食傷)이 없으니 직업운(職業運)이 없어 고위직(高位職)에는 오를 수 없다.

• 경진년(庚辰年)에 진급운(進級運)이 있었으나 축진파(丑辰破)로 진급(進級)이 안된다.

• 신사년(辛巳年)은 사유축금국(巳酉丑金局)이 관운(官運)과 합(合)이 되므로 진급(進級)이 된다.

• 일주을목(日主乙木)은 화초(花草)로 계급장(階級章)으로 보는 데 지지(地支)가 금(金)이므로 뿌리를 못내린다.

• 햇빛인 화(火)가 없으니 을목화초(乙木花草)는 꽃을 피울 수 없으니 진급운(進級運)이 없다.

► 부인관계(婦人關係).

• 첫번째 부인(婦人)인 축(丑)은 자축합(子丑合)으로 끌고 가니 이별(離別)하였다.

• 지금 살고 있는 두번(番)째 부인(婦人)인 무(戊)는 뿌리가 자(子)인데 자유파(子酉破)가 되므로 결국(結局)에는 이별(離別)하게 된다.

• 첫째 부인(婦人)과는 합(合)이 되니 재결합(再結合)하는 것이 좋다.

■ 참고문헌(參考文獻) ■

〈명리사주학(命理四柱學)〉

- 한국인(韓國人)의 사주팔자(四柱八字) : 김성진(金聖鎭) · 저(著)
- 사주첩경(四柱捷徑) : 이석영(李錫暎) · 저(著)
- 사주정해(四柱正解) : 최학림(崔鶴林) · 저(著)
- 사주팔자(四柱八字)와 숙명(宿命) : 정지섬(丁智蟾) · 저(著)
- 통변술(通辯術) : 김봉준(金奉俊) · 저(著)

- 명리정종(命理正宗) : 심재렬(沈載烈) · 편(編著)
- 적천수천미(滴天髓闡微) : 임철초(任鐵樵) · 저(著), 예광해(芮光海) · 역주(譯註)
- 궁통보감(窮通寶鑑) : 난강망(欄江網) · 저(著), 김명제(金明濟) · 역주(譯註)
- 연해자평(淵海子平) : 서 승(徐 升) · 편저(編著). 심재렬(沈載烈) · 역해(譯解)
- 자평수언(子平粹言) : 서낙오(徐樂吾) · 저(著)
- 삼명통회(三命通會) : 박일우(朴一宇) · 편저(編著)

성호 사주명리학(城湖四柱命理學) (1)

🌑 기초편(基礎篇) 🌑

초판인쇄	2020년 11월 30일
초판발행	2020년 12월 10일

지은이	조성문
발행인	조현수
펴낸곳	도서출판 프로방스
마케팅	최관호, 신성웅
주 소	(10449) 경기도 고양시 일산동구 장백로 8(백석동)
	넥스빌오피스텔 704호

전 화	031-925-5366~7
팩 스	031-925-5368
이메일	provence70@naver com
등록번호	제2016-000126호
등 록	2016년 6월 23일
ISBN	979-11-6480-057-5

정가 38,000원